Die Rolle des Anklägers eines internationalen Strafgerichtshofs

Europäische Hochschulschriften
Publications Universitaires Européennes
European University Studies

Reihe II
Rechtswissenschaft

Série II Series II
Droit
Law

Bd./Vol. 4598

PETER LANG
Frankfurt am Main · Berlin · Bern · Bruxelles · New York · Oxford · Wien

Wu Wei

Die Rolle des Anklägers eines internationalen Strafgerichtshofs

PETER LANG
Internationaler Verlag der Wissenschaften

Bibliografische Information der Deutschen Nationalbibliothek
Die Deutsche Nationalbibliothek verzeichnet diese Publikation in der Deutschen Nationalbibliografie; detaillierte bibliografische Daten sind im Internet über <http://www.d-nb.de> abrufbar.

Zugl.: Freiburg (Breisgau), Univ., Diss., 2005

D 25
ISSN 0531-7312
ISBN 978-3-631-56895-8

www.peterlang.de

Meinen Eltern

Meinem Mann

Vorwort

Die vorliegende Arbeit wurde im Sommersemester 2004/2005 von der Rechtswissenschaftlichen Fakultät der Albert-Ludwigs-Universität Freiburg als Dissertation angenommen. Literatur und Rechtsprechung konnten bis zum Dezember 2006 berücksichtigt werden.

Die Ergebnisse dieser Arbeit resultieren aus den Erkenntnissen, die ich während eines mehrjährigen Forschungsaufenthalts im Max-Planck-Institut für ausländisches und internationales Strafrecht in Freiburg i. Br. gewinnen konnte. Mein besonderer Dank gilt Herrn Prof. Dr. Dr. h. c. mult. *Albin Eser*, der mich als damaliger Direktor des MPI während des Dritten Chinesisch-Deutschen Kolloquiums vom 31.8. bis 4.9.1998 in Beijing zu einer Promotion in Freiburg eingeladen und sich für meine Promotionszulassung bei der Juristischen Fakultät eingesetzt hat. Während der Betreuung meiner Dissertation hat er die Fertigstellung der Arbeit in vielfältiger Weise gefördert. Er hat bei der sprachlichen Überarbeitung des Manuskripts Fehler bereinigt und mit seinen wertvollen, kritischen Anmerkungen dazu beigetragen, dass die Arbeit verbessert wurde. Auch den derzeitigen Direktoren des MPI, Herrn Prof. Dr. Dr. h. c. *Hans-Jörg Albrecht* und Herrn Prof. Dr. Dr. h. c. *Ulrich Sieber* danke ich für die weiterhin gewährte Unterstützung. Auch vom Deutschen Akademischen Austauschdienst wurde mein Forschungsaufenthalt durch ein großzügig bemessenes Stipendium gefördert.

Bedanken möchte ich mich auch bei Herrn Professor Dr. *Walter Perron* für die zügige Erstellung des Zweitgutachtens. Ich danke sehr herzlich Herrn Richter *Daqun Liu* am Internationalen Tribunal für das ehemalige Jugoslawien für seine freundliche Unterstützung und Ermunterung. Herzlichen Dank auch an Herr Richter *Hans-Peter Kaul* am Internationalen Strafgerichtshof, der mich als Pratikantin in der Vorverfahrenskammer des Internationalen Strafgerichtshofs angenommen hatte. Danke ich sehr herzlich Herrn *Werner Róth*, früher Leitender Staatsanwalt in Wiesbaden, der durch ihre langjährigen Unterstützung zur Fertigstellung der Arbeit beigetragen hat. Bei Rechtsanwalt Dr. *Thomas Richter*, Dr. *Detlef Kuechler* und Herrn *Yang Zhao* bedanke ich mich für ihre umfassenden Korrekturhilfen. Als damaligem Referenten für China danke ich Herrn Dr. *Thomas Richter* auch herzlich für seine langjährige Unterstützung während meines Aufenthalts im MPI.

Besonders herzlicher Dank gebührt meinen Eltern und meinem Mann *Hua Zhang*, denen ich diese Arbeit widme. Ihre uneingeschränkte Förderung meiner Ausbildung und ihre liebevolle Unterstützung hat die Anfertigung der vorliegenden Arbeit erst ermöglicht.

Beijing, den 7. Mai 2007 Wu Wei

Inhaltsverzeichnis

ZWEITER TEIL: DIE ROLLE DES INTERNATIONALEN ANKLÄGERS IN EINZELNEN STRAFVERFAHRENSABSCHNITTEN

Kapitel 2. Die Rolle des Anklägers bei Ingangsetzen des Verfahrens

Kapitel 5. Die Rolle des Anklägers bei der Anklageerhebung

Abkürzungsverzeichnis

Abs.	Absatz
ACLR	American Criminal Law Review
AFDI	Annuaire Française de Droit International
AFLR	Air Force Law Review
AI	Amnesty International
AIDP	Association internationale de droit pénal
allg.	allgemein
AJIL	American Journal of International Law
AMRK	Amerikanische Konvention über Menschenrechte
Art.	Artikel
ASIL	American Society of International Law
ASP	Assembly of States Parties
ASP-RPE	Rules of Procedure of the Assembly of States Parties
ASPiBGS	Arbeiten zu Studium und Praxis im Bundesgrenzschutz
Aufl.	Auflage
AUILR	American University International Law Review
BGBl.	Bundesgesetzblatt
BJIL	Brooklyn Journal of International Law
BJPL	BYU Journal of Public Law
BT-Drs.	Drucksachen des Deutschen Bundestages
BVerfGE	Entscheidung des Bundesverfassungsgerichts
BYIL	British Yearbook of International Law
bzgl.	bezüglich
bzw.	beziehungsweise
CJIL	Chinese Journal of International Law
CHRLR	Columbia Human Rights Law Review
CICC	Coalition for International Criminal Court
CILJ	Cornell International Law Journal
CJIL	Connecticut Journal of International Law
CJTL	Columbia Journal of Transnational Law
CLF	Criminal Law Forum
CLQ	Criminal Law Quarterly
CLR	Columbia Law Review

CoEICL	Committee for an Effective International Criminal Law
CULR.	Chicago University Law Review
CWRJIL	Case Western Reserve Journal of International Law
ders.	derselbe
d. h.	das heißt
DJCIL	Duke Journal of Comparative and International Law
ed(s).	Editor(s)
ehem.	ehemalige(r, s)
EJIL	European Journal of International Law
EMRK	Europäische Menschenrechtskonvention
et al.	et alii
EuGRZ	Europäische Grundrechte Zeitschrift
EJCCLCJ	European Journal of Crime, Criminal Law and Criminal Justice
f.	folgende
ff.	fortfolgende
FFWA	Fletcher Forum of World Affairs
FIDH	Fédération Internationale des Ligues des Droits de l'Homme
FILJ	Fordham International Law Journal
Fn.	Fußnote
FS	Festschrift
gem.	gemäß
GJICL	Georgia Journal of International and Comparative Law
GS	Gedächtnisschrift
HLC	Humanitarian Law Center
HJIL	Houston Journal of International Law
HRQ	Human Rights Quarterly
Hrsg.	Herausgeber(in)
HRW	Human Rights Watch
HuV-I	Humanitäres Völkerrecht Informationsschriften
ICC	International Criminal Court
ICCLR & CJP	The International Centre for Criminal Law Reform and Criminal Justice Policy
ICJ	International Commission of Jurists
ICLQ	International and Comparative Law Quarterly
ICLR	International Criminal Law Review

ICTR	International Criminal Tribunal for Rwanda
ICTY	International Criminal Tribunal for the former Yugoslavia
IGH	Internationaler Gerichtshof der Vereinten Nationen
IJICL	ILSA Journal of International and Comparative Law
IJIL	The Indian Journal of International Law
IL	International Lawyer
ILC	International Law Commission
ILFDI	International Law FORUM du droit international
ILM	International Legal Materials
ILP	International Legal Perspectives
IMT	International Military Tribunal (Nürnberg)
IMTFE	International Military Tribunal for the Far East (Tokyo)
INTERPOL	Internationale kriminalpolizeiliche Organisation
IPBPR	Internationaler Pakt über bürgerliche und politische Rechte
IPG	Internationale Politik und Gesellschaft
IRRC	International Review of the Red Cross
IStGH	Internationaler Strafgerichtshof
i. V. m.	in Verbindung mit
JAPP	The Journal of Appellate Practice and Process
JbM	Jahrbuch Menschenrechte
JICJ	Journal of International Criminal Justice
JRMP	Jugoslovenska Revija Za Medunarodno Pravo
Judg.	Judgement
KEG	Kommission der Europäischen Gemeinschaften
LAW COM	Law Commission
LCHR	Lawyers Committee for Human Rights
ICLR	International Criminal Law Review
LCP	Law and Contemporary Problems
LJIL	Leiden Journal of International Law
LPICT	The Law and Practice of International Courts and Tribunals
MJIL	Melbourne Journal of International Law
MLJ	McGill Law Journal
MULR	Melbourne University Law Review
MPI	Max Planck Institut für ausländisches und internationales Strafrecht

MPYUNL	Max Planck Yearbook of United Nations Law
MZJ	Mainzer Zeitschrift für Jurisprudenz
NATO	North Atlantic Treaty Organisation; Nordatlantik-vertragsorganisation
NCJILCR	North Carolina Journal of International Law and Commercial Regulations
NELR	New England Law Review
NEICLA	New England International and Comparative Law Annual
NGO	Non-governmental Organisation
NILR	Netherlands International Law Review
NJIL	Nordic Journal of International Law
NJW	Neue Juristische Wochenschrift
NKSH	Neue Kritik aus Schule und Hochschule
NStZ	Neue Zeitschrift für Strafrecht
NULR	Northwestern University Law Review
NYILR	New York International Law Review
NYTM	New York Times Magazine
NZWehrr	Neue Zeitschrift für Wehrrecht
ÖJZ	Österreichische Juristen-Zeitung
OTP	Office of the Prosecutor
para(s).	Paragraf(en)
PILR	Pace International Law Review
PrepComm	The Preparatory Committee on the Establishment of an International Criminal Court
Prot.	Protokoll, protocoll
PULR	Unversity of Pennsylvania Law Review
Rdnr.	Randnummer(n)
Res.	Resolution
RFDC	Revue française de Droit constitutionnel
RIDP	Revue internationale de droit pénal
RPE	Rules of Procedure and Evidence
Rspr.	Rechtsprechung
S.	Seite(n)
SACILJ	Comparative and International Law Journal of South Africa
SchZStrR	Schweizerische Zeitschrift für Strafrecht
Sect.	Section

SJILC	Syracuse Journal of International Law and Commerce
SLR	Stanford Law Review
sog.	sogenannt(e,r,s)
StPO	Strafprozessordnung
Supp.	Supplement
taz	Die Tageszeitung
TILJ	Texas International Law Journal
TLR	Texas Law Review
TulsaLR	TULSA Law Review
UCDJILP	U.C. Davis Journal of International Law and Policy
UDMLR	University of Detroit Mercy Law Review
UN(O)	United Nations; Vereinte Nationen
UK	United Kingdom
USA	United States of America/Vereinigten Staaten
usw.	und so weiter
vgl.	vergleiche
VJIL	Virginia Journal of International Law
VLR	Vanderbilt Law Review
Vol.	Volume
WebJCLS	Web Journal of Current Legal Issues
WILJ	Wisconsin International Law Journal
WUJLP	Washington University Journal of Law and Policy
WYAJ	The Windsor Yearbook of Access to Justice
YIHL	Yearbook of International Humanitarian Law
YILC	Yearbook of International Law Commission
YJIL	Yale Journal of International Law
ZaöRV	Zeitschrift für ausländisches öffentliches Recht und Völkerrecht
z. B.	zum Beispiel
ZBJV	Zeitschrift des Bernischen Juristenvereins
zit.	zitiert
ZRP	Zeitschrift für Rechtspolitik
ZStrR	Schweizerische Zeitschrift für Strafrecht
ZStW	Zeitschrift für die gesamte Strafrechtswissenschaft
zutr.	zutreffend

§ 1 Einleitung

A. Einführung eines Anklägers in die internationale Strafgerichtsbarkeit

I. Vorbemerkung

Die Bemühungen zur Schaffung eines Internationalen Strafgerichtshofs sind mehr als hundert Jahre alt und immer dann auf politischer und rechtswissenschaftlicher Ebene intensiviert worden, wenn blutige Kriege das allgemeine Rechtsbewusstsein erschütterten.[1] Bereits im Jahr 1872 hatte der Schweizer *Gustave Moynier* unter dem Eindruck der im preußisch-französischen Krieg von 1870/71 begangenen Grausamkeiten den ersten förmlichen Vorschlag zur Errichtung eines Internationalen Strafgerichtshofs unterbreitet.[2] Seit Bestehen der UNO nach dem Zweiten Weltkrieg herrscht international die Tendenz, Täter durch eine besonders autorisierte Instanz strafrechtlich zur Verantwortung zu ziehen. Dadurch soll die Menschheit vor Völkermord und ähnlich schweren Verbrechen geschützt sowie weltweit Respekt vor den Menschenrechten unter Gewährleistung der fundamentalen Freiheiten des Einzelnen Gerechtigkeit geschaffen werden, und Immunität durch Missbrauch der Menschenrechte vermieden werden.[3] Allerdings konnte das Vorhaben der UN-Generalversammlung von 1948 in der zweigeteilten Welt des Kalten Krieges nicht verwirklicht werden.[4]

Erst das Ende des Kalten Krieges sowie die in den Jahren 1993 und 1994 vom UN-Sicherheitsrat als Zwangsmaßnahme nach Kapitel VII der UN-Charta geschaffenen *Ad-hoc*-Tribunale für das ehemalige Jugoslawien (Resolution 827/1993) und für Ruanda (Resolution 955/1994), welche die Möglichkeit internationaler und fairer Strafverfahren aufzeigten, brachten neuen Schwung in die

---

1 *Roggemann*, Krieg auf dem Balkan, S. 42.

2 Zu den Vorschlägen von *Gustave Moynier* und deren Analyse *Hall*, IRRC No. 332, 31.03.1998, S. 57-74; zutr. *Eser*, ZBJV 139 (2003), S. 6; *Geiger*, Freundesgabe für Alfred Büllesbach 2002, S. 327.

3 Diese Tendenz folgte vor allem aus den während des Zweiten Weltkriegs begangenen Verbrechen und stand unter dem Eindruck der Tätigkeit der internationalen Militärgerichtshöfe von Nürnberg und Tokio. Dazu *Gastinger/Pieringer*, Diversion, S. 13.

4 Die 1948 beschlossene Völkermordkonvention sah in ihrem Art. 4 ein internationales Strafgericht vor, das aber nie zustande kam. Ebenfalls 1948 beauftragte die UN-Generalversammlung die Völkerrechtskommission mit einem solchen Vorhaben. Diese stellte bei ihrer ersten Sitzung 1949 fest, dass die Errichtung eines internationalen Strafgerichtshofs sowohl wünschenswert als auch möglich sei. Weitere Bemühungen im Rahmen der UNO blieben jedoch bald in den Spannungen und Rivalitäten des Kalten Krieges stecken. Näheres BT-Drs. 14/2682, S. 100.

Vision eines permanenten Internationalen Strafgerichtshofs; ein Vorhaben, das noch Anfang der neunziger Jahre von vielen für völlig unrealistisch gehalten wurde.[5] Die beiden *Ad-hoc*-Tribunale haben demonstriert, dass ein universales Strafrechtssystem möglich und durchführbar ist.[6] Die Errichtung beider *Ad-hoc*-Tribunale ist aber Ausdruck einer selektiven Gerechtigkeit. Nur ein ständiger Internationaler Strafgerichtshof kann universell und unabhängig tätig sein.[7]

Daher wurde das ICC-Statut am 17.07.1998 von der Diplomatischen Bevollmächtigtenkonferenz der UNO zur Errichtung eines ICC in Rom mit überwältigender Mehrheit verabschiedet (120 gegen 7 Stimmen bei 21 Enthaltungen).[8] Die Verwirklichung des ICC läutete eine neue Epoche des Völkerstrafrechts ein. Als „Geschenk der Hoffnung für künftige Generationen"[9] und „Bekräftigung der zentralen Bedeutung der Rechtsstaatlichkeit bei internationalen Beziehungen"[10] setzt das ICC-Statut trotz der vielen Kompromisse und Schwachstellen einen Meilenstein zur weltweiten Durchsetzung und Stärkung der Menschenrechte und des humanitären Völkerrechts. Obwohl der ICC keine universelle Geltung und Zuständigkeit entfaltet, wird seine effektive Implementierung und glaubwürdige Tätigkeit zu einer Stärkung des Völkerstrafrechts führen. Zusammenfassend ist der ICC ein

---

5 Vgl. *Cottier*, Jusletter, 22.04.2002. Vor 1998 gab es nur zwei Hinweise in völkerrechtlichen Abkommen auf einen zu errichtenden internationalen Strafgerichtshof – in Art. VII Genozidkonvention vom 1948, wiederholt in Art. V der weit weniger akzeptierten Anti-Apartheid-Konvention von 1973. Zur Geschichte des ICC siehe etwa *Ahlbrecht*, Geschichte; *Bassiouni*, in: ICC Ratification and National Implementing Legislation, S. 1-44; *ders.*, Introduction to Internaional Criminal Law, S. 387 ff; *Ferencz*, PILR 10 (1998) 1, S. 203-235; *ders.*, HuV 11 (1998) 2, S. 80-90.

6 So ICTY - Jorda Report.

7 *CICC-DE*, Warum einen Internationalen Strafgerichtshof? Allg. zu Verhandlungen in der Rom Konferenz *Bassiouni*, CILJ 32 (1999) 3, S. 443-469. *Kirsch/Holmes*, AJIL 93 (1999), S. 2-8. Zum Stand der Verhandlungen vor der Rom-Konferenz *Graefrath*, ZStW 104 (1992), S. 190-200; *Schlunck*, in: *Fischer/Lüder*, Völkerrechtliche Verbrechen, S. 151-176.

8 Das Statut trat am ersten Tag des Monats in Kraft, der auf den 60. Tag nach Hinterlegung der 60. Ratifikations-, Annahme-, Genehmigungs- oder Beitrittsurkunde beim UN-Generalsekretär folgte. Am 01.07.2002 trat das Statut formal in Kraft und schuf damit die Strafzuständigkeit des ICC für Straftaten wie Völkermord, Verbrechen gegen die Menschlichkeit und Kriegsverbrechen, die ab diesem Tag begangen wurden. Bisher haben 139 Staaten das Statut unterzeichnet und 104 Staaten haben es ratifiziert (Stand: 28.04.2007). Für eine fortlaufend aktualisierte Liste der Vertrags- und Signatarstaaten: *www.iccnow.org*.

9 Statement by the United Nations Secretary-General Kofi Annan at the Ceremony held at Campidoglio Celebrating the Adoption of the Statute of the International Criminal Court, 18.07.1998: *http://www.un.org/icc/speeches/718sg.htm*.

10 UN Press Release, Generalsekretär Kofi A. Annan: Der Internationale Strafgerichtshof ist eine neue Waffe gegen Gräueltaten. UNIC/502, 01.07.2002.

geeignetes Mittel, für Gerechtigkeit zu sorgen und zur Versöhnung beizutragen.[11] Insgesamt hat die Errichtung eines ständigen ICC sehr hohe Erwartungen in der Völkergemeinschaft geweckt.[12]

Das ICC-Statut bildet die rechtliche Grundlage eines ständigen Internationalen Strafgerichtshofs mit Sitz in Den Haag.[13] Zuerst bekräftigt das Statut den Grundsatz individueller strafrechtlicher Verantwortlichkeit als Leitprinzip einer auf Frieden und Gerechtigkeit basierenden Weltordnung. In dieser können schwerste Völkerrechtsverletzungen, die sich als Angriff gegen die internationale Gemeinschaft als Ganzes darstellen, auch individuell geahndet werden. Eine gewichtige völkerrechtspolitische Errungenschaft besteht darin, dass sich Individuen, die Pflichten gegenüber der internationalen Gemeinschaft als Ganzes verletzt haben, gegebenenfalls vor einer unabhängigen internationalen richterlichen Institution verantworten müssen. Der ICC ist damit Ausdruck einer im Namen der Staatengemeinschaft ausgeübten Justiz.

Das ICC-Statut kodifiziert erstmals die völkergewohnheitsstrafrechtlichen Verbrechenstatbestände.[14] Materiell völkerstrafrechtlich ist der Gerichtshof zuständig für die Beurteilung von besonders schweren Verbrechen, welche die internationale Gemeinschaft als Ganzes betreffen: Völkermord, Verbrechen gegen die Menschlichkeit, Kriegsverbrechen und die noch genauer zu definierende Aggression.

Verfahrensrechtlich unternimmt das Statut den anspruchsvollen und in weitem Umfang neuartigen Versuch einer Synthese der unterschiedlichen Rechtsfamilien.[15] Beispielsweise ist der Strafprozess vor dem Gerichtshof nicht als reiner Par-

---

11 Vgl. *Bougarel*, Le Monde diplomatique Nr. 6723, 12.04.2002.

12 *Eser* z.B. glaubt, sowohl nationale als auch wissenschaftliche Frontstellungen würden auf der Suche nach weltweit akzeptablen Regelungen aufgebrochen und dabei grenzüberschreitende Diskussionen ausgelöst, die nicht zuletzt auch für die Modernisierung nationaler Strafrechtsordnungen modellhaft wirken könnten. *Eser*, ZBJV 139 (2003), S. 41 f.; vgl. *Triffterer*, GS für Zipf, S. 539 ff..

13 Das Statut enthält erstmals einen allgemeinen Teil des materiellen Völkerstrafrechts und für das Verfahren vor dem ICC eine kleine Völkerstrafprozessordnung, in der man bestrebt war, auf verschiedene Rechtsordnungstraditionen Rücksicht zu nehmen. Dazu *Geiger*, Freundesgabe für Alfred Büllesbach 2002, S. 334.

14 *Klocke*, Ein Überblick, Sect. III.

15 Zu dieser Problematik *Ambos*, ZStW 111 (1999), S. 195 ff.; *ders.*, ICLR 3 (2003), S. 1-37; *Cassese*, EJIL 10 (1999) 1, S. 168; *Champy*, RIDP 68 (1997), S. 149-193; *Eser*, ZBJV 139 (2003)1, S. 35 f.; *Fastenrath*, JuS 1999, S. 634 f.; *Findlay*, ICLQ 50 (2001), S. 26-53; *ders.*, Synthesis in Trial Procedures?; vgl. *Graefrath*, in: *Hankel/Stuby*, Strafgerichte, S. 313 ff.; *Kreß*, JICJ 1 (2003), S. 603-617; *Mundis*, LJIL 14 (2001), S. 367-382; *Orie*, in: *Cassese et al.*,

teiprozess angelegt, sondern eröffnet die Möglichkeit richterlicher Aufklärung über die von den Parteien vorgebrachten Tatsachen bzw. beigebrachten Beweismittel hinaus. Hervorzuheben ist das durchgängige Bestreben des Statuts, rechtsstaatliche Anforderungen verfahrensmäßig auszuformulieren. Die Rechte der Beschuldigten werden in enger Anlehnung an einschlägige Instrumente des internationalen Menschenrechtsschutzes formuliert. Darüber hinaus verfolgen die verfahrensrechtlichen Regelungen an vielen Stellen das Ziel, den Belangen des Zeugen- und Opferschutzes in weitestmöglichem Umfang Rechnung zu tragen. Manche Verfahrensregelungen des Internationalen Strafgerichtshofs weisen durchaus beachtliche Fortschritte gegenüber denjenigen anderer internationaler Gerichte vergleichbarer Art auf, auch wenn manche Regelungen Kritik herausfordern.[16]

II. Entwicklung einer einheitlichen und ständigen Anklagebehörde mit internationaler Strafgerichtsbarkeit

Die Wahrung rechtsstaatlicher Grundsätze hängt von einer angemessenen Zusammensetzung und Kompetenzausstattung der Anklagebehörde ab.[17] Die Errichtung einer Strafverfolgungsbehörde ist auch eine unabdingbare Voraussetzung für die Funktion eines internationalen Strafgerichtshofs. Im Anfangsstadium der Entwicklung von internationaler Strafgerichtsbarkeit wurde zwar eine Strafverfolgungsbehörde errichtet, diese war jedoch keine einheitliche und ständige Strafverfolgungsbehörde.[18] Das Nürnberg-Tribunal (IMT) besaß vier Hauptankläger, die gemeinsam über wichtige Grundsatzfragen zu entscheiden hatten. Die vier Hauptankläger wurden jeweils von jedem der vier Signatarstaaten des Londoner Abkommens benannt, und sie sollten in einem Komitee fungieren.[19] Jeder Hauptankläger hatte sein eigenes Personal und seine eigenen Ressourcen, die von seiner

---

The Rome Statute, 1439-1495; *Tibbitts*, The Role of the Prosecutor and the Judge, S. 49; *Tochilovsky*, EJCCLCJ 6 (1998) 1, S. 55-59. Allg. zum Strafverfahren vor dem ICC siehe etwa *Behrens*, HuV-I 11 (1998), S. 144-151; *ders.*, EJCCLCJ 6 (1998) 4, S. 113-125.

16 Vgl. *Doehring*, FS für Dau, S. 71.

17 *Tomuschat*, Verhandlungen des 60. Deutschen Juristentages, S. Q59. Zu ausführlichen Darstellungen der Rolle der Anklagebehörden in nationalen Rechtsordnungen und einer internationalen Anklagebehörde siehe *Arbour/Eser/Ambos/Sanders* (eds.), The Prosecutor of a Permanent International Criminal Court, 2000; siehe auch *Eser*, in: *Griesbaum/Hannich/Schnarr* (Hrsg.), FS für Kay Nehm, S. 111-124.

18 Näheres über die Anklagebehörden beider militärischen Tribunale *Zappala*, Human Rights, S. 30 ff..

19 Art. 14 IMT-Charta. Die vier Hauptankläger am Nürnberg-Tribunal waren Justice Robert H. Jackson (USA), Sir Hartley Shawcross (UK), Francois de Menthon (Frankreich) und General R.A. Rudenko (UdSSR).

eigenen Regierung bereitgestellt wurden.[20] Jeder Hauptankläger war ein Beamter des Staates, der Ermittlungen und Strafverfolgung eingeleitet hatte und daher unter der Kontrolle seines eigenen Staats. Im Fall des Internationalen Militärischen Tribunals in Tokio (IMTEE) war die Form einer Strafverfolgungsbehörde einfacher gestaltet als jene für das IMT. Der Hauptankläger für das IMTEE wurde von den Oberkommandierenden der Alliierten Mächte (*Supreme Commander of Allied Powers*) benannt. Beide Charta sahen also keine einheitliche Errichtung einer „Behörde" mit Personal vor, die die jeweiligen Hauptankläger unterstützen sollte. Während der Verhandlungen über einen Statutsentwurf für einen internationalen Strafgerichtshof 1950 entstand allgemeines Einvernehmen darüber, dass das Statut eine Vorschrift bezüglich einer Strafverfolgungsautorität enthalten solle.[21] Es gab jedoch heftige Auseinandersetzungen darüber, ob der Ankläger einheitlich und ständig benannt sein sollte oder nicht. Eine Konzeption war, dass der Ankläger ein ständiger Beamter sein und von der UN-Generalversammlung oder vom Strafgerichtshof selbst benannt werden sollte, um alle Fälle vor dem Strafgerichtshof zu behandeln. Um diese Konzeption zu unterstützen, wurden die folgenden Argumente vorgebracht. Der Ankläger sollte kein Beschwerdeführer sein, sondern eine unabhängige Person, die ihre Aufgabe unparteilich wahrnimmt. Er sollte auch die Befugnis haben, zu entscheiden, *nicht* vorzugehen, wenn er überzeugt wäre, dass der Angeklagte unschuldig ist, oder dass ein Gerichtsverfahren mit dem Allgemeininteresse nicht übereinstimmt. Wenn er sich aber für ein Gerichtsverfahren entscheiden sollte, dann sollte er darauf achten, dass der Angeklagte und seine Verteidiger ein faires Verfahren bekommen.[22]

Die andere Konzeption war, dass der Ankläger in jedem Einzelfall vom Anklagesteller gewählt werden sollte, d. h. durch die UN-Generalversammlung, durch eine zwischenstaatliche Organisation oder durch einen Staat.[23] In dieser Konzeption

---

[20] *Bergsmo/Cissé/Staker*, in: *Arbour et al.*, Prosecutor, S. 125.

[21] Die UN-Generalversammlung nahm am 12.12.1949 die Resolution 489 (V) bzgl. der internationalen Strafgerichtsbarkeit an. Die Resolution sah einen Ausschuss für Internationale Strafgerichtsbarkeit vor, dessen Aufgabe die Vorbereitung von einem oder mehreren Entwürfen einer Konvention und von Vorschlägen in Bezug auf die Errichtung eines internationalen Strafgerichtshofs war. Der Ausschuss wurde von Repräsentanten aus 17 Mitgliedstaaten gebildet. Er tagte vom 01. bis 30. August 1951 und vom 27. Juli bis 20. August 1953 und legte jeweils einen Bericht (A/2136, A/2645) vor, der einen Statutsentwurf für einen internationalen Strafgerichtshof enthielt, und die ILC nahm 1954 einen Draft Code of Offences against the Peace and Security of Mankind an. Aber die UN-Generalversammlung gab 1954 weitere Bemühungen auf, einen internationalen Strafgerichtshof zu errichten. Dazu *AI*, ICC: Part I, Section I (A).

[22] CICJ-Report 1951, para. 125.

[23] CICJ-Report 1951, para. 124.

wurde argumentiert, dass es für eine internationale Strafgerichtsbarkeit nicht durchführbar sein, dass der Ankläger entscheiden könne, *nicht* vorzugehen, während die UN-Generalversammlung entschieden hätte, die Sache vor den Gerichtshof zu bringen. Deshalb sei es unvorstellbar, dass eine solche Befugnis einer Einzelperson gegeben würde.[24] Deshalb wurde ein Kompromiss angenommen: Der Ankläger solle auf einem *Ad-hoc*-Tribunal anstatt auf einer ständigen Basis eingesetzt werden.[25] Aber die Ernennung des Anklägers auf einem *Ad-hoc*-Tribunal impliziert nicht notwendigerweise, dass er von den Beschwerdeführern ernannt wird. Zusammenfassend sollte im Entwurf von 1951 der Ankläger von einem speziellen Gremium von zehn Personen von Fall zu Fall gewählt werden.[26] Aber die spätere Entwicklung der internationalen Politik hatte das Vertrauen von souveränen Staaten in einen Ankläger, der von einem speziellen Gremium gewählt würde, stark zurückgedrängt. Daher kehrte der Entwurf von 1953 zurück zu dem Gedanken eines vom Beschwerdeführer gewählten Anklägers.[27]

In der Literatur jedoch wurde der Gedanke eines ständigen Anklägers immer unterstützt, weil man glaubte, dass ein unabhängiger und ständiger Ankläger eher in der Lage sei, Beweismittel von einer dritten Partei zu erlangen, die für eine vollständige und faire Betrachtung der Anschuldigung notwendig wären.[28]

Der Gedanke eines ständigen und unabhängigen internationalen Anklägers gewann erst Anfang 1990 überwiegende Zustimmung. Das Milieu internationaler Politik nach dem Kalten Krieg hat diesen Gedanken bei der Errichtung des ICTY belebt. Ein institutioneller Ankläger ist für die Strafverfolgung von Kernverbrechen selbstverständlich angemessen. Solche Kernverbrechen entstehen normalerweise in bewaffneten Konflikten. Nur ein unabhängiger Ankläger kann eine Favorisierung vermeiden und sicherstellen, dass Verdächtige fair behandelt werden. Deswegen haben die Statuten beider *Ad-hoc*-Tribunale wie auch das ICC-Statut sich für die Figur einer einzigen ständigen Anklagebehörde entschieden, die als ein selbstständiges Organ des Tribunals unabhängig fungieren muss.[29] Zum ersten Mal in der menschlichen Geschichte gibt es einen unabhängigen internationalen

24 CICJ-Report 1951, para. 126.

25 CICJ-Report 1951, para. 127.

26 CICJ-Report 1951, para. 129.

27 CICJ-Report 1953, para. 128. Der 1953 vom Ausschuss für Internationale Strafgerichtsbarkeit fertig gestellte Statutenentwurf für einen Gerichtshof (A/2645) ist von der UN-Generalversammlung niemals behandelt worden.

28 *Wood*, in: *Stone/Woetzel*, Towards a Feasible International Criminal Court, S. 272.

29 Art 16(2) ICTY-Statut, Art. 15(2) ICTR-Statut. Zur Entwurfsgeschichte der den Ankläger betreffenden Vorschriften des ICC-Statuts siehe etwa *De Gurmendii*, in: *Lee* (ed.), S. 175.

Ankläger zur Durchführung der Ermittlungen und Strafverfolgung der internationalen Kernverbrechen.[30] Jedoch bleibt der Ankläger bei der Durchführung von Ermittlungen in vielen Fällen auf die Rechtshilfe und die Zusammenarbeit mit Staaten angewiesen.[31]

B. Die Problematik und thematische Begrenzung der Untersuchung

Durch die Errichtung eines ICC will sein Statut dem Völkerstrafrecht zu einer größeren universalen Durchsetzung verhelfen.[32] In diesem „alten, aber noch immer im Entstehen begriffenen Rechtsgebiet“[33] wird das Anklagesystem zu einem Rechtsinstitut *sui generis* entwickelt.[34] Die Rolle des Anklägers wird einerseits vom gemischten Charakter des Strafverfahrens für den internationalen Strafgerichtshof und andererseits vom Spannungsverhältnis zwischen internationaler und innerstaatlicher Strafgerichtsbarkeit geprägt.

Was für eine Rechtsstellung genießt jedoch der internationale Ankläger eines ständigen internationalen Strafgerichtshofs? Wie kann der internationale Ankläger das Völkerstrafrecht unabhängig und unparteilich durchsetzen? Wie kann der internationale Ankläger Ermittlungen und Strafverfolgung effektiv und effizient erledigen? Welche Auswirkungen haben die derzeitige völkerrechtliche Realität und der grundlegende Komplementaritätsgrundsatz auf die Rolle des Anklägers? Welches Gleichgewicht muss zwischen der Ausübung der internationalen und der innerstaatlichen Strafgerichtsbarkeit gefunden werden, und wie? Die mangelnde Auseinandersetzung in der Wissenschaft und das tatsächliche Bedürfnis der Entwicklung des Völkerstrafrechts macht die Rolle eines internationalen Anklägers zu einem Gegenstand, dessen Erforschung viel versprechend sein dürfte.

Ziel dieser Arbeit ist es deshalb, einen Beitrag zur Untersuchung der Rolle des Anklägers im Spannungsfeld zwischen der Realität der internationalen Politik bzw. der Entwicklung des Völkerrechts und Völkerstrafrechts einerseits und andererseits der Möglichkeit des Aufbaus eines internationalen Anklagesystems zu leisten. Ein unabhängiger internationaler Ankläger sollte in der Lage sein, zur effektiven und effizienten Erfüllung der Aufgaben des Gerichtshofs und zur Entwicklung des Völkerstrafrechts beizutragen.

---

30 *Lee*, FILJ 25 (2002), S. 753.
31 Näheres *MacPherson*, CILJ 13 (1998) 1, S. 57.
32 Schweiz-Botschaft, Para.1.1.
33 Schweiz-Botschaft, Para.1.1.
34 Vgl. *Robinson*, EJIL 11 (2000), S. 588.

Im Rahmen dieser Untersuchung werden vor allem die einschlägigen gesetzlichen Bestimmungen im ICC-Statut beleuchtet. Nicht nur die aktuelle Rechtslage der Rolle des internationalen Anklägers wird analysiert, sondern auch die rechtshistorischen Entwicklungen dieser Rolle, insbesondere seit Anfang 1990. Die relevanten gesetzlichen Bestimmungen und Rechtsprechungen beider *Ad-hoc-* Tribunale werden behandelt, die in statutarischer und verfahrenstechnischer Hinsicht eine klare Vorarbeit für das ICC-Statut geleistet haben und eine Erfahrungsquelle waren.[35] Auf den Verhandlungsstand im Rahmen der ILC und des PrepComm vor der Rom-Staatenkonferenz wird ebenfalls eingegangen. Um eine Vergleichbarkeit der Regelungen hinsichtlich der Rolle des Anklägers zu ermöglichen, sollen die Rechtslagen in innerstaatlicher Gerichtsbarkeit, hauptsächlich in angloamerikanischer („Common Law“) und kontinentaleuropäischer („Civil Law“) Gerichtsbarkeit, die sich mit dem Anklagesystem des ICC befassen, beleuchtet werden.[36] Gerade im Verfahrensrecht treten die Unterschiede der Rechtstraditionen der angloamerikanischen Staaten und der kontinentaleuropäisch ausgerichteten Staaten zutage und erschweren vielfach das Auffinden eines Kompromisses in der Ausgestaltung der einzelnen Verfahrensregeln.[37]

C. Gang der Untersuchung

Zunächst wird im ersten Teil (Kapitel 1) die Rechtsstellung des internationalen Anklägers untersucht. Dabei geht es vor allem darum, Inhalt und Garantie der Unabhängigkeit und der Unparteilichkeit des Anklägers in der Amtsausübung zu analysieren.

Im zweiten Teil (Kapitel 2 bis 7) wird die Rolle des Anklägers in einzelnen Verfahrensabschnitten behandelt, welche sich jeweils auf die Einleitung der Ermittlungen sowie das Ermittlungs-, Zwischen-, Haupt- und Rechtsmittelverfahren bezieht. Bei der Darstellung der Rolle des Anklägers wird insbesondere untersucht, ob die betreffenden gesetzlichen Bestimmungen im ICC-Statut dem internationa-

---

35 *Fassbender*, IStGH; *Gilles*, NKSH 2001, S. 4; *Scheffer*, in: *HLC*, Spotlight, S. 25; *Spieker*, HuV 12 (1999), S. 216-224.

36 Die Anklagesysteme der anderen Strafverfahrensmodelle (islamisches Strafverfahrensmodell und Strafverfahrensmodell in kommunistischen Ländern) werden nicht berücksichtigt. Ein wichtiger Grund für die Nichtberücksichtigung des Strafverfahrensmodells in kommunistischen Ländern (z. B. China) ist, dass das Strafverfahrenssystem dieser Länder heutzutage eine wichtige Übergangsperiode erlebt, und zwar orientiert sich dieser Übergang an dem Strafverfahrensmodell entweder der angloamerikanischen Länder oder der kontinentaleuropäischen Länder.

37 *Harder*, Ein Jahr, S. 6.

len Ankläger gewährleisten, seine Aufgabe, schwerste Verbrechen, die die internationale Gemeinschaft als Ganzes berühren, zu verfolgen, erfolgreich erledigen zu können. Hier wird auch der Versuch unternommen, eine befriedigende Lösung-, insbesondere durch angemessene Interpretationen für bestimmte gesetzliche Lücken zu finden.

Im dritten Teil (Kapitel 8) erfolgen eine Zusammenfassung der Rolle des Anklägers eines internationalen Strafgerichtshofs und eine kritische Würdigung. Dabei wird versucht, ein Konzept zum Aufbau eines internationalen Anklagesystems auszuarbeiten.

ERSTER TEIL: DER INTERNATIONALE ANKLÄGER IN DER STRUKTUR DER VÖLKERSTRAFGERICHTSBARKEIT

Kapitel 1. Rechtsstellung des internationalen Anklägers

Die Ausgestaltung der Rechtsstellung des internationalen Anklägers ist von der Rechtsstellung der Staatsanwaltschaften in den nationalen Strafgerichtsbarkeiten und von der Position der internationalen Strafgerichtshöfe im Spannungsfeld zwischen nationaler Souveränität und internationaler Strafgerichtsbarkeit stark geprägt worden. In den folgenden Abschnitten soll untersucht werden, wie die Rechtsstellung des internationalen Anklägers beschaffen sein kann.

§ 2 Einführung: Die Struktur der Anklagebehörde

Die Anklagebehörde des ICC ist die erste permanente internationale Strafverfolgungsbehörde. Sie ist als ein selbstständiges Organ des Gerichtshofs konzipiert (Art. 42 (1) ICC-Statut) und wird vom Ankläger geleitet, der die volle Dienstaufsicht über die Führung und die Verwaltung der Behörde einschließlich ihres Personals, ihrer Einrichtungen und sonstigen Mittel besitzt (Art. 42 (2) ICC-Statut). Dem Ankläger stehen ein oder mehrere Stellvertreter zur Seite, die zur Ausführung aller Handlungen befugt sind, die nach dem Statut dem Ankläger obliegen. Sie üben ihr Amt hauptamtlich aus (Art. 42 (2) ICC-Statut). Der Ankläger ernennt Berater mit juristischen Fachkenntnissen auf bestimmten Gebieten, insbesondere - jedoch nicht ausschließlich – für den Bereich sexueller- und geschlechtsspezifischer Gewaltdelikte und sowie der Gewalt gegen Kinder (Art. 42 (9) ICC-Statut). Er ernennt für seine Behörde das notwendige fachlich befähigte Personal. Im Fall des Anklägers schließt dies die Ernennung von Ermittlern ein (Art. 44 (1) ICC-Statut). In Ausnahmefällen kann der Gerichtshof die Fachkenntnisse von Personal heranziehen, das ihm von Vertragsstaaten, von zwischenstaatlichen oder nichtstaatlichen Organisationen unentgeltlich zur Verfügung gestellt wird, um ein Organ des Gerichtshofs bei seiner Arbeit zu unterstützen. Der Ankläger kann ein solches Angebot im Namen der Anklagebehörde annehmen (Art. 44 (4) ICC-Statut).[1]

---

1 Allg. zur Organisation und Verwaltung des Gerichtshofs siehe etwa *Jarasch*, EJCCLCJ 6 (1998) 4, S. 326 ff.; *Nesi*, in: *Lattanzi/Schabas*, Essays, Vol. I, S. 233-249. Konkret zu internen Organen der Anklagebehörde und deren Funktionen siehe *Kaul*, VN 4 (2004), S. 141-149. *Hall*, LJIL 17 (2004), S. 132-133.

§ 3 Die Unabhängigkeit des Anklägers

A. Inhalt der Unabhängigkeit des Anklägers

Wie die Unabhängigkeit der Richter[2] die einer der grundlegenden Stützpfeiler der Autorität des Gesetzes ist, ist die Unabhängigkeit des internationalen Anklägers ein struktureller Schutz, der im Völkerstrafrechtssystem eingebettet ist.[3] Während der Verhandlung über das ICC-Statut wurde die Unabhängigkeit des Anklägers von vielen Teilnehmern als Fixpunkt zitiert, durch den der Erfolg der Verhandlung über den ICC und die Wirksamkeit des ICC beurteilt werden könnten.[4] Um den Inhalt der Unabhängigkeit des internationalen Anklägers zu untersuchen, wird der Unterschied zwischen sachlicher Unabhängigkeit und persönlicher Unabhängigkeit herangezogen, was nach klassischer Auffassung für die Unabhängigkeit der Richter charakteristisch ist. Dies ist gerechtfertigt, weil der internationale Ankläger eine der richterlichen Unabhängigkeit vergleichbare Selbstständigkeit genießen soll.[5] Die sachliche Unabhängigkeit lässt sich mit dem Schlagwort „Weisungsfreiheit" in ihrem Wesen umschreiben. Die persönliche Unabhängigkeit dient dazu, die sachliche Unabhängigkeit zu untermauern. Sie bezieht sich auf die persönliche Rechtsstellung des Anklägers, aufgrund derer die Möglichkeit einer Versetzung oder Entlassung ausgeschlossen werden soll.[6] Diese zwei Aspekte der

---

[2] Zur Unabhängigkeit der Richter des ICC *De Bertodano*, LJIL 15 (2002), S. 409-430. Allg. zur Unabhängigkeit der Richter an internationalen Gerichtshöfen und Tribunalen *Mackenzie/Sands*, HILJ 44 (2003) 1, S. 271-286.

[3] Bereits im Mai 1998 hatte in Freiburg unmittelbar im Vorfeld der Rom-Konferenz ein vom Max-Planck-Institut für ausländisches und internationales Strafrecht in Kooperation mit dem Office of the Prosecutor of the International Criminal Tribunal (ICTY and ICTR) ausgerichteter internationaler Workshop zur Rolle der Anklagebehörde in einem Ständigen Internationalen Strafgerichtshof stattgefunden. Auf diesem Workshop wurde die *Freiburg-Deklaration zur Stellung der Staatsanwaltschaft eines Ständigen Internationalen Strafgerichtshofs* verabschiedet, die wesentliche Grundsätze zur Unabhängigkeit und Verantwortlichkeit von Staatsanwälten festlegt, wie sie in völkerrechtlichen Instrumenten und nationalen Rechtssystemen anerkannt und angewendet werden und deshalb auch bei einer internationalen Strafgerichtsinstanz Berücksichtigung finden sollten. Es kann festgestellt werden, dass nicht wenige der in der *Freiburg-Deklaration* erhobenen Forderungen sinngemäss im Rom-Statut vorzufinden sind. Zum Inhalt der *Freiburg-Deklaration* und einschlägigen Darstellung siehe *Arbour/Eser/Ambos/Sanders* (eds.), The Prosecutor of a Permanent International Criminal Court, S. 676-678.

[4] *Blewitt*, in: *Perrakis* (ed.), S. 155.

[5] Siehe *Jones*, in: *Cassese et al.*, The Rome Statute, S. 271.

[6] Zur Differenzierung zwischen sachlicher Unabhängigkeit und persönlicher Unabhängigkeit und zur Darstellung beider Begriffe *Kissel*, Gerichtsverfassungsgesetz: Kommentar, § 1 Rdnr. 9.

Unabhängigkeit werden im Einzelnen nicht nur in Art. 42 ICC-Statut separat festgelegt, sondern auch in der ICC-OTP Draft Regulation systematisch ausgearbeitet, die später von der Anklagebehörde selbst vorzulegen ist.[7]

I. Sachliche Unabhängigkeit

1. Unabhängigkeit des Anklägers als Weisungsfreiheit

Die sachliche Unabhängigkeit des internationalen Anklägers von außen, insbesondere von Einzelstaaten oder internationalen Organisationen, kann als Ausgangspunkt für ein wesentliches Element richterlicher Unabhängigkeit gesehen werden: die Weisungsfreiheit. Der Grundsatz der sachlichen Unabhängigkeit des Anklägers ist in Art. 42 ICC-Statut verankert. Demnach darf einerseits eine Stelle außerhalb des Gerichtshofs einem Mitglied der Anklagebehörde keine Weisungen geben[8], andererseits darf ein Mitglied der Anklagebehörde eine solche Weisung weder einholen noch befolgen. Die Weisungsfreiheit des Anklägers ist insoweit gerechtfertigt, als es sich bei ihm um ein spezielles Organ der Rechtspflege handelt. Nach dem Sinn und Zweck der Funktion des Anklägers im internationalen Strafprozess ist dieser Interessenvertreter der internationalen Gemeinschaft als Ganzer. Er ist kein Vertreter eines bestimmten Staates oder einer bestimmten Regierung, sondern ist verpflichtet, die Funktion des Völkerstrafrechtssystems zu schützen.[9] Die Ausgestaltung des Amtes des Anklägers als ein spezielles Organ der Rechtspflege mit uneingeschränkter Unabhängigkeit wird begrüßt, weil nur der vollständige Verzicht auf ein Weisungsrecht die unabhängige Wahrnehmung der ihm übertragenen Aufgaben gewährleisten kann.

Diese sachliche Unabhängigkeit des Anklägers ist ein wirksamer Schutz für die Strafrechtspflege und bildet die Voraussetzung für das Vertrauen in den internati-

---

7 Regulation 4 (Specific Standards of Independence), The standard of independence includes, inter alia: (a) remaining unaffected by any individual or sectional interests and in particular any pressure by any State, organ of the United Nations, intergovernmental or non-governmental organisation or the media; (b) refraining from any activity which is likely to affect the confidence of others in the independence of the Office; (c) refraining from the exercise of other occupations of a professional nature [without the approval of the Chief Prosecutor]; (d) refraining from any activity which is likely to interfere with the performance of duties and the exercise of powers; (e) not being influenced by fear or intimidation. Part 1, ICC-OTP Draft Regulation.

8 Bedauerlicherweise wird dies im ICC-Statut nicht ausdrücklich festgelegt.

9 Zur Interpretation der Rechtsstellung des Anklägers durch die Rspr. der *Ad- hoc*-Tribunale siehe z. B. *Prosecutor v. Aleksovski*, IT-95-14/1-A, Decision, 16.01.1999, paras. 100, 104.

onalen Ankläger und in den ICC. Der Ankläger sollte in keiner Weise an einen Dritten gebunden sein, dessen Interessen denen des Amtes in irgendeiner Weise entgegenstehen könnten. Diese Unabhängigkeit des Anklägers hat den gesamten internationalen Strafprozess hindurch zu wirken, sowohl hinsichtlich der Auslösung und Durchführung der Ermittlungen als auch hinsichtlich der Anklage vor dem Gerichtshof. Die institutionelle Unabhängigkeit erscheint erforderlich, um jeden Anschein einer möglichen Beeinflussung der Amtsausübung auszuschließen. Demnach muss diese Unabhängigkeit als ein wesentliches Merkmal des Amts der internationalen Anklagebehörde betrachtet werden.

2. Sachliche Unabhängigkeit im Einzelnen

a) Interne sachliche Unabhängigkeit

Die interne sachliche Unabhängigkeit des Anklägers bedeutet die Unabhängigkeit der Anklagebehörde im Rahmen der Struktur des ICC selber. Art. 42 ICC-Statut betont, dass die Anklagebehörde ein selbstständiges Organ des Gerichtshofs ist und von seinem Leiter in völliger Autonomie geführt wird.[10] Hier wird großes Gewicht darauf gelegt, dass der Ankläger seine Funktion unabhängig erfüllen kann und von der Struktur des Gerichtshofs getrennt werden muss, obwohl der Ankläger ein solches Organ ist, das das zu schaffende globale Völkerstrafrechtssystem betrifft.[11]

Die Anklagebehörde ist in erster Linie von Richtern unabhängig. Sie muss im Stande sein, ohne jegliche Beeinflussung durch die Richter zu fungieren (abgesehen vom Fall des Ausschlusses des Anklägers oder seines Stellvertreters).[12] Die Wahl und die Ernennung des Anklägers und seiner Stellvertreter werden nicht von den Richtern, sondern von der Mehrheit der Vertragsstaaten durchgeführt (Art. 42 (4) ICC-Statut). Das Gleiche gilt für die Verhängung einer Disziplinarmaßnahme bzw. für die Amtsenthebung eines Anklägers oder seines Stellvertreters (Art. 46 und 47 ICC-Statut).

---

[10] Für *Josipović* ist es richtiger zu sagen, dass der Ankläger das Anklageorgan des Gerichtshofs ist, während die Anklagebehörde nur den Ankläger unterstützt. *Josipović*, in: *Josipović et al.*, The Rome Statute, S. 81.

[11] Vgl. ILC-Report 1993, Commentary to Article 13, paras. 3, 5.

[12] Österreich - Römisches Statut, Erklärung zu Art. 42.

Die Anklagebehörde ist auch vom Präsidium und von der Kanzlei unabhängig.[13] Art. 38 ICC-Statut nimmt die Anklagebehörde ausdrücklich von der Verwaltungshoheit des Präsidiums aus. Daneben bilden die Anklagebehörde und die Kanzlei gemäß Art. 34 ICC-Statut je eigene Organe des Gerichtshofs. Der Ankläger besitzt volle Dienstaufsicht über die Führung und Verwaltung der Behörde (Art. 42 (2) ICC-Statut). Diese völlige Autorität ist eine Abweichung von den *Ad-hoc*-Tribunalen, wo der Ankläger von der Vesorgung mit Personal, Einrichtungen und Ressourcen durch die Kanzlei abhängig ist. Die entsprechende Bestimmung im Statut ist eine Verbesserung.[14]

b) Externe sachliche Unabhängigkeit

Das Gebot der externen sachlichen Unabhängigkeit betrifft die sachliche Unabhängigkeit von Außenstehenden des Gerichtshofs, und zwar vor allem die Weisungsfreiheit des internationalen Anklägers von einzelnen Staaten.[15] In der nationalen Gerichtsbarkeit ist es ein gemeinsamer Grundsatz, dass die Strafverfolgungsbehörde von politischem Willen so unabhängig wie möglich sein sollte. Obwohl die Ausgestaltung von Rolle und Funktion des Staatsanwalts von Land zu Land recht unterschiedlich ist, kommt diesem Grundsatz herausragende Bedeutung zu; er ist denn auch weltweit anerkannt.[16] Für die internationalen Strafgerichtshöfe ist die Unabhängigkeit des Anklägers von politischer Kontrolle auch ein Grundaspekt der Gerechtigkeit und Unparteilichkeit des Prozesses als Ganzem.[17] Wenn der Ankläger mit irgendeiner politischen Agenda anders als der Anstrebung der Gerechtigkeit identifiziert würde, würde die Rolle des Gerichtshofs, ein unparteilisches und unabhängiges Forum zu sein, schwer beeinträchtigt.[18]

Dem ICC ist formell eine weitgehende politische Unabhängigkeit zugestanden.[19] Was das System des Gerichtshofs betrifft, ist der Ankläger letztlich der Vertragsstaatenversammlung verantwortlich (Art. 112 ICC-Statut). Die wichtigsten Befugnisse hinsichtlich der Aufsicht über die Verwaltung der Anklagebehörde, der

---

13 Hierzu *Gallant*, LJIL 16 (2003), S. 557-558.

14 Vgl. *Harhoff*, NJIL 69 (2000) 1, S. 58; *Jones*, in: *Cassese et al.*,The Rome Statute, S. 273; *Mundis*, AJIL 97 (2003) 1, S. 140.

15 *Caianiello/Illuminati*, NCJILCR 26 (2001), S. 441.

16 Zur Ausgestaltung von Rolle und Funktion des Staatsanwalts in verschiedenen nationalen Rechtsordnungen siehe *Arbour/Eser/Ambos/Sanders* (eds.), The Prosecutor of a Permanent International Criminal Court.

17 Vgl. dazu *HLC*, Spotlight, S. 291.

18 *Danner*, AJIL 97 (2003) 3, S. 537.

19 Über den ICC und die Realpolitik *Wehner*, IStGH.

Zustimmung des ordentlichen Budgets und des Erwerbs und des Gebrauchs von zusätzlichen Ressourcen, einschließlich der Annahme von Personal, das von Vertragsstaaten, von zwischenstaatlichen oder nichtstaatlichen Organisationen unentgeltlich zur Verfügung gestellt wird, werden auch von der Vertragsstaatenversammlung bewilligt (Art. 112 (2) (b), (c) und (d) ICC-Statut). Der Zweck dieser Bestimmungen ist es, den Ankläger fremdem Einfluss zu entziehen. Allerdings stellt ein Autor fest, dass die durch die Vertragsstaatenversammlung zu bewilligenden Befugnisse die Folge haben, dass die Vertragsstaatenversammlung die volle Kontrolle über allen OTP-Ressourcen hat. Und obgleich die Nutzung dieser Befugnisse durch die Vertragsstaatenversammlung zwecks Einmischung in die Tätigkeit der Anklagebehörde eine Verletzung von Art. 42 (2) begründen würde, gibt es kein Rechtsmittel gegen solch eine Verletzung im ICC-Statut.[20] Allerdings sind die Abstimmungsmechanismen für die Vertragsstaatenversammlung kompliziert, und es ist schwierig, eine Abstimmung zur Einmischung in die Funktionen des OTP zu bekommen.

Die Weisungsfreiheit des Anklägers bedeutet auch Weisungsfreiheit von sowohl nationalen Regierungen als auch internationalen Regierungs- oder Nicht-Regierungsorganisationen. Zuerst ist der ICC kein Vertreter der nationalen Regierungen. Dann ist der ICC auch kein Bestandteil der UNO, obwohl er mit dem UN-System in Beziehung steht.[21] Der Ankläger darf auch kein Vertreter anderer Organisationen sein, weder internationalen noch regionalen. Allerdings werden die Befugnisse des Anklägers mit Blick auf die sorgfältige Beachtung des Prinzips der nationalen Souveränität und politischen Priorität des UN-Sicherheitsrats in einer bedeutenden Weise beschränkt und die Unabhängigkeit des Anklägers auch dementsprechend beeinflusst.[22] Im ICC-Statut wird das Prinzip der Komplementarität als ein Leitprinzip konzipiert (Art. 17, 18 und 19 ICC-Statut). Die Funktion des Anklägers wird in allen Prozessabschnitten durch dieses Prinzip beschränkt. Die Rolle des UN-Sicherheitsrats bei der Einleitung der Ermittlungsverfahren und beim Aufschub der Ermittlungen oder Strafverfolgungen werden im ICC-Statut klar zum Ausdruck gebracht (Art. 13 (b) und 16

---

20 *Olásolo*, ICLR 3 (2003), S. 107-108.

21 Das Verhältnis des ICC zur UNO ist in einem Sonderabkommen festgelegt, wodurch die Autorität und der universell angelegte Charakter des Gerichthofs hervorgehoben werden (Art. 2). Dieses Sonderabkommen ist von der Vertragsstaatenversammlung zu genehmigen und vom Präsidenten des ICC in dessen Namen zu schließen. Das UN-Draft Relationship Agreement wurde am 08.01.2002 angenommen. Zur Darstellung und Analyse dieses Abkommens vgl. *Mundis*, AJIL 97 (2003) 1, S. 133 ff.

22 Näheres *Turone*, in: *Cassese et al.*, The Rome Statute, S. 1140.

ICC-Statut). Allerdings dürfen sich die nationalen Regierungen oder der UN-Sicherheitsrat in einzelne Fälle nicht direkt einmischen dürfen, können sie jedoch Einfluss auf den Ankläger ausüben.

II. Persönliche Unabhängigkeit

Bei der persönlichen Unabhängigkeit geht es um eine institutionelle Absicherung der sachlichen Unabhängigkeit und damit um einen Schutz vor Einflussnahmen dadurch, dass eine Entlassung oder Versetzung gegen den Willen des betroffenen Anklägers ausgeschlossen wird.[23] Persönliche Unabhängigkeit ist eine wichtige Voraussetzung der amtlichen Unabhängigkeit des Anklägers. Nur auf der Basis der persönlichen Unabhängigkeit kann eine echte sachliche Unabhängigkeit erreicht werden.[24] Der Ankläger soll nicht der Gefahr ausgesetzt sein, bei Entscheidungen, die dem Dienstherrn nicht gefallen, persönliche Nachteile befürchten zu müssen. Persönliche Unabhängigkeit trägt der Erkenntnis Rechnung, dass Ankläger in ihren Entscheidungen nicht frei sind, wenn die Möglichkeit besteht, sie deswegen zu versetzen oder gar gänzlich abzusetzen.[25]

1. Befristete Amtszeit ohne Wiederwahlmöglichkeit

Das Statut sieht zur Gewährleistung der Unabhängigkeit eine zeitliche Befristung des Amtes des Anklägers auf neun Jahre ohne Wiederwahlmöglichkeit vor (Art. 42 (4) ICC-Statut).[26] Einerseits bietet die relativ lange Amtszeit dem Amtsinhaber Gelegenheit, eine sehr stabile Ermittlungs- und Strafverfolgungsstrategie zu entwickeln. Andererseits dient das Wiederwahlverbot einer starken und zuverlässigen Gewährleistung seiner Unabhängigkeit. Der Ankläger braucht nicht auf die politische Beliebtheit seiner Entscheidungen zu achten. Ein politischer Unterton in Verbindung mit einem Wiederwahlprozess kann dadurch vermieden werden.[27] Die Amtszeit der Stellvertreter beträgt ebenfalls neun Jahre ohne Wiederwahlmöglichkeit. Dies entspricht dem Gedanken, dass der Ankläger in der Lage sein muss, einen starken Einfluss darauf zu haben, wer sein Stellvertreter ist.[28]

---

23 Vgl. *Baer*, Die Unabhängigkeit der Richter, S. 178.

24 Zustimmend *Siegert*, Grundlinien, S. 29.

25 Vgl. *Baer*, Die Unabhängigkeit der Richter, S. 179.

26 Beim ICTY beträgt die Amtszeit des Anklägers vier Jahre, wobei Wiederernennung zulässig ist (Art. 16 (4) ICTY-Statut).

27 Aus denselben Gründen wurde die Amtszeit des Europäischen Staatsanwalts auf sechs Jahre ohne Verlängerungsmöglichkeit festgesetzt: *KEG*, Grünbuch, Sektion 4.1.2.1.

28 Während der Arbeit von PrepComm und der Rom-Staatenkonferenz wurde die Ansicht zum Ausdruck gebracht, dass die stellvertretenden Ankläger eher eine berufliche Position wie im

2. Verbot inkompatibler Tätigkeiten

Das Verbot gegenüber dem Ankläger und seinem Stellvertreter (Art. 42 (5) ICC-Statut), eine Tätigkeit auszuüben, die sich auf ihre Aufgaben bei der Strafverfolgung auswirken oder das Vertrauen in ihre Unabhängigkeit beeinträchtigen könnte, ist ein anderer Ausdruck des Unabhängigkeitsprinzips des Anklägers. Es geht hier um das grundlegende Interesse an einer unparteiischen Rechtspflege. Dies entspricht der richterlichen Integrität und Unabhängigkeit in Art. 40 (2) ICC-Statut; in der Tat werden mehr oder weniger die gleichen Standards für die Richter und den Ankläger im ICC-Statut gefordert. Dies scheint darauf hinzudeuten, dass der Ankläger und die Stellvertreter als gerichtliche Amtsträger zu betrachten sind, welche die gleichen Qualifikationen wie die Richter haben sollen.[29] Insbesondere sollte der Ankläger während seiner Amtszeit nicht Mitglied eines gesetzgebenden Organs oder der Exekutive der Regierung eines Staates sein, oder eines Organs, das für die Ermittlung und Strafverfolgung von Verbrechen zuständig ist.[30] Zur wirtschaftlichen Unabhängigkeit gehört auch, dass der Ankläger keine Nebentätigkeit übernimmt, seine etwaigen Bindungen aus der Zeit vor seiner Anklagetätigkeit löst und hinterher keine Bindung eingeht, welche seine Unabhängigkeit oder den Ruf der Anklägerschaft gefährden könnte.[31] Der Ankläger und seine Stellvertreter dürfen sich auch keiner anderen Beschäftigung beruflicher Art widmen (Art. 42 (5) ICC-Statut).

Hinsichtlich der Verletzung des Verbots inkompatibler Tätigkeiten sieht das Statut keine ausdrückliche Rechtsfolge für den Ankläger oder seine Stellvertreter vor. Das kann als eine Lücke im Statut betrachtet werden, weil das gleiche Verbot auch auf Richter zutrifft, für diesen Fall aber vom Statut klar vorgesehen ist, dass alle Fragen betreffend ein Verbot inkompatibler Tätigkeiten der Richter von Richtern mit absoluter Mehrheit entschieden werden (Art. 40 (4) ICC-Statut). Um diese Lücke zu schließen, müssen die relevanten Vorschriften im Statut entsprechend angewendt werden. Art. 42 (8) ICC-Statut sieht im Fall von Zweifeln an der Unparteilichkeit des Anklägers ein Ausschlussverfahren vor. Die strenge Formulierung des Art. 42 (8) (a) ICC-Statut schließt nicht aus, dass ein Antrag auf Ausschluss auf Art. 42 (5) ICC-Statut basieren kann. Jedoch richtet sich der Aus-

---

internationalen Zivildienst genießen sollen und keine Amtsdauer auf Grund politischer Ernennung erfolgen sollte, weil dies die Kontinuität gewährleiste, die bei komplizierten Ermittlungen bei Führungskräften sehr wichtig ist.

29 *Jones*, in: *Cassese et al.*,The Rome Statute, S. 271.

30 Vgl. Art. 36 [12] (4), Zutphen – Draft.

31 Vgl. die einschlägige Analyse in Bezug auf Richter von *Siegert*, Grundlinien, S. 28.

schluss normalerweise auf einen bestimmten Fall, indem ein auf spezifischen Gründen basierendes Vorurteil gegen einen Verdächtigen oder einen Angeklagten bestehen kann, während Art. 42 (5) ICC-Statut sich auf externe oder professionelle Tätigkeiten bezieht, die allgemeiner Natur sind. Jedoch kann ein Verdächtiger oder ein Angeklagter die gesamte Funktionsunabhängigkeit des Anklägers oder eines Stellvertreters in Frage stellen, indem behauptet wird, dass der Ankläger oder ein Stellvertreter nicht unabhängig fungieren oder sich in Tätigkeiten engagiert haben, welche das Vertrauen in ihre Unabhängigkeit beeinflussen können. Bei solchen Angriffen sollte die Vertragsstaatenversammlung gemäß Art. 46 ICC-Statut des Statuts und der Verfahrens- und Beweisregeln („Rules of Procedure and Evidence") des ICC berufen werden, um bei entsprechenden Gründen die betroffene Person ihres Amtes zu entheben.

3. Immunität

Zur Wahrung der Unabhängigkeit und Unparteilichkeit der internationalen Anklagebehörde ist auch wesentlich, dass sie nicht in Meinungsverschiedenheiten zwischen Regierungen oder in innerstaatliche Differenzen hineingezogen wird.[32] Dies ist erforderlich, um die Funktionsfähigkeit des Gerichtshofs gegenüber allen Vertragsstaaten sicherzustellen. Die Privilegien und Immunitäten des Gerichtshofs sind im Statut nur unvollständig geregelt, wobei jedoch ausdrücklich auf ein Übereinkommen darüber hingewiesen wird (Art. 48 (3) und (4) ICC-Statut).[33] Durch das Übereinkommen werden dem Gerichtshof die international üblichen Vorrechte und Befreiungen eingeräumt.

Das Statut und das Übereinkommen machen einen klaren Unterschied zwischen den Richtern, dem Ankläger, den Stellvertretenden Anklägern und dem Kanzler auf der einen Seite und dem übrigen Personal des Gerichtshofs auf der anderen. Die erste Kategorie soll die gleichen Vorrechte und Immunitäten wie Chefs diplomatischer Missionen genießen. Die zweite Kategorie genießt in Übereinstimmung mit dem Übereinkommen über die Vorrechte und Immunitäten des Ge-

---

32 Vgl. *Siegert*, Grundlinien, S. 28.

33 In Ergänzung des Statuts wurde daher am 10.09.2002 von der Vertragsstaatenversammlung das Übereinkommen über die Privilegien und Immunitäten des Internationalen Strafgerichtshofs angenommen, das u. a.auch die Rechtsstellung der Prozessteilnehmer (Berater, Sachverständige, Zeugen, Opfer) und der Bediensteten des Gerichtshofs im Detail regelt. Das Übereinkommen trat am 22.07.2004 nach der 10. Ratifikation von Kanada in Kraft. 48 Länder haben bis jetzt das Übereinkommen ratifiziert (Stand: 28.04.2007). Zur fortlaufend aktualisierten Liste der Signatarstaaten siehe *http://www.iccnow.org*.

richtshofs die zur Erfüllung ihrer Aufgaben notwendigen Vorrechte, Immunitäten und Erleichterungen (Art. 48 (3) ICC-Statut, Art. 15, 16 Übereinkommen).[34]

Art. 15 des Übereinkommens bietet im Detail die Privilegien und Immunitäten auf, die den Richtern, dem Ankläger, den Stellvertretenden Anklägern und dem Kanzler des Gerichtshofs gewährt werden. Sie und die zu ihrem Haushalt gehörenden Familienmitglieder genießen jede Erleichterung beim Verlassen des jeweiligen Aufenthaltslandes sowie jede Ein- und Ausreiseerleichterung in Bezug auf das Land, in dem der Gerichtshof tagt. Reisen sie im Zusammenhang mit der Wahrnehmung ihrer Aufgaben, so genießen sie in allen Vertragsstaaten, durch deren Gebiet sie reisen, alle Privilegien, Immunitäten und Erleichterungen, die die Vertragsstaaten Diplomaten unter ähnlichen Umständen nach der *Wiener Konvention über diplomatische Beziehungen* (1961) gewähren (Art. 15 (2) des Übereinkommens). Die Privilegien- und Immunitätsträger genießen auch in einem anderen Vertragsstaat als jenem, dessen Staatsangehörigkeit sie besitzen oder in dem sie ihren ständigen Aufenthalt haben, diplomatische Privilegien, Immunitäten und Erleichterungen, um dem Gerichtshof zur Verfügung zu stehen (Art. 15 (3) des Übereinkommens), sowie in Zeiten internationaler Krisen dieselben Erleichterungen bezüglich der Heimschaffung, die Diplomaten nach der *Wiener Konvention über diplomatische Beziehungen* zustehen (Art. 15 (4) des Übereinkommens), sowie Steuerbefreiung der Einkommen (Art. 15 (5) des Übereinkommens).

Art. 16 (1) des Übereinkommens regelt die Privilegien und Immunitäten für den Stellvertretenden Kanzler und die Beamten der Anklagebehörde und der Kanzlei, die für die unabhängige Wahrnehmung ihrer Aufgaben erforderlich sind. Sie genießen Schutz vor persönlicher Verhaftung oder Festnahme und vor Beschlagnahme ihres persönlichen Gepäcks (a), Schutz amtlicher Äußerungen und Handlungen (b), Unverletzlichkeit für alle amtlichen Schriftstücke, Dokumente aller Art und Unterlagen (c), sowie Steuerbefreiung der Einkommen (d), Befreiung von der Verpflichtung zur nationalen Dienstleistung (e), Einwanderungsbeschränkung oder der Ausländerregistrierung (f), Kontrolle des persönlichen Gepäcks (g). Die Erleichterungen in Bezug auf Währungs- und Devisenangelegenheiten (h), Heimbeförderung in Zeiten internationaler Krisen (i) und zoll- und steuerfreie Importe und Reexporte für persönliche Zwecke sind auch in Art. 16 (1) vorgesehen.

---

[34] Näheres *Ascensio*, in: *Cassese et al.*, The Rome Statute, S. 291; *Oosterveld/Perry/McManus*, FILJ 25 (2002) 3, S. 802-803.

Die Privilegien und Immunitäten in Art. 15 und 16 des Übereinkommens sind so festgelegt, um den Vertretern und Mitarbeitern des ICC und ihren Familien während ihres Aufenthalts in Gaststaaten spezifischen Schutz zu gewähren, damit sichergestellt ist, dass die Beamten des ICC, insbesondere die, die in den Ermittlungen des ICC engagiert sind, ihre Aufgaben auch unter schwierigen Umständen ohne Einmischung von außen erfüllen können.[35] Vor dem Hintergrund des Umfangs und der Wichtigkeit der Aufgaben, die von den Mitarbeitern des ICC wahrgenommen werden, sind der Respekt und die Implementierung der Privilegien und Immunitäten durch die Vertragsstaaten ein Schlüssel zum Erfolg des ICC.[36]

Die Privilegien und die Immunitäten im Statut und im Übereinkommen sind ausgedehnt und im Allgemeinen denen in der *Wiener Konvention über diplomatische Beziehungen* und der *UN-Konvention zu Privilegien und Immunitäten* ähnlich.[37] Das Statut und das Übereinkommen über die Vorrechte und Immunitäten des Gerichtshofs kodifizieren folglich die Lösung, die für die Mitglieder des Internationalen Gerichtshofs vorgesehen sind. Allerdings werden die Richter, der Ankläger und der Kanzler nicht genauso wie der Chef einer diplomatischen Mission klassifiziert, da ihre Vorrechte und die Immunität nicht absolut, sondern *ratione personae* auf die Taten begrenzt sind, die in ihrer amtlichen Eigenschaft durchgeführt werden.[38] Der Ausdruck „bei der Wahrnehmung der Geschäfte des Gerichtshofs oder in Bezug auf diese", der in Art. 48 (2) ICC-Statut verwendet wird, bezieht sich allein auf einen funktionellen Schutz.[39] Mit solchen Beschränkungen ist das Schutzniveau wie bei diplomatischen Agenten, wie es in der *Wiener Konvention über diplomatische Beziehungen* kodifiziert wird.[40]

Der territoriale Umfang der Vorrechte und Immunitäten des Gerichtshofs ist nicht definiert, er umfasst aber zweifellos die Hoheitsgebiete jedes Vertragsstaates insofern als die Geschäfte des Gerichtshofs es notwendig machen.[41] Der interna-

---

[35] *Oosterveld/Perry/McManus*, FILJ 25 (2002) 3, S. 804; *Kaul*, VN 6 (2001), S. 217.

[36] *Oosterveld/Perry/McManus*, FILJ 25 (2002) 3, S. 804. Für Darstellung der Gesetzgebungen in einzelnen Staaten über Privilegien und Immunität des Personals des ICC *ders.*, FILJ 25 (2002) 3, S. 805-807.

[37] *Oosterveld/Perry/McManus*, FILJ 25 (2002) 3, S. 804. Da der ICC keine direkte Einrichtung der UNO ist, sind die privilegienrechtlichen Regelungen der Vereinten Nationen, wie insbes. das Übereinkommen über die Privilegien und Immunitäten der Vereinten Nationen, daher - anders als z.B. auf den IGH - auf den ICC nicht unmittelbar anwendbar.

[38] *Ascensio*, in: *Cassese et al.*, The Rome Statute, S. 291.

[39] *Ascensio*, in: *Cassese et al.*, The Rome Statute, S. 291.

[40] *Ascensio*, in: *Cassese et al.*, The Rome Statute, S. 291-292.

[41] *Ascensio*, in: *Cassese et al.*, The Rome Statute, S. 291.

tionale Ankläger bedarf des Schutzes gerade gegenüber seinem Heimatstaat, denn dieser kann bei unliebsamem Verhalten des Anklägers – vielleicht in der Erwartung der Berücksichtigung nationaler Interessen – in besonderem Maß daran interessiert sein, auf ihn einzuwirken, unter Umständen mit fingierten Anschuldigungen.[42]

B. Vorkehrungen zur Gewährleistung der Unabhängigkeit des Anklägers

Die Besorgnis politischer Voreingenommenheit, Korruption oder Unfähigkeit der Beamten ist mit jeder neuen Institution verbunden, gleich ob national oder international. Die Politisierung des ICC würde seine Glaubwürdigkeit schnell beenden. Die führenden Mächte hinter dem ICC sind sich der Notwendigkeit bewusst, höchste Integrität und Unparteilichkeit des Gerichtshofs gewährleisten zu müssen. Daher strebt das Statut an, die Unabhängigkeit des Anklägers zu gewährleisten, indem die Qualifikationen des Anklägers, das Wahlverfahren und die Ausschluss- und Sanktionsmöglichkeiten durch die Vertragsstaaten geregelt werden.[43] Tatsächlich gewinnt die Generalklausel der Unabhängigkeit des Anklägers erst Gestalt, wenn die Vorkehrungen zur Sicherung dieser Unabhängigkeit näher betrachtet werden.

I. Erforderliche Qualifikation zum Amt des Anklägers

Der Ankläger muss anerkanntermaßen über die erforderlichen Befähigungen verfügen. Dies ist der Ausgangspunkt der UN-Richtlinien betreffend die Rolle der Staatsanwälte. Die Präambel dieser Richtlinien gibt zu erkennen, dass die Staatsanwaltschaft in der Rechtspflege eine entscheidende Rolle spielt und es von wesentlicher Bedeutung ist sicherzustellen, dass die Staatsanwälte die berufliche Befähigung für die Wahrnehmung ihrer Aufgaben besitzen. Richtlinie 1 erklärt ausdrücklich, wer zum Staatsanwalt bestellt werden soll, muss ehrenhaft und befähigt sein und die erforderliche Ausbildung und Qualifikation besitzen. Aber diese Richtlinie bezieht sich nur auf die nationale Staatsanwaltschaft und enthält auch nur einen Mindeststandard für die Qualifikation der Staatsanwälte.

Die Rolle des Anklägers der internationalen Strafgerichtshöfe im Völkerstrafrechtssystem ist so wichtig, dass die höchsten Qualifikationen spezifiziert werden

---

42 Vgl. zur Darstellung der Privilegien und Immunitäten der Richter des ICC, *Doehring*, FS für Rudolf, S. 40.

43 Siehe dazu *Sewall/Kaysen*, The United States and the ICC.

sollten. Art. 42 (3) ICC-Statut hat einen sehr hohen Standard von Qualifikationen für die Ernennung und Wahl des Anklägers und seiner Stellvertreter eingeführt. Es ist auch selbstverständlich, dass der Ankläger und die Stellvertreter ihre ganze Amtszeit hindurch im Sinn dieser Bestimmung qualifiziert bleiben müssen.[44]

1. Hohes sittliches Ansehen

Der Ankläger muss ein hohes sittliches Ansehen genießen. Die Verfasser des Statuts glaubten, dass diese Qualifikation, „augenfällig wichtig in Bezug auf den Ankläger als den Leiter eines Ermittlungs- und Strafverfolgungsorgans "[45] ist.

2. Fachliche Eignung

Ein internationaler Ankläger muss über fachliche Eignung verfügen. Entweder muss er ein Höchstmaß an Sachverstand und umfangreiche praktische Erfahrung in der Strafverfolgung besitzen oder er muss ein Höchstmaß an Sachverstand und umfangreiche Erfahrung in der Verhandlung von Strafsachen aufweisen (Art. 42 (3) ICC-Statut). Weil die Erfahrung des Anklägers in Ermittlungen und Strafverfolgung sehr wichtig ist, um die Glaubwürdigkeit und Integrität des Gerichtshofs zu gewährleisten, wurde berücksichtigt, dass „umfangreiche praktische Erfahrung in der Führung von Hauptermittlungen und –strafverfolgung [...] ein unabdingbares Erfordernis für die erfolgreiche Erfüllung der Verantwortung ist, die dem Ankläger übertragen wird".[46] Das heißt, dass der Ankläger und die Stellvertreter aus dem Kreis der nationalen Verteidiger, nationalen Staatsanwälte oder nationalen Richter gewählt werden müssen, nicht aus Diplomaten oder Wissenschaftlern ohne praktische Erfahrungen in der Strafverfolgung und der Verhandlung von Strafsachen.

Das Statut sieht für den Ankläger ziemlich hohe Qualifikationen in Bezug auf eine fachliche Eignung vor. Aber es ist bemerkenswert, dass aus den Formulierungen der betreffenden Vorschriften die Qualifikationen hier nicht höher, sondern sogar niedriger als die für den Ankläger der beiden *Ad-hoc*-Tribunale vorgesehenen sind. Während der Ankläger für *Ad-hoc*-Tribunale „höchstes Niveau der Kompetenz" („*highest level of competence*") (Art. 16 (4) ICTY-Statut) besitzen muss, braucht der Ankläger für den ICC nur „hoch kompetent" („*highly competent*") zu

---

44 Vgl. *Prosecutor v. Delalic et al.*, IT-96-21-A, Judg. 20.02.2001, para. 656 (über Qualifikation der Richter).

45 *Morris/Scharf*, An Insider's Guide, S. 160. Dazu auch *AI*, ICC: Part II, S. 9.

46 Siehe *Morris/Sharf*, An Insider's Guide, S. 160.

sein. Hier sollte „hoch kompetent" im ICC-Statut im Sinn des gleichen strengen Maßstabs wie „höchstes Niveau der Kompetenz" im ICTY-Statut verstanden werden.[47]

Die Anforderungen an die fachliche Eignung des Anklägers sind auch schwächer als die für die Richter des ICC vorgesehenen[48], und Gleiches gilt auch für die Richter von anderen internationalen gerichtlichen Institutionen und Experten von Monitoring Bodies.[49] Während die Richter über nachweisliche Fachkenntnisse auf dem Gebiet des Straf- und Strafverfahrensrechts verfügen müssen (Art. 36 (3) (b) (i) ICC-Statut), braucht der Ankläger nur umfangreiche praktische Erfahrung entweder in der Strafverfolgung oder in der Verhandlung von Strafsachen zu besitzen (Art. 42 (3) ICC-Statut), nicht zwangsläufig in den beiden, nämlich sowohl in der Ermittlungsführung als auch der Strafverfolgung. Dies sichert, dass die Staatsanwälte aus bestimmten Strafrechtssystemen, wo ihnen keine Verantwortung für Ermittlungen übertragen ist, als Kandidaten für das internationale Anklägeramt berücksichtigt werden können. Aber wenigstens einer der Stellvertreter muss Erfahrung in der Führung von bedeutenden Ermittlungen besitzen, wenn der Ankläger aus einem solchen System ausgewählt wird.[50]

Schließlich wird vom Ankläger nicht gefordert, Kenntnisse des ausländischen Rechts und des Völkerrechts zu haben (vgl. Art. 36 (3) (b) (ii) ICC-Statut), was jedoch sehr wichtig für ein internationales Organ der Völkergemeinschaft ist, wie die Erfahrungen der beiden *Ad-hoc*-Tribunale gezeigt haben. Deswegen müssen die Bemühungenen dahingehen, dass die Mitglieder der Anklagebehörde auch Er-

---

47 Vgl. *AI*, ICC: Part II, S. 10. Die deutschen Übersetzungen des ICC-Statuts und des IC-TY-Statuts haben sowohl *„highly competent"* als auch *„highest level of competence"* als „ Höchstmaß an Sachverstand" übersetzt.

48 Art. 36 (3) (a) und (b) (i) des Statuts sieht ausführlich die Qualifikation für das Richteramt vor. Für Richter wird nicht nur "high moral character", sondern ausdrücklich auch"impartiality and integrity" gefordert. In Bezug auf ihre Fachkenntnisse wird gefordert, "über nachweisliche Fachkenntnisse auf dem Gebiet des Straf- und des Strafverfahrensrechts sowie über die notwendige einschlägige Erfahrung als Richter, Ankläger, Anwalt oder in ähnlicher Eigenschaft bei Strafverfahren," oder "über nachweisliche Fachkenntnisse in einschlägigen Bereichen des Völkerrechts, wie etwa das humanitären Völkerrechts und der Menschenrechte, sowie über weitreichende Erfahrung in einem Rechtsberuf, der für die richterliche Arbeit des Gerichtshofs von Bedeutung ist", zu verfügen.

49 *AI*, ICC: Part V, S. 48. Für ausführliche Anmerkungen über die Qualifikation der Richter am IGH *Amerasinghe*, LJIL 14 (2001), S. 336 ff.

50 *AI*, ICC: Part II, S. 10.

fahrung und Ausbildung im Völkerrecht, einschließlich humanitären Rechts und den Menschenrechten, ebenso wie im Strafrecht besitzen müssen.[51]

3. Sprachfähigkeiten

Die Kandidaten für das Anklägeramt müssen noch über ausgezeichnete Kenntnisse mindestens einer der Arbeitssprachen des Gerichtshofs verfügen und diese fließend sprechen. Art. 50 ICC-Statut hat sechs Amtssprachen des Gerichtshofs bestimmt, nämlich Arabisch, Chinesisch, English, Französisch, Russisch und Spanisch. Darunter sind nur Englisch und Französisch die Arbeitssprachen.

II. Nominierung und Wahl des Anklägers

1. Nominierung

Die Nominierung des Anklägers ist ein sehr wichtiger und politisch empfindlicher Schwerpunkt zur Sicherung der Unabhängigkeit des Anklägers. Deswegen ist der Nominierungsprozess weder im Statut noch in den RPE vorgesehen, sondern der Entscheidung der Vertragsstaatenversammlung überlassen. Diesbezüglich ist das Verfahren der Benennung der Richter *mutatis mutandis* anwendbar.[52] Danach kann jeder Vertragsstaat Kandidaten für die Wahl des Anklägers zum Gerichtshof nominieren. Hier ist hervorzuheben, dass die Nominierung der Staaten von Kriterien der Kompetenz, der Unabhängigkeit und der Unparteilichkeit geleitet sein muss.[53]

Nach einer Entscheidung der Vertragsstaatenversammlung sollte die Nominierung vorzugsweise mit der Unterstützung der meisten Vertragsstaaten getroffen werden.[54] Dabei wird eine Wahl per Konsens angestrebt. Diese Bestimmung hat zum Ziel, das Scheitern der Nominierung eines Anklägers zu vermeiden. Die Erfahrung des ICTY im Anfangsstadium hat gezeigt, dass eine Nominierung ohne weit reichende mögliche Konsultation innerhalb der Staaten zur überlangen Verzögerung der Nominierung führen kann, wobei politische und andere ungeeignete Rücksichtnahmen in diesen Prozess hineingezogen werden können.[55] Die

---

51 *AI*, ICC: Part II, S. 10.

52 Art. 24, ICC-ASP – Resolution.

53 So auch *Mirceva*, Why the International Criminal Court is Different.

54 Art. 25, ICC-ASP – Resolution.

55 Für eine ausführliche Darstellung der Nominierungsgeschichte des internationalen Anklägers für den ICTY *Bass*, Stay the Hand of Vengeance, S. 217 ff..

Schwierigkeit der Nominierung eines Anklägers zeigt sich wiederum im Fall des ICC.[56] Deswegen betont der Präsident der Vertragsstaatenversammlung, dass jede Bemühung gemacht werden muss, um den Ankläger per Konsens auszuwählen. Die Wahl per Konsens ist ein Anzeichen des dauernden Interesses der Vertragsstaaten, zuerst informell über passende Kandidaten zu konsultieren, um sicherzustellen, dass die Nominierung für dieses Amt über die Unterstützung so vieler interessierter Vertragsstaaten wie möglich verfügen kann.[57]

2. Wahl

Hinsichtlich der Unabhängigkeit des Anklägers wird deren Beeinträchtigung vielfach von der möglichen Einflussnahme der Volksvertretung auf die Anklägerbestellung befürchtet. Deswegen ist die Frage, ob und inwieweit sich deren Einfluss bei den Wahlmodalitäten auf die Unabhängigkeit des Anklägers auswirkt, von besonderem Interesse.

Bei den *Ad-hoc*-Tribunalen wird der Ankläger vom UN-Generalsekretär nominiert und vom Sicherheitsrat ernannt (Art. 16 (4) ICTY-Statut), während die Richter von der UN-Generalversammlung auf Nominierung von allen UN-Mitgliedstaaten und auf Letztempfehlung vom Sicherheitsrat gewählt werden. Diese unterschiedlichen Wahlmodalitäten spiegeln die Vorstellung wider, dass die Richter im Namen der ganzen internationalen Gemeinschaft die internationale Strafgerichtsbarkeit ausüben, während dem Ankläger die Aufgaben von Ermittlungen und Strafverfolgung vom Sicherheitsrat, der beide Tribunale geschaffen hat, anvertraut sind. Der Wahlprozess für den Ankläger ist bei *Ad-hoc*-Tribunalen zwar geheim. Aber dies ist kein zufriedenstellendes Modell für den ständigen ICC. Für diesen ist es wichtig, dass der Grundsatz der Unabhängigkeit des Anklägers durch das Wahlverfahren widergespiegelt wird, weil der Ankläger am ICC den Willen der ganzen

---

[56] Die Nominierungsperiode für den Ankläger wurde am 09.09.2002 eröffnet und nach der ICC-ASP – Resolution musste die Nominierung und Wahl eines Anklägers am 30.11.2002 abgeschlossen sein. Allerdings wurde die Frist bis zum 08.12.2002 verlängert, weil keine Nominierung vorgenommen worden war. Der erste Chefankläger am IStGH, der argentinische Staatsanwalt Prof. Dr. Moreno Ocampo wurde erst am 21.04.2003 gewählt. Siehe dazu Notification by H.R.H. Prince Zeid Ra'ad Zeid Al-Hussein, President of the Assembly of States Parties, that the nomination period for the Prosecutor has closed but may be reopened during the 3 - 7 February 2002, Assembly of States Parties session, 09.12.2002; *Ridderbusch*, Alle wollen richten, keiner will klagen.

[57] Notification by H.R.H. Prince Zeid Ra'ad Zeid Al-Hussein, President of the Assembly of States Parties, that the nomination period for the Prosecutor has closed but may be reopened during the 3 - 7 February 2002, Assembly of States Parties session, 09.12.200.

internationalen Gemeinschaft vertreten soll. Genau wie die ILC kommentiert hat, unterstreicht die Wahl des Anklägers durch die Vertragsstaaten anstatt durch die Richter die Wichtigkeit der Unabhängigkeit des Anklägers von den Richtern. Im endgültigen Text des Statuts ist die Wahl des Anklägers eine Angelegenheit der Vertragsstaatenversammlung (Art. 42 (4) ICC-Statut). Damit dürfte die uneingeschränkte Legitimität des Anklägers gewährleistet sein. Diese Wahlmodalität für den Ankläger und seine Stellvertreter betont noch einmal die Wichtigkeit der politischen Unabhängigkeit der Anklagebehörde (ohne zu vergessen, dass die Mitglieder der Anklagebehörde Weisungen von einer Stelle außerhalb des Gerichtshofs weder einholen noch befolgen dürfen).[58]

Obwohl das Statut vorsieht, dass der Ankläger in geheimer Abstimmung von der absoluten Mehrheit der Mitglieder der Vertragsstaatenversammlung gewählt wird (Art. 42 (4) ICC-Statut), ist sich die Vertragsstaatenversammlung einig, dass die Wahl des Anklägers per Konsens angestrebt werden sollte.[59] Nur im Fall des Mangels an Konsens sollte der Ankläger gemäß Art. 42 (4) ICC-Statut in geheimer Abstimmung von der absoluten Mehrheit der Mitglieder der Vertragsstaatenversammlung gewählt werden.[60]

3. Nominierung und Wahl eines Stellvertretenden Anklägers

Eines der strittigen Probleme in Art. 42 ICC-Statut war, ob die Stellvertretenden Ankläger den gleichen Rang und Schutz wie der Ankläger genießen sollten.[61] Während es Übereinstimmung bezüglich der Auswahl des Anklägers in geheimer Abstimmung von der absoluten Mehrheit der Vertragsstaatenversammlung gab, wurden verschiedene Vorschläge bezüglich der Auswahl oder Ernennung der Stellvertreter vorgelegt.[62] Die Delegation der USA z. B. vertrat die Ansicht, dass die Stellvertreter vom Ankläger ernannt werden müssen und der Ankläger noch die Befugnis haben sollte, seine Stellvertreter zu entlassen. Die Delegation der USA hatte argumentiert, dass dies zu größerer Leistungsfähigkeit und Effektivität des Gerichts führen würde. Die Mehrheit der Delegationen allerdings war der Auffassung, dass die Stellvertreter einen relativ hohen Rang genießen und deshalb gleichen Schutz und gleiche Garantien wie der Ankläger erhalten sollten. Ein Kompromiss wurde letztlich erreicht, indem der Ankläger durch die absolute

58 *Nesi*, in: *Lattanzi/Schabas*, Essays, Vol. I, S. 243.
59 Art. 29, ICC-ASP – Resolution.
60 Art. 30, ICC-ASP – Resolution.
61 *Rwelamira*, in: *Lee*, ICC, S. 168.
62 *Nesi*, in: *Lattanzi/Schabas*, Essays, S. 242.

Mehrheit der Vertragsstaatenversammlung gewählt wird und die Stellvertreter in derselben Weise gewählt werden, dies freilich aus einer vom Ankläger vorgelegten Kandidatenliste (Art. 42 (4) ICC-Statut). Diese Vereinbarung erlaubt dem Ankläger, auf die Ernennung der Stellvertreter einen gewissen Einfluss auszuüben, obwohl die endgültige Entscheidung bei der Vertragsstaatenversammlung liegt.[63] Der gleiche Ansatz betrifft die Amtsenthebung der Stellvertreter. Diese Vorschrift ist für die persönliche Beziehung und dem gegenseitigen Vertrauen zwischen dem Ankläger und seinen Stellvertretern sehr wichtig.[64] Es sollte darüber hinaus noch bemerkt werden, dass der Ankläger und seine Stellvertreter keine gleiche Staatsangehörigkeit besitzen dürfen (Art 42 (2)), um „den wirklichen internationalen Charakter der Anklagebehörde aufrechtzuerhalten“[65] und die Unparteilichkeit des Anklägers und der Stellvertreter besser zu garantieren.

III. Amtsenthebung und Disziplinarmaßnahmen

1. Vorbemerkung

Die Unabhängigkeit des Anklägers bedeutet nicht Verantwortungsfreiheit. Es ist ein Allgemeinplatz, dass Bedienstete von Strafverfolgungsbehörden persönlich für irreguläres Verhalten bei der Ausübung ihrer Tätigkeit haften.[66] Im inländischen Rechtssystem kann sich die Verantwortlichkeit des Staatsanwalts auf strafrechtlicher, zivilrechtlicher und disziplinarrechtlicher Ebene ergeben. Im Zusammenhang mit dem Prinzip der Unabhängigkeit des internationalen Anklägers stellt sich entsprechend die bekannte und hinlänglich diskutierte Frage nach der demokratischen Kontrolle einer solchen Institution.[67]

Das Institut der Amtsenthebung wie auch Disziplinarmaßnahmen dienen der Garantie der Unabhängigkeit des Anklägers im internationalen Rechtssystem als Ganzem. Allerdings hebt die Abberufung des Anklägers seine Unabhängigkeit auf und ist deshalb eine Maßnahme, die nur in äußersten Fällen mit den Rechtsstaatsprinzipien in Übereinstimmung stehen kann, wenn die Unabhängigkeit des Anklägers als rechtsstaatliches Attribut akzeptiert wird. Art. 46 und 47 ICC-Statut

---

[63] *Rwelamira*, in: *Lee*, ICC, S. 168-169; *Nesi*, in: *Lattanzi/Schabas*, Essays, S. 242-243.
[64] *Nesi*, in: *Lattanzi/Schabas*, Essays, S. 243.
[65] ILC – Yearbook 1994, Vol. I, para. 25, S. 197.
[66] Vgl. *Biehler/Gleß/Parra/Zeitler*, Analyse des Grünbuchs, S. 13.
[67] Vgl. *Nelles* über die Europäische Staatsanwaltschaft, in: *Huber*, Das Corpus Juris, S. 275.

schließen deshalb eine Lücke in den beiden *Ad-hoc*-Tribunalen durch ausdrückliche Bestimmung der Sanktionsmöglichkeiten und ihrer Voraussetzungen.[68]

Während die Zulässigkeit der Abberufung von Staatsanwälten in den nationalen Verfassungsordnungen sehr verschieden ausgestaltet ist, bietet diese in der internationalen Strafgerichtsbarkeit ein recht einheitliches Bild: Der Ankläger am ICC kann seines Amts enthoben werden, wenn er die Voraussetzungen für die Ausübung seines Amtes nicht mehr erfüllt, was auf verschiedenen Gründen beruhen kann.[69] Andererseits müssen die Voraussetzungen für eine etwaige Amtsenthebung oder für disziplinarische Maßnahmen der Unabhängigkeit des Anklägers Rechnung tragen. Im Statut heißt es, dass der Ankläger sich für seine Taten im Fall einer schweren Verfehlung und einer schweren Verletzung seiner Amtspflichten in der Ausübung seiner Funktion verantworten muss. Spezielle Taten und ihre Merkmale der Verfehlung und Amtspflichtenverletzung werden in den RPE angeführt. Nach Art. 46 und 47 ICC-Statut ist Amtsenthebung die Rechtsfolge der „schweren Verfehlung" oder „schweren Amtspflichtenverletzung" oder „Unfähigkeit zur Wahrnehmung der obliegenden Aufgaben", während eine Disziplinarmaßnahme die Rechtsfolge der „weniger schweren Verfehlung" ist.

Wegen der Strenge der Sanktion, nämlich Amtsenthebung, die im Fall schwerer Verfehlung oder schwerer Amtspflichtenverletzung verhängt wird, ist als Regel eine sehr hohe Schwelle für jedes der Beispiele der schweren Verfehlung/schweren Amtspflichtenverletzung vorgesehen.[70]

2. Amtsenthebung

a) Schwere Verfehlung

Nach Rule 24 (1) ICC-RPE[71] sollte „schwere Verfehlung" die folgenden Taten umfassen:

> For the purposes of article 46, paragraph 1 (a), "serious misconduct" shall be constituted by conduct that:

68 Vgl. *Bourdon*, La Cour pénale internationale, S. 155-156.
69 Vgl. *Bourdon*, La Cour pénale internationale, S. 155-156.
70 *Steains*, in: *Lee*, ICC: Elements, S. 288.
71 Soweit nicht anders vermerkt, beziehen sich alle Regelangaben auf die Verfahrens- und Beweisregeln des ICC („RPE").

„(a) If it occurs in the course of official duties, is incompatible with official functions, and causes or is likely to cause serious harm to the proper administration of justice before the Court or the proper internal functioning of the Court, such as:

(i) Disclosing facts or information that he or she has acquired in the course of his or her duties or on a matter which is sub judice, where such disclosure is seriously prejudicial to the judicial proceedings or to any person;

(ii) Concealing information or circumstances of a nature sufficiently serious to have precluded him or her from holding office;

(iii) Abuse of judicial office in order to obtain unwarranted favourable treatment from any authorities, officials or professionals; or

(b) If it occurs outside the course of official duties, is of a grave nature that causes or is likely to cause serious harm to the standing of the Court."

Nach dem Wortlaut der Rule 24 (1) ICC-RPE betrifft diese Rule überwiegend das aktive Tun. In den Regelbeispielen werden solche Formulierungen wie „offen legen" („*disclosing*"), „verbergen" („*concealing*") und „Missbrauch" („*abuse*") benutzt. Obwohl subjektive Elemente in Rule 24 (1) ICC-RPE nicht ausdrücklich genannt werden, ist es selbstverständlich, dass Vorsatz verlangt wird.

Die hohe Schwelle kann im Folgenden gesehen werden. In Rule 24 (1) ICC-RPE wird im Allgemeinen bestimmt, dass die betreffenden Taten der ordentlichen Rechtspflege des Gerichtshofs oder dessen interner Funktion „schweren Schaden" („*serious harm*") zufügen oder dies wahrscheinlich tun müssen. Diese hohe Generalschwelle wird in den Regelbeispielen nochmals wiederholt. Abs. (a) (i) erfordert z. B. ausdrücklich, dass eine solche Offenlegung „schwer nachteilig für das Gerichtsverfahren oder für eine Person ist" („*seriously prejudicial to the judicial proceedings or to any person*").[72] Ebenso wurde die Sprache in Abs. (a) (ii) verschärft, um „die erforderliche Ernsthaftigkeit" des Verhaltens zu reflektieren („*of a nature sufficiently serious*"). Bezüglich einer schweren Verfehlung, die außerhalb der Erfüllung der Amtspflichten auftritt, wird gefordert, dass sie „schwerwiegend" („*of a grave nature*") ist und dem Ansehen des Gerichtshofs „schweren Schaden" („*serious harm*") zufügt oder dies wahrscheinlich tut.[73]

---

72 *Steains*, in: *Lee*, ICC: Elements, S. 288-289.

73 Vgl. *Steains*, in: *Lee*, ICC: Elements, S. 288-289.

b) Schwere Amtspflichtenverletzung

Für den Fall schwerer Amtspflichtenverletzung schafft Rule 24 (2) ICC-RPE ebenfalsl eine nicht abschließende Liste:

> A "serious breach of duty occurs where a person has been grossly negligent in the performance of his or her duties or has knowingly acted in contravention of those duties. This may include, inter alia, situations where the person:
> (a) Fails to comply with the duty to request to be excused, knowing that there are grounds for doing so;
> (b) Repeatedly causes unwarranted delay in the initiation, prosecution or trial of cases, or in the exercise of judicial powers."

Die Tatbestände umfassen Unterlassen wie auch Tun. Das Beispiel im Abs. (a) betrifft nicht nur das Versäumnis, sich nach der Verpflichtung, Freistellung zu beantragen, zu richten, sondern erfordert auch, dass die betreffende Person es absichtlich tut (mit vollem Wissen der Versäumnis).[74] Ebenso wird das Beispiel in Abs. (b) auf Situationen begrenzt, in denen die Person in der Strafverfolgung oder im gerichtlichen Verfahren mehrmals ungerechtfertigte Verzögerung verursacht hat.[75] Insgesamt solle die schwere Amtspflichtverletzung überwiegend die Fälle grober Fahrlässigkeit („*grossly negligent*") betreffen.

c) Unfähigkeit zur Wahrnehmung der nach dem Statut obliegenden Aufgaben

Weder das ICC-Statut noch die ICC-RPE stellen genau die Situationen dar, in denen der Ankläger oder ein Stellvertreter „zur Wahrnehmung der ihm nach diesem Statut obliegenden Aufgaben unfähig ist" (Art. 46(1) (b) ICC-Statut). Allerdings sollte normalerweise eine solche Unfähigkeit *inter alia* die folgenden Fälle umfassen: langfristige Krankheit oder Behinderung, oder die Verwicklung in eine Straftat, ob amtlich oder privat, was ernste Zweifel an der Kapazität als Ankläger aufwirft.[76]

---

[74] Vgl. *Steains*, in: *Lee*, ICC: Elements, S. 289.
[75] Vgl. *Steains*, in: *Lee*, ICC: Elements, S. 289.
[76] Vgl. Art. 39 [15] (1), Zutphen – Draft.

3. Disziplinarmaßnahmen

a) Weniger schwere Verfehlung als Grund für Disziplinarmaßnahmen

Eine „weniger schwere Verfehlung“ wird in Rule 25 (1) ICC-RPE durch folgende Taten konkretisiert:

> „(a) If it occurs in the course of official duties, causes or is likely to cause harm to the proper administration of justice before the Court or the proper internal functioning of the Court, such as:
> (i) Interfering in the exercise of the functions of a person referred to in article 47;
> (ii) Repeatedly failing to comply with or ignoring requests made by the Presiding Judge or by the Presidency in the exercise of their lawful authority;
> (iii) Failing to enforce the disciplinary measures to which the Registrar or a Deputy Registrar and other officers of the Court are subject when a judge knows or should know of a serious breach of duty on their part; or
> (b) If it occurs outside the course of official duties, causes or is likely to cause harm to the standing of the Court.“

Die Tatbestände der weniger schweren Verfehlung umfassen Unterlassen wie auch Tun. Aber nach ihrem Wortlaut betrifft die Rule 25 (1) ICC-RPE überwiegend das Unterlassen. In den Regelbeispielen wird die Formulierung „unterlassen“ („*failing to*“) und „mehrmals unterlassen“ („*repeatedly failing to*“) benutzt. Die Folge, die durch eine weniger schwere Verfehlung verursacht wird, braucht nur einfacher „Schaden“ zu sein, im Gegensatz zur hohen Schwelle von „schwerem Schaden“ im Fall der schweren Verfehlung.

b) Abgrenzung zwischen schwerer und weniger schwerer Verfehlung

Der Hauptunterschied zwischen den beiden Standards der Verfehlung (weniger schwere Verfehlung einerseits und schwere Verfehlung/schwere Amtspflichtenverletzung andererseits) ist in den Rules 24 und 25 ICC-RPE zu finden, wo Hinweise auf Verursachen von „Schaden“ („*harm*“) (Rule 25 (1) ICC-RPE) im Gegensatz zu „schwerem Schaden“ („*serious harm*“) (Rule 24 (1) ICC-RPE) gegeben werden – zur fairen Rechtspflege vor dem Gericht, zur gebührenden internen Funktion des Gerichtshofs und zum Ansehen des Gerichtshofs. Eine sehr hohe

Schwelle wird in Rule 24 (1) ICC-RPE aufgestellt, weil die Sanktion gegen Verletzung der Rule 24 (1) ICC-RPE Amtsenthebung ist.[77]

Allerdings ist die Abgrenzung zwischen der weniger schweren und der schweren Verfehlung ein schwieriger Punkt.[78] Es ist manchmal sehr schwierig zu unterscheiden, ob eine Tat eine schwere Verfehlung oder eine weniger schwere Verfehlung ist. Deshalb sieht Rule 25 (2) ICC-RPE weiter vor, „Nothing in this rule precludes the possibility of the conduct set out in Abs. (1) (a) constituting 'serious misconduct' or 'serious breach of duty' for the purposes of article 46, paragraph 1 (a)".[79] Dementsprechend sieht Rule 29 (4) ICC-RPE dann vor, dass dann, wenn eine Tat nicht auf eine schwere Verfehlung oder schwere Amtspflichtenverletzung hinausläuft, dahingehend entschieden werden kann, dass die Betroffenen eine weniger schwere Amtspflichtenverletzung begangen haben.

c) Arten der Disziplinarmaßnahmen

Zwei Arten von Disziplinarmaßnahmen können verhängt werden: ein Verweis oder eine Geldbuße. Ein Verweis ist ein schriftlicher Tadel eines bestimmten Verhaltens des Beamten. Missbilligende Äußerungen, die nicht ausdrücklich als Verweis bezeichnet werden, sind grundsätzlich keine Disziplinarmaßnahmen. Eine Geldbuße darf das Gehalt von sechs Monaten nicht übersteigen, was vom Gerichtshof angeordnet wird (Rule 32 ICC-RPE).

Die Disziplinarmaßnahme ist nach der Schwere des Dienstvergehens zu bemessen. Das Persönlichkeitsbild der Beamtin oder des Beamten ist angemessen zu berücksichtigen. Ferner soll berücksichtigt werden, in welchem Umfang die Beamtin oder der Beamte das Vertrauen des Dienstherrn oder der Allgemeinheit beeinträchtigt hat. In Bezug auf die Geldbuße sollte dem Gericht die Kompetenz gegeben werden, in Übereinstimmung mit der Schwere der betreffenden Tat einen „sliding-scale"-Ansatz anzuwenden,[80] d.h. dass die Geldbuße frei und ohne feste Abstufungsrahmen ausgesprochen werden kann.

---

77 Vgl. *Steains*, in: *Lee*, ICC: Elements, S. 287.
78 *Steains*, in: *Lee*, ICC: Elements, S. 287.
79 Vgl. *Steains*, in: *Lee*, ICC: Elements, S. 290-291.
80 So *Steains*, in: *Lee*, ICC: Elements, S. 299.

4. Zuständigkeit und Verfahren

Zur Sicherung der Unabhängigkeit des Anklägers werden die Dienstaufsicht und die Disziplinargewalt über die Anklagebehörde von der Vertragsstaatenversammlung wahrgenommen.

Verfahrensrechtlich entscheidet über die Amtsenthebung des Anklägers oder eines Stellvertreters die Vertragsstaatenversammlung in geheimer Abstimmung: im Fall des Anklägers mit der absoluten Mehrheit der Vertragsstaaten, im Fall eines Stellvertreters mit der absoluten Mehrheit der Vertragsstaaten auf Empfehlung des Anklägers (Art. 46 (2) (b), (c) ICC-Statut). Rule 31 ICC-RPE gewährleistet, dass die Amtsenthebung gegen die betroffene Person mit sofortigem Effekt durchgeführt wird. Selbst wenn dies eine große Störung der Funktion des Gerichtshofs verursacht, wäre es völlig unannehmbar, dass jemand, der seines Amtes schon enthoben wurde, noch mit der Arbeit des Gerichtshofs betraut ist.[81]

Zur Verhängung einer Disziplinarmaßnahme ist jede Entscheidung in Bezug auf den Ankläger von einer absoluten Mehrheit der Vertragsstaaten zu treffen (Rule 30 (2) ICC-RPE). Im Fall eines Stellvertreters wird jede Entscheidung zur Verhängung eines Verweises vom Ankläger und jede Entscheidung zur Verhängung pekuniärer Sanktionen von einer absoluten Mehrheit der Vertragsstaaten auf Empfehlung des Anklägers getroffen (Rule 30 (3) ICC-RPE).

§ 4 Die Unparteilichkeit des Anklägers

Der Grundsatz der Unparteilichkeit in Verbindung mit dem Grundsatz der Unabhängigkeit ist ebenfalls ein grundlegendes Merkmal der internationalen Anklagebehörde. Der Grundsatz der Unabhängigkeit garantiert, dass der Ankläger ohne Bindung an Weisungen seine Entscheidungen trifft. Dieser Grundsatz sichert die Tätigkeit des Anklägers für den Regelfall. Mit der Unabhängigkeit geht darum vielfach die Unparteilichkeit einher und wird an vielen Stellen vom Ankläger verlangt.[82]Der Grundsatz der Unparteilichkeit soll vielmehr eine unvoreingenommene Entscheidung im Einzelfall gewährleisten. Andernfalls ist der Ankläger befangen. Die Verpflichtung zur Unparteilichkeit kann aus den Regeln über den Ausschluss des Anklägers hergeleitet werden.

---

[81] *Steains*, in: *Lee*, ICC: Elements, S. 298.
[82] Vgl. *Siegert*, Grundlinien, S. 29.

A. Die Objektivität des Anklägers

Der ICC ist als ein den höchsten Völkerstrafrechtsnormen entsprechendes unabhängiges und unparteiisches Justizorgan konzipiert. Für die Bestimmung der Rechtsstellung des internationalen Anklägers im internationalen Strafverfahren ist das Verhältnis des Anklägers zur Verteidigung von zentraler Bedeutung. Es geht also um die Frage, ob der Ankläger als eine einfache Verfahrenspartei oder als ein objektives Organ der Völkerstrafrechtspflege zu qualifizieren ist.[83]

Unparteilichkeit deutet Qualitäten der Gerechtigkeit und Objektivität hinsichtlich der möglichen Ziele der Ermittlung und Strafverfolgung an. Unparteilichkeit ist im Kontext des ICC von besonderer Bedeutung, weil ihr Fehlen zu dem Vorwurf gegenüber dem Gerichtshof führen könnte, er betreibe „politisierte" Verfolgung. Diese Furcht vor der Politisierung ist hinsichtlich des unabhängigen Anklägers wegen des ausgedehnten Bereiches seines Ermessens, der Schwere der Verbrechen innerhalb der Gerichtsbarkeit des Gerichtshofs und des wahrscheinlichen Status vieler seinen Angeklagten besonders hoch.[84]

Der normative Rahmen der *Ad-hoc*-Tribunale, in dem sich der internationale Ankläger wiederfindet, basiert auf einer rein adversatorischen Logik[85]: Die Ankläger der *ad hoc* Tribunale sind reine Verfahrenspartei und arbeiten für ihre eigene Fälle. An diesem Punkt werden die unterschiedlichen Prozesssysteme des common law und des civil law gegenübergestellt, weil die Stellung des Anklägers im civil-law-Prozesssystem eine andere ist als in einem rein adversatorischen System, weil er nämlich – ähnlich wie in einem inquisitorischen System – zu objektiver Wahrheitsermittlung verpflichtet ist. Die Verschiebung der Perspektive von einer Verfahrenspartei zum Organ der Gerechtigkeit trat mit der Verfassung des ICC-Statuts auf. In Abweichung von vorherigen Erfahrungen hat der Ankläger im System des ICC eine Reihe von Eigenschaften von Unparteilichkeit, die von gesetzlichen Normen garantiert werden. Das sind beispielsweise Art. 54 (1) (a) ICC-Statut, der dem Ankläger eine Verpflichtung zur Erforschung von entlastenden Beweismitteln auferlegt und ihm das Recht auf Berufung und Wiederaufnahme im Interesse der Angeklagten gibt (Art. 81 und 84 ICC-Statut). Dies sind alles Elemente, die den Ankläger eines internationalen Strafgerichtshofs als unpartei-

---

83 Für eine Auseinandersetzung über die Stellung des Anklägers als eines Rechtspflegeorgans oder nur einer Verfahrenspartei im Fall ICTY siehe etwa *McIntyre,* LJIL 16 (2003), S. 281.

84 *Danner*, AJIL 97 (2003) 3, S. 537.

85 *Zappala,* Human Rights, S. 42; siehe in dieser Hinsicht *Barayagwiza*, ICTR-97-19-AR72, Separate Opinion von Judge Shahabuddeen, 31.03.2000.

isch charakterisieren.[86] Der internationale Ankläger ist damit – jedenfalls normativ – nicht mehr nur der Gegenspieler der Verteidigung, sondern rückt mehr in die Mitte des Prozesses.

I. Verpflichtung zur Nichtdiskriminierung der Ausübung von Ermessensbefugnis

Der Ankläger muss seine Ermessensbefugnis in einer unparteiischen Weise ausüben. Er muss z. B. ähnliche Fälle gleich behandeln, indem er seine Entscheidungen an einem Satz widerspruchsfreier Kriterien ausrichtet. Kritiker fürchten, dass der Ankläger das betreiben könnte, was in den USA als selektive Strafverfolgung bekannt ist, und er bestimmte Einzelpersonen nur wegen ihrer Nationalität verfolgen könnte. In den Fällen delegierter Befugnisse wie der Ermessensbefugnis, die dem Ankläger verliehen wird, wird traditionell die Ankündigung von *ex ante* Standards vorgeschlagen, um Willkür in Entscheidungen auf ein Minimum herabzusetzen. Angesichts der Furcht vor Parteilichkeit des ICC kann der Ankläger die Einheitlichkeit und die Gerechtigkeit seiner Entscheidungsfindung am besten durch einheitliche Anwendung von *ex ante* Standards sicherstellen.[87]

II. Verpflichtung zur materiellen Wahrheit im Ermittlungsverfahren

Der Ankläger hat innerhalb der Zuständigkeit des Gerichtshofs die Doppelfunktion sowohl der Ermittlung als auch der Verfolgung.[88] Das institutionelle Profil des Anklägers hat sich von einer sehr parteiischen Dimension, die tief in der Annahme eines adversatorischen Strafverfahrens gründet, hin zu einem eher unparteiischen Charakter bewegt.[89] Dementsprechend lässt das Statut klar erkennen, dass der Ankläger nicht einfach eine gleichwertige Prozesspartei ist. Das bedeutet, dass das Interesse des internationalen Anklägers nicht ausschließlich darin liegt, die von ihm gesammelten Tatsachen und Beweismittel vorzulegen, um den Angeklagten zu beschuldigen und eine Verurteilung sicherzustellen. Der Ankläger ist eher sowohl als eine Verfahrenspartei als auch als ein unparteilicher Wahrheitssucher o-

---

86 *Zappala*, Human Rights, S. 42.
87 Näheres § 19 (B) über das Erfordernis einer Steuerung der Opportunität durch Richtlinien.
88 *Cassese*, EJIL 1999, S. 168.
89 *Zappala*, Human Rights, S. 40. In *Kupreskic* anerkennt die Hauptverfahrenskammer, dass "the prosecutor of the Tribunal is not, or not only, a Party to adversarial proceedings, but is… an organ of international criminal justice whose object is not simply to secure a conviction but to present the case for the Prosecution, which includes not only inculpatory, but also exculpatory evidence, in order to assist the Chamber to discover the truth in a judicial setting". *Prosecutor v. Kupreskic and others*, IT-95-16-T, Decision, 21.09.1998, para. (ii).

der ein Organ der Rechtspflege konzipiert.[90] Dies wird unter anderem durch Art. 54 (1) (a) ICC-Statut verdeutlicht, in dem die richtergleiche Bindung an die materielle Wahrheit ausdrücklich festgeschrieben ist: Der Ankläger dehnt die Ermittlungen zum Zweck der Wahrheitsfindung auf alle Tatsachen und Beweismittel aus, die für die Beurteilung, ob eine strafrechtliche Verantwortlichkeit auf Grund dieses Statuts besteht, erheblich sind, und erforscht dabei gleichermaßen die belastenden wie die entlastenden Umstände.[91] Dies erscheint im kontinentaleuropäischen Rechtsverständnis als selbstverständlich, ist jedoch in vielen angloamerikanischen Ländern unbekannt. So kann es durchaus als Errungenschaft angesehen werden, dass sich die Vertragsstaaten für eine objektive Stellung des Anklägers entschieden haben.[92] Außerdem wird ein objektiver Charakter von Ermittlungen im System des ICC durch die dauernde Anwesenheit der Vorverfahrenskammer garantiert, die mit einer Anzahl von Befugnissen betraut ist, die in dieser Phase des Verfahrens auszuüben sind.[93]

Allerdings gibt es anders als im kontinentalen System keine Interaktion mit der Verteidigung, was dem Ankläger ermöglicht, Ermittlungen auch im Interesse der Verteidigung durchzuführen. Nach dem ICC-Statut ist der Ankläger zur Objektivität und Wahrheitssuche verpflichtet. Jedoch sind keine Konsequenzen im Fall

---

90 *Cassese*, EJIL 10 (1999) 1, S. 168; *Lagodny*, ZStW 2001, S. 812; *Zappala*, Human Rights, S. 40 ff..

91 *Zappala* hat vier Gründe für das Erfordernis eines unparteiischen und objektiven Ermittlungsverfahrens angeführt: "The reasons that require an impartial and objective character for the investigative phase are closely linked to the essential features of international criminal proceedings. First, this necessity derives form the complexity of the cases that the Court is likely to have to try. Such cases, although aiming at demonstrating the individual responsibility of certain person, often require the collection of evidence on the more complex global context in which individual crimes have been committed. Secondly, the 'political' character of the cases may lead to serious difficulties in obtaining the co-operation of State authorities (or in certain cases de facto authorities governing certain territories). This could be an insurmountable obstacle for the defence. Thirdly, there is the very high risk of unfair actions by national authorities to limit the chain of responsibility to the person charged, etc. Finally, the costs of defence investigations may be so high that even wealthy persons would find it very difficult to bear them." *Zappala*, Human Rights, S. 42-43. *McIntyre* hat ebenfalls richtig gezeigt, dass „the defence cannot, like the Office of the Prosecutor, investigate in a general sense. Additionally the defence will usually begin its investigations at least a couple of years after the prosecution. The resource disadvantages suffered by the defence mean that in most instances the accused is not in the same position as the prosecution in being able to identify what material is available". *McIntyre*, LJIL 16 (2003), S. 280.

92 *Weinreich*, Das Statut von Rom, S. 33. In dieser Hinsicht unterscheidet sich das ICC-Statut von dem eine solche Entlastungsfunktion nicht kennenden ICTY-Statut. Vgl. *Bergsmo/Kruger*, in: *Triffterer*, Commentary, S. 378.

93 *Zappala*, Human Rights, S. 42.

einer Pflichtverletzung vorgesehen. Es ist jedoch möglich, dass die Vorverfahrenskammer den Ankläger auffordern kann, Zeugen aus „anderer Seite" zu befragen und entlastende Beweismittel zu suchen.[94] Deswegen ist es schwer zu sagen, dass das Statut für die Anforderung der Unparteilichkeit des Anklägers tatsächlich einen geeigneten rechtlichen Rahmen geboten hat.[95]

III. Verpflichtung zur Objektivität nach Anklageerhebung

Die Verpflichtung zur Objektivität setzt sich für den Ankläger auch nach Anklageerhebung fort. Der Ankläger muss, soweit erforderlich, zweckdienliche Anträge stellen, Anregungen geben und den Gerichtshof bei der Erforschung der Wahrheit unterstützen. Aus diesem Grund ist er im Verfahren nach Anklageerhebung verpflichtet, entlastende Beweismittel offen zu legen (Art. 67 (2) ICC-Statut).[96] Der Ankläger muss die Wahrheit ermitteln und belastende wie auch entlastende Beweismittel beibringen. Das ist von einer Hauptverfahrenskammer des ICTY und in Art. 54 (1)(a) und 67 (2) ICC-Statut ausdrücklich anerkannt und dies kann als ein typisches Merkmal des kontinentaleuropäischen Strafverfahrens betrachtet werden[97], wie es jetzt in vielen Rechtssystemen anerkannt wird.[98]

Für die Hauptverhandlung ist die Objektivität des Anklägers gesetzlich nicht ausdrücklich vorgesehen. Allerdings werden dem Ankläger zahlreiche Befugnisse gegeben. Entsprechend der Rechtsstellung als eines unabhängigen Vertreters der Interessen der internationalen Gemeinschaft als Ganzes ist es logisch und nötig, dass der Ankläger in der Hauptverhandlung seine Funktion auch objektiv ausüben sollte. Dementsprechend hat der Ankläger nach dem Abschluss der Beweisaufnahme das Ergebnis der Hauptverhandlung mit der gleichen Objektivität wie die Richter zu beurteilen. Daher hat er alle zugunsten des Angeklagten sprechenden Umstände zu würdigen und gegebenenfalls Freispruch zu beantragen, wenn er den Angeklagten nach dem Ergebnis der Beweisaufnahme für nicht überführt oder sogar für unschuldig hält. Ferner darf er nur diejenigen Beweismittel verwerten, die in die Hauptverhandlung eingeführt wurden. Gelangt der Ankläger zu der Überzeugung, dass der Angeklagte der ihm zur Last gelegten Tat überführt ist, so hat er nach pflichtgemäßer Abwägung die angemessene Strafe zu beantragen.

---

94 *Tochilovsky*, EJCCLCJ 10 (2002) 4, S. 269.

95 Für die Gegenmeinung siehe *Zappala*, Human Rights, S. 41.

96 Näheres über die Verpflichtung des Anklägers zur Offenlegung von entlastenden Beweismitteln siehe § 24 (A) (II)

97 *Ambos*, ICLR 2003, S. 9.

98 *Schabas*, Introduction, S. 116-117.

Die Pflicht des Anklägers, die materielle Wahrheit zu erforschen und auf ein gerechtes Urteil hinzuwirken, bleibt auch bestehen, wenn der Gerichtshof sein Urteil gefällt hat. So kann er sowohl zulasten als auch zugunsten des Angeklagten Rechtsmittel einlegen (Art. 81 (2) ICC-Statut). Ebenso kann er zugunsten des Verurteilten die Wiederaufnahme mit dem Ziel eines Freispruchs betreiben (Art. 84 ICC-Statut). Hierzu ist er ohne dessen Einverständnis, ja sogar gegen seinen ausdrücklichen Willen, berechtigt und verpflichtet, wenn das Urteil seiner Überzeugung nach mit dem geltenden Recht nicht im Einklang steht.

B. Ausschluss des Anklägers

Wegen der richterähnlichen Bindung des Anklägers an Wahrheit und Gerechtigkeit muss auch seine Ablehnung möglich sein.[99] Der Ausschluss des Anklägers ist im Fall der *Ad-hoc*-Tribunale nicht geregelt, obwohl es Vorschriften über den Ausschluss der Richter gibt (Rule 15 ICTY-RPE, Rule 15 ICTR-RPE). Ein rechtlicher Rahmen für eine Ablehnung des Ankläger wird nur im ICC-Statut geboten: Der Ankläger und seine Vertreter werden denselben Ausschlussbedingungen wie sie für Richter gelten unterworfen (Art. 41 (2) (1), 42 (7) ICC-Statut); abgesehen davon, dass das Ausschlussverfahren nur eine Person einleiten kann, gegen die sich die Ermittlungen oder die Strafverfolgung richten (Art. 42 (8) (1) ICC-Statut).[100]

I. Einzelfälle der Verletzung der Unparteilichkeit

1. Vorherige Beteiligung an einer Sache

Art. 42 (7) ICC-Statut stellt in Verbindung mit Rule 34 ICC-RPE die Einzelfälle der Verletzung der Verpflichtung zur Unparteilichkeit dar. Art. 42 (7) ICC-Statut verlangt, dass weder der Ankläger noch ein Stellvertreter an einer Angelegenheit teilnehmen dürfen, wenn aus irgendeinem Grund berechtigte Zweifel an ihrer Unparteilichkeit geltend gemacht werden können. Sie müssen unter anderem dann aus einer Sache ausgeschlossen werden, wenn sie zuvor in irgendeiner Eigenschaft an einer beim Gerichtshof anhängigen Sache oder einer damit zusammenhängenden Strafsache auf einzelstaatlicher Ebene beteiligt waren, welche die Person betraf, gegen die sich die Ermittlungen oder die Strafverfolgung richten. Nach dem Wortlaut dieses Artikels sollte die auch für Fälle gelten, in denen der Anklä-

---

[99] Zutr. *Roxin*, Strafverfahrensrecht, S. 54.
[100] Siehe dazu *Bourdon*, La Cour pénale internationale, S. 149.

ger vor seiner Ernennung gegen dieselbe Person auf nationalstaatlicher Ebene ermittelt hat.

Als Beteiligung an einer beim Gerichtshof anhängigen Sache sollte auch gelten, wenn sich der Ankläger in demselben Fall als verteidigender Rechtsanwalt beteiligt hat.[101] Allerdings können die Normen nicht so interpretiert werden, dass dem Ankläger verboten sein soll, sich am Gerichtsverfahren zu beteiligen, weil er zuvor entschieden hat, Ermittlungen einzuleiten.[102] Dies sei unsinnig und schließe den Ankläger von jeder Strafverfolgung aus.

Es sollte festgehalten werden, dass es unter praktischem Aspekt viel schwieriger ist, einen Ankläger oder einen Stellvertreter von der Beteiligung an einer Sache auszuschließen als einen Richter. Ein Richter kann sich einfach von der Verhandlung einer Sache zurückziehen. Der Ankläger hingegen ist für das Management und die Strategie der ganzen Anklagebehörde verantwortlich. Von ihm zu verlangen, dass er sich selbst von der Beteiligung an einer Sache absolut disqualifiziert, kann unter bestimmten Umständen etwas Unmögliches bedeuten. Selbst wenn der Ankläger sich von der Vertretung einer bestimmten Sache im Gerichtshof zurückziehen würde, würde er unvermeidlich hinter den Kulissen hineingezogen, z. B. bei Budgetentscheidungen hinsichtlich laufender Sachen, auch durch die Beteiligung Strategiesitzungen usw. Vom Ankläger kann kaum erwartet werden, sich jedes Mal, wenn der betreffende Fall erwähnt wird, von der Strategiesitzung zurückzuziehen. Es ist nicht klar, ob es als eine Beteiligung an einer Sache angesehen würde, wenn der Ankläger in der Sitzung bliebe, während der Fall diskutiert wird. Es ist sogar noch schwerer, sich vorzustellen, wie ein Stellvertreter sich selbst von der Beteiligung an einer Sache ausschließen würde.[103] Deshalb ist es nötig, die Bestimmungen über die Disqualifikation des Anklägers durch die Rechtsprechung des ICC weiter zu interpretieren.

2. Weitere Einzelfälle

Weitere Ausschlusssituationen werden in Rule 34 (1) ICC-RPE vorgesehen. Dazu zählen die folgenden:

---

101 Vgl. ILC-Report 1993, Commentary to Article 11, para.6, S. 261.

102 *Jones*, in: *Cassese et al.*, The Rome Statute, S. 273.

103 Vgl. *Jones*, in: *Cassese et al.*, The Rome Statute, S. 274.

(1) Personal interest in the case, including a spousal, parental or other close family, personal or professional relationship, or a subordinate relationship, with any of the parties;
(2) Involvement, in his or her private capacity, in any legal proceedings initiated prior to his or her involvement in the case, or initiated by him or her subsequently, in which the person being investigated or prosecuted was or is an opposing party;
(3) Performance of functions, prior to taking office, during which he or she could be expected to have formed an opinion on the case in question, on the parties or on their legal representatives that, objectively, could adversely affect the required impartiality of the person concerned;
(4) Expression of opinions, through the communications media, in writing or in public actions, that, objectively, could adversely affect the required impartiality of the person concerned.

Diese Gründe für die Annahme von Befangenheit entsprechen denjenigen, die auch in nationalen Rechtsordnungen anerkannt sind. Ein subjektiv-objektiver Kombinationsmaßstab wird dafür eingeführt, d.h. der Ankläger ist ausgeschlossen, wenn objektiv verifizierbare Umstände geltend gemacht werden, die geeignet sind, das Misstrauen in den inneren Zustand seiner Voreingenommenheit zu rechtfertigen.

3. Keine Parteilichkeit wegen Nationalität

Der ILC-Draft schlug eine Vorschrift zum Ausschluss des Anklägers vor, wenn er von der gleichen Nationalität wie der Angeklagte war (Art. 12 (5), ILC-Draft). Diese Vorschrift wurde jedoch im ICC-Statut klugerweise gestrichen, da der Ankläger als eine Person von äußerster Integrität und Unabhängigkeit verstanden wird.[104] Das Statut fordert, dass der Ankläger und die Stellvertreter ein hohes sitt-

[104] Für eine entsprechende Darstellung vgl. die Äußerung des ICTY über den Nichtausschluss der Richter wegen N ihrer Nationalität im Fall *Seselj:* "The nationalities and religions of Judges of this Tribunal are, and must be, irrelevant to their ability to hear the cases before them impartially. The Statute of the Tribunal requires Judges to be 'persons of high moral character, impartiality and integrity.' Before taking up this duties, each Judge must make a solemn declaration committing himself or herself to performing those duties 'honourably, faithfully, impartially and conscientiously.' Judges in every domestic system of justice need to put aside any identification with a particular group based on religion, ethnicity, gender or other traits, characteristics, or grounds. Similarly, they must put aside any of these bases of identification in relation to any accused who appear before them. Their ability to do so, and to consider nothing but the evidence presented to them in deciding on an individual's guilt, constitute a

liches Ansehen genießen müssen (Art. 42 (3) ICC-Statut). Diese Vorstellung würde mit der Annahme in Konflikt geraten, dass der Ankläger voreingenommen sein könnte, sobald einer seiner Landsleute strafverfolgt wird.[105]

II. Folgen eines Verstoßes gegen das Prinzip der Unparteilichkeit

Mit der Verpflichtung des Anklägers, unparteiisch zu sein, hat sich die internationale Rechtsordnung nicht begnügt. Sie hat vielmehr ein Rechtsinstitut der Ausschließung und Ablehnung des Anklägers entwickelt. Demnach hat der Ankläger die Möglichkeit, auf seine eigene Anfrage hin oder auf Initiative des Gerichtshofs aus Gründen der Befangenheit sich aus einem Verfahren zurückzuziehen.[106]

1. Ausschluss

Für Mitglieder der Anklagebehörde gelten die gleichen Ausschluss- und Amtsenthebungsstandards wie für Richter. Jedoch liegt die Befugnis zur Entscheidung über den Ausschluss eines Anklägers bei der Berufungskammer (Art. 42 (8) ICC-Statut), anders also als bei einem Richter, über dessen Ausschluss von einer absoluten Mehrheit der Richter entschieden wird (Art. 41 (2) (c) ICC-Statut). Sämtliche Befangenheitsanträge beim Strafgerichtshof sind durch die Berufungskammer zu erledigen, weil sie groß ist und ihre Mitglieder nur wenig persönliche Interaktion mit dem Ankläger haben.[107] Insoweit ist der Ankläger der höchsten Autorität des Gerichts unterworfen.[108]

Das Ausschlussverfahren kann nur von einer Person initiiert werden, gegen die sich die Ermittlungen oder die Strafverfolgung richten. Sie kann jederzeit den Ausschluss des Anklägers oder eines Stellvertreters aus den im Statut und in den RPE festgelegten Gründen beantragen (Art. 42 (8) (a) ICC-Statut, Rule 34 ICC-RPE). Es ist zu begrüßen, dass das ICC-Statut ausdrücklich zulässt, dass eine Verfahrenspartei den Ausschluss des Anklägers wegen Befangenheit beantragen kann. Dadurch kann im Fall des ICC die Befangenheit des Anklägers vom Gerichtshof festgestellt werden.

---

touchstone of their role as judges. So it is at this International Tribunal." *Prosecutor v. Seselj*, IT-03-67-PT, Decision, 10.06.2003, para. 3.

105 *Jones*, in: *Cassese et al.*, The Rome Statute, S. 270.

106 Vgl. *Rackwitz*, S. 32.

107 *Bassiouni*, Model Draft Statute, S. 74.

108 *Rackwitz*, Working in the Office of the Prosecutor, S. 32.

Der Ankläger bzw. der Stellvertreter hat Anspruch darauf, zu der Angelegenheit Stellung zu nehmen (Art. 42 (8) (b) ICC-Statut). Jedoch erscheint es nicht als notwendig, den Ankläger oder Stellvertreter zu bemühen, wenn die Berufungskammer befindet, dass der Ausschlussantrag offensichtlich völlig haltlos ist.

2. Exkurs: Freistellung

Der Ankläger kann sich im Einzelfall auch selbst subjektiv für befangen halten und einen Antrag auf „Freistellung" selbst stellen. Die Freistellung betrifft nur die Situationen, in denen der Ankläger oder ein Stellvertreter durch Antrag auf Freistellung selbst das Verfahren einleitet. Der „Ausschluss" ist demgegenüber ein Konzept, in dem Beanstandungen ins Spiel kommen, durch die von Seiten einer dritten Partei die Unparteilichkeit der Einzelperson in Frage gestellt wird. Freistellung ist ein ausgedehnteres Konzept als der Ausschluss, da sie persönliche Situationen wie schlechte Gesundheit oder Familientragödie umfasst, zusätzlich zu den Situationen, in denen der Ankläger oder ein Stellvertreter entscheidet, dass seine Beteiligung an einem Fall auf Grund mangelnder Unparteilichkeit nicht angemessen wäre.[109]

Der Ankläger und die Stellvertreter sind zum Ersuchen um Freistellung verpflichtet. „Where ... the Prosecutor or a Deputy Prosecutor has reason to believe that a ground for disqualification exists in relation to him or her, he or she shall make a request to be excused and shall not wait for a request for disqualification to be made" (Rule 35 ICC-RPE). „Fails to comply with the duty to request to be excused, knowing that there are grounds for doing so" begründet eine schwere Amtspflichtenverletzung und begründet Amtsenthebung (Rule 24 (2) (a) ICC-RPE). Die das Ersuchen um Freistellung betreffende Frage wird vom Präsidium entschieden (Art. 42 (6) ICC-Statut).

III. Rechtsfolgen einer unzulässigen Mitwirkung des Anklägers

Bei den Konsequenzen, die sich aus der Mitwirkung eines ausgeschlossenen oder befangenen Anklägers ergeben, geht es im Wesentlichen um zwei Fragen: zum einen, ob die Amtshandlungen des befangenen Anklägers unwirksam sind; zum anderen ob ein Urteil wegen der Mitwirkung eines befangenen oder ausgeschlossenen Anklägers angefochten werden kann.[110]

---

109 *Steains*, in: *Lee*, ICC: Elements, S. 300.
110 Vgl. *Tolksdorf*, Mitwirkungsverbot, S. 27.

Aus dem Geist des Statuts kann abgeleitet werden, dass die Tatsache, dass der Ankläger oder ein Stellvertreter ausgeschlossen oder befangen ist, die Wirksamkeit der von ihm vorgenommenen Amtshandlungen grundsätzlich unberührt lässt. Zur zweiten Frage, ob ein gerichtliches Urteil wegen Mitwirkung eines als befangen disqualifizierten Staatsanwalts anfechtbar ist, wird angenommen, dass die Teilnahme eines ausgeschlossenen Anklägers an der Hauptverhandlung einen berufungsfähigen Verfahrensfehler darstellt, wenn das Urteil auf den Beweismitteln beruht, die durch seine vorgenommenen Amtshandlungen gesammelt wurden.[111]

§ 5 Zwischenergebnis

Zusammenfassend kann festgestellt werden, dass in der internationalen Strafgerichtsbarkeit die Personen, die mit dem Treffen von Entscheidungen in Bezug auf die Einleitung einer Strafverfolgung oder einer gerichtlichen Hauptverhandlung betraut werden, die höchsten Qualifikationen der Kompetenz, der Unabhängigkeit und der Unparteilichkeit besitzen müssen. Dies entspricht der Konzeption der Rechtsstellung des internationalen Anklägers als eines Völkerstrafrechtspflegeorgans: Er darf sich nur von der Sorge um die Wahrung von Recht und Gesetz leiten lassen. Insoweit als der internationale Ankläger rechtliche Befugnisse ausübt, muss er hierzu auf Grund seiner Rechtsstellung und insbesondere auf Grund der Voraussetzungen für seine Ernennung und gegebenenfalls für seine Amtsenthebung zur Ausübung seines Amts uneingeschränkt legitimiert sein. Und sowohl bei der Wahl als auch bei der eventuellen Amtsenthebung des internationalen Anklägers sind die Grundsätze der Unabhängigkeit und der Gesetzmäßigkeit zu beachten.

Der im Statut sorgfältig ausgearbeitete Mechanismus zur Gewährleistung der Unabhängigkeit des Anklägers in Verbindung mit der Unparteilichkeit stellt einen bedeutenden Fortschritt dar. Er ermöglicht, das Völkerstrafrechtssystem als Ganzes zu verstärken und die Stellung des internationalen Anklägers zu stützen. Deswegen muss diese Leistung als eine Meilensteinentscheidung des letzten Jahrhunderts und als ein entscheidender Beitrag zum Völkerrecht betrachtet werden.[112]

Allerdings reichen die im ICC-Statut vorgesehenen Sicherungen und Massnahmen nicht aus, die Unabhähigkeit des Anklägers völlig zu garantieren.

---

111 Vgl. *Tolksdorf*, Mitwirkungsverbot, S. 30.

112 *Lee*, in: *Von Hebel et al.*, Reflections, S. 150-151.

Es ist zuerst bemerkenswert, dass die Unabhängigkeit des Anklägers lediglich als eine Pflicht des Anklägers vorgesehen wird, obwohl die Unabhängigkeit des Anklägers ein allgemeines Prinzip ist und durch Art. 42 (1) ICC-Statut stark bestätigt und weiter in Art. 42 (5) ICC-Statut entwickelt wird. Tatsächlich wird die Unabhängigkeit des Anklägers in den Ermittlungen und in der Strafverfolgung nicht durch spezifische Garantien gefördert.[113]

Außerdem hängt die Unabhängigkeit auch davon ab, ob ausreichende materielle und personelle Ressourcen und entsprechende Finanzmittel zur Verfügung gestellt werden, die der Verhinderung jeglicher Einflussnahme von außen dienen. Nach Art. 112 (2) (d) wird das Budget der Anklagebehörde von der Vertragsstaatenversammlung erörtet und beschlossen. Das bedeutet, dass die Anklagebehörde keine völlige Kontrolle des eigenen Budgets hat. Daneben bewilligt die finanziellen Regelungen des ICC der Kanzlei eine Anzahl von neuen Verwaltungs- und Haushaltsbefugnis.[114] Ohne hinreichende finanzielle Unabhängigkeit kann jedoch keine reale operative Unabhängigkeit gewährleistet werden.

Zuletzt wird die Unabhängigkeit des Anklägers gegenüber dem wichtigen politischen Organ des ICC, nämlich der Vertragsstaatenversammlung, auch nicht völlig garantiert.[115] In der Tat ist die schwache Rechtsposition, in der der Ankläger in Bezug auf die Vertragsstaatenversammlung gesetzt wird, eine Quelle der Hauptbedenken. Diese Hauptbedenken werden unter anderem in den folgenden Bestimmungen des ICC-Statuts und -der RPE reflektiert: Während ein Richter von der Zweidrittelmehrheit der Vertragsstaatenversammlung gewählt und seines Amtes auch nur mit einer Zweidrittelmehrheit der Vertragsstaatenversammlung enthoben werden kann (Art. 36 (6) (a), 46 (2) (a) ICC-Statut), wird der Ankläger nur von der absoluten Mehrheit der Vertragsstaatenversammlung gewählt und seines Amtes enthoben (Art. 42 (4), 46 (2) (b) ICC-Statut). Während ein Richter nur auf Grund einer von den übrigen Richtern mit Zweidrittelmehrheit beschlossenen Empfehlung seines Amtes enthoben wird, kann eine bloße Beschwerde beim Präsidium von jeder natürlichen oder juristischen Person ausreichen, die Frage der Amtsenthebung des Anklägers zur Vertragsstaatenversammlung zu bringen (Art. 46 (2) (a) und (b) ICC-Statut, Rules 26 und 29 ICC-RPE, Rule 81 (1) ASP-RPE).[116] Die schwache Rechtslage des Anklägers gegenüber der Vertrags-

113 Näheres *Turone*, in: *Cassese et al.*, The Rome Statute, S. 1140; zutr. *Quattrocolo*, in: *Chiavario*, La justice pénale internationale, S. 355.
114 *Olásolo*, ICLR 3 (2003), S. 109.
115 *Olásolo*, ICLR 3 (2003), S. 108.
116 Näheres *Olásolo*, ICLR 3 (2003), S. 108.

staatenversammlung sowie den Vertragsstaaten selbst macht den Ankläger anfälliger als einen Richter für politischen Druck, insbesondere von den einflussreichen Vertragsstaaten. Diese Anfälligkeit für politischen Druck wird durch die Tatsache erhöht, dass die Anklagebehörde hierarchisch organisiert ist, so dass die Strafverfolgungsdiskretion, die der Anklagebehörde bewilligt wird, in die Hände von nur einer Person gelegt worden ist: der Ankläger.[117] Es ist auch eine schwierige Frage, den Missbrauch der Diskretion durch den Ankläger zu vermeiden. Ein Autor schlägt zwar vor, die Rules 26, 28 und 29 ICC-RPE zu ändern, um weitere Garantien gegen das Ergreifen von Disziplinarmaßnahmen gegen den Ankläger zu schaffen, sodass der politische Druck auf den Ankläger, bestimmte Ermittlungen oder Strafverfolgung zu unternehmen, vermindert oder sogar vermieden werden kann.[118]

Deswegen werden wir noch sehen, ob es gelingt, der Anklagebehörde eine Unabhängigkeit vor allem in jenem internationalen politischen Kontext zu bewahren, wo sie wirklich gefragt ist, nämlich bei der materiellen Arbeit, bei der Entscheidung am Fall, bei der Frage, ob angeklagt wird oder nicht.[119] Wichtig ist, dass von keinem Mitarbeiter der Anklagebehörde in den einzelnen Verfahren irgendwelche Aufträge und Weisungen entgegengenommen werden. Selbst die oberste Einrichtung des gesamten Strafgerichtshofs, nämlich die Vertragsstaatenversammlung, wäre weder berechtigt noch irgendwie ermächtigt, hier einzugreifen. Eine politische Inanspruchnahme soll und wird es daher nicht geben. Das ist eine ganz wesentliche Voraussetzung dafür, dass dieser Gerichtshof weltweit wahr- und ernst genommen wird.[120]

---

117 *Olásolo,* ICLR 3 (2003), S. 108.
118 Näheres *Olásolo,* ICLR 3 (2003), S. 108.
119 *Rackwitz,* Working in the Office of the Prosecutor, S. 30.
120 So *Rackwitz,* Working in the Office of the Prosecutor, S. 30.

ZWEITER TEIL: DIE ROLLE DES INTERNATIONALEN ANKLÄGERS IN EINZELNEN STRAFVERFAHRENSABSCHNITTEN

Kapitel 2. Die Rolle des Anklägers bei Ingangsetzen des Verfahrens

Die Voraussetzung für den Beginn eines Ermittlungsverfahrens ist, dass ein Auslösemechanismus eingesetzt hat, da die internationalen Strafgerichtshöfe[1] nicht über eine universelle automatische Jurisdiktion verfügen.[2] Das Regime der „Auslösung" der internationalen Strafgerichtsbarkeit wird in der Literatur unter „Trigger-Mechanismus" zusammengefasst. Unter diesem Stichwort regelt das ICC-Statut einerseits, welches (internationale) Organ befugt ist, ein Strafverfahren vor dem Gerichtshof in Gang zu bringen, und andererseits die Frage nach den Voraussetzungen der Ausübung der internationalen Strafgerichtsbarkeit.[3] Das Auslösungsverfahren ist ein wichtiges Element im Verfahrenssystem des ICC-Statutes. Während im ICTY- und ICTR-Statut die Situationen, über die die *Ad-hoc*-Tribunale ihre Gerichtsbarkeiten ausüben dürfen, klar definiert sind, hat das ICC-Statut nur die persönlichen, zeitlichen und territorialen Grenzen der potenziellen Gerichtsbarkeit des Gerichtshofs festgelegt.[4] In diesem Kapitel wird zuerst der „Trigger-Mechanismus" im Überblick dargestellt. Danach wird die Struktur der *proprio motu* Befugnis des Anklägers in Bezug auf die Ermittlungseinleitung vorgestellt. Der Trigger-Mechanismus ist sehr stark vom Komplementaritätsgrundsatz geprägt. Daher wird auch auf die Auswirkung dieses Grundsatzes im Ermittlungseinleitungsverfahren eingegangen.

§ 6 Der Auslösungsmechanismus im Überblick als Ausgangspunkt

Im Fall der *Ad-hoc*-Strafgerichtshöfe ist der Ankläger dafür zuständig, das Verfahren in Gang zu setzen und Ermittlungen einzuleiten, und zwar ausschließlich und unbeschränkt. Im Gegensatz dazu sind drei voneinander unabhängige konkurrierende Initiatoren für den ICC vorgesehen, nämlich der UN-Sicherheitsrat, die Vertragsstaaten und der internationale Ankläger.[5] Während im erstgenannten Fall keine Zustimmung des Tatortstaats notwendig ist, ist bei einem Tätigwerden auf

---

1 Der Begriff "internationale Strafgerichtshöfe" umfasst im Text beide *Ad-hoc*-Tribunale und den ICC.

2 *Gillhoff*, IStGH, S. 30.

3 Vgl. *Nill-Theobald/Scholz*, SchZStR 115 (1997), S. 307.

4 *Olásolo*, ICLR 5 (2005), S.125.

5 Ein Individuum kann eine Situation nicht wirksam an das Gericht herantragen.

Grund einer Staatsüberweisung oder einer Initiative des Anklägers erforderlich, dass diese Zustimmung vorliegt. Die ausschließliche Gerichtsbarkeitsauslösung durch den Ankläger für die *Ad-hoc*-Tribunale[6] und die drei konkurrierenden Gerichtsbarkeitsauslösungsmechanismen für den ständigen ICC ergeben sich aus den verschiedenen Rechtsgrundlagen und den verschiedenen Aufgaben des jeweiligen Gerichtshofs.

A. Sicherheitsrats- und Staatsüberweisung

I. Sonderrolle des Sicherheitsrats bei der Ermittlungsauslösung

1. Einleitung des Ermittlungsverfahrens

Vor dem Hintergrund, dass der Sicherheitsrat mit seiner nicht unumstrittenen so genannten „juristischen Intervention" die internationalen *Ad-hoc*-Tribunale in Den Haag und Arusha geschaffen hatte, kann er nun völkerrechtsgemäß entsprechende Situationen an den ICC überweisen (*a maiore ad minus*).[7] Mit dieser Überweisungskompetenz bekommt der Sicherheitsrat zum ersten Mal die Befugnis, ein gerichtliches Organ direkt anrufen zu können.[8] Diese Überweisungskompetenz verhindert praktisch, dass der Sicherheitsrat nicht mehr als Gerichtsgründer paral-

---

6 Zum Vorrang der Gerichtsbarkeit der *Ad-ho*-Tribunale vor der nationalen Gerichtsbarkeit s. etwa *Brown*, YJIL 23 (1998), S. 394 ff. Eingehend und vergleichend dazu auch *Eser*, ZBJV 139 (2003), S. 23 ff.

7 *Gillhoff*, IStGH, S. 31. Allgemein zur Sonderrolle des SC in dieser Hinsicht *Arnold*, Der UNO-Sicherheitsrat; *Condorelli/Villalpando*, in: *Cassese et al.*, The Rome Statute, S. 627-655; *Elaraby*, in: *Politi/Nesi*, The Rome Statute, S. 43-47; *Williams*, in: *Triffterer*, Commentary S. 345-351.

8 Der SC konnte früher nur um beratende Stellungnahmen ersuchen. Seine Sonderrolle findet sich zum ersten Mal im ILC-Report 1993. S. dazu auch Sénat, Session ordinaire de 1998-1999, pour ordre au procès-verbal de la séance du 8 avril 1999, Enregistré à la Présidence du Sénat le 12 avril 1999, N° 313, Rattaché RAPPORT D'INFORMATION. Fait au nom de la commission des Affaires étrangères, de la défense et des forces armées (1) sur la Cour pénale internationale par M. André Dulait. Audition de M. Hervé Cassan. Bisher war der Handlungsbereich des SC auf die internationale Sicherheit begrenzt, also auf zwischenstaatliche Konflikte. Eine ausdrückliche Bestätigung dieser Einschränkung erhielt die Feststellung in Art. 2 (7) UN-Charta, dass aus der Charta eine Befugnis der UNO zum Eingreifen in Angelegenheiten, die ihrem Wesen nach zur inneren Zuständigkeit eines Staates gehören, oder eine Verpflichtung der Mitglieder, solche Angelegenheiten einer Regelung auf Grund dieser Charta zu unterwerfen, nicht abgeleitet werden kann. Eine Ausnahme bilden lediglich Zwangsmaßnahmen nach Kapitel VII, das aber ebenfalls eine Gefährdung der „internationalen Sicherheit" voraussetzt (Art. 39 UN-Charta). Innerstaatliche Konflikte und schwere Menschenrechtsverletzungen wurden damit der Zuständigkeit der UNO entzogen.

lele *Ad-hoc*-Tribunale unter Berufung auf Kapitel VII der UN-Charta schafft,[9] was auch „im Interesse einer einheitlichen Rechtsprechung“[10] und „Wahrung der Autorität des Gesetzes“[11] liegt, die bei einer zunehmenden Zahl internationaler *Ad-hoc*-Strafgerichtshöfe nicht mehr gewährleistet wäre.[12]

Aber dazu soll angemerkt werden, dass die explizite Erwähnung der Überweisungskompetenz des Sicherheitsrats „nur klarstellende, nicht aber rechtsbegründende Funktion“[13] hat, und das ICC-Statut dem Sicherheitsrat also keine zusätzlichen Befugnisse gewährt, sondern dem Sicherheitsrat lediglich den Mechanismus des Gerichtshofs einfach verfügbar macht.[14] Dadurch wird lediglich eine Befugnis zum Ausdruck gebracht, die dem Sicherheitsrat bereits unter der UN-Charta zusteht,[15] obwohl das ICC-Statut in der Tat den Vorrang des Sicherheitsrats bei der Bewahrung des internationalen Friedens und der internationalen Sicherheit anerkannt hat.[16]

Wenn der Ankläger nach der Vorprüfung der Sicherheitsratsüberweisung entscheidet, Ermittlungen aufzunehmen, wird die Zuständigkeit des Gerichtshofs begründet, ohne dass es der Zustimmung eines Staats, sei es Vertragsstaat oder Nicht-Vertragsstaat, für die Ausübung der Gerichtsbarkeit bedürfte (Art. 13 (c)).[17] Dadurch kann der Mangel einer Zustimmung durch den Territorial- oder den

---

9 Der SC braucht dann auch keine *Ad-hoc*-Gerichte mehr zu schaffen. Er kann das Gleiche über die Begründung einer *Ad-hoc*-Jurisdiktion für einen bereits existierenden ICC erreichen und zwar selbst für Staaten, die das ICC-Statut nicht ratifiziert haben. Diese Variante hätte den Vorteil, dass man jedenfalls für Situationen, in denen das für notwendig gehalten wird, eine internationale Strafgerichtsbarkeit hätte, ohne von der Zustimmung des in die Verbrechen verwickelten Staates abhängig zu sein. Das Problem liegt darin, dass eine solche Entscheidung vom SC im Rahmen eines Verfahrens gefällt wird, in dem jedem ständigen Mitglied ein Veto zusteht. Das bedeutet, dass niemals durch den SC eine Zuständigkeit des ICC begründet werden könnte, wenn ein ständiges Mitglied sein Veto einlegt. Näheres bei *Graefrath*, W&F 1/97.

10 *Gillhoff*, IStGH, S. 31.

11 ILC - Yearbook 1994, Vol. I, para.69, S. 192.

12 *Gillhoff*, IStGH, S. 31; *High Commissioner*, Position Paper; UN Press Release, # 182, 01.11.1995.

13 Es handelt sich um eine originäre Befugnis des SC, die ihm durch die Schaffung eines ständigen Internationalen Strafgerichthofs weder gegeben noch genommen werden kann. S. dazu *Ambos*, JbM 2000, S. 135.

14 ILC - Yearbook 1994, Vol. I, para. 69, S. 192.

15 *Bergsmo*, NJIL 69 (2000), S. 94.

16 *McCormack/Robertson*, MULR 23 (1999), S. 640.

17 Vgl. *Gallant*, LJIL 16 (2003), S. 583-586. Mit der Resolution 1593 (SC/Res/1593 (2005)) vom 31. März 2005 beauftragt der UN-Sicherheitsrat zum ersten Mal den IStGH mit der Verfolgung von Verbrechen gegen die Menschlichkeit.

Heimatstaat durch die eigene Initiative des Sicherheitsrats gemäß Art. 13 (b) ICC-Statut umgegangen werden. Demgemäß kann sich in einem solchen Fall der ICC trotz fehlender Zustimmung des Territorial- oder Heimatstaates mit einer Situation auseinandersetzen. Darin liegt auch keine Souveränitätsbeschränkung des betroffenen Staates, der nicht Vertragspartei des ICC-Statuts ist, nach dem dieser mit Ratifikation der UN-Charta die Befugnisse des Sicherheitsrats anerkannt hat. Dem Sicherheitsrat kommt deshalb im Auslösungsprozess eine Sonderrolle zu. Mit einer Überweisung durch den Sicherheitsrat bekommt der Gerichtshof seine größte Reichweite, weil schon allein die Sicherheitsratsüberweisung die einzigartige Konsequenz hat, alle UN-Mitgliedstaaten zu binden, selbst wenn ein Mitgliedstaat der UN kein Mitgliedstaat des Statuts ist, da die Verpflichtungen aus Art. 103 UN-Charta Vorrang vor denen aus anderen internationalen Übereinkünften wie dem ICC-Statut haben. Die UN-Mitglieder sind verpflichtet, die Beschlüsse des Sicherheitsrats anzunehmen und durchzuführen.[18]

Im Fall der Sicherheitsratsüberweisung kann sich der ICC gemäß Art. 87 (7) ICC-Statut an den Sicherheitsrat wenden, falls seinen Anordnungen nicht Folge geleistet wird. Es liegt dann am Sicherheitsrat, durch geeignete Maßnahmen für die Durchsetzung der Anordnungen des ICC zu sorgen. Damit kann der Sicherheitsrat einen Beitrag zur Effektivität der Arbeit des ICC leisten.

2. Verfahrenshemmung

Neben der Überweisungsbefugnis steht dem Sicherheitsrat noch eine Blockierungsbefugnis in Bezug auf Ermittlungen und Strafverfolgung des Gerichtshofs zu.[19] Der Sicherheitsrat ist befugt, durch eine Resolution nach Kapitel VII der UN-Charta für einen (verlängerbaren) Zeitraum von zwölf Monaten einen Aufschub der Ermittlungen oder der Strafverfolgung zu verlangen (Art. 16 ICC-Statut). Die Voraussetzungen für die Anwendung dieser Bestimmung durch den Sicherheitsrat werden in der UN-Charta und im ICC-Statut genannt. Zuerst müssen die Voraussetzungen für die Anwendung des Kapitels VII der UN-Charta erfüllt werden, d. h. es muss festgestellt werden, dass es eine Bedrohung oder einen Bruch des Friedens oder eine Angriffshandlung gemäß Art. 39 UN-Charta tatsächlich gibt. Außerdem darf kein ständiges Sicherheitsratsmitglied eine solche Resolution verhindern, indem es seine nach Art. 27 (3) der UN-Charta nötige Zu-

---

18 So auch *Oosterveld/Perry/McManus*, FILJ 25 (2002) 3, S. 788.

19 Die Verfahrenshemmungsbefugnis des SC wurde von Singapur vorgeschlagen. Näheres über Auseinandersetzungen vor der Rom-Konferenz in Bezug auf diese Problematik und den Vorschlag von Singapur *Joakim*, NEICLA 4 (1998), S. 211-220.

stimmung verweigert. Zuletzt muss der Sicherheitsrat angeben, dass Ermittlungen oder eine Strafverfolgung seine Zuständigkeit für das Aufrechterhalten des internationalen Friedens und der internationalen Sicherheit beeinträchtigt, d. h. der internationale Frieden und die internationale Sicherheit würden bedroht, falls solch eine Resolution des Aufschubs der Ermittlungen und der Strafverfolgung nicht erlassen wird. Die Resolution des Sicherheitsrats darf sich nur auf eine bestimmte Situation beziehen.

Dieses Veto des Sicherheitsrats kann unbegrenzt oft für weitere zwölf Monate verlängert werden. Dies kann sicherlich dann nützlich sein, wenn durch voreilige Einleitung eines Ermittlungsverfahrens gegenüber einem unberechenbaren Diktator der Weltfriede gefährdet sein könnte; allerdings wird damit auch ein mögliches Tor zur Obstruktion geöffnet, indem Mitglieder des Sicherheitsrats Ermittlungen gegen eigene Staatsbürger blockieren können.[20]

Deswegen kann der Sicherheitsrat damit fast jedes nicht von ihm selbst eingeleitete Verfahren blockieren. Allerdings ist hervorzuheben, dass Art. 16 ICC-Statut offensichtlich von einem Aufschub „von Fall zu Fall" ausgehet und nicht etwa eine pauschale und unbeschränkte Hemmung für bestimmte nationale Personengruppen ermöglichen will.[21]

---

[20] *Eser*, ZBJV 139 (2003), S. 27 ff. Näheres über diese Blockierungsbefugnis des SC *Arnold*, Der UNO-Sicherheitsrat, S. 173 ff.; *Meißner*, Zusammenarbeit, S. 99 ff. Zum Einfluss des ungültigen Ersuchens des SC um Aufschub der Ermittlungen oder der Strafverfolgung auf die Arbeit des Gerichtshofs *Gallant*, LJIL 16 (2003), S. 573-575.

[21] *Combs*, ILFDI 5 (2003), S. 79. Auf Betreiben der USA wurde am 12.07.2002 vom Sicherheitsrat die umstrittene Resolution 1422 erlassen, wonach der SC die Einleitung eines Verfahrens verhindern oder ein laufendes Verfahren stoppen kann, wenn er dies in Wahrnehmung seiner Verantwortung nach Kapitel VII der UN-Charta für erforderlich hält. Damit werden alle Staatsangehörigen von Nicht-Vertragsstaaten des Statuts, die in von der UNO autorisierten Friedensoperationen zum Einsatz kommen, für eine 12-monatige Periode seit dem 01.07.2002 von der Zuständigkeit des ICC ausgenommen (UN Doc. S/RES/1422 (12.07.2002)). Diese Anforderung wurde in Resolution 1487 vom 01.07.2003 (UN Doc. S/RES/1487/2003 (12.06.2003)) erneuert. Die Rechtmäßigkeit dieser Generalsuspendierung, die auf die Drohung der USA zurückgeht, andernfalls keine Friedenstruppe mehr zu entsenden, ist in hohem Maß zweifelhaft; deshalb wird diese Generalsuspendierung kritisiert. Zur Analyse dieser Resolution, *AI*, ICC: Unlawful Attempt; *Gallant*, LJIL 16 (2003), S. 573-575; *Herbst*, EuGRZ 29 (2002), S. 581-588; *van Ooyen*, IPG 4 (2002), S. 115. Zutreffend noch *AI*, ICC: US Efforts. Am 23.06.2004 hatten die USA offiziell erklärt, ihre Forderung nach Verlängerung der Resolution aufzugeben. Siehe Statement by Ambassador James B. Cunningham, Deputy U.S. Representative to the United Nations, on the ICC, at the Security Council Stakeout, June 23, 2004 (*http://www.un.int/usa/04_111.htm*).

Bei Art. 16 ICC-Statut handelt es sich um ein „Einfallstor“ für politische Interessen. In der Tat stellt die Unterbrechung eines Strafverfahrens vor dem ICC durch den Sicherheitsrat einen schwerwiegenden Eingriff in den Ablauf der gerichtlichen Tätigkeit dar. Die Hürde hierzu ist aber sehr hoch: Es müssen sich alle fünf ständigen Mitglieder einig sein. Dies zu erreichen dürfte bei den unterschiedlichen politischen Ansichten der ständigen Mitglieder nicht leicht fallen.

Hinsichtlich der Frage, ob die Ermächtigung zur Unterbrechung eines Strafverfahrens durch den Sicherheitsrat die Unabhängigkeit des ICC und insbesondere die der Anklagebehörde beeinträchtigt, gibt es heftige Auseinandersetzungen. Es sei wegen der hohen Hürde für einen Beschluss des Sicherheitsrats recht unwahrscheinlich, dass dieser von seiner Befugnis zur Unterbrechung eines Strafverfahrens häufig Gebrauch machen werde. Folglich könne er nicht willkürlich Strafverfahren des ICC unterbrechen, sondern müsse sich an die Bestimmungen der UN bezüglich der Feststellung des Vorliegens einer Bedrohung oder eines Bruchs des Friedens oder einer Angriffshandlung gemäß Art. 39 UN-Charta halten. Dadurch werde bereits durch die UN-Charta einem Rechtsmissbrauch des Sicherheitsrats bezüglich der Unterbrechung eines Strafverfahrens vor dem ICC vorgebeugt.[22] Demzufolge wird die Ansicht vertreten, dass die Ermächtigung zur Unterbrechung keine Beeinträchtigung der Unabhängigkeit des ICC durch den Sicherheitsrat darstellt. Vielmehr verkörpere sie eine sinnvolle Balance im spannungsreichen Verhältnis zwischen dem Sicherheitsrat der UNO als politischem Organ und der Anklagebehörde des ICC als gerichtlichem Organ, die zwar nicht völlig ausgewogen sei, aber unter den gegenwärtigen Umständen akzeptabel erscheine.[23]

Im Hinblick auf die Rechtswirksamkeit der Resolution des Sicherheitsrats zum Aufschub der Ermittlungen oder der Strafverfolgung auf die Funktionsausübung des Anklägers schließt solch eine Resolution nicht weitere „Voruntersuchungen“ des Anklägers aus.[24] Dies wirft eine Anzahl von ungelösten Fragen auf, nämlich den Schutz von Zeugen und von Opfern betreffend, aber auch die Frage nach den Rechten des Angeklagten, da es vorstellbar ist, dass ein Angeklagter in Untersuchungshaft sitzt, während das Ersuchen um Aufschub der Strafverfolgung gestellt wird. In Anbetracht des möglichen unbestimmten Zeitrahmens für den Aufschub der Ermittlungen oder der Strafverfolgung, würde solch eine Situation

---

22 Vgl. *Andrzejewska*, Beziehung, S. 33 ff.

23 Hierzu *Andrzejewska*, Beziehung, S. 35; *Bruer-Schäfer*, IStGH, S. 252; *Eser*, ZBJV 139 (2003), S. 37-38; vgl. *Röben*, MPYUNL 7 (2003), S. 520.

24 *Wagner*, MPYUNL 7 (2003), S. 499.

erhebliche Probleme aufwerfen, etwa hinsichtlich der richterlichen Garantien. Das Recht unter Art. 9 (1) IPBPR, nicht willkürlicher Festnahme oder Haft unterworfen zu werden, könnte verletzt werden.[25]

II. Staatsüberweisung

Die Möglichkeit einer Staatenbeschwerde[26] gibt es bereits in der EMRK und im IPBPR, doch wurde sie beim IPBPR noch nie und bei der EMRK erst selten bemüht. Dies zeigt, dass dann, wenn auch das Instrument der Strafanzeige durch einen Vertragsstaat am nächsten liegt, dies nicht notwendigerweise auch das effektivste Verfahren ist. Dies erklärt sich aus der Natur einer Staatenbeschwerde, die regelmäßig als unfreundlicher Akt von dem betroffenen Staat gewertet wird, so dass die beschwerdeführenden Staaten negative Konsequenzen für ihre diplomatischen oder Wirtschaftbeziehungen fürchten und daher häufig von einer Beschwerde absehen. Diese Einwände sind auf Strafanzeigen von Staaten übertragbar. Die Staaten hingegen, deren Bürger als Täter oder Opfer in das Verbrechen verwickelt waren oder auf deren Territorium die Tat begangen wurde, sind möglicherweise nach internen Regeln nicht autorisiert oder vielleicht auch politisch nicht interessiert, eine internationale Strafverfolgung in Gang zu bringen.[27]

---

25 *Wagner*, MPYUNL 7 (2003), S. 499.

26 Staatenbeschwerden erlauben einem Staat, beim zuständigen Vertragsorgan Beschwerde wegen Verletzung von Menschenrechten gegen einen anderen Vertragsstaat einzureichen. Folgende Verträge sehen solche Staatenbeschwerden vor: IPBPR (fakultativ; nur falls eine entsprechende Erklärung abgegeben wurde), Folterkonvention (fakultativ), Rassendiskriminierungskonvention (obligatorisch), EMRK (obligatorisch), AMRK (fakultativ), Afrikanische Charta (fakultativ).

27 *Gillhoff*, IStGH, S. 34. Es ist eine Tatsache, dass inländische Gerichte nicht geneigt sind, Verfahren für Verbrechen einzuleiten, bei denen es an territorialen oder nationalen Anknüpfungspunkten fehlt. Bis 1994, als die Errichtung des ICTY einen großen Auftrieb zur Verfolgung und Bestrafung von angeblichen Kriegsverbrechern gab, waren die Strafvorschriften der Genfer Konvention(en) von 1949 nie angewendet worden. Dazu *Cassese*, International Law, S. 268. Allerdings ist es bemerkenswert, dass die drei Situationen, die der Ankläger des ICC bisher vorermittelt hat, von den Regierungen der jeweiligen Staaten überwiesen wurden. Im Dezember 2003 war Präsident Yoweri Museveni von Uganda das erste Staatsoberhaupt, das den ICC aufforderte, eine Situation in Uganda zu untersuchen. ICC-OTP Statement of the Prosecutor Luis Moreno Ocampo to Diplomatic Corps, 12.02.2004; ICC Press Release, Statement by the Prosecutor Related to Crimes Committed in Barlonya Camp in Uganda, No.: pids.002.2004-EN, 23.02.2004. Die zweite Situation wurde von der Demokratischen Republik Kongo im April 2004 überwiesen. ICC-OTP Press Release, Prosecutor receives referral of the situation in the Democratic Republic of Congo, 19.04.2004, ICC-OTP-20040419-50-En. Die dritte Situation wurde von der Republik Zentralafrika im Januar 2005 überwiesen. ICC-OTP Press Release, Prosecutor receives referral concerning Central African Republic, 7 January 2005, ICC-OTP-20050107-86-En. Bei Überweisungen

Art. 13 (a) ICC-Statut in Verbindung mit Art. 14 ICC-Statut formt das Beschwerdeverfahren in ein Überweisungsverfahren um. Der Unterschied zwischen den beiden Verfahren mag darin liegen, dass bei einer bloßen Überweisung die Staaten eine geringere Darlegungslast trifft und keine formale Beschwerde erhoben werden muss.[28] Die Voraussetzungen für eine Staatsüberweisung sind jedoch anders als die für eine Überweisung durch den Sicherheitsrat. Bei einer Staatsüberweisung braucht der Gerichtshof zur Ausübung seiner Gerichtsbarkeit die Anerkennung seitens des Tatort- oder Täterstaates (Art. 12 (2) ICC-Statut), da sonst möglicherweise das Verbot der Drittwirkung von Verträgen nach Art. 34 und 35 des Wiener Übereinkommens über das Recht der Verträge (1969) nicht eingehalten wäre.[29] Es ist nicht erforderlich, dass das Verbrechen auf dem Hoheitsgebiet des antragstellenden Staates oder von einem seiner Staatsangehörigen begangen wurde. Es genügt, wenn ein Verbrechen auf dem Hoheitsgebiet eines Vertragsstaates oder von einem Staatsangehörigen eines Vertragsstaates begangen wurde.[30] Bei diesem Prinzip spricht man vom „Tatortstaat/Täterstaat – Prinzip".[31] Mit diesen relativ restriktiven Regelungen folgt das Statut nicht der Idee des Universalitätsprinzips, wonach eine Strafverfolgung schwerster Menschenrechtsverletzungen auch unabhängig von diesen Voraussetzungen weltweit möglich ist.[32] Dieses Prinzip bleibt zwar hinter dem angestrebten Universalitätsprinzip zurück, stellt aber die einzige konsensfähige Lösung dar.[33]

Den Staaten, die zwar nicht Vertragspartei des Statuts sind, aber die Anerkennung der Gerichtsbarkeit nach Art. 13 (2) ICC-Statut hinterlegt haben, ist es auch er-

---

von Staaten bezüglich Situationen, in denen es um Verbrechen eigener Staatsangehöriger geht, zeigt sich die Tendenz, dass Vertragsstaaten den ICC als eine Art inländisches Gericht benutzen. Zutreffend *Arsanjani*, in: *Perrakis* (ed.), ICC, S. 148.

28 *Hoffmeister/Knoke*, ZaöRV 1999, S. 788.

29 *Gillhoff*, IStGH, S. 37. Das Verbot der Drittwirkung von Verträgen zulasten Dritter, falls hier relevant, ergibt sich aus Art. 34 der Wiener Konvention über das Recht der Verträge vom 23. Mai 1969. Daher ist zu prüfen, ob die Vertragsstaaten nach dem Weltrechtsprinzip für alle in Frage stehenden Delikte durch den von ihnen geschaffenen Strafgerichtshof stellvertretend für die gesamte Staatengemeinschaft tätig werden können. S. *Gillhoff*, IStGH, S. 27, Fn. 141. Vgl. auch *Geißler*, JbM 2001, S. 234.

30 In diesen Vorbedingungen kann man ein Zurücktreten des Prinzips universeller Jurisdiktion hinter das Völkerrecht erblicken. Nach dem Prinzip universeller Gerichtsbarkeit kann jeder Staat bestimmte Verbrechen verfolgen, die Interessen der internationalen Gemeinschaft als Ganzes berühren, unabhängig davon, wo diese Verbrechen begangen wurden oder ob diese Verbrechen von eigenen Staatsangehörigen begangen wurden. Näher dazu *Eser*, TulsaLR 39 (2004), S. 955 ff.

31 *Klocke*, Ein Überblick, Sect. III 4 (b).

32 *Geißler*, JbM 2001, S. 234; vgl. dazu *Eser*, ZBJV 139 (2003), S. 18 ff.

33 *Klocke*, Ein Überblick, Sect. III 4 (b).

laubt, dem Ankläger eine Situation für weitere Ermittlungen zu überweisen, falls sie sich zur Zusammenarbeit mit dem Gerichtshof gemäß Teil 9 verpflichtet haben (Art. 12 (3) ICC-Statut). Allerdings ist das Recht eines Staates, der nicht Vertragspartei ist, zur Überweisung einer Situation auf die Verbrechen beschränkt, die auf seinem Hoheitsgebiet oder von seinen Staatsangehörigen begangen wurden (Art. 12 (3) in Verbindung mit Art. 13 (2) ICC-Statut).

III. Eine bestimmte „Situation" als Überweisungsgegenstand

Hervorzuheben ist, dass ein Ermittlungsverfahren, welches gemäß Art. 13 (1) (a) und (b) ICC-Statut durch den Sicherheitsrat oder einen Staat eingeleitet worden ist, sich nicht auf einen konkreten Fall, sondern eine „Situation" zu beziehen hat, während die Ermittlungen konkreter Täter und Taten dem Ankläger vorbehalten bleiben.[34] Dieses Stichwort „Situation" wurde mit Bedacht gewählt, um den Einfluss des Auslösers zuungunsten des Gerichtshofs auf ein Mindestmaß zu reduzieren und die Unabhängigkeit und Autonomie des Gerichtshofs in der Ausübung seiner Ermittlungs- oder Strafverfolgungsfunktion gegenüber dem Sicherheitsrat zu gewährleisten.[35] Es besteht also keine Möglichkeit, nur die Verbrechen Einzelner oder beispielsweise einer Konfliktpartei an den Ankläger zu überweisen.

Nach *Bassiouni* ist eine „Situation" ein allgemeiner Zusammenhang von Tatsachen, aus dem man ableiten kann, dass ein Verbrechen, das der Gerichtsbarkeit des Gerichtshofes unterliegt, begangen worden ist. Der Begriff „Situation" darf nicht zu eng oder einschränkend interpretiert werden, um zu verhindern, dass sie auf eine bestimmte Partei in einem bestimmten Konflikt, eine bestimmte Gruppe oder eine militärische Entität deuten könnte. Ebenso darf „Situation" auch nicht so interpretiert werden, dass sie auf ein bestimmtes Ereignis verweist, ohne den allgemeinen Zusammenhang, in dem das Ereignis sich zugetragen hat, in Betracht zu ziehen. Diese Bedeutung, die man dem Begriff „Situation" geben wollte, ist von einem Fall zum anderen wechselhaft. Sie sollte vom Ankläger in ihrem allgemeinen Zusammenhang bestimmt und zuletzt der von der Vorverfahrenskammer geführten gerichtlichen Kontrolle unterzogen werden (Art. 61 ICC-Statut), einschließlich einer eventuellen Überprüfung durch die Berufungskammer (Art. 82

[34] Zur Einführung des Begriffs "Situation" ins ICC-Statut als einen Überweisungsgegenstand siehe etwa *De Gurmendi*, in: *Lee*, ICC, S. 180; *Olásolo*, ICLR 5 (2005), S. 125.

[35] *Arsanjani*, in: *Von Hebel et al.*, Reflections, S. 65; *Olásolo*, ICLR 3 (2003), S. 100; *Tomuschat*, Die Friedens-Warte 73 (1998), S. 343; *Bruer-Schäfer*, IStGH, S. 246; *Williams*, in: *Triffterer*, Commentary, S. 349; *Zimmermann*, ZaöRZ 58 (1998), S. 47.

ICC-Statut). Diese gerichtliche Kontrolle auf zwei Ebenen, geführt von insgesamt acht Richtern, garantiert die Unparteilichkeit des Verfahrens.[36]

Ebenso wie der Sicherheitsrat darf auch ein Staat dem Ankläger nur eine bestimmte Situation überweisen. Der fragliche Staat darf keine konkreten Einzelpersonen und Einzelheiten benennen. Bei der Überweisung hat der Staat die entsprechenden Informationen zur Begründung seiner Darstellung zu übermitteln. Von einem Vertragsstaat wird auch verlangt, „soweit möglich" („*as far as possible*"), in der Überweisung die maßgeblichen Umstände anzugeben und diejenigen Unterlagen zur Begründung beizufügen, über die er verfügt („*as is available*") (Art. 14 (2) ICC-Statut). Die Phrase „soweit möglich" („*as far as possible*") ist allerdings redundant und problematisch, weil sie darauf schließen lässt, dass politische oder andere Gründe einem Staat erlauben würden, eine Überweisung ohne Beifügung von Begründungen und Tatsachen vorzunehmen.[37] Die gleiche Problematik gilt auch hinsichtlich der Formulierung „über die er verfügt" („*as is available*"). Um möglichen haltlosen und politisch veranlassten Beschwerden zuvorzukommen, sollte die Schwelle hochgesetzt werden, indem einem überweisenden Staat vorgeschrieben wird, die fraglichen Verbrechen näher auszuführen und Beweismittel dafür bereitzustellen, dass die Verbrechen tatsächlich begangen wurden.[38]

IV. Rechtswirkung der Überweisung an den Ankläger

Hierbei handelt es sich hauptsächlich um zwei Aspekte: Einerseits, ob eine solche Überweisung den Komplementaritätsgrundsatz umgeht; ein Element, das der Ankläger bei der Ermittlungseinleitung berücksichtigen muss, und andererseits, ob die Überweisung vom Sicherheitsrat oder einem Staat den Ankläger rechtlich bindet.

---

[36] *Bassiouni*, RIDP, 71 (2000) 1-2, paras. 48-49, S. 18-19; *ders.*, Introduction, S. 515.
[37] *Blakesley*, in: *Wexler*, Observations, S. 70.
[38] Panel Discussion, ACLR 36 (1999) 2, S. 324.

1. Rechtswirkung des Komplementaritätsgrundsatzes bei der Sicherheitsratsüberweisung

Die Staatsüberweisung ist dem Komplementaritätsgrundsatz unterworfen.[39] Das Statut lässt jedoch offen, ob das Komplementaritätsregime auch im Fall einer Sicherheitsratsüberweisung zu beachten ist. Um diese Frage zu beantworten, müssen Art. 17, 18 und 19 ICC-Statut hinsichtlich des Komplementaritätsgrundsatzes genau überprüft werden.

Art. 18 ICC-Statut, der ein Verfahren für vorläufige Entscheidungen betreffend die Zulässigkeit vorsieht, ist nur auf Überweisungen von einem Vertragsstaat oder für die Einleitung eines Verfahrens durch den Ankläger von Amts wegen anwendbar. Eine Überweisung durch den Sicherheitsrat ist von diesem Verfahren ausgenommen.[40] Obwohl der ICC in der Lage ist, nach Art. 17 (7) ICC-Statut einen einzelnen Fall für unzulässig zu erklären, sind die meisten Standards für Unzulässigkeit in diesem Artikel mit bestimmten Einzelpersonen verbunden, die vor einem Gerichtsverfahren stehen. Obwohl Art. 17 (1) (d) ICC-Statut sich mit „hinreichender Schwere“ eines Falles beschäftigt, ist es unklar, ob der ICC befinden kann, dass ein Fall nicht hinreichend schwer ist, wenn der Sicherheitsrat diesen Fall überwiesen hat und ihn für hinreichend schwer hält. Es ist zu bezweifeln, dass der ICC die Überweisungsresolution außer Kraft setzen würde. Dies bildet einen Kontrast zu Art. 18 ICC-Statut, der auf eine „Situation“ hinweist. Dies würde nahelegen, dass möglicherweise der ICC nach Art. 17 ICC-Statut aus begrenzten Gründen einen Fall gegen einen einzelnen Verdächtigen für unzulässig entscheiden darf. Aber der ICC wäre machtlos, sich auf Komplementarität zu berufen, um eine Überweisung des Sicherheitsrats einer ganzen Situation - wie der *Darfur*-Situation[41], - abzulehnen, weil Art. 18 ICC-Statut eine Sicherheitsratsüberweisung ausdrücklich auslässt.[42]

Des Weiteren nimmt Art. 19 ICC-Statut, der sich auch mit der Anfechtung der Gerichtsbarkeit des ICC beschäftigt, überhaupt keinen Bezug auf Sicherheitsratsüberweisungen. Trotzdem ist es möglicherweise zu stark zu sagen, dass Komplementarität völlig irrelevant im Fall einer Überweisung des Sicherheitsrats ist.

---

39 Diese Problematik wird unten in dieser Arbeit bzgl. der Auslösung durch den Ankläger beleuchtet.

40 *Fletcher/Ohlin*, JICJ 4 (2006), S. 431.

41 Durch die Sicherheitsrats-Resolution 1593 (2005) vom 31. März 2005 werden Darfur-Verbrechen an den ICC überwiesen.

42 *Fletcher/Ohlin*, JICJ 4 (2006), S. 431.

Ehr wird eine Überweisung des Sicherheitsrat auf eine gesonderte Schiene gesetzt. Und größeres Gewicht wird auf rechtliche Entscheidung des Sicherheitsrats unter seiner gesetzgebende Autorität gelegt. Hier verdrängt eine Überweisung des Sicherheitsrats das regelmäßige Verfahren des ICC, das unter Zulässigkeitsregeln funktioniert.[43]

Da der Ankläger auf Grund seiner unabhängigen Stellung jedoch verpflichtet ist, in allen Fällen über Gerichtsbarkeit und Zulässigkeit einer Sache zu entscheiden, scheint es klar, dass der Ankläger auch im Fall der Sicherheitsratsüberweisung über Gerichtsbarkeit und Zulässigkeit einer Sache zu entscheiden hat, obwohl die Verteidigung darauf verzichten kann, die Gerichtsbarkeit und Zulässigkeit einer Sache zu erörtern.[44]

In der Tat legt Art. 17 ICC-Statut in Verbindung mit Art. 53 ICC-Statut nahe, dass der Komplementaritätsgrundsatz ebenfalls bei Sicherheitsratsüberweisungen anwendbar ist. Art. 17 und 19 ICC-Statut zeigen keine Ausnahme für Sicherheitsratsüberweisungen.[45]

Obwohl der Sicherheitsrat Durchführungsbefugnisse unter der UN-Charta hat, falls er unter Kapitel VII der UN-Charta fungiert, beziehen sich diese Befugnisse hauptsächlich auf Staaten und nicht direkt auf internationale Institutionen wie z.B. den ICC. Außerdem sieht das Statut ausdrücklich die Interaktion zwischen dem Verfahren des ICC und dem Handeln des Sicherheitsrats vor (Art. 13, 16 und 18 ICC-Statut). Beispielsweise bestimmt das Statut, dass das Benachrichtigungsverfahren in Art. 18 ICC-Statut im Fall der Sicherheitsratsüberweisung nicht anwendbar ist, während keine solche Sperre in Art. 17 und 19 ICC-Statut vorgesehen ist, was eine klare *e contrario* Schlussfolgerung zulässt.[46] Der Ankläger braucht nicht nach Art. 18 ICC-Statut die Staaten mit Gerichtsbarkeit zu informieren, damit diese Staaten die Gelegenheit erhalten, um Aufschub der Ermittlungen zu ersuchen. Allerdings scheint es, dass diese Staaten das Recht haben, auf Grund des Komplementaritätsgrundsatzes die Gerichtsbarkeit des Gerichtshofs zu bestreiten.[47] Außerdem erlegen die Art. 53 (1) (b) und Art. 53 (2) (b) ICC-Statut dem Ankläger auf, die Frage der Zulässigkeit in Art. 17 ICC-Statut zu berücksichtigen, was nahe legt, dass auch bei Überweisungen vom Sicherheitsrat der Kom-

---

43 *Fletcher/Ohlin*, JICJ 4 (2006), S. 432.
44 *Wexler*, in: *Bassiouni*, International Criminal Law, Vol. III, 1999, S. 676.
45 ICC-OTP Informal Expert Paper II, S. 21.
46 ICC-OTP Informal Expert Paper II, S. 21.
47 *Elsea*, International Criminal Court, S. CRS-25.

plementaritätsgrundsatz - mindestens theoretisch - anwendbar ist, obwohl es keine direkten Vorschriften dafür gibt.[48] Folglich kann in plausibler Weise damit argumentiert werden, dass ungeachtet seiner konstitutionellen Autorität unter Kapitel VII der UN-Charta der Sicherheitsrat aufgefordert werden kann, auf der Basis der Komplementarität vom Gerichtshof Gebrauch zu machen, oder auf den Weg einer Überweisung an den Gerichtshof zu verzichten und stattdessen durch *Ad-hoc*-Tribunale seinen Vorrang geltend zu machen.[49]

2. Rechtsbindungslosigkeit der Überweisung

Die Überweisung einer Situation vom Sicherheitsrat oder einem Staat erfolgt nicht direkt zum richterlichen Organ, sondern zum Ankläger, um dadurch die Unabhängigkeit des Anklägers zu wahren.[50]

Allerdings hat das ICC-Statut nicht ausdrücklich klargestellt, ob die Überweisung einer Situation vom Sicherheitsrat oder von einem Staat den Ankläger rechtlich bindet. Diese Frage bezieht sich insbesondere darauf, ob der Ankläger die Überweisung vom Sicherheitsrat oder von einem Staat vorläufig überprüfen darf.[51] Im Unterschied dazu, dass für Vorermittlungen zu den erhaltenen Informationen im Fall der Einleitung *proprio motu* des Anklägers in Art. 15 (2) und 53 (1) ICC-Statut ein bestimmtes Verfahren vorgesehen ist, hat Art. 53 (1) ICC-Statut bei der Überweisung vom Sicherheitsrat oder einem Staat nicht ausdrücklich Vorermittlungen durch die Anklagebehörde vorgesehen. Allerdings hat Rule 104 (1) ICC-RPE dies teilweise modifiziert, indem sie besagt, dass der Ankläger bei der Auswertung der ihm zur Verfügung gestellten Informationen deren Stichhaltigkeit gemäß Art. 53 (1) ICC-Statut prüft.[52] Dies impliziert, dass die Anklagebehörde die Überweisung vom Sicherheitsrat oder von einem Staat auch vorermitteln

---

48 *Philips*, Crim.L.F., 10 (1999) 1, S. 73; *Turone*, in: *Cassese et al.*, The Rome Statute, Vol. II, S. 1142.

49 *Philips*, Crim.L.F., 10 (1999) 1, S. 73. Allerdings hat *Rackwitz* berichtet, dass dann, wenn die Ermittlungen durch den SC dem Gericht unterbreitet oder angeregt wurden oder wenn die Ermittlungen auf Grund der Präsentation einer Situation durch einen Vertragsstaat nach Art. 13 erfolgt sind, dann kein Vorverfahren erfolgt, sondern sofort in die normale Untersuchung eingetreten wird. S. *Rackwitz*, Working in the Office of the Prosecutor, S. 34.

50 *Berman*, in: *Von Hebel et al.*, Reflections, S. 174.

51 Vgl. *Olásolo*, ICLR 3 (2003), S. 101.

52 Regel 104 (1): "In acting pursuant to article 53, paragraph 1, the Prosecutor shall, in evaluating the information made available to him or her, analyse the seriousness of the information received."

muss.[53] Dies wird nochmals von Art. 53 (2) ICC-Statut bestätigt, der vorsieht, dass der Ankläger den Staat oder den Sicherheitsrat im Fall von Art. 13 (b) ICC-Statut unterrichten sollte, wenn er nach Beendigung der Ermittlungen zu dem Schluss gelangt, dass es für eine Strafverfolgung keine hinreichende Grundlage gibt. Eine Überweisung einer Situation des Sicherheitsrats oder eines Staates begründet somit selbst keine hinreichende Grundlage für eine Fortsetzung der Ermittlungen gegen einzelne Personen.[54] Deswegen ist es richtig, dass der Ankläger des ICC angegeben hat, dass „even in cases referred by the Security Council the admissibility test must be performed and the Office must respect the principle of complementarity."[55]

In Bezug auf die Frage, ob genügende Beweismittel zur Auslösung der Ermittlungen oder Erhebung der Anklage vorliegen, bindet die Überweisung einer Situation vom Sicherheitsrat somit weder den Ankläger noch die Vorverfahrenskammer. Wie schon die ILC ursprünglich vorausgesehen hatte, bleibt beim Ankläger die exklusive Verantwortung, „sich zu entscheiden, welche Einzelpersonen wegen Verbrechen angeklagt werden müssen" (wobei dies jetzt der Genehmigung der Vorverfahrenskammer unterliegt.)[56] Damit wird die Stellung der Anklagebehörde gegenüber dem Sicherheitsrat und dem Vertragsstaat verstärkt, weil sie sich nicht ausschließlich auf die Materialien zu stützen braucht, die vom Sicherheitsrat oder von einem Staat bereitgestellt werden, wenn sie darüber entscheidet, ob die potenzielle Gerichtsbarkeit des Gerichtshofs über dieüberwiesene Situation in Gang zu setzen ist.[57] Diese Rechtsbindungslosigkeit der Sicherheitsrats- und Staatsüberweisung in Art. 53 (2) ICC-Statut ist äußerst wichtig, weil sie dem Ankläger die Rolle eines unabhängigen und unparteiischen Organs zuweist, darauf zu achten, dass die Interessen der Gerechtigkeit und die Autorität des Gesetzes die Oberhand behalten. Deshalb kann der Ankläger solche Überweisungen des Sicherheitsrats oder eines Staates blockieren, die politisch motiviert erscheinen und dem Interesse

---

53 *Olásolo,* ICLR 5 (2005), S. 143; *ders.*, ICLR 3 (2003), S. 100. Allerdings sollte trotz der Tatsache, dass Regel 104 die Anklagebehörde zur gleichen Befugnis ermächtigt, wie sie in Art. 15 (2) ICC-Statut vorgesehen ist, der Umfang der Vorermittlungen auf den Zweck begrenzt sein, zusätzliche Informationen zu bekommen, um gem. Art. 53 (1) ICC-Statut besser entscheiden zu können, ob Ermittlungen einzuleiten sind. So *Olásolo,* ICLR 5(2005), S.143.

54 Vgl. *Cassese*, EJIL 10 (1999) 1, S. 162.

55 *ICC-OTP*, Report on the activities, S. 18.

56 S. dazu auch *Berman*, in: *Von Hebel et al.*, Reflections, S. 174.

57 *Olásolo,* ICLR 5 (2005), S. 143.

der Gerechtigkeit nicht entsprechen.[58] Auch wird durch Art. 53 (3) ICC-Statut das Ermessen des Anklägers verdeutlicht.[59]

Gegen eine Entscheidung des Anklägers, eine Ermittlung gegen bestimmte Einzelpersonen aufzunehmen, steht dem Sicherheitsrat oder dem überweisenden Staat eine bestimmte Einspruchsmöglichkeit offen: Sie können bei der Vorverfahrenskammer ein Klageerzwingungsverfahren anstrengen, in dem allerdings nur die Verpflichtung zur erneuten Überprüfung ausgesprochen werden kann (Art. 53 (3) (a) ICC-Statut).[60] Sie haben jedoch keine Befugnis, den Ankläger zur Fortsetzung der Ermittlungen gegen bestimmte Einzelpersonen aufzufordern.

B. Einleitung durch den Ankläger von Amts wegen

Bis zum Schluss der Rom-Konferenz war es umstritten - und wurde insbesondere von den USA und China abgelehnt -, ob in das ICC-Statut die Befugnis des Anklägers aufgenommen werden sollte, Ermittlungen *propio motu* von Amts wegen einzuleiten.[61] Ob der Ankläger für einen ständigen Strafgerichtshof, der die innerstaatliche Strafgerichtsbarkeit ergänzt, das Recht zur Auslösung der internationalen Strafgerichtsbarkeit haben darf, stand im Zentrum der Debatte um die Rolle des ICC im internationalen Rechtssystem. Je nachdem, ob die Anklagebehörde kraft eigenen Rechts eine Strafverfolgung einleiten darf oder ob sie dafür eine Genehmigung des Sicherheitsrats benötigt oder ob Letzterer sogar das exklusive Initiativrecht zur Einleitung eines internationalen Strafverfahrens haben soll, findet eine Verschiebung von objektiver Gerechtigkeit zu politischer Macht statt.[62] Zugegebenermaßen wirkt sich die Einbeziehung oder das Fehlen einer solchen Befugnis wesentlich auf die Struktur und die Funktion des ICC aus.[63]

I. Rechtspolitische Auseinandersetzungen auf der Rom-Konferenz

Die Idee, dem Ankläger ein eigenes Initiativrecht zu geben, wurde am Anfang des ICC-Verhandlungsprozesses als so radikal betrachtet, dass der ILC-Draft sie ü-

---

58 *Cassese*, EJIL 10 (1999) 1, S. 162.

59 Vgl. *Oosthuizen*, NILR 1999, S. 317.

60 *Lenski*, Der Durchgriff des Völkerrechts, S. 24

61 Zur Entwicklung und Diskussion dieser Problematik vor der Rom-Konferenz siehe etwa *Brubacher*, JICJ 2 (2004), S. 72 ff; *Gillhoff*, IStGH, S. 34 ff; *Schlunck*, in: *Fischer/Lüder*, Völkerrechtliche Verbrechen, S. 158 ff.

62 *Eser*, ZBJV 139 (2003), S. 27-28.

63 *Pejic*, IL 34 (2000) 1, S. 76.

berhaupt nicht vorgesehen hatte. Die Gegner einer *proprio motu* Befugnis gingen aus eher politischen Gründen davon, dass eine allzu starke Stellung, die dem Ankläger eingeräumt würde, für politische Zwecke missbraucht werden könnte.[64] Im ILC-Draft durften nur der Sicherheitsrat oder ein Vertragsstaat zum Statut die Gerichtsbarkeit des Gerichtshofs einleiten. Die ILC räumte in ihrem Kommentar zum ILC-Draft ein, dass die meisten Staaten die Auffassung vertraten, dass ohne Überweisung seitens eines Vertragsstaates oder des Sicherheitsrats Ermittlungen nicht aufgenommen werden dürften, „mindestens nicht in der gegenwärtigen Phase der Entwicklung des internationalen Rechtssystems".[65] Aus ihrem Bericht ergibt sich indirekt, dass auf die *proprio motu* Befugnis des Anklägers verzichtet werden muss, um eine breite Akzeptanz des Statuts zu ermöglichen.[66]

II. Rechtfertigung der proprio motu-Befugnis des Anklägers

Die Vorstellung, dass staatsanwaltschaftliche Entscheidungen autonom getroffen werden sollten, ist ein Grundsatz des demokratischen Systems, der sich auf die Autorität des Gesetzes gründet. Das Prinzip staatsanwaltschaftlicher Unabhängigkeit ist in internationalen Standards zur Rolle des Anklägers verkörpert, die von UN-Vertragsstaaten gebilligt werden.[67] Dass der Ankläger die Befugnis hat, Ermittlungen auf Grund zuverlässiger Informationen aus jeder möglichen Quelle *proprio motu* einzuleiten, kann dem Ankläger am besten ermöglichen, eine unpolitische, unabhängige und professionelle Selektion von Fällen vorzunehmen, die auf relevanten rechtlichen Kriterien basieren, wie z. B. Ernsthaftigkeit der angeblichen Straftat, die wahrscheinliche Qualität und die Zugänglichkeit von Beweismitteln, die Verfügbarkeit von Ressourcen und das Verhältnis zu anderen laufenden Ermittlungen.[68]

Im Übrigen hängt die Effektivität des Gerichtshofs im Hinblick auf der Komplementarität der Gerichtsbarkeit in hohem Maß von den Befugnissen und der Unabhängigkeit des Anklägers ab.[69] Ein unabhängiger Ankläger mit der Autorität, *ex officio* zu fungieren, ist wesentlich für die Bildung eines starken Gerichtshofs an-

---

64 Siehe dazu *Bergsmo/Cissé/Staker,* in: *Arbour/Eser/Ambos/Sanders* (eds.) The Prosecutor of a Permanent International Criminal Court, S. 141-144.

65 ILC – Report 1993, Commentary to Art. 29, para. 4.

66 *Hoffmeister/Knoke*, ZaöRV 1999, S. 790; s. auch *Schlunck*, in: *Fischer/Lüder*, Völkerrechtliche Verbrechen, S. 154.

67 *Pejic*, UDMLR 78 (2001) 2, S. 282.

68 ICTY Press Release, Statement by Justice Louise Arbour to the Preparatory Committee on the Establishment of an International Criminal Court, CC/PIO/271-E, 08.12.1997.

69 *Bergsmo/Harhoff*, in: *Triffterer*, Commentary, S. 628.

statt eines Gerichts, dem nur eine passive Rolle überlassen wird.[70] Die Befugnis des Anklägers, seine offiziellen Pflichten frei von politischer Einmischung auszuüben, ist eine Grundvoraussetzung für die Einrichtung eines fairen und effektiven ständigen Gerichtshofs. Anderenfalls würde dieser ähnlich wie in den Fällen des IPBPR oder der EMRK von anderen Staaten auf dem Wege der Staatenbeschwerde nur in seltenen Ausnahmefällen befasst worden und größtenteils auf Überweisungen durch den Sicherheitsrat angewiesen sein und so mit allen diesbezüglichen Problemen konfrontiert bleiben. Außerdem könnte weder bei Überweisung durch den Sicherheitsrat noch bei Überweisung durch Einzelstaaten der Strafverfolgungsprozess die wesentlichen Attribute von Neutralität, Objektivität und Unparteilichkeit für sich in Anspruch nehmen,[71] wenn der Ankläger nicht ermächtigt wäre, auf eigene Initiative die Gerichtsbarkeit auszulösen. Das würde der Unabhängigkeit, der Effektivität und der Glaubwürdigkeit des Gerichtshofs schaden.[72] Der Behauptung der USA, dass der internationale Ankläger nicht in der Lage sei, Ermittlungen nur auf Grund rechtlicher Kriterien aufzunehmen oder fortzusetzen, weswegen eine politische Vorauswahl notwendig sei, ist nicht beizupflichten.[73] Die USA können nicht erklären, warum der Ankläger, falls er das Ermessen hätte, Ermittlungen auf Grund der Überweisung einer Situation durch einen Vertragsstaat oder den Sicherheitsrat durchzuführen, nicht in der Lage sein sollte, eine ähnliche Ermessensbefugnis bei der Entscheidung zur Fortsetzung von Ermittlungen von Amts wegen auszuüben. Die Bedenken vor allem der USA lassen sich nicht auf juristische Kritikpunkte stützen.[74]

Zusammenfassend gesagt, kann ein Ankläger nur dann effektive Strafverfolgung leisten, wenn er von Amts wegen bei konkreten Anhaltspunkten für das Vorliegen einer Straftat die Ermittlungen aufnehmen darf. Das gilt auch und besonders für die Anklagebehörde beim ICC. Das Einschreiten darf weder von einer Initiative einzelner Staaten (z. B. Konfliktparteien) noch von einem Mandat des Sicher-

---

70 *High Commissioner*, Position Paper, para. 69.

71 Näheres zur Stellung eines internationalen Anklägers und derer Wirkung auf die Unabhängigkeit, die Effektivität und die Glaubwürdigkeit des ICC, siehe *Freiburg Deklaration zur Stellung der Staatsanwaltschaft eines ständigen Internationalen Strafgerichtshofs*, in: *Arbour/Eser/Ambos/Sanders* (eds.), The Prosecutor of a Permanent International Criminal Court, S. 676-678.

72 *Pejic*, IL 34 (2000) 1, S. 77.

73 Zur Stellungnahme der USA in Bezug auf die *proprio motu* Befugnis des Anklägers siehe USA – Hearing (statement of David Scheffer); Statement of the United States Delegation Expressing Concern Regarding the Proposal for a Proprio Motu Prosecutor, 22.06.1998. Weiteres *Elsea*, International Criminal Court, S. CRS-10.

74 *Schlunck*, in: *Fischer/Lüder*, Völkerrechtliche Verbrechen, S. 160.

heitsrats oder der UN-Generalversammlung abhängig gemacht werden. Eine mit schwachen Eingriffsrechten ausgestattete Anklagebehörde würde die gesamte Institution als einen Garanten der Friedenssicherung in Frage stellen. Der ICC hätte keine Glaubwürdigkeit, wenn er oder seine Ankläger vom Sicherheitsrat oder von den Vertragsstaaten abhängig wäre.

III. Formalisierung der proprio motu Befugnis des Anklägers im ICC-Statut

Die Einleitung *proprio motu* des Anklägers war von der so genannten „Gruppe der Gleichgesinnten" auf der Rom-Konferenz durchgesetzt werden, wodurch ein wichtiger Schritt für die Funktionsfähigkeit des ICC getan wurde. Die relativ starke Stellung des Anklägers in Art. 15 ICC-Statut geht auf einen Kompromissvorschlag zurück, den Deutschland und Argentinien gemeinsam eingebracht hatten.[75] Um den ICC zu errichten, haben die Staaten überkommene Souveränitätsbedenken zurückgestellt. So bedarf der Ankläger beim ICC zur Verfahrenseinleitung nicht der Zustimmung der betroffenen Staaten. Der Ankläger muss auch nicht erst darauf warten, dass der Sicherheitsrat ihn dazu auffordert. Hier gilt jedoch einschränkend das „Tatortstaat/Täterstaat – Prinzip" (Art. 13 (c) in Verbindung mit Art. 15(1) ICC-Statut).[76]

Gemäß Art. 15 ICC-Statut darf die Anklagebehörde aus eigener Initiative Ermittlungen einleiten, wenn ein Opfer, ein Vertragsstaat oder eine zwischenstaatliche oder nichtstaatliche Organisation oder andere zuverlässigen Stellen entsprechende Informationen an sie übermitteln, die einen Anfangsverdacht in Bezug auf das Begehen eines der Gerichtsbarkeit des Gerichtshofs unterliegenden Verbrechens rechtfertigen können.[77] Dieser Schritt ist rein juristisch, ohne politische Intervention.[78]

---

75 Näheres Proposal by Argentina and Germany in U.N. Doc. A7AC.249/1998/WG.4/DP.35, 25.03.1998. Zutreffend *Bergsmo*, EJCCLCJ 6 (1998) 4, S. 354 ff.

76 Art. 15 (1) sollte als eine Gerichtsbarkeitsnorm interpretiert werden (i. V. m. Art. 13), die festlegt, wer ein Verfahren vor dem Gerichtshof einleiten darf, unabhängig von anderen Subjekten (z. B. andere Staaten, SC), anstatt als eine Funktionsnorm, die vorschreibt, wie und wann die Einleitung stattzufinden hat. Dazu *Bergsmo/Pejić*, in: *Triffterer*, Commentary, S. 364.

77 Dass dem Ankläger erlaubt wird, um Informationen bei NGO zu ersuchen, öffnet den Prozess auch für Beteiligte dieser wichtigen privaten Akteure. Dazu *Brown*, in: *Sewall/Kaysen*, The United States and ICC, S. 73. Zur Rolle der NGO in der Völkerstrafgerichtsbarkeit s. etwa *Harder*, Maecenata Actuell, 42 (2003), S. 8-19; *Pace/Schense*, in: *Cassese et al.*, The Rome Statute, S. 105-143. Für die Absicht der Einschränkung der Rolle der NGO in diesem Bezug *Rosenne*, VJIL 41 (2000) 1, S. 179 ff.

78 *Bazelaire/Cretin*, La Justice pénale internationale, S. 93.

Allerdings sind für die Ermittlungen *proprio motu* wegen der Vorbehalte vieler Staaten vor einem unabhängigen Ankläger verschiedene Kautelen vorgesehen. Nach dem Erhalt der Information darf der Ankläger Ermittlungen nicht direkt durchführen. Er muss zuerst eine Vorprüfung vornehmen, wobei er zusätzliche Auskünfte einholen und schriftliche oder mündliche Zeugenaussagen am Sitz des Gerichtshofs entgegennehmen kann (Art. 15 (2) ICC-Statut).[79] Nach der Vorprüfung kann der Ankläger entscheiden, keine Ermittlungen aufzunehmen, wenn er zu dem Schluss gelangt, dass die zur Verfügung gestellten Informationen keine hinreichende Grundlage für Ermittlungen darstellen. Aber dies schließt nicht aus, dass der Ankläger im Licht neuer Tatsachen oder Beweismittel weitere Informationen prüft, die ihm in Bezug auf dieselbe Situation zur Verfügung gestellt werden (Art. 15 (6) ICC-Statut). Falls der Ankläger zum Schluss gelangt, dass eine hinreichende Grundlage für die Aufnahme von Ermittlungen besteht, wird, um das Argument der Überlastung, aber auch die notwendigerweise politische Auswahl der Fälle durch den Ankläger aus dem Weg zu räumen,[80] ein früher richterlicher Überprüfungsmechanismus eingeführt: Der Ankläger ist verpflichtet, die Genehmigung für die Ermittlungen bei der Vorverfahrenskammer zu beantragen (Art. 15 (3) ICC-Statut). Sieht die Vorverfahrenskammer eine hinreichende Grundlage für die Untersuchung und hält sie die Zuständigkeit des Gerichtshofs für begründet, so autorisiert sie den Ankläger, die Ermittlungen förmlich zu beginnen (Art.15 (4) ICC-Statut). Mit anderen Worten ist das autonome Feld der Operation des Anklägers unter Art. 15 ICC-Statut sehr begrenzt.[81]

Die Einleitung *proprio motu* unterscheidet sich etwa von der Einleitung *ex officio* für beide *Ad-hoc*-Tribunale (Art. 18 (1) ICTY-Statut und Art. 17 (1) ICTR-Statut). Sowohl mit „*proprio motu*“ als auch mit „*ex officio*“ soll zum Ausdruck gebracht werden, dass der Ankläger die Autorität hat, Ermittlungen aus eigener Initiative einzuleiten. Obwohl beide Begriffe wörtlich gleichbedeutend scheinen und die meisten Staaten zu Beginn der Verhandlungen vor der Rom-Konferenz den Begriff „*ex officio*“ benutzten, um von einem unabhängigen Ankläger zu sprechen, hat eine wachsende Anzahl von Staaten „*ex officio*“ durch „*proprio motu*“ ersetzt.[82]

---

79 Näheres *Olásolo*, ICLR 5 (2005), S. 143.

80 *Gillhoff*, IStGH, S. 35.

81 *Bergsmo*, NJIL 69 (2000), S. 105.

82 In Bezug auf die Debatte von *ex officio* v. *proprio motu* setzt der Zutphen-Draft beide Begriffe nebeneinander in Klammern (Art. 46 Zutphen-Draft), was implizierte, dass einer von beiden gewählt werden sollte. In den Debatten haben viele Staaten beide Begriffe verwendet, als ob sie synonym wären. Aber wenn beide das Gleiche bedeuten, wäre diese Wahl lediglich eine winzige Debatte über den Schreibstil. S. dazu *Bachrach*, IlsaICLJ 5 (1998) 1, S. 154.

Die Übersetzung beider Begriffe in ihrem Kontext zeigt, dass „*ex officio*“ sich auf Aufgaben bezieht, die die Anklagebehörde als solche betrifft, während „*proprio motu*“ sich auf Aufgaben bezieht, die dem einzelnen Ankläger zugeordnet sein können. Mit anderen Worten sind einem *ex officio* Ankläger Aufgaben zugewiesen, die allen Anklägern in der Anklagebehörde zugewiesen sind, während ein *proprio motu* Ankläger nur auf seine eigene Aufgabe begrenzt ist. Das richtige Verständnis der unterschiedlichen Bedeutung dieser zwei Begriffe kann klarstellen, warum die USA dazu neigten, „*proprio motu*“ zu bevorzugen, während Deutschland dazu neigte, „*ex officio*“ zu bevorzugen. Die USA waren mehr von der Furcht vor einem möglicherweise ungehinderten Ankläger geleitet als dies für Deutschland galt.[83]

Mit der relativ starken Anklagebehörde, die auf der Grundlage „verlässlicher“ Informationen jeder – also auch nichtstaatlicher – Art von Amts wegen tätig werden kann und die sich lediglich einer gerichtlichen Überprüfung durch die Vorverfahrenskammer unterwerfen muss, wird einer unmittelbaren Politisierung der Anklagebehörde etwa durch den Sicherheitsrat oder die Vertragsstaatenversammlung vorgebeugt. Es bleibt aber das Interventionsrecht des Sicherheitsrats unter Berufung auf Kapitel VII UN-Charta (Art. 16 ICC-Statut).

C. Zwischenergebnis

Die Struktur des Auslösungsmechanismus variiert, abhängig davon, wer die Gerichtsbarkeit des Gerichtshofs in Gang setzt. Art. 13(b) in Verbindung mit Art. 53 (1), (3) und (4) ICC-Statut sieht mit der Sicherheitsratsüberweisung ein vereinfachtes und zweckdienliches Verfahren vor, während in Art. 13 (c) in Verbindung mit Art. 15 und Art. 18 ICC-Statut ein extrem kompliziertes Verfahren vorgesehen ist, in dem zwei Zulässigkeitsentscheidungen der Vorverfahrenskammer (Art. 15 (4) und 18 (4) ICC-Statut) und zwei weitere Entscheidungen der Berufungskammer (Art. 81 (1) (a) und 18 (4) ICC-Statut) nötig sein können, wenn der Ankläger der Auslöser ist. Schließlich sieht Art. 13 (a) ICC-Statut in Verbindung mit Art. 14, 18, und 53 (1), (3) und (4) ICC-Statut auch noch ein Verfahren vor, das als ein Zwischenniveau von Komplexität und Zweckdienlichkeit verstanden werden kann, wenn ein Vertragsstaat der Auslöser ist. Im Übrigen wird diese Struktur in zwei Teile aufgeteilt: das Verfahren nach Art. 15 ICC-Statut und das Verfahren nach Art. 18 ICC-Statut.[84]

---

83 *Bachrach*, IlsaICLJ 5 (1998) 1, S. 154.
84 *Olásolo*, ICLR 5(2005), S.129-130.

§ 7 Struktur der Ermittlungseinleitung des Anklägers proprio motu

A. Kriterien der Auslösung

I. Begründete Grundlage als Entscheidungskriterium

Um etwaige Besorgnisse über einen Befugnismissbrauch des Anklägers abzuschwächen, hat das Statut die Verfahrensmacht des Anklägers streng eingeschränkt, indem es vorgesehen hat, dass der Ankläger die Vorverfahrenskammer davon überzeugen muss, dass eine „begründete Grundlage" („*reasonable basis*")[85] für die Aufnahme der Ermittlungen besteht (Art. 15 (3) ICC-Statut).

Die „begründete Grundlage" ist im Statut kein definierter Rechtsbegriff *per se*.[86] Es ist in der Tat ein ziemlich schwammiges Kriterium für die Ermittlungseinleitung. Ursprünglich wurde im ILC-Draft „mögliche Grundlage" („*possible basis*") als Kriterium der Ermittlungseinleitung vorgesehen (Art. 26 (1) ILC-Draft). Jedoch wurde dieses Kriterium als zu streng betrachtet, weil vom Ankläger dadurch verlangt würde, seine begrenzten Ressourcen auch für Ermittlungen solcher Fälle aufzuwenden, die in die Gerichtsbarkeit des Gerichtshofs fallen, ungeachtet des Ausmaßes oder der Schwere bestimmter Verbrechen oder der Qualität der Beweismittel und anderer juristischer Faktoren.[87] Mit dem schwammigen Kriterium der „begründeten Grundlage" ist der Beurteilungsspielraum des Anklägers ziemlich breit.[88] Im Vergleich zu entsprechenden Bestimmungen in nationalen Gesetzgebungen hingegen ist das Kriterium „begründete Grundlage" ziemlich streng. Während im deutschen Strafverfahren ein einfacher Anfangsverdacht der Staatsanwaltschaft ausreicht (§§ 158 und 160 StPO), muss der internationale Ankläger eine „begründeter Grundlage" für die Aufnahme der Ermittlung für gegeben halten. Das Vorliegen dieser Verdachtsstufe im deutschen Recht ist erst für die Erhebung der Anklage erforderlich (§ 200 StPO).[89]

---

[85] Die offizielle deutsche Übersetzung hat sowohl "reasonable basis" in Art. 15 (3) und 53 (1) als auch "sufficient basis" in Art. 53 (1) zu "hinreichende Grundlage" übersetzt. Um jedoch "reasonable basis" und "sufficient basis" zu differenzieren, wird die offizielle deutsche Übersetzung hier nicht angenommen, um stattdessen "reasonable basis" als "begründete Grundlage" zu übersetzen.

[86] *Wexler*, in: *Bassiouni*, International Criminal Law, S. 675; vgl. auch *Rackwitz*, Working in the Office of the Prosecutor, S. 33-34.

[87] *AI*, ICC: Part II, S. 10.

[88] *Nill*, BJPL 14 (1999) 1, S. 147.

[89] *Hoffmeister/Knoke*, ZaöRV, 1999, S. 791; vgl. *Brubacher*, JICJ 2 (2004), S. 80-81.

Weil das Statut nicht klargestellt hat, in welchem Maß und zu welchem Zeitpunkt das Kriterium in Art. 53 (1) ICC-Statut hinsichtlich der Ermittlungseinleitung nach Art. 15 ICC-Statut anwendbar ist,[90] versucht Rule 48 ICC-RPE, dieses Problem dahingehend zu lösen, dass der Ankläger bei der Entscheidung über die „hinreichende Grundlage" die Faktoren, die in Art. 53 (1) (a) bis (c) ICC-Statut angeführt werden, berücksichtigen sollte. Das heißt, dass Art. 15 ICC-Statut das gleiche Kriterium wie Art. 53 ICC-Statut erfordert. Danach umfassen die Ermittlungen bei „hinreichender Grundlage" drei Elemente: hinreichende Verdachtsgründe, Gerichtsbarkeit sowie Zulässigkeit und Erheblichkeit. Es ist nützlich, dass der Ankläger alle in Art. 53 aufgelisteten Faktoren schon im Stadium nach Art. 15 berücksichtigt, bevor er bei der Vorverfahrenskammer die Genehmigung einer Ermittlung beantragt, weil im Stadium nach Art. 15 eine Weiterleitung der Ermittlungen an staatliche Behörden stattfinden kann.[91]

II. Hinreichende Verdachtsgründe

Art. 53 (1)(a) ICC-Statut verpflichtet den Ankläger zu prüfen, ob die ihm vorliegenden Informationen hinreichende Verdachtsgründe dafür bieten, dass ein der Gerichtsbarkeit des Gerichtshofs unterliegendes Verbrechen begangen wurde. Prozessual reicht zu diesem Zeitpunkt ein „hinreichender Verdacht" für ein Verbrechen aus, im Gegensatz zum „begründeten Verdacht", der während der Ermittlungen für den Erlass eines Haftbefehls oder einer Ladung nötig ist (Art. 58 ICC-Statut).[92]

III. Gerichtsbarkeit und Zulässigkeit einer Sache

Es dürfen vom Ankläger nur Fälle näher untersucht werden, für die der ICC konkret – und nicht lediglich abstrakt vom Typus des überprüften Verhaltens her – zuständig ist. Das ist nur dann gegeben, wenn alle Voraussetzungen positiver und negativer Art, die in Art. 12 ICC-Statut (Voraussetzungen für die Ausübung der Gerichtsbarkeit), Art. 13 (Ausübung der Gerichtsbarkeit), Art. 17 (Fragen der Zulässigkeit), Art. 18 (vorläufige Entscheidungen betreffend die Zulässigkeit) und Art. 19 (Anfechtung der Gerichtsbarkeit des Gerichtshofs oder der Zulässigkeit einer Sacher), angeführt werden, vorliegen bzw. fehlen.[93]

---

90 *Friman*, in: *Lee*, ICC: Elements, S. 494.

91 *Friman*, in: *Lee*, ICC, Elements, S. 496.

92 *Hoffmeister/Knoke*, ZaöRV 1999, S. 794.

93 *Triffterer*, GS für Zipf, S. 536.

1. Gerichtsbarkeit

Eine starke Einschränkung der Zuständigkeit erfährt der ICC durch die Bedingung, dass nur Taten aufgegriffen werden dürfen, die entweder auf dem Hoheitsgebiet oder von einem Staatsangehörigen eines Vertragsstaates begangen wurden. Der Ankläger muss jedenfalls die Zuständigkeit des Gerichtshofs *rationae materiae* (Art. 5-10 ICC-Statut) und *rationae temporis* (Art. 11 ICC-Statut) begründen.[94] In materieller Hinsicht, *rationae materiae*, umfasst die Zuständigkeit des ICC nicht jede – sei es auch schwere – Menschenrechtsverletzung, sondern ausschließlich Völkermord, Verbrechen gegen die Menschlichkeit, Kriegsverbrechen und das Verbrechen des Angriffskrieges. [95] In zeitlicher Hinsicht, *ratione temporis*, ist der ICC nur zuständig für Taten, die nach Inkrafttreten des ICC-Statut begangen wurden, also nach dem 1. Juli 2002.

Mit diesen relativ restriktiven Regelungen folgt das Statut nicht der Idee des Weltrechtsprinzips, wonach eine Strafverfolgung schwerster Menschenrechtsverletzungen auch unabhängig von diesen Voraussetzungen weltweit möglich ist.[96] Überdies sieht das Statut vor, dass auch ein Staat, der nicht Vertragspartei des Statuts ist, die Gerichtsbarkeit des ICC durch Hinterlegung einer entsprechenden Erklärung beim Kanzler des Gerichtshofs anerkennen kann (Art. 12 (3)). Das gilt jedoch nicht, wenn der SC unter Berufung auf Kapitel VII der UN-Charta eine bestimmte Situation an den Ankläger überweist.

Im Unterschied zum ICTY und zum ICTR muss der ICC seine Gerichtsbarkeit jedes Mal feststellen. Es ist anzunehmen, dass dies der Regelfall ist, wenn der Ankläger am ICC die Gerichtsbarkeit aktivieren möchte. Der Grund für den Unterschied zum ICTY und ICTR liegt darin, dass die *Ad-hoc*-Tribunale Priorität vor nationalen Gerichten haben, während für den ICC das Komplementaritätsprinzip gilt.[97]

---

94 *Hoffmeister/Knoke*, ZaöRV 1999, S. 794.

95 Letzteres muss allerdings noch tatbestandlich definiert werden.

96 *Eser*, ZBJV 139 (2003)1, S. 18 ff; *Geißler*, JbM, 2001, S. 234.

97 *Arbour*, CJTL 40 (2001) 1, S. 4.

2. Zulässigkeit

a) Grundsatz der Komplementarität

Internationale Strafgerichtsbarkeit liegt im Spannungsfeld zwischen nationaler Souveränität und internationaler Organisiertheit. Um die Komplementarität der internationalen zur nationalen Strafgerichtsbarkeit in ihrer Neuartigkeit verstehen zu können, lohnt sich zunächst ein Rückblick auf den Status der vorangegangenen internationalen Tribunale.[98] Für die Internationalen Militärtribunale von Nürnberg und Tokio war es charakteristisch, dass sie – wenn auch vielleicht nicht theoretisch, so jedenfalls praktisch – über eine *exklusive* Strafhoheit im Verhältnis zur jeweiligen nationalen Strafjustiz verfügten. Beide Gerichtshöfe übten ihre Strafgewalt in den Ländern aus, um deren Staatsangehörige es im Wesentlichen ging; und soweit ausländische Tatortstaaten betroffen und ihrerseits gleichsam Opfer der Kriegsverbrechen waren, hatten sie verständlicherweise keine Einwände dagegen, dass sich eine internationale Strafjustiz der Verfolgung annahm. Auf diese Weise hatten die Internationalen Militärtribunale in der Regel direkten Zugriff auf die Beschuldigten wie auch auf etwaige Beweismittel. Deshalb hat man es hier mit einem "direct enforcement model" zu tun.[99] Schon nicht mehr ganz so weit wie bei den Internationalen Militärtribunalen von Nürnberg und Tokio geht die Macht der *Ad-hoc*-Tribunale für Jugoslawien und Ruanda. Zwar bleibt deren Jurisdiktion «primacy over national courts» eingeräumt, mit der Folge, dass das ICTY in jedem Stadium des Verfahrens von nationalen Gerichten die Überweisung eines Verfahrens verlangen kann (Art. 9 (2) ICTY-Statut). Doch ist dieser Primat kein ausschließlicher, da auf Grund ausdrücklicher *konkurrierender* Zuständigkeit das Recht der nationalen Gerichte erhalten bleibt, internationale Verbrechen so lange zu verfolgen, als das ICTY die Sache nicht an sich gezogen hat (Art. 9 (1) ICTY-Statut).[100]

Das ILC-Draft vermeidet es, von „konkurrierender", „ausschließlicher" oder „originärer" Jurisdiktion zu sprechen.[101] Aber es kann auf diese Weise natürlich nicht

---

[98] Näheres *Eser*, ZBJV 139 (2003)1, S. 23-24.

[99] *Eser*, ZBJV 139 (2003)1, S. 23-24.

[100] *Eser*, ZBJV 139 (2003)1, S. 24.

[101] Das ICTY verfügt über die sog. konkurrierende Rechtsprechungskompetenz. Es kann einen vor einem nationalen Gericht verhandelten Fall an sich ziehen, wenn es der Überzeugung ist, dass das nationale Gericht keine angemessene Strafverfolgung gewährleistet (siehe Art. 9 (2) (a) ICTY-Statut).

die damit zusammenhängenden Probleme der Abgrenzung zwischen nationaler und internationaler Strafgerichtsbarkeit umgehen oder gar lösen. Jedoch wird bereits in der Präambel des ICC-Statuts eine prinzipielle Orientierung gegeben – das Komplementaritätsprinzip.[102] Internationale Strafgerichtsbarkeit soll insbesondere dort ansetzen, wo die nationale Strafgerichtsbarkeit nicht wirksam wird oder werden will.[103]

Das Komplementaritätsprinzip macht deutlich, dass für die internationale Strafgerichtsbarkeit keine Priorität in Anspruch genommen wird, sondern dass sie vielmehr als Ergänzung der nationalen Gerichtsbarkeit verstanden werden soll, die sich auf die Verfolgung besonders schwerer internationaler Verbrechen beschränkt.[104]

Demnach muss im Rahmen der Zulässigkeitsprüfung festgestellt werden, dass kein Staat, der für die Strafverfolgung zuständig ist, diese auch betreibt oder betrieben hat. Im Unterschied zu den beiden *Ad-hoc*-Tribunalen ist die Zuständigkeit des ICC nicht vorrangig, sondern nachrangig gegenüber nationalen Gerichtsverfahren.[105] Die nationale Gerichtsbarkeit soll grundsätzlich Vorrang haben, soweit sie über ausreichende Effizienz verfügt. Der ICC soll in keiner Weise die Autorität der nationalen Gerichte ersetzen.

Dieser Komplementaritätsgrundsatz betrifft praktisch alle Aspekte des Statuts. Er beeinflusst die Natur des ICC, die Verteilung von Kompetenzen zwischen dem Gerichtshof und der innerstaatlichen Gerichtsbarkeit, die Voraussetzungen zur Ausübung von Gerichtsbarkeit (Frage der Zulässigkeit, staatliche Zustimmung) und die Beziehungen zu den Staaten (Zusammenarbeit und Rechtshilfe). Der Komplementaritätsgrundsatz war und ist eine Grundbedingung für die Akzeptanz des ICC durch viele Staaten, ohne die das Statut kaum zustande gekommen wäre.

Im Wesentlichen wird durch diesen Grundsatz die Hauptverantwortung für die Ermittlung und Verfolgung der schwersten Verbrechen von internationalem Inte-

---

102 Allg. zum Komplementaritätsgrundsatz *Bergsmo*, NJIL 69 (2000), p. 87-113; *Eser*, ZBJV 139 (2003)1, S. 23 ff.; *Brown*, YJIL 23 (1998), p. 383-436; *Kaul/Kreß*, YIHL 2 (1999), S. 143-175; *Roggemann*, Ergänzungsband, S. 22. Zum Einfluss des Komplementaritätsgrundsatzes auf die Wirksamkeit der Gerichtsbarkeitsausübung *Farbstein*, ECMI Working Paper 12, 2001.

103 *Graefrath*, in: *Hankel/Stuby*, Strafgerichte, S. 295.

104 Vgl. *Graefrath*, in: *Hankel/Stuby*, Strafgerichte, S. 309.

105 *Lenski*, Der Durchgriff des Völkerrechts. S. 22.

resse auf die einzelnen Staaten gelegt. Der Gerichtshof wird nur dann tätig, wenn ein Staat nicht willens oder in der Lage ist, ein ordentliches Verfahren gegen mutmaßliche Täter schwerster Menschenrechtsverletzung durchzuführen. Bei Konkurrenz zwischen innerstaatlicher Gerichtsbarkeit und jener des Gerichtshofs hat die Erstere Priorität.[106] Der Ankläger darf also keine Ermittlungen einleiten und aufnehmen, wenn ein Staat ein funktionierendes Rechtssystem hat. Der Komplementaritätsgrundsatz versucht, eine Balance im Spannungsfeld zwischen der Entwicklung des Völkerstrafrechts und der Realität der internationalen Politik zu finden, indem er die Gerichtsbarkeit des ICC streng begrenzt. In dieser Hinsicht unterscheidet sich der ICC von den beiden *Ad-hoc*-Tribunalen und ist schwächer als diese,[107] weil sie Priorität vor innerstaatlicher Gerichtsbarkeit haben und jeden Fall nach freiem Ermessen an sich ziehen können.[108]

b) Fallgruppen der Komplementarität

Die Fallgruppen, in denen das Gericht zuständig ist, sind in Art. 17 (1) ICC-Statut definiert. Demnach entscheidet der Gerichtshof, dass eine Sache nicht zulässig ist, wenn (1) in der Sache von einem Staat, der Gerichtsbarkeit darüber hat, Ermittlungen oder eine Strafverfolgung durchgeführt werden, es sein denn, der Staat ist nicht willens oder nicht in der Lage, die Ermittlungen oder die Strafverfolgung ernsthaft durchzuführen; (2) in der Sache von einem Staat, der Gerichtsbarkeit darüber hat, Ermittlungen durchgeführt worden sind, und der Staat entschieden hat, die betreffende Person nicht strafrechtlich zu verfolgen, es sein denn, die Entscheidung war das Ergebnis des mangelnden Willens oder des Unvermögens des Staates, eine Strafverfolgung ernsthaft durchzuführen; (3) die betreffende Person wegen des Verhaltens, das Gegenstand des Tatvorwurfs ist, bereits gerichtlich belangt wurde und die Sache nach Art. 20 (3) nicht beim Gerichtshof anhängig gemacht werden kann; (4) die Sache nicht schwerwiegend genug ist, um weitere Maßnahmen des Gerichtshofs zu rechtfertigen (Art. 17 (1) ICC-Statut).

---

106 *Arsanjani*, in: *Von Hebel et al.*, Reflections, S. 67-68..

107 *Pejic*, CHRLR 28 (1998) 2, S. 308.

108 Ihre Gerichtsbarkeit ist mit der von nationalen Gerichten konkurrierend. Aber ihre Priorität vor nationalen Gerichten wird in Art. 9 ICTY-Statut und Art. 8 ICTR-Statut ausdrücklich vorgesehen. So geschah es in einem der ersten Fälle vor dem Tribunal: Der in Deutschland festgenommene *Tadic* wurde nach Den Haag verbracht und dort verurteilt.

aa) Mangelnder Wille der innerstaatlichen Gerichtsbarkeit

Der Gerichtshof kann seine Gerichtsbarkeit ausüben, falls der betreffende Staat nicht willens ist, die Ermittlungen oder die Strafverfolgung ernsthaft durchzuführen (Art. 17 (1) (a) ICC-Statut). Das Statut nennt ausdrücklich die Situationen, in denen der mangelnde Wille in einem bestimmten Fall festgestellt werden kann. Dazu prüft der Gerichtshof, ob gegebenenfalls eine oder mehrere der folgenden Voraussetzungen vorliegen: Das Verfahren wurde oder wird geführt oder die staatliche Entscheidung wurde getroffen, um die betreffende Person vor strafrechtlicher Verantwortlichkeit für die der Gerichtsbarkeit des Gerichtshofs unterliegenden Verbrechen zu schützen; in dem Verfahren gab es eine nicht gerechtfertigte Verzögerung, die unter den gegebenen Umständen mit der Absicht unvereinbar ist, die betreffende Person vor Gericht zu stellen; das Verfahren war oder ist nicht unabhängig oder unparteiisch und wurde oder wird in einer Weise geführt, die unter den gegebenen Umständen mit der Absicht unvereinbar ist, die betreffende Person vor Gericht zu stellen (Art. 17 (2)).

Das Statut nimmt ein subjektiv-objektives Kriterium für den Test des mangelnden Willens eines Staats an.[109] Der Test in Art. 17 (2) (a), „um die betreffende Person vor strafrechtlicher Verantwortlichkeit für die ... Verbrechen zu schützen“[110], wird als ein subjektiver Test der Absicht der innerstaatlichen Behörden zur Fortsetzung der Ermittlungen angenommen. Die objektiven Situationen, z. B. nicht gerechtfertigte Verzögerung des Verfahrens und der Mangel an Unabhängigkeit und Unparteilichkeit des Verfahrens, werden auch als Grundlage für die Fortsetzung der Ermittlungen vom Gerichtshof angenommen. Dies ist keine Standardsituation im Strafrechtssystem.[111]

---

109 *Schlunck*, in: *Fischer/Lüder*, Völkerrechtliche Verbrechen, S. 170.

110 Art. 17 (2) ICC-Statut: „...for the purpose of shielding the person concerned from criminal responsibility for crimes....“

111 *Arbour/Bergsmo*, in: *Von Hebel et al.*, S. 131. Die Präambel des ILC-Draft sieht vor, dass der Gerichtshof die innerstaatliche Strafgerichtsbarkeit ergänzen sollte, falls solche Gerichtsverfahren nicht verfügbar oder ineffektiv sind. Die Begriffe von Verfügbarkeit und Effektivität sind offen für sehr unterschiedliche Interpretationen bzgl. der Frage der Zulässigkeit. Einige Staaten argumentierten, dass es einen subjektiven Test der Absicht der innerstaatlichen Behörden bei der Fortsetzung der Ermittlungen des Gerichtshofs geben sollte. Andere forderten objektive Kriterien (z. B. unvernünftige Verzögerung in innerstaatlichem Gerichtsverfahren, keine Auslieferung oder keine Achtung fundamentaler Rechte des Angeklagten in innerstaatlichem Gericht) als eine Grundlage für die Fortsetzung der Ermittlungen durch den Gerichtshof. Einige Staaten forderten auch, dass die Fälle von ineffektivem Strafrechtssystem nur die Ländern betreffen sollte, in denen das Rechtssystem einen kompletten Zusammenbruch erlitten hatte: *Benedetti*, H.R. Brief, 5 (1997) 1.

bb) Unvermögen der innerstaatlichen Gerichtsbarkeit

Diese Fallgruppe wird durch Schlagworte wie Zusammenbruch der Staatsstrukturen gekennzeichnet, das heißt, dass es möglicherweise Zeiten gibt, in denen das Justizsystem eines Staates zusammenbricht oder zeitweise nicht funktioniert. Zur Feststellung des Unvermögens in einem bestimmten Fall prüft der Gerichtshof, ob der Staat wegen des völligen oder weitgehenden Zusammenbruchs oder der mangelnden Verfügbarkeit seines innerstaatlichen Justizsystems nicht in der Lage ist, des Beschuldigten habhaft zu werden oder die erforderlichen Beweismittel und Zeugenaussagen zu erlangen oder aus anderen Gründen nicht in der Lage ist, ein Verfahren durchzuführen (Art. 17 (3) ICC-Statut). Das Statut legt hier einen objektiven Test zugrunde.[112]

cc) Verbot der Doppelbestrafung

Als weitere Schutzaussage enthält der Komplementaritätsgrundsatz in Verbindung mit dem Verbot der Doppelbestrafung (*ne bis in idem*) den Grundsatz, dass nationale Strafurteile auch vom ICC nicht aufgehoben werden können. Nach Art. 20 (3) ICC-Statut gibt es nur eine Ausnahme, nämlich, wenn das nationale Verfahren voreingenommen ist oder mit fehlender Sanktionsabsicht durchgeführt wurde.

dd) Ausreichende Schwergewichtigkeit des Verbrechens

Die Präambel des Statuts bestätigt, dass „die schwersten Verbrechen, welche die internationale Gemeinschaft als Ganzes berühren, nicht unbestraft bleiben dürfen". Demgemäß sieht Art. 5 ICC-Statut vor, dass die Gerichtsbarkeit des Gerichtshofs auf die schwersten Verbrechen beschränkt ist, welche die internationale Gemeinschaft als Ganzes berühren. Der die Zulässigkeit betreffende Art. 17 ICC-Statut fügt dem Komplementaritätsgrundsatz noch einen Grund an, der die Schwere einer Sache betrifft: Art. 17 (1) (d) ICC-Statut sieht vor, dass der Gerichtshof entscheiden muss, dass eine Sache nicht zulässig ist, wenn sie nicht schwerwiegend genug ist, um weitere Maßnahmen des Gerichtshofs zu rechtfertigen. Der Begriff der Schwere sollte nicht ausschließlich an die Taten anknüpfen, die das Verbrechen bilden, sondern auch an den Grad der Teilnahme an ihrer Begehung.[113]

---

112 *Pejic*, IL 34 (2000) 1, S. 81.
113 ICC-OTP Policy Paper, Sect. 2.1, S. 6.

Art. 17 (1) (d) ICC-Statut kann die mögliche Überlastung des Gerichtshofs vermeiden. Das wird auch durch Art. 53 (1) (c) und 2 (c) ICC-Statut bestätigt, wo der Ankläger aufgefordert wird, bei der Entscheidung über die Ermittlungseinleitung oder die Anklageerhebung die Schwere des Verbrechens zu berücksichtigen. Auch wenn möglicherweise nicht als echte Zuständigkeitsvoraussetzung zu verstehen,[114] ist „ausreichende Schwere des Verbrechens" die Grundregel des Gerichtshofs, die festlegt, dass das Interesse des ICC auf die Verfolgung der schwersten Verbrechen begrenzt wird.[115]

c) Kritische Betrachtung

Der Standard für die Feststellung mangelnden Willens oder Unvermögens ist ziemlich hoch, was unterstreicht, dass der Gerichtshof nicht beabsichtigt, ein funktionierendes innerstaatliches Justizsystem zu ersetzen, sondern lediglich eine Alternative zur Straffreiheit in Situationen zur Verfügung zu stellen, in denen die innerstaatliche Gerichtsbarkeit ihre Primäraufgabe nicht erfüllen kann.[116] Gleichzeitig sind die Prüfungskriterien nach Art. 17 (2) und (3) ICC-Statut naturgemäß eher vage formuliert. Deshalb ist es eine Herausforderung für den ICC, darüber zu entscheiden, ob das Gerichtssystem eines bestimmten Landes funktionsfähig und die politische Führung in diesem Land auch willens ist, ein Strafverfahren einzuleiten und durchzuführen.[117]

Ob die Entscheidung über die Zulässigkeit nach freiem Ermessen getroffen werden kann, ist abhängig von spezifischen Fragen. Insbesondere wird die Entscheidung nicht nach freiem Ermessen getroffen, wenn einige der Fragen unter Art. 17 (1) (a) bis (c) ICC-Statut ins Spiel kommen, etwa das Betreiben von Ermittlungen sowie die Durchführung der Anklage oder des Gerichtsverfahrens durch einen Staat im gleichen Fall. Andererseits wird die Entscheidung nach freiem Ermessen getroffen, wenn die Frage unter Art. 17 (1) (d) ICC-Statut ins Spiel kommt.[118] Was durch das Konzept von Unwillen oder Unfähigkeit eines Staates, die Ermittlungen oder die Strafverfolgung ernsthaft durchzuführen, abgedeckt ist, wird immer eine Sache (auch) von subjektiver Interpretation sein.[119]

---

114 *Eser*, ZBJV 139 (2003)1, S. 20.

115 *Mirceva*, Why the International Criminal Court is Different; vgl. *Eser*, ZBJV 139 (2003), S. 20-21.

116 Vgl. *Pejic*, IL 34 (2000) 1, S. 81.

117 *Schlunck*, in: *Fischer/Lüder*, Völkerrechtliche Verbrechen, S. 170.

118 *Turone*, in: *Cassese et al.*, The Rome Statute, Vol. II, S. 1173.

119 Excerpt from proposition n. 24 (1999-2000) to the Storting (the Norwegian Parliament) con-

Das Zulässigkeitsverfahren könnte die Autorität des Anklägers, Ermittlungen zu beginnen oder fortzusetzen, erheblich verzögern. Außerdem sind Entscheidungen hinsichtlich „Unwillens" und „Unfähigkeit" voller politischer Gefahren. Das sehr komplexe und prozessträchtige Problem hinsichtlich der Zulässigkeit könnte den Gerichtshof paralysieren, insbesondere in seinen frühen Jahren.[120] Dies wirft für den Ankläger erhebliche Herausforderungen auf.[121]

IV. Erheblichkeit

Gemäß Art. 53 (1) (c) ICC-Statut hat der Ankläger zu prüfen, ob die Durchführung von Ermittlungen nicht im Interesse der Gerechtigkeit liegen könnte. Um das „Interesse der Gerechtigkeit" festzustellen, sollte der Ankläger, *inter alia*, die Sachlage eines Falls betrachten einschließlich der Schwere des Verbrechens und der Interessen der Opfer. Diese Vorschrift geht auf Art 35 (c) ILC-Draft zurück, wonach die Einstellung wegen mangelnder Schwere der Tat dem Gerichtshof vorbehalten war, was jetzt auch durch Art. 17 (1) (d) ICC-Statut bestätigt wird.

In der Anfangsphase der Diskussionen vor der Rom-Konferenz war vorgeschlagen worden, dass der Ankläger ein breites Ermessen haben sollte, unter Berücksichtigung des Alters oder der Gebrechlichkeit einer Person bzw. des Bestehens nationaler Ermittlungen darüber zu entscheiden, im Interesse der Gerechtigkeit nicht vorzugehen oder die Ermittlung oder Strafverfolgung von bestimmten Fällen abzulehnen, weil sie nicht von ausreichender Schwere sind, bzw. die wichtigsten Fälle auszuwählen, wenn Verbrechen in großem Ausmaß begangen wurden.[122] Im PrepComm sprachen sich auch einige Staaten dafür aus, die Vorschrift zu streichen, weil der Gerichtshof bei den Kernverbrechen sowieso nur für schwerste Straftaten zuständig sei. Dieser an sich einleuchtende Einwand setzte sich jedoch nicht durch, weil Art. 53 (1) (c) ICC-Statut im Zusammenhang mit der Befassung *proprio motu* zu sehen sei.[123] Auf der Rom-Konferenz entwickelte sich allmählich ein Konsens. Delegationen, die anfangs widerstrebend waren, dem Ankläger eine breite Befugnis hinsichtlich der Einleitung von Ermittlungen und der Erhebung der Anklage zu geben, erkannten, dass es für den Ankläger ohne Ermes-

---

cerning Ratification of the Rome Statute of the International Criminal Court of 17 July 1998, Chapter 11.

120 *Arbour/Bergsmo*, in: *Von Hebel et al.*, Reflections, S. 131.

121 *Danner*, AJIL, 97 (2003) 3, S. 517.

122 PrepComm – Report 1996, Vol. I.

123 *Hoffmeister/Knoke*, ZaöRV 1999, S. 800.

sensbefugnis extrem schwierig wäre, die Funktion des Gerichtshofs effektiv zu erfüllen.[124]

Bemerkenswert ist, dass der Ankläger sowohl aus rechtlichen als auch aus faktischen und moralischen bzw. politischen Gründen von Ermittlungen absehen kann. Die Formulierung in Art. 53 (1) (c) ICC-Statut bezweckt, zahlreiche Einstellungsmöglichkeiten zu geben.[125] Es gibt durchaus Situationen, in denen es auf der rein faktischen Basis möglich wäre, eine Anklage zu erheben. Aber das mag möglicherweise aus politischen Gründen nicht gewollt sein. Möglicherweise hat sich die Situation in dem Land inzwischen beruhigt. Möglicherweise hat bereits irgendwie ein Prozess der Wiedergutmachung oder Versöhnung eingesetzt. Es wäre durchaus vorstellbar, dass ein öffentliches Klageverfahren in einem solchen Fall diesen eigentlich zu fördernden, gutzuheißenden Prozess stören könnte. In diesen Fällen muss der Ankläger auch die Freiheit und das Recht haben, trotz einer ausreichenden tatsächlichen Basis zu entscheiden, die Ermittlungen nicht fortzusetzen.[126] Diese Überlegungen können auch ins Spiel kommen, wenn die Arbeitslast des Gerichtshofs so hoch ist, dass eine Auswahl zu treffen ist, welche Fälle ermittelt werden sollen.[127] Die Formulierung von Art. 53 (1) (c) ICC-Statut scheint die Entscheidungsgewalt des Anklägers einzuschränken und möglicherweise den Gerichtshof aufzufordern, die Strafverfolgung von Einzelpersonen nicht aufzunehmen, deren kriminelle Verantwortlichkeit unter innerstaatlichem Recht gelöst wurde.[128] Diese Bestimmung, die dem Ankläger eine Ermessensbefugnis gibt, die mehr politisch als juristisch ist, sollte Schritte der Versöhnung nicht behindern, die häufig eine unentbehrliche Etappe auf dem Weg zur Demokratisierung ist.[129]

V. Kritische Betrachtung

Obwohl es bedeutende Unterschiede zwischen Vorermittlungen und Ermittlungen gibt, richten sich die Entscheidungen, ob Vorermittlungen oder Ermittlungen einzuleiten und durchzuführen sind, normalerweise nach den gleichen Betrachtungen.[130] Die Formulierung von Art. 53 (1) ICC-Statut („*shall*") legt bereits nahe, dass die drei vorgesehenen Grundlagen für die Entscheidung über die Fortsetzung

---

[124] *Guariglia*, in: *Lee*, ICC, S. 230.
[125] *Arsanjani*, ASIL Proceedings March 24-27, 1999, S. 67.
[126] *Rackwitz*, Working in the Office of the Prosecutor, S. 35.
[127] Vgl. *Behrens*, EJCCLCJ 6 (1998) 4, S. 430.
[128] *Arsanjani*, ASIL Proceedings March 24-27, 1999, S. 67.
[129] Zum Hintergrund dieser Vorschrift s. Frankreich – Sénat Session, Sect. II A 2.
[130] *Hall*, Suggestions, S. 12.

der Ermittlungen zwingend und erschöpfend und nicht bloß illustrativ sind. Außerdem sind sie kumulativ insofern, als der Ankläger alle beachten muss.[131]

Allerdings könnte der zu berücksichtigende Umfang, der durch Rule 48 ICC-RPE erweitert wird, dem Ankläger eine unnötige Last auferlegen. Die *proprio motu* Befugnis in Art. 15 ICC-Statut wäre häufig das einzige Mittel, um einen Fall vor den Gerichtshof zu bringen. Die Aufgabe der Vorverfahrenskammer, das Zulässigkeitskriterium ebenfalls gleichzeitig zu überprüfen, könnte zu einer unnötigen Verzögerung führen.

B. Befugnis des Anklägers hinsichtlich der Ermittlungseinleitung proprio motu

Bezüglich der Ermittlungseinleitung *proprio motu* genießt der Ankläger gemäß Art. 15 (2) ICC-Statut zwei Hauptbefugnisse, und zwar zum einen zusätzliche Auskünfte einzuholen und zum anderen Zeugenaussagen entgegenzunehmen. Allerdings sollen diese Befugnisse auf zwangsfreie Maßnahmen begrenzt sein.[132]

Zusätzlichen Auskünfte darf der Ankläger von Staaten, Organen der UNO, zwischenstaatlichen oder nichtstaatlichen Organisationen oder anderen ihm als geeignet erscheinenden zuverlässigen Stellen einholen. Art. 15 (2) ICC-Statut lässt Raum für die Anklagebehörde, sich in vielen Formen der Zusammenarbeit an Vertragsstaaten in Art. 93 (1) ICC-Statut zu wenden, und zwar zur Identifizierung und Feststellung des Verbleibs von Personen oder der Lokalisierung von Gegenständen (Art. 93 (1) (a)) ICC-Statut, zur Vernehmung von freiwillig erscheinenden Opfern und Zeugen auf dem Hoheitsgebiet des Vertragsstaats (vgl. Art. 93 (1) (b) ICC-Statut), zur Zustellung von Unterlagen einschließlich gerichtlicher Schriftstücke (Art. 93 (1) (d) ICC-Statut), zur Untersuchung von Orten oder Stätten einschließlich der Exhumierung und Untersuchung von Grabstätten (Art. 93 (1) (g) ICC-Statut), zur Beibringung von Akten und Unterlagen, einschließlich amtlicher Akten und Unterlagen (Art. 93 (1) (i) ICC-Statut) sowie zu jeder anderen zwangsfreien Form der Rechtshilfe, die nach dem Recht des ersuchten Staates nicht verboten ist (vgl. Art. 93 (1) (l) ICC-Statut).[133] Diese Befugnis ergibt sich aus der Verpflichtung der Vertragsstaaten zur Zusammenarbeit mit dem Gerichtshof bei den Ermittlungen oder bei der Strafverfolgung nach Art. 86 ICC-Statut. In dieser

---

131 *McDonald/Haveman*, Prosecutorial Discretion, S. 3.
132 *Olásolo*, ICLR 5 (2005), S. 143.
133 *Olásolo*, ICLR 5 (2005), S. 143.

Bestimmung sollte der Begriff „Ermittlungen“ auch auf den Verfahrensabschnitt der Ermittlungseinleitung ausgedehnt werden. Deswegen sollte - es sei denn, dass dies ausdrücklich durch das Recht der Vertragsstaaten verboten ist - das Ersuchen der Anklagebehörde im Ermittlungseinleitungsverfahren durchgeführt werden; auch sollte der Anklagebehörde erlaubt sein, auf dem Hoheitsgebiet Informationen zu sammeln, falls die Anklagebehörde solche anfordert (Art. 99 ICC-Statut).[134]

Allerdings darf das Personal der Anklagebehörde direkt auf dem Hoheitsgebiet des Vertragsstaats keine Zeugenaussagen entgegennehmen, weil der letzte Satz von Art. 15 (2) ICC-Statut ausdrücklich vorsieht, dass der Ankläger schriftliche sowie mündliche Zeugenaussagen nur am Sitz des Gerichtshofs entgegennehmen darf.

Hervorzuheben ist noch, dass bei der Entgegennahme zusätzlicher Informationen und Zeugenaussagen am Sitz des Gerichtshofs der Ankläger die Vertraulichkeit der Informationen und Zeugenaussagen schützen sollte (Rule 46 ICC-RPE).

C. Gerichtliche Intervention im Ermittlungseinleitungsverfahren

Die Institutionalisierung der Vorverfahrenskammer, die nach kontinentaler Rechtstradition als Teil der richterlichen Überwachung von Ermittlungen angesehen wird, ist zu begrüßen, da sie der Unparteilichkeit entgegenkommt und so nicht nur das Gerichtsverfahren gerechter macht, sondern auch das Misstrauen einiger Staaten abbauen kann.[135] Einerseits bietet die gerichtliche Überprüfung der Ermittlungseinleitungsentscheidung des Anklägers eine starke Garantie von Fairness auf Seiten der Anklagebehörde und andererseits kann dies dazu dienen, den Ankläger vor schädlichen Effekten unbegründeter Anschuldigungen zu schützen, dient also insgesamt der Integrität und dem Ansehen des Gerichtshofs zu dienen.[136] Auf Grund mangelnder politischer Unterstützung bei staatlichen Überweisungen oder Überweisungen des Sicherheitsrats braucht der Ankläger die gerichtliche Unterstützung von Seiten des Gerichtshofs. Zusammenfassend sollten deshalb die Entscheidungen zum Vorgehen kollektiv getroffen werden, was nicht nur die internationale Gemeinschaft vor möglichem Befugnismissbrauch des Anklägers, sondern auch den Ankläger vor externem Druck schützen kann.[137]

---

[134] Näheres *Olásolo*, ICLR 5 (2005), S. 143.
[135] *Lenski*, Der Durchgriff des Völkerrechts, S. 23.
[136] *Hoffmeister/Knoke*, ZaöRV, 1999, S. 793.
[137] *Arsanjani*, in: *Politi/Nesi*, The Rome Statute, S. 56; *ders*, in: *Von Hebel et al.*, Reflections, S. 66.

I. Rechtsgrundlage

Art. 15 ICC-Statut bietet die Rechtsgrundlage für die gerichtliche Intervention im Ermittlungseinleitungsverfahren. Rule 48 ICC-RPE legt den Umfang der Überprüfung der Vorverfahrenskammer in diesem Verfahren fest.

II. Richterliche Kontrolle des Ermittlungseinleitungsbeschlusses

Art. 15 hat ein zweistufiges Ermittlungseinleitungsverfahren *proprio motu* vorgesehen, wobei der Ankläger nur Vorermittlungen führen kann, wenn er entsprechende Informationen über Verbrechen bekommen hat, die der Gerichtsbarkeit des ICC unterliegen. Umfassende Ermittlungen erfordern die Genehmigung der Vorverfahrenskammer. Gelangt der Ankläger in diesem zweistufigen Verfahren zu dem Schluss, dass eine hinreichende Grundlage für die Aufnahme von Ermittlungen besteht, so legt er der Vorverfahrenskammer einen Antrag auf Genehmigung von Ermittlungen zusammen mit den gesammelten Begründungsunterlagen vor (Art. 15 (3) ICC-Statut). Die Vorverfahrenskammer entscheidet nach Prüfung der bereits vorhandenen Beweismittel allein darüber, ob der Ankläger einen Fall überhaupt weiter untersuchen darf (Art. 15 (4) ICC-Statut).[138]

Bei der Überprüfung der Entscheidung des Anklägers muss die Vorverfahrenskammer die gleichen Kriterien wie der Ankläger berücksichtigen (Art. 15(4) und 53(1) ICC-Statut in Verbindung mit Rule 48 ICC-RPE). Ist die Vorverfahrenskammer nach Prüfung des Antrags und seiner Begründung der Auffassung, dass eine hinreichende Grundlage für die Aufnahme von Ermittlungen besteht und die Sache unter die Gerichtsbarkeit des Gerichtshofs zu fallen scheint, so erteilt sie die Genehmigung zur Einleitung der Ermittlungen (Art. 15 (4) ICC-Statut). Die Entscheidung der Vorverfahrenskammer ist jedoch nur eine Genehmigung, die dem Ankläger gegeben wird. Eine positive Entscheidung der Vorverfahrenskammer impliziert noch keine Entscheidung über die Zuständigkeit des Gerichtshofs in der konkreten Angelegenheit und deren Zulässigkeit. Rechtliche Fragen in Bezug auf die Zuständigkeit des Gerichtshofs in dieser Sache wie auch hinsichtlich der sonstigen Zulässigkeit des Verfahrens können immer noch in jeder Phase außerhalb dieses Verfahrens aufgeworfen werden (Art. 15 (4) in Verbindung mit Art. 18 (4), 19 (6) und 82 (1) (1) ICC-Statut).[139]

---

138 Dazu auch *Triffterer*, GS für Zipf, S. 525.

139 *Bazelaire/Cretin*, La Justice pénale internationale, S. 94.

Obwohl ohne Genehmigung der Vorverfahrenskammer dem Ankläger von Rechts wegen keine weiteren Ermittlungen erlaubt sind, erwächst aus der Ablehnung einer Genehmigung noch keine Rechtskraft. Erneute Anträge auf Genehmigung in derselben Sache können eingebracht werden, falls dem Ankläger neue Tatsachen oder Beweismittel vorgelegt werden (Art. 15 (5) ICC-Statut), ähnlich wie dies auch eine allgemeine Praxis in innerstaatlichen Gerichtsbarkeiten ist.[140] Wie der Ankläger jedoch ohne weitere Ermittlungen neue Tatsachen finden kann, ist freilich nicht klar.[141] Offenbar sollen neue Tatsachen oder Informationen nicht durch Ermittlungen des Anklägers entdeckt als vielmehr von Informanten angeboten werden.

III. Richterliche Kontrolle eines Nichteinleitungsbeschlusses ?

Wenn der Ankläger entscheidet, dass es keine hinreichende Grundlage für weitere Ermittlungen gibt, muss er folgendermaßen verfahren. Nach Art. 15 (6) ICC-Statut muss er beispielsweise denjenigen, die sich schriftlich an ihn gewandt und ihm eine Situation unterbreitet haben - das können Menschenrechtsorganisationen ebenso wie Privatpersonen sein - schriftlich mitteilen, dass und warum er von einer weiteren Ermittlung absieht (Rule 49 ICC-RPE), insbesondere dann, wenn er sich auf den Terminus - oder vielleicht müsste man fast schon bloße „Floskel" sagen - der „fehlenden ausreichenden Grundlage" zurückzieht.[142]

Fragwürdig ist, ob ein Nichteinleitungsbeschluss des Anklägers nach Art. 15 ICC-Statut auch der richterlichen Kontrolle der Vorverfahrenskammer nach Art. 53 (3) ICC-Statut unterliegen sollte. Diese Norm sieht vor, dass die Vorverfahrenskammer aus eigener Initiative eine Entscheidung des Anklägers, nicht weiter vorzugehen, nachprüfen kann, wenn diese ausschließlich im Interesse der Gerechtigkeit liegt. Die Entscheidung des Anklägers in diesem Fall wird nur dann wirksam, wenn sie von der Vorverfahrenskammer bestätigt wird. Eine richterliche Kontrolle über eine Nichteinleitungsentscheidung des Anklägers ist im Rahmen von Art. 15 ICC-Statut nicht vorgesehen. Deshalb entsteht die Frage, ob der Kontrollmechanismus hinsichtlich der Ermittlungseinstellung im Rahmen von Art. 53 ICC-Statut auch im Rahmen von Art. 15 ICC-Statut anwendbar ist.

---

140 *Bourdon*, La Cour pénale internationale, S. 89.
141 *Rubin*, LCP 64 (2001) 1, S. 158.
142 *Rackwitz*, Working in the Office of the Prosecutor, S. 34.

Frankreich schlug einmal vor, dass eine Entscheidung nur im Gerechtigkeitsinteresse von der Vorverfahrenskammer aus deren eigener Initiative nachgeprüft werden können sollte. Diese Idee bekam eine gewisse Unterstützung, zahlreiche Delegationen lehnten sie jedoch ab, da sie daran dachten, dass das Ermessen des Anklägers, das ihm durch Art. 15 ICC-Statut eingeräumt ist, nicht kompromittiert werden sollte und es mit dem Statut nicht übereinstimmen würde, wenn ihm solch eine direkte Kontrolle auferlegt würde.[143] Außerdem bestehen immer Zweifel daran, ob Art. 53 ICC-Statut direkt für das Vorermittlungsverfahren bis zur Genehmigung der Ermittlungsaufnahme nach Art. 15(4) ICC-Statut gelten sollte. Hierfür wurde einmal angeführt, dass im Vorermittlungsstadium häufig erst eine „Situation" und nicht bereits ein konkreter Fall auf der Agenda stehe.[144] Immerhin stellt Rule 48 ICC-RPE klar, dass der Ankläger bei seiner Prüfung nach Art. 15 (3) ICC-Statut die in Art. 53 (1) (a) bis (c) ICC-Statut aufgeführten Aspekte berücksichtigen soll. Unklar bleibt trotz Rule 105 (2) und (4) ICC-RPE, ob es im Stadium des Art. 15 (3) ICC-Statut auch dann zu einer Kontrolle durch die Vorverfahrenskammer kommen kann, wenn der Ankläger nicht um die Genehmigung zur Aufnahme von Ermittlungen nachsucht.[145]

Es wurde auch gezeigt, dass Informationen gemäß Art. 15 ICC-Statut, die dem Ankläger geliefert wurden, aus vielen unterschiedlichen Quellen kommen können, und dass verschiedene Informationen, die zu unterschiedlichen Zeitpunkten erlangt wurden, kombiniert werden müssen, bevor entschieden werden kann, ob die Genehmigung beantragt werden sollte. Außerdem verlangt Art. 15 ICC-Statut vom Ankläger nicht, eine formelle Entscheidung, keine Genehmigung zu beantragen, zu treffen. Deshalb meinen viele, dem Ankläger die Befugnis zubilligen zu müssen, mehr Informationen abzuwarten, bevor er entscheidet, ob er vorgehen sollte, und es daher voreilig wäre, wenn die Vorverfahrenskammer in diesem Stadium eingreifen würde.[146]

Die ICC-RPE haben diese Problematik durch die Konkretisierung der Verpflichtung zur Benachrichtigung in Art. 15 (6) ICC-Statut nicht ausdrücklich gelöst. Aber es ist jetzt schwierig zu argumentieren, dass die Entscheidung des Anklägers unter Art. 15, eine Genehmigung nicht zu beantragen, der Nachprüfung der Vorverfahrenskammer unter Art. 53 ICC-Statut unterworfen sein könnte.[147]

---

[143] *Friman*, in: *Lee*, ICC: Elements, S. 497.
[144] *Kreß*, Vorbemerkungen, Vor III 26, S. 74.
[145] *Kreß*, Vor III 26, S. 74a.
[146] *Friman*, in: *Lee*, ICC: Elements, S. 497.
[147] *Friman*, in: *Lee*, ICC: Elements, S. 498.

Der Nichteinleitungsbeschluss schließt allerdings nicht aus, dass der Ankläger im Licht neuer Tatsachen oder Beweismittel weitere Informationen prüft, die ihm in Bezug auf dieselbe Situation zur Verfügung gestellt werden, und einen neuen Antrag bei der Vorverfahrenskammer vorlegt (Art. 15 (6) ICC-Statut).

IV. Zeitpunkt der Überprüfung

Den genauen Zeitpunkt, zu dem ein Fall, der vom Ankläger ermittelt wird, der Vorverfahrenskammer vorzulegen ist, hat das Statut nicht spezifiziert. Klar ist jedoch, dass es in einer frühen Phase der Ermittlungen geschehen soll.[148] Die Zukunft wird zeigen, ob die Überwachungsfunktion durch die Vorverfahrenskammer Ermittlungen beschleunigen kann.[149]

§ 8 Zulässigkeitsverfahren unter dem Komplementaritätsgrundsatz

Der Komplementaritätsgrundsatz kommt bereits bei der Entscheidung über die Ermittlungseinleitung ins Spiel.[150] Das Regime der Komplementarität wird durch Bestimmungen über die Zulässigkeit im Statut geregelt (Art. 17 bis 20 ICC-Statut). Während Art. 17 und 20 ICC-Statut materielle Kriterien darlegen, sehen die Art. 18 und 19 ICC-Statut ein Zulässigkeitsverfahren vor,[151] wodurch für derartige Zulässigkeitskonflikte weitere Möglichkeiten eröffnet werden, die eine Blockierung des Gerichtshofs zur Folge haben können.[152] Zusätzliche Zulässigkeitsvoraussetzungen und Anfechtungsmöglichkeiten in den Art. 18 und 19 ICC-Statut nehmen breiten Raum ein, wenn - neben dem Sicherheitsrat - einer der beiden anderen Auslöseberechtigten – ein Vertragsstaat oder der Ankläger - den ICC befassen will, und führen zu einer komplexen Zulässigkeitsprüfung. Diese unterschiedlich hohen Hürden, um den Beginn der Ermittlungen auszulösen, bringen die Einstellung der Mitgliedstaaten zum Komplementaritätsgrundsatz zum Ausdruck und können das Verfahren erheblich behindern und verschleppen.

---

[148] *Gallant*, IL 34 (2000) 1, S. 39.

[149] *Roberge*, IRRC No. 325, 31.12.1998.

[150] Um die Arbeit des Gerichtshofs zu erleichtern, hat *Arbour* auf der Rom-Konferenz vorgeschlagen, dass die Aktivierung des Komplementaritätsgrundsatzes mindestens von der Anklageerhebung in einem Staat, der die Gerichtsbarkeit über den Fall hat, abhängig sein sollte. Dieser Vorschlag wurde jedoch zurückgewiesen. S. dazu: *Bergsmo*, NJIL 69 (2000), S. 97.

[151] *Broomhall*, International Justice, S. 87.

[152] *Roggemann*, Ergänzungsband, S. 22.

A. Zulässigkeitsverfahren

Selbst nach einem formellen Ermittlungsbeschluss können sich aus dem Komplementaritätsgrundsatz noch Verfahrenshindernisse ergeben.[153] Das Aufschubsverfahren in Art. 18 ICC-Statut ist so formuliert, dass der Komplementaritätsgrundsatz verstärkt und gleichzeitig ein übereifriger Ankläger notfalls gestoppt wird.[154]

I. Zurückstellung der Ermittlungen

Art. 18 ICC-Statut fordert, dass der Ankläger hinsichtlich einer Situation, die durch einen Vertragsstaat überwiesen wird, oder der Ermittlungen, die von ihm selbst eingeleitet werden, alle Vertragsstaaten und diejenigen Staaten förmlich benachrichtigt, die unter Berücksichtigung der zur Verfügung stehenden Informationen im Regelfall die Gerichtsbarkeit über die betreffenden Verbrechen ausüben würden, falls der betreffende Staat zu der Entscheidung kommt, dass eine hinreichende Grundlage für die Einleitung von Ermittlungen bestünde (Art. 18 (1) ICC-Statut). Obwohl keine Benachrichtigung im Fall der Sicherheitsratsüberweisung notwendig ist, ist jeder Staat, der Strafgewalt über das Verbrechen in Anspruch nehmen kann, die den Gegenstand der Überweisung bilden, berechtigt, den Ankläger zu informieren, dass er Ermittlungen oder Strafverfolgung bezüglich dieses Falles durchführt (wie sich aus Art. 17 ICC-Statut schließen lässt). Der grundsätzliche Vorrang nationaler Ermittlungen gilt auch zugunsten von Staaten, die das Statut nicht ratifiziert haben.[155] Wenn die Staaten ihre Strafgewalt ausüben wollen, können sie den Ankläger ersuchen, die Untersuchung an sie abzugeben. Der Ankläger muss die Ermittlungen den Staaten - bisweilen sogar Nichtvertragsstaaten - überlassen, es sei denn, dass eine Vorverfahrenskammer den Ankläger ermächtigt, selbst Ermittlungen aufzunehmen.
Art. 18 ICC-Statut ist unmittelbar auf einen Vorschlag der USA zurückzuführen, der darauf erzielt, den nationalen Gerichtsbarkeiten jede – und zuvor die möglichst frühe - Gelegenheit zu geben, einen Fall zu ermitteln, bevor der ICC ein-

---

153 *Hoffmeister/Knoke*, ZaöRV 1999, S. 802.

154 *Arsanjani*, in: *Von Hebel et al.*, Reflections, S. 70.

155 *Hoffmeister/Knoke*, ZaöRV 1999, S. 803. Zur Gegenmeinung vgl. ICC-OTP Comments and Conclusions, Sect. I (a): "The presumption in favour of State action enshrined in the Statute is principally based on recognition of the duty of states to investigate and prosecute the most serious crimes of concern to the international community as a whole. It is clear, however, that the Chief Prosecutor will not defer to the exercise of national jurisdiction where a referral is received from the Security Council acting under Chapter VII of the Charter of the United Nations."

greift; ein Vorschlag, der auf eine größere Einschränkung der Rolle des Anklägers in Bezug auf die Einleitung von Ermittlungen hinausläuft.[156] Der Kern des Vorschlags der USA ist zu bewirken, dass der Gerichtshof seine eigenen Ermittlungen hinter nationale Ermittlungen und Strafverfolgungen zurückstellt.[157] Indes schränkt Art. 18 ICC-Statut die Offenheit dieses Verfahrens ein. Nunmehr kann der Ankläger die Vertragsstaaten sowie diejenigen Staaten, die normalerweise Gerichtsbarkeit über die Verbrechen ausüben würden, vertraulich über seinen Ermittlungsbeschluss unterrichten.[158]

Ein Staat, der selbst entsprechende Ermittlungen führt oder geführt hat, hat dann innerhalb einer Monatsfrist das Recht, innerstaatliche Ermittlungen einzuleiten und die Zurückstellung von Ermittlungen des Anklägers zu beantragen. Gegen diese Zurückstellung kann sich der Ankläger jedoch an die Vorverfahrenskammer wenden, die ihn trotz der nationalstaatlichen Ermittlungen zu eigenen Ermittlungen ermächtigen kann (Art. 18 (2) ICC-Statut). Art. 18 ICC-Statut erlaubt dem Ankläger auch im Fall wesentlicher Änderung der Sachlage, die Zurückstellung zu überprüfen (Art. 18 (3) ICC-Statut), gegen eine Entscheidung der Vorverfahrenskammer bei der Berufungskammer Beschwerde einzulegen (Art. 18 (4) in Verbindung mit Art. 82 (1) (a) ICC-Statut) und die Vorverfahrenskammer um die Ermächtigung zu notwendigen Ermittlungsmaßnahmen zwecks Sicherung von Beweismitteln zu ersuchen, wenn Beweismittel anderenfalls verloren gehen könnten (Art.18 (6) ICC-Statut).[159]

Hinsichtlich des Verhältnisses von Art. 15 zum Regime der Art. 18 und Art. 19 ICC-Statut ist nicht klar, wie früh die Zuständigkeits- und Zulässigkeitsfrage der ICC-Gerichtsbarkeit gestellt werden kann. Die einschlägigen Kommentare scheinen einen „linearen" Ansatz zu verfolgen, wonach das Verfahren in Art. 15 und jenes in Art. 18 und 19 nicht zusammengelegt werden sollten, sondern beide Verfahren getrennt und aufeinander folgend zu verstehen seien. Damit wird klar, dass das Verfahren nach Art. 15 ICC-Statut nicht das angemessene Forum für die Staaten und andere Parteien ist, die Gerichtsbarkeit oder Zulässigkeit in Frage zu stellen. Der Ankläger muss eine Begründung der Zulässigkeit seinem in seiner Ent-

---

156 Proposal of the United States on Article 11*bis* - Preliminary Rulings Regarding Admissibility (A/AC.249/1998/WG.3/DP.2), 25.03.1998; Statement of the United States Delegation on "Article 11*bis* - Preliminary Rulings Regarding Admissiblily", 03.04.1998, para. 2; s. dazu auch *Young*, BYIL, 2000, S. 331.

157 *Hoffmeister/Knoke*, ZaöRV 1999, S. 802; vgl. USA – Statement, para. 9.

158 *Hoffmeister/Knoke*, ZaöRV 1999, S. 802.

159 *Broomhall*, International Justice, S. 87.

scheidung über das Ersuchen um Genehmigung der Ermittlungseinleitung bei der Vorverfahrenskammer beifügen. Eine Benachrichtigung der Staaten sollte aber erst erfolgen, nachdem eine positive Entscheidung zur Ermittlungseinleitung getroffen ist (Art. 18 (1) ICC-Statut). Obwohl im Statut die zeitliche Folge der Benachrichtigung und der Beantragung der Genehmigung nicht vorgesehen ist, scheint es, dass der Ankläger normalerweise die Antwort der nationalen Gerichtsbarkeit abwarten muss, bevor er bei der Vorverfahrenskammer die Genehmigung der Ermittlung beantragt.

II. Zulässigkeit oder Anfechtung der Gerichtsbarkeit

Das Statut bietet verschiedene Möglichkeiten, die Zulässigkeit einer Sache oder die Gerichtsbarkeit des Gerichtshofs anzufechten. Art. 19 in Verbindung mit Art. 18 (7) ICC-Statut regelt das eigentliche Verfahren für die Entscheidung der Gerichtsbarkeit des Gerichtshofs und der Zulässigkeit einer Sache. Das Verfahren ist dem Ausgleich zwischen den Interessen der Staaten und den Anforderungen effektiver Ermittlungen verpflichtet.[160] Demnach kann ein Staat, der gegen eine Entscheidung der Vorverfahrenskammer Beschwerde eingelegt hat, die Gerichtsbarkeit oder Zulässigkeit einer Sache anfechten, weil er selbst Ermittlungen oder eine Strafverfolgung durchführt oder durchgeführt hat, wodurch dem Komplementaritätsgrundsatz und letztlich dem Vorrang der nationalstaatlichen Strafgewalt Rechnung getragen wird (Art. 19 (2) in Verbindung mit Art. 17 und 20(3) ICC-Statut). Allerdings liegt das Letztentscheidungsrecht über den mangelnden Willen oder das Unvermögen des Staates, eigene Ermittlungen durchzuführen, beim ICC selbst (Art. 19 (1) ICC-Statut).[161] Dementsprechend hat der Ankläger auch eine unabhängige Befugnis, hinsichtlich der Gerichtsbarkeit oder der Zulässigkeit eine Entscheidung des Gerichtshofs zu erwirken (Art. 19 (3) ICC-Statut), wenn er sich diesbezüglich nicht sicher ist; auch kann er noch eine Überprüfung der Entscheidung auf Grund neuer Tatsachen beantragen (Art. 19 (10) ICC-Statut).

Eine solche Anfechtung darf grundsätzlich nur einmal vor oder bei Eröffnung des Hauptverfahrens erfolgen. Eine Anfechtung der Zulässigkeit einer Sache nach Eröffnung des Hauptverfahrens kann nur mit Genehmigung des Gerichtshofs erfolgen und nur auf Art. 17 ICC-Statut gestützt werden (Art. 19 (4) ICC-Statut). In Art. 19 (5) ICC-Statut wird noch einmal betont, dass die Anfechtung zur frühestmög-

---

160 *Broomhall*, International Justice, S. 88.

161 *Eser*, ZBJV 139 (2003), S. 23 ff.

lichen Gelegenheit zu erfolgen hat. Mit einer ausnahmsweisen späteren Anfechtungsmöglichkeit wollten die Vertragsstaaten jedoch den Wünschen der USA entgegenkommen, die eine Anfechtung zu jeder Zeit des Verfahrens ermöglichen wollten.[162] Diese Möglichkeit hätte jedoch die Ermittlungen durch den Ankläger und die Strafverfolgung durch das Gericht erheblich beeinflussen und verunsichern können. Um grundsätzlich einer solchen unsicheren Situation entgegenzuwirken, wurde die Möglichkeit vorgesehen, dass auch der Ankläger über Fragen der Gerichtsbarkeit oder der Zulässigkeit eine Entscheidung des Gerichthofs erwirken kann (Art. 19 (3) ICC-Statut). Damit kann der Ankläger selbst eine Klärung der Situation herbeiführen, ohne darauf angewiesen zu sein, erst abzuwarten, ob ein Staat oder ein anderer Berechtigter seine Ermittlungen anficht und damit die Aussetzung der Ermittlungen erwirkt (Art. 19 (7) ICC-Statut).

III. Kritische Bemerkung

Der Angeklagte wie auch berechtigte Staaten können die Zuständigkeit des Gerichtshofs und die Zulässigkeit eines bestimmten Verfahrens anfechten und einen Verweis an die nationale Gerichtsbarkeit beanspruchen; dies kann zur Verfahrensverzögerung oder sogar -verschleppung und – trotz entgegenstehender Regelungen – zu Beweisverlust führen.[163]

B. Befugnis des Anklägers beim Zulässigkeitsverfahren

Die Tatsache, dass ein Staat die Zulässigkeit einer Sache oder die Gerichtsbarkeit des Gerichtshofs anfechten kann, könnte die Fähigkeit des Anklägers, bereits im frühesten Stadium der Ermittlungen sofort und effektiv zu fungieren, unterminieren. Außerdem liegt die Beweislast beim Ankläger, mangelnden Willen oder Unvermögen eines betreffenden Staates zu beweisen. Den mangelnden Willen eines Staates, Ermittlungen oder Strafverfolgung ernsthaft durchzuführen, zu beweisen, kann für den Ankläger möglicherweise so schwierig sein wie die Schuld des Angeklagten in konkreten Fällen zu beweisen.[164] Immerhin genießt aber der Ankläger zahlreiche Befugnisse beim Zulässigkeitsverfahren.

---

[162] Siehe Proposal of the United States on Article 11*bis*.- Preliminary Rulings Regarding Admissibility (A/AC.249/1998/WG.3/DP.2), 25.03.1998.

[163] *Ambos*, E+Z Nr. 9, 09.1998, S. 224-225.

[164] *Bergsmo*, NJIL 69 (2000), S. 96.

I. Überprüfung der Zurückstellung im Sonderfall

Bei der Zurückstellung der Ermittlungen hat der Ankläger vor allem die Befugnis, sechs Monate nach dem Zeitpunkt der Zurückstellung oder jederzeit die Zurückstellung der Ermittlungen zu überprüfen, wenn sich auf Grund mangelnden Willens oder Unvermögens des betreffenden Staates zur ernsthaften Durchführung von Ermittlungen die Sachlage wesentlich geändert hat (Art. 18 (3) ICC-Statut). Diese Bestimmung ist höchst wichtig, um dem Komplementaritätsverfahren im Statut wesentliche Wirksamkeit zu verleihen. Deswegen ist es wichtig, dem Ankläger den Zugang zu ermittlungsrelevanten Informationen auf der nationalen Ebene einzuräumen, damit der Gerichtshof im Fall des Unwillens oder Unvermögens eines Staats in der Lage ist zu fungieren. Allerdings fehlt im Statut eine Bestimmung, die vorschreibt, dass die betreffenden Staaten der Anklagebehörde die relevanten Informationen bereitzustellen haben, um ihr zu ermöglichen, dass der Gerichtshof entscheiden kann, ob es „eine wesentliche Änderung der Sachlage auf Grund des mangelnden Willens oder des Unvermögen des betreffenden Staates zur ernsthaften Durchführung von Ermittlungen" (Art. 18 (3) ICC-Statut) gibt.

II. Anfechtung der Entscheidung der Vorverfahrenskammer

Jeder nach Art. 18 ICC-Statut getroffene Entscheid ist vorläufiger Natur und enthält keine definitive Aussage über die Gerichtsbarkeit des Gerichtshofs oder die Zulässigkeit einer Sache. Dennoch bildet schon ein solcher Entscheid wegen seiner schwerwiegenden Folgen für alle Verfahrensbeteiligten eine beschwerdefähige Zwischenverfügung, die in einem summarischen Verfahren bei der Berufungskammer angefochten werden kann (Art. 18 (4) ICC-Statut). Wenn also der Gerichtshof entscheidet, dass die Sache unzulässig ist, kann der Ankläger eine Überprüfung der Entscheidung beantragen, falls seiner vollen Überzeugung nach wegen neuer Tatsachen die Grundlage entfällt, derentwegen das Verfahren zuvor für unzulässig befunden worden war (Art. 19 (10) ICC-Statut).

III. Ersuchen um regelmäßige Unterrichtung

Bleiben die Ermittlungen des Anklägers zurückgestellt, so kann er den betreffenden Staat ersuchen, ihn regelmäßig über den Fortgang der Ermittlungen und jede anschließende Strafverfolgung zu unterrichten. Die Vertragsstaaten müssen einem solchen Ersuchen ohne ungebührliche Verzögerung nachkommen (Art. 18 (5) in Verbindung mit Art. 19 (10) ICC-Statut). Damit kommt dem Ankläger eine Überwachungsfunktion über das innerstaatliche Strafverfahren zu, wenn er selbst nicht zu Ermittlungen berechtigt ist. Für den Ankläger ist eine möglichst detaillierte Unterrichtung wichtig, da er anhand der vorgelegten Informationen zu entscheiden hat, ob der ICC für die fragliche Tat Gerichtsbarkeit hat und ob die Voraussetzungen für die Ausübung seiner Gerichtsbarkeit vorliegen. Die staatlichen Behörden haben während der Dauer des Verfahrens den Ankläger über den Stand der Strafverfolgung auf dem Laufenden zu halten. Nach dem Wortlaut der Vorschrift sollen sie über konkrete Ermittlungs- und Verfolgungsschritte berichten. Der Ankläger kann über sein Informationsrecht Druck und Kontrolle auf die nationalen Strafverfolgungsbehörden ausüben. Das ist durchaus beabsichtigt, da eine wesentliche Funktion des ICC darin besteht, die Verfolgung der besonders schwerwiegenden Straftaten, welche die gesamte Völkergemeinschaft berühren, sicherzustellen.[165] Sollte der Ankläger den Eindruck gewinnen, dass die staatlichen Behörden und Gerichte das Verfahren nicht ordnungsgemäß handhaben, kann er das Verfahren an sich ziehen.[166]

IV. Eilmaßnahmen

Offenbar besteht durch das Regime der sechs-monatigen Zurückstellung die Gefahr, dass Beweismittel später nicht mehr erreichbar werden. Danach erhält der Ankläger erst sechs Monate nach Eintritt des Stadiums der frühesten „begründeten Grundlage“ die Befugnis, um eine Zusammenarbeit mit den Vertragsstaaten zu ersuchen.[167] Es ist bedeutsam, dass der Ankläger in der Zeit zwischen dem Benachrichtigungen unter Art. 18 (1) ICC-Statut und dem Erhalt eines Ersuchens um Zurückstellung unter Art. 18 (2) ICC-Statut in der Lage ist, Ermittlungen durchzuführen, nachdem er entschieden hat, dass eine hinreichende Grundlage dafür besteht (und abhängig von der Genehmigung der Vorverfahrenskammer im Fall des Tätigwerdens *proprio motu*). Solche Ermittlungen, obwohl sie im Allgemeinen die Zusammenarbeit mit den betroffenen Staaten erfordern, können Beweise für die folgende Infragestellung des ernstlichen Verfolgungswillens nationaler Gerichtsbarkeiten liefern.[168]

Art. 18 (6) ICC-Statut sieht weiter vor, dass im Fall der Zurückstellung der Ermittlungen bis zur Entscheidung der Vorverfahrenskammer, ob Ermittlungen aufgenommen werden sollten, oder jederzeit, nachdem der Ankläger Ermittlungen zurückgestellt hat, dieser ausnahmsweise um die Ermächtigung zu notwendigen

[165] *Schlunck*, in: *Fischer/Lüder*, Völkerrechtliche Verbrechen, S. 162.
[166] *Schlunck*, in: *Fischer/Lüder*, Völkerrechtliche Verbrechen, S. 163.
[167] *Broomhall*, International Justice, S. 87.
[168] *Broomhall*, International Justice, S. 87, Fn. 14.

Ermittlungsmaßnahmen zum Zweck der Sicherung von Beweismitteln ersuchen kann, wenn „eine einmalige Gelegenheit“[169] zur Beschaffung wichtiger Beweismittel oder eine erhebliche Gefahr besteht, dass diese Beweismittel später nicht mehr verfügbar sind. Während Art. 18 (6) ICC-Statut diese Möglichkeit berücksichtigt und außergewöhnliche Ermittlungsmaßnahmen vorsieht, besteht die Gefahr, dass der Ankläger nicht in der Lage sein könnte, die notwendigen Beweise in einem solch frühen Stadium beizubringen, in dem die Ermittlungen noch nicht begonnen haben. Nur eine spätere Interpretation von Art. 18 (6) durch den ICC würde den Umfang feststellen, in dem ein Missbrauch dieses Artikels von Einzelstaaten internationale Strafverfolgung gefährden könnte. Diese potenzielle Gefahr würde multipliziert, wenn Nichtvertragsstaaten, die keiner Zusammenarbeitsverpflichtung unterliegen, von diesem Verfahren Gebrauch machen würden.[170]

Im Fall der Anfechtung der Gerichtsbarkeit oder der Zulässigkeit bis zu einer Entscheidung des Gerichtshofs hat der Ankläger größere Befugnisse zur Beweissicherung. Er kann mit Ermächtigung des Gerichtshofs notwendige Ermittlungsmaßnahmen der in Art. 18 (6) ICC-Statut bezeichneten Art ergreifen, schriftliche oder mündliche Zeugenaussagen einholen oder die Erhebung und Prüfung von Beweismitteln abschließen, mit der vor Erklärung der Anfechtung begonnen worden war; ferner kann er in Zusammenarbeit mit den in Betracht kommenden Staaten die Flucht von Personen verhindern, für die er bereits einen Haftbefehl beantragt hat (Art. 19 (8) ICC-Statut). Außerdem kann die Kompetenz des Anklägers unter Art. 19 (3) ICC-Statut dahin gehen, um Stellungnahmen von denjenigen, welche eine Situation überwiesen haben, sowie von Opfern zu ersuchen; darin kann ein gewisser Ausgleich für den Mangel an Zeit für formelle Untersuchungen liegen.[171] Auch das Vorbringen einer Anfechtung berührt weder die Gültigkeit einer zuvor vom Ankläger vorgenommenen Handlung noch die einer Anordnung oder eines Befehls des Gerichtshofs (Art. 19 (9) ICC-Statut).

§ 9 Zwischenergebnis

Der konkurrierende Auslösungsmechanismus des Statuts hat eine gemischte Struktur aus politischen und juristischen Gedanken, weil einerseits der Sicherheitsrat oder ein Staat bei der Entscheidung über die Einleitung eines Verfahrens eher politisch motiviert sein wird, während der Ankläger sich vergleichsweise

---

169 Zur Bedeutung der „einmaligen Gelegenheit“ *Kress*, JICJ 1 (2003), S. 607; dazu auch *Bassiouni*, Introduction, S. 522.

170 Näheres *Broomhall*, International Justice, S. 88.

171 *Broomhall*, International Justice, S. 87, Fn. 14.

mehr an juristischen Gesichtspunkten orientiert. Mehrere Ziele musste der Auslösemechanismus erreichen: Effektivität, weder Missbrauch noch Überlastung der Gerichtsbarkeit, Vereinbarkeit mit der Rolle des Sicherheitsrats nach Art. 24 der UN-Charta sowie die Gewährleistung einer primär juristischen statt politischen Handlungsweise.[172]

Die Lösung, die schließlich in das Statut Eingang gefunden hat, war ein schwieriger, komplizierter und manchmal widersprüchlicher Kompromiss, der die Unabhängigkeit des Anklägers in Bezug auf Ermittlungen und Strafverfolgung berührt. Die Einleitung *proprio motu* von Ermittlungen wird nicht durch ein allgemeines System von institutionellen und verfahrensmäßigen Sicherungsmechanismen gestützt, sondern ist vielmehr von fühlbarem Misstrauen und von einer Reihe rechtlicher Hindernisse umgeben, die in einigen Fällen die Funktion des Anklägers sogar paralysieren könnten.[173] So ist ein Autor zu dem Schluss gekommen, dass die „richterliche Autorität so begrenzt und die Befugnis des Anklägers zur Vorbereitung des Falls so schwach ist, dass das Potenzial der Institution unsicher bleibt."[174] Jedoch ermöglicht die *proprio motu* Befugnis des Anklägers, das neue internationale Organ des ICC als Strafgerichtshof charakterisieren zu können und nicht als ein weiteres politisches Instrument. Diese Befugnis ist in der Tat ein Ausdruck dafür, dass die Strafverfolgungskompetenz des Gerichtshofs von der internationalen Gemeinschaft verliehen wird und nicht von bestimmten Staaten wie etwa den Mitgliedern des Sicherheitsrats.[175] Deswegen muss diese Leistung als ein Meilenstein des letzten Jahrhunderts und als ein entscheidender Beitrag zum Völkerrecht betrachtet werden.[176]

Die Problematik ist, dass das Ermessen des Anklägers extrem ausgedehnt ist und nur schwer kontrolliert werden kann.[177] Der Ankläger kann es unterlassen, Ermittlungen einzuleiten, wenn die rechtliche oder sachliche Grundlage dafür fehlt,

172 *Gillhoff*, IStGH, S. 30.
173 *Turone*, in: *Cassese et al.*, The Rome Statute, Vol. II, S. 1140-1141. Zur Gegenmeinung Schweiz - Botschaft, para.2.3.3.
174 *Morten Bergamo*, zitiert aus Excerpt from proposition n. 24 (1999-2000) to the Storting (the Norwegian Parliament) concerning Ratification of the Rome Statute of the International Criminal Court of 17 July 1998, Chapter 11, Consultative Comments.
175 *Rudolf*, RFDC, 30 (1999), S. 469.
176 *Lee*, in: *Von Hebel et al.*, Reflections, S. 150.
177 *Caianiello/Illuminati*, NCJILCR. 26 (2001) 2, S. 440. Zu Gegenmeinungen *Sarooshi*, ICLQ 48 (1999) 2, S. 403; Schweiz-Botschaft, para. 2.3.3. Für sie ist diese Befugnis des Anklägers sehr streng und eng definiert, und die Gefahr einer Kompetenzüberschreitung durch den Ankläger ist nach dem ICC-Statut gering.

oder im Interesse der Gerechtigkeit. Obwohl klar ist, dass diese Bestimmung einen unentbehrlichen Sicherheitsmechanismus für die Tätigkeit des Anklägers darstellt, gesteht sie ihm eine Befugnis zu, die fast absolut ist und den Ankläger zu einem grundlegenden Organ des ICC macht. Weil der Richter nur tätig werden kann, wenn der Ankläger den Fall verfolgt, ist der Ankläger Herr des Prozesses. Er hält den Schlüssel zum Auslösungsmechanismus in seinen Händen.

Außerdem sind - anders als bei den *Ad-hoc*-Tribunalen - die Unabhängigkeit des Anklägers und die nationale Souveränität im System des ICC in schwerem Konflikt miteinander stehende Interessen.[178] Obwohl der Ankläger aus eigener Initiative Ermittlungen einleiten darf, bleibt abzuwarten, inwieweit er das will und damit durchkommt.[179] In der Tat würde der Ankläger auf viele praktische Schwierigkeiten bei seiner Arbeit stoßen und Probleme mit seiner unabhängigen Stellung haben. Vielmehr hat er von Amts wegen alle be- und entlastenden Umstände gleichermaßen zu untersuchen, „zum Zweck der Wahrheitsfindung" (Art. 54 (1) (a) ICC-Statut). Die Anklagebehörde erscheint damit, was die Einleitung von Verfahren und die Führung von Untersuchungen betrifft, auf den ersten Blick als ein unabhängiges Organ des ICC. Diese Unabhängigkeit ist zu begrüßen. Sie ist allerdings in Bezug auf die Weiterführung von Initiativen und Ermittlungen bis zu einem Hauptverfahren in ein sehr enges Netz von Trigger-Mechanismen eingebettet, das sie in ihrer eigentlichen Funktion als öffentliche Anklagebehörde stark einengt.[180]

---

178 *Turone*, in: *Cassese et al.*, The Rome Statute, Vol. II, S. 1140-1141.

179 Dazu *Schirmer*, Junge Welt vom 06.09.2002.

180 *Triffterer*, GS für Zipf, S. 536.

Kapitel 3. Die Rolle des Anklägers im Ermittlungsverfahren

§ 10 Der Ankläger als funktioneller Herr des Ermittlungsverfahrens in der internationalen Strafgerichtsbarkeit

Um die Stellung des Anklägers im Ermittlungsverfahren klarzustellen, müssen zwei Aspekte untersucht werden: einerseits die Rolle des Anklägers im Strafverfahren gegenüber der Rolle der Richter, das heißt der interne Aspekt; andererseits die Rolle des Anklägers gegenüber der Kontrolle der innerstaatlichen Behörden bei den Ermittlungen auf dem Staatshoheitsgebiet, d. h. der externe Aspekt.

A. Interner Aspekt

Das Statut versucht, eine Brücke zwischen dem angloamerikanischen Ansatz zur Rolle des Anklägers und der Rolle des *juge d'instruction* in bestimmten kontinentaleuropäischen Ländern zu schlagen. Die Tatsache, dass der Ankläger mit der Ermittlungsdurchführung betraut wird, zeigt die Präferenz der Verfasser des Statuts für den angloamerikanischen Ansatz.[1] Dem Ankläger fallen die Anfangsaufgaben zu, die Anschuldigungen zum Verbrechen zu ermitteln und notwendige Beweismittel zu sammeln, obwohl die Ermittlungsphase in der Zuständigkeit der Vorverfahrenskammer liegt, die die erforderlichen richterlichen Anordnungen (z. B. Haftbefehle) erlassen kann (Art. 57 und 58 ICC-Statut). Es kann argumentiert werden, dass die Zusammenfassung der Funktion des internationalen Anklägers von der Durchführung der Ermittlungen und der Anklageerhebung eine Trennung der polizeilichen Funktion und Strafverfolgungsfunktion hindern kann. Jedoch kann dies dadurch gerechtfertigt werden, dass der Ankläger die Rechte und den Schutz von Beschuldigten besser gewährleisten kann.[2]

Hier ist hervorzuheben, dass der Ankläger keine Befugnisse hat, Zwangsmaßnahmen zu ergreifen, welche die Grundrechte des Angeklagten betreffen, obwohl er für die Ermittlung der Strafsache zuständig und verantwortlich ist. Zwangsmaßnahme müssen immer vom Richter angeordnet werden. Nur in diesem (beschränkten) Sinn ist der Ankläger funktioneller Herr des Ermittlungsverfahrens.

---

1 *Johnson*, ILP Spring 1998, S. 144; auch *Rackwitz*, Working in the Office of the Prosecutor, S. 32. Über die Gründe, das Regime des *juge d'instruction* nicht anzunehmen vg. ILC-Draft, Commentary to Art. 26; *Cassese*, EJIL 10 (1999) 1, S. 168.

2 Hierzu *Findlay*, ICLQ 50 (2001), S. 39.

B. Externer Aspekt

Dass der internationale Ankläger funktioneller Herr des Ermittlungsverfahrens in der Völkerstrafgerichtsbarkeit ist, ist der zweite, nämlich externe Aspekt. Dieser reflektiert sich in der Beziehung zwischen dem internationalen Ankläger und den innerstaatlichen Behörden. Während sich im nationalstaatlichen Rahmen die zuständigen Staatsanwaltschaften des polizeilichen Ermittlungsapparates (unter anderem für erforderliche Zwangsmaßnahmen) bedienen, hat die Rolle des internationalen Anklägers im Ermittlungsverfahren hier eine Grenze: Ihm steht kein Vollzugsapparat zur Verfügung.[3] Bezüglich Ermittlungen, Erledigung von Haftbefehlen, Überstellung und anderen Zwangsmaßnahmen sowie Strafvollstreckung ist der Ankläger auf Untersuchungen und vor allem auf den Gewaltapparat einzelner Staaten angewiesen.[4] Ein Ankläger, der die Unterstützung eines nationalen inländischen Staatsapparats braucht, um Ermittlungen durchzuführen und Beweismittel zu sammeln, hat in der Tat eine sehr begrenzte Befugnis.[5] In dieser Hinsicht spielt der Ankläger eigentlich nur die Rolle eins Koordinators im Ermittlungsverfahren.

§ 11 Internationale Zusammenarbeit als Basis der Ermittlungen

A. Vorbemerkung

Die internationale Zusammenarbeit war keine unabdingbare Voraussetzung für das IMT und das IMTFE. Das Mandat des IMT und des IMTFE war auf Verbrechen begrenzt, die durch Regimes begangen wurden, die bedingungslos kapituliert hatten. Auch hatten die Strafverfolgungsbehörden des IMT und des IMTFE unbegrenzten und unbehinderten Zugang zu allen relevanten Beweismitteln auf den

3 Allg. zu dieser Problematik *Brown*, YJIL 23 (1998), S. 383 ff.; *Penrose*, AUILR 15 (2000), S. 321-394. Zur Diskussion über die Errichtung einer ständigen Eingreiftruppe der UNO *Bummel*, Für die Errichtung einer ständigen Eingreiftruppe der UNO; *ders.*, Telepolis, 15.05.2003; *Leurdijk*, in: *Van Dijk/Hovens*, Arresting War Criminals, S. 59-72; *Supernor*, AFLR 50 (2001), S. 215-251. *Goldstone* erklärt weiter, dass „die Arbeit eines solchen Gerichts ohne den politischen Willen der Völkergemeinschaft und ohne die Kooperation der einzelnen Staaten zunichte gemacht werden kann. Kein internationales Gericht kann erwarten, dass ihm eine eigene Polizeitruppe zur Seite gestellt wird. Kein Land würde einer solchen Truppe gestatten, in das eigene Hoheitsgebiet einzudringen.“;*Engels*, Die Neue Gesellschaft/Frankfurter Hefte 2 (1997), S. 124-131. Demgegenüber meint *Arbour*, dass die Errichtung einer militärischen Interventionsgruppe, die in den Chaosstaaten fungieren würde, nötig ist: *Arbour*, MLJ 46 (2000), S. 197.

4 Vgl. *Schultz*, Kritische Anmerkungen.

5 Vgl. Frankreich – Sénat Session: *Audition de M. Hervé Cassan.*

betroffenen staatlichen Hoheitsgebieten. Seitdem lassen die Weltereignisse und auch die Erfahrungen beider *Ad-hoc*-Tribunale darauf schließen, dass die oben erwähnte Situation kein Standardarbeitsmilieu der Ermittlungen eines internationalen Anklägers ist.[6]

Der ICC ist im Unterschied zu den *Ad-hoc*-Tribunalen kein vom Sicherheitsrat eingesetztes „Ad-hoc-Gericht", sondern ein durch einen völkerrechtlichen Vertrag geschaffener Gerichtshof mit eigener internationaler Rechtspersönlichkeit.[7] Die Tatsache, dass der ICC keine eigenen Polizeikräfte oder Vollzugsorgane besitzt, macht besonders deutlich, dass diese Gerichtsbarkeit nur der erste Schritt auf dem Weg zu einer globalen effektiven Strafgerichtsbarkeit sein kann. Letztlich handelt es sich um ein Teilstück einer transnationalen Souveränität,[8] die mit dem Spannungsverhältnis zum nationalstaatlichen Gewaltmonopol längst nicht abschließend definiert ist.[9] Mangels eigener Ausführungsmacht und wegen Unzulässigkeit des Abwesenheitsverfahrens[10] (Art. 63 ICC-Statut) ist staatliche Zusammenarbeit in allen Phasen unentbehrlich, vor allem bei der Identifizierung und Lokalisierung von Personen, bei Beweisaufnahmen und Beibringung von Beweismitteln sowie bei Zustellung von Unterlagen, Festnahmen und Überstellung von Angeklagten. Infolgedessen ist die Leistungsfähigkeit des ICC von der Zusammenarbeit mit bestehenden nationalen Strafrechtssystemen abhängig;[11] deshalb liegt der Erfolg des ICC bei der Erfüllung seines Mandats in hohem Maß in den Händen der Vertragsstaaten.[12] Tatsächlich legen die Statuten der internationalen Strafgerichtshöfe - sowohl der beiden *Ad-hoc*-Tribunale wie des ICC - starkes Gewicht auf die staatliche Zusammenarbeit als primärem Mittel zum Erreichen der Ziele der Strafverfolgung gegen die Personen, die gegen das Völkerstrafrecht verstoßen haben.[13]

Für die Tätigkeit der Anklagebehörde ist die ausdrückliche Verankerung einer Zusammenarbeitspflicht der Staaten im Statut von großer Bedeutung. Sollen die Ermittlungen der Anklagebehörde nämlich Aussicht auf Erfolg, d. h. auf verwertbare Ergebnisse haben, ist sie dringend auf die Unterstützung der Staaten ange-

---

6 *Arbour*, WYAJ 17 (1999), S. 218.

7 Allg. zur Völkerrechtspersönlichkeit des ICC *Lüder*, HuV-I 3 (2001), S. 136-143.

8 Zur umfangreichen Darstellung der Beziehung zwischen staatlicher Souveränität und dem Völkerstrafrecht *Maugoto*, State Sovereignty.

9 *Palm*, Telepolis, 17.10.2001.

10 Siehe dazu *Van Ooyen*, IPG 3 (1998).

11 *Palm*, Telepolis, 17.10.2001; *Seidel/Stahn*, Jura 1999, S. 20; *Palm*, Telepolis, 17.10.2001.

12 Vgl. *Warbrick*, in: *Baum et al.*, Menschenrechtsschutz, S. 267.

13 *Cassese*, EJIL 9 (1998) 1, S.10.

wiesen. Dabei geht es vorrangig nicht um die Ausübung bzw. Inanspruchnahme hoheitlicher Befugnisse, sondern vor allem um die Duldung und Unterstützung von einfachen Ermittlungstätigkeiten wie Zeugenvernehmungen, Ortsbesichtigungen und ähnlichenMaßnahmen durch den betroffenen Mitgliedstaat. Darüber hinaus sollten sich die Staaten, die sich zum Beitritt zum Statut entschließen, gleichzeitig verpflichten, die Anklagebehörde insoweit bei der Ermittlungstätigkeit zu unterstützen, als sie z. B. Beweise sichern und Verdächtige an den Gerichtshof übergeben können.[14]

B. Rechtsnatur des Instituts der internationalen Zusammenarbeit

I. „Vertikale Zusammenarbeit“

Die Statuten des ICTY und des ICTR haben erstmals Pflichten zur völkerstrafrechtlichen Zusammenarbeit mit supranationalen Strafgerichtshöfen statuiert (Art. 29 ICTY-Statut und Art. 28 ICTR-Statut). Diese Zusammenarbeit weist gegenüber der zwischenstaatlichen Zusammenarbeit eine Reihe von Besonderheiten auf, die unter der Bezeichnung „vertikal“ diskutiert werden.[15] Die Besonderheiten der vertikalen Zusammenarbeit liegen darin, dass es bei ihr nicht um die Unterstützung fremder Strafverfolgungsinteressen geht, sondern um die Verwirklichung eines entsprechenden Völkergemeinschaftsinteresses durch einen dem internationalen Rechtsstandard verpflichteten Völkerstrafgerichtshof.[16]

Diese „vertikale Zusammenarbeit“ gilt auch für den ständigen ICC. Das gilt unabhängig davon, ob die Völkerstrafgerichtsbarkeit im Rahmen einer „Komplementarität“ oder durch „Priorität“ ausgeübt wird.[17] Das in Teil 9 geregelte Regime der internationalen Zusammenarbeit weicht – im Hinblick auf den besonderen Stellenwert der Verfolgung völkerrechtlicher Verbrechen durch den Gerichtshof bei mangelnder Fähigkeit bzw. mangelndem Willen zur Strafverfolgung auf staatlicher Ebene – deutlich von den im zwischenstaatlichen Bereich üblichen Lösungen ab. Denn wenn die Ausübung der Gerichtsbarkeit durch den ICC in

---

14 BT-Drs., 13/10935, S. 8-9.

15 Der Begriff „vertical cooperation“ wurde vom ICTY im *Blaskic*-Fall in die internationale Rspr. eingeführt. *Prosecutor v. Blaskic,* IT-95-14-AR108 *bis*, Judg. 29.10.1997, para. 47. Für betreffende Literatur siehe *Kreß*, NStZ 2000, S. 623; *Schomburg*, NStZ, 1995, S. 429. Ein solches Regime der Zusammenarbeit ist jedoch eigentlich ein Regime der Vermischung von „horizontaler“ und „vertikaler“ Zusammenarbeit.

16 *Kreß*, NStZ 2000, S. 623.

17 *Triffterer*, GS für Zipf, S. 547.

konkreten Fällen feststeht, sind die souveränen Staaten verpflichtet, den ICC durch Rechtshilfe zu unterstützen (Art. 86 ICC-Statut).[18] Die Vertragsstaaten sind auch dazu verpflichtet, ihre Pflicht zur Zusammenarbeit unter dem Statut in ihre inländischen Gesetze und Verfahren einzuführen (Art. 88 ICC-Statut):[19] Sonst würden die grundlegendsten Bemühungen des Anklägers, gründliche Ermittlungen in Übereinstimmung mit Art. 54 ICC-Statut durchzuführen, in Gefahr geraten.[20] Es muss angenommen werden, dass die allgemeine Verpflichtung, die in Art. 86 ICC-Statut niedergelegt ist, keine allgemeine Zusatz- und Restverpflichtung zur Zusammenarbeit in solchen Situationen geschaffen hat, die in anderen Artikeln nicht behandelt werden. Höchstens kann sie als eine erläuternde Richtlinie dienen, die für eine strenge Interpretation der Pflichten der Staaten spricht, die in diesen Artikeln enthalten sind.[21]

In diesem Rahmen von Zusammenarbeit werden die Gründe, die Überstellung einer verdächtigen Person an den Gerichtshof abzulehnen, auf das Engste begrenzt; insbesondere sind auch die eigenen Staatsangehörigen des ersuchten Staates von der Überstellungspflicht erfasst. Auch sonstige Rechtshilfemaßnahmen haben die Vertragsstaaten auf Ersuchen des Gerichtshofs grundsätzlich durchzuführen, sofern nicht wesentliche Grundsätze der eigenen Rechtsordnung entgegenstehen. Nebenbei gibt es eine bestimmte Reziprozität zum Zusammenarbeitsverfahren, indem der Gerichthof den Vertragsstaaten Rechtshilfe leisten kann, wenn dieser Staat Ermittlungen oder ein Verfahren wegen eines Verhaltens durchführt, das den Tatbestand eines der Gerichtsbarkeit des Gerichtshofs unterliegenden Verbrechens oder eines schweren Verbrechens nach dem innerstaatlichen Recht des ersuchenden Staates erfüllt (Art. 93 (10) ICC-Statut). Im Fall konkurrierender Ersuchen, d. h. eines Überstellungsersuchens des ICC und eines Auslieferungsersuchens eines anderen Staats, hat das Überstellungsersuchen des ICC grundsätzlich Vorrang (Art. 90 ICC-Statut). Eine Vertragspartei ist verpflichtet, einen Haftbefehl des ICC zu vollstrecken und die betreffende Person zur Überstellung bereitzuhalten (Art. 59 ICC-Statut). Die Zuständigkeit der nationalen Behörden beschränkt sich auf die Feststellung, ob der Haftbefehl auf die betreffende Person zutrifft, diese in einem ordentlichen Verfahren festgenommen wird und ihre Rechte beachtet werden. Dem Gewahrsamsstaat ist es insbesondere nicht erlaubt, die (materielle) Recht-

---

18 *Triffterer*, GS für Zipf, S. 547.

19 Im Fall des ICTY entschied der Sicherheitsrat in seiner Resolution 827, dass alle Staaten mit dem ICTY zusammenarbeiten müssen und "take any measures necessary under their domestic law", um diese Resolution durchzuführen.

20 *Oosterveld/Perry/McManus*, FILJ 25 (2002) 3, S. 792.

21 *Swart*, in: *Cassese et al.*, The Rome Statute, Vol. II, S. 1595.

mäßigkeit des Haftbefehls zu überprüfen.[22] Eine Überprüfung des Ersuchens des Gerichtshofs durch die Staaten kommt nicht oder nur in äußerst geringem Umfang in Betracht. Auch kann die Ausführung einer Anordnung nicht unter Berufung auf entgegenstehendes nationales Recht verweigert werden.

II. Begrenzung der Verpflichtung zur Zusammenarbeit

Die allgemeine Verpflichtung zur Zusammenarbeit findet jedoch ihre Grenze im nationalen Sicherheitsinteresse. Die Staaten sind berechtigt, Ersuchen um Beibringung von Beweismitteln oder Offenlegung von Beweismitteln die „nationale Sicherheit“ betreffend abzulehnen (Art. 72 ICC-Statut).[23] Die im Statut gefundene Lösung stellt einen Kompromiss zwischen dem Interesse des ICC am Zugriff auf alle Beweise und dem Sicherheitsbedürfnis bestimmter Staaten dar. Die Vorschrift findet nicht nur Anwendung, wenn es um die Offenlegung bestimmter Schriftstücke geht, sondern auch, wenn eine Person Auskünfte auf Grund staatlicher Sicherheitsinteressen verweigert.[24] Allerdings entscheiden die Staaten, ob in dieser Hinsicht ihre „nationale Sicherheit“ gefährdet wird (Art. 72 ICC-Statut).[25] Damit dieses Verfahren die Arbeit des ICC nicht blockiert, sollten die Staaten und der ICC wirksame Verfahren festlegen, die eine Zusammenarbeit gemäß Art. 72 ICC-Statut in Fällen ermöglichen, in denen durch Offenlegung bestimmter Informationen oder Dokumente nationale Sicherheitsinteressen berührt werden könnten.[26]

Eine andere Beschränkung für den ICC besteht, wenn die sofortige Erledigung eines Ersuchens die laufenden Ermittlungen oder die laufende Strafverfolgung in einer anderen Sache als derjenigen beeinträchtigen, auf die sich das Ersuchen bezieht. Dann kann der ersuchte Staat die Erledigung des Ersuchens um eine mit dem Gerichtshof vereinbarte Zeitspanne aufschieben (Art. 94 (1) ICC-Statut). Handelt es sich beim ersuchenden Staat um einen Staat, der nicht Vertragspartei des Statuts ist, so räumt der ersuchte Staat, sofern er nicht völkerrechtlich ver-

---

22 *Ambos*, ZStW 11 (1999), S. 197.

23 Die Regelungen zum Schutz nationaler Sicherheitsinteressen hatten bekanntlich eine große Rolle im *Blaskic*-Verfahren vor dem ICTY gespielt. *Prosecutor v. Blaskic*, IT-95-14-AR108*bis*, Judg. 29.10.1997.

24 *Ambos*, NJW 1998, S. 3745.

25 Nach *Arbour* sollte diese Beschränkungsbestimmung beseitigt werden, um die Effektivität des Gerichtshofs zu verstärken. Siehe dazu ICTY Press Release, Statement by Justice Louise Arbour to the Preparatory Committee on the Establishment of an International Criminal Court. CC/PIO/271-E, 08.12.1997.

26 *Deutsche Wehrrechtsgesellschaft*, Empfehlungen, C(21).

pflichtet ist, die Person an den ersuchenden Staat auszuliefern, dem Überstellungsersuchen des Gerichtshofs Vorrang ein, wenn der Gerichtshof entschieden hat, dass die Sache zulässig ist (Art. 90 (4) ICC-Statut). Ist der ersuchte Staat jedoch völkerrechtlich verpflichtet, die Person an den ersuchenden Staat, der nicht Vertragspartei dieses Statuts ist, auszuliefern, so entscheidet der ersuchte Staat, ob er die Person an den Gerichtshof überstellt oder an den ersuchenden Staat ausliefert (Art. 90 (6) ICC-Statut).

III. Letztentscheidungskompetenz des Gerichtshofs

Im Statut sind auch Entscheidungskompetenzen der Mitgliedstaaten vorgesehen (z. B. in Art. 59 (5) ICC-Statut). Allerdings sieht Art. 87 (7) ICC-Statut vor, dass der Gerichtshof im Fall der Nichtzusammenarbeit eines Vertragsstaates eine entsprechende Festlegung trifft. Soweit es darum geht zu ermitteln, wofür genau den Mitgliedstaaten eine solche Entscheidungskompetenz zusteht, ergibt sich aus Art. 87 (7) ICC-Statut zweierlei: Zum einen bestehen nationalstaatliche Entscheidungskompetenzen nur dann, wenn sie im Statut ausdrücklich normiert sind. Zum anderen ist es der Gerichtshof, der in Anwendung und Auslegung der entsprechenden Vorschriften des Statuts überprüft, ob er oder ein Mitgliedstaat in einer bestimmten Frage die Letztentscheidungskompetenz besitzt.[27] Es darf als Meilenstein in der Geschichte des Völkerrechts überhaupt gelten, dass es gelungen ist, dem ICC (und nicht etwa nationalen Gerichten) die Letztentscheidungskompetenz darüber zu verleihen, ob die Mitgliedstaaten vertragsgemäß mit dem Gericht zusammenarbeiten.[28] Damit wurde eine unabdingbare Voraussetzung für eine effiziente internationale Strafverfolgung geschaffen. Hätte man die Entscheidung über die vertragsgemäße Zusammenarbeit dagegen den jeweils betroffenen Mitgliedstaaten überlassen, so wäre absehbar gewesen, dass der Gerichtshof - mit wenigen Ausnahmen - vom jeweiligen Staat nur bei politisch erwünschten Verfahren unterstützt worden wäre.[29]

IV. Rechtsmittel in Bezug auf die Verletzung der Kooperationverpflichtung

Eines der bisher noch nicht zufrieden stellend gelösten Probleme ist, was geschehen soll, wenn der ICC feststellt, dass Staaten ihre Pflicht zur Mitarbeit bei der Strafverfolgung durch den ICC nicht erfüllen. Nach dem Statut hängen beim

---

27 *Wirth/Harder*, ZRP 2000, S. 145.

28 *Wirth/Harder*, ZRP 2000, S. 145.

29 Näheres *Wirth/Harder*, ZRP 2000, S. 145; vgl. *Swart/Sluiter*, in: *Von Hebel et al.*, Reflections, S. 122.

Nichtbefolgen der Kooperationsverpflichtung die Befugnisse des Gerichtshofs davon ab, ob es sich um eine Vertragspartei handelt. Kommt eine Vertragspartei ihrer Verpflichtung zur Zusammenarbeit nicht nach und hindert sie dadurch den Gerichtshof an der Wahrnehmung seiner Aufgaben und Befugnisse auf der Grundlage dieses Statuts, so kann der ICC dies feststellen und die Angelegenheit an die Vertragsstaatenversammlung oder im Fall einer Sicherheitsratsüberweisung an den Sicherheitsrat überweisen (Art. 87 (7) ICC-Statut). Im Fall eines Nichtvertragsstaates kann dieser auf Grund einer *ad hoc* Vereinbarung auch zur Zusammenarbeit aufgefordert werden: Bei Nichterfüllung kann sich der ICC ebenfalls – allerdings ohne ein Feststellungsurteil im erwähnten Sinn – an die Vertragsstaatenversammlung oder gegebenenfalls an den Sicherheitsrat wenden.[30] Damit ist mehr erreicht, als in der völkerrechtlichen Rechtsprechung bisher denkbar war: Der Internationale Gerichtshof - das Gericht, das Streitigkeiten zwischen Staaten behandelt - darf seine Urteile nur sprechen, wenn beide streitenden Staaten damit einverstanden sind; eine (Zwangs-)Vollstreckung dieser Urteil findet nicht statt.[31] Das genannte Einverständnis erteilen Staaten dennoch häufig nicht, weil sie aus politischen Gründen eine Verurteilung fürchten. Im Fall der Nichtzusammenarbeit mit dem ICC können Staaten solchem politischen Druck nun nicht mehr entgehen, da der ICC für seine Urteile nicht von der Zustimmung der Staaten abhängig ist.

Dennoch stellt sich die Frage, was zu geschehen hat, wenn der ICC die Nichtzusammenarbeit feststellt und dies der Vertragsstaatenversammlung mitteilt, inwieweit also diese Entscheidung einer Vollstreckung fähig ist. Der ICC selbst hat keine eigene Befugnis, die Verpflichtung eines Staates anzuordnen. Obwohl Art. 112 (2) (f) ICC-Statut die Vertragsstaatenversammlung verpflichtet, jede Frage in Bezug auf fehlende Zusammenarbeit zu erörtern, hat diese keine Sanktionsmöglichkeiten spezifisiert, die der Gerichtshof im Fall fehlender Zusammenarbeit ergreifen könnte. Andere Vorschriften des Statuts liefern auch keine Antwort auf diese Frage.[32] Wegen dieses Mangels an ausführlichen Bestimmungen muss man sich auf ein allgemeines Gewohnheitsvölkerrecht über eine staatliche Verantwortlichkeit im ILC-Draft beziehen. Infolgedessen ist die Vertragsstaatenversammlung berechtigt, auf das Ersuchen des Gerichtshofs eine sofortige Befolgung zu fordern und das Versäumnis des Vertragsstaates zu verurteilen. Sie kann auch darüber hinausgehen und die Angemessenheit von Kollektivgegenmaßnahmen wie Wirtschaftssanktionen gegen die nicht zusammenarbeitenden Staaten in Betracht zie-

---

30 *Ambos*, ZStW 11 (1999), S. 204.

31 Näheres über die Rolle des Internationalen Gerichtshofs in Bezug auf die Verletzung der Kooperationverpflichtung unter dem ICC-Statut *O'Neill*, ChJIL 5 (2006), S. 67–78.

32 *Swart/Sluiter*, in: *Von Hebel et al.*, Reflections, S. 122.

hen.[33] Dagegen wäre eine Beendigung der Mitgliedschaft des nicht zusammenarbeitenden Staates unter Berücksichtigung der integralen Natur und des gesamten humanitären Ziels des Statuts keine Option.[34] In Frage kommt ein gestuftes Reaktionssystem der Vertragsstaatenversammlung. Die Überweisung an die Vertragsstaatenversammlung bei Nichterfüllung der Kooperationspflichten kann jedoch schwerlich als ein taugliches Sanktionselement gesehen werden. Dies folgt nicht nur aus der Größe der Vertragsstaatenversammlung, sondern auch aus dem seltenen Zusammentreten und den dort eventuell auftretenden Meinungsverschiedenheiten.[35] Aus diesen Gründen werden die Möglichkeiten des Statuts für den Fall der Vertragspflichtverletzung als nicht weit reichend genug kritisiert.[36] Die Druckmittel sind hierbei höchst begrenzt.[37]

Der ICC - im Unterschied zu den *Ad-hoc*-Tribunalen unter der Schirmherrschaft der UN[38] - hat im Allgemeinen keine mandatorische Unterstützung des Sicherheitsrats nach Kapitel VII der UNO-Charta. Allerdings scheint es trotzdem wahrscheinlich, dass der Gerichtshof in der Lage wäre, um die Unterstützung des Sicherheitsrats allgemein zu ersuchen, da Art. 87 (6) ICC-Statut es dem Gerichtshofs erlaubt, jede zwischenstaatliche Organisation um andere Formen der Zusammenarbeit und Unterstützung zu bitten, die mit ihrer Zuständigkeit oder ihrem Auftrag vereinbar sind. Auch das Relationship Agreement zwischen dem ICC und der UNO enthält (in Art. 17 ICC-Statut) eine ausgedehnte Verpflichtung zur Zusammenarbeit von seiten der UNO. Seinerseits hat der Sicherheitsrat gezeigt, dass er fähig ist, mindestens in begrenztem Maß eine Angelegenheit, die die Verant-

---

33 *Kreß/Prost*, in: *Triffterer*, Commentary, S. 1068; *Swart/Sluiter*, in: *Von Hebel et al.*, Reflections, S. 123.

34 *Kreß/Prost*, in: *Triffterer*, Commentary, S. 1068.

35 *Bruer-Schäfer*, IStGH, S. 282.

36 *Bruer-Schäfer*, IstGH, S. 282; *Swart/Sluiter*, in: *Von Hebel et al.*, Reflections, S. 122.

37 Auch *Palm*, Telepolis, 17.10.2001.

38 Für *Ad-hoc*-Tribunale gilt Folgendes: Kommt ein Staat seiner völkerrechtlichen Verpflichtung zur Erledigung von Anordnungen und Rechtshilfeersuchen der Tribunale nicht nach, sind den Tribunalen die Hände gebunden. Sie verfügen weder über die nötigen rechtlichen noch politischen Druckmittel, um eine staatliche Mithilfe zu erreichen. Ihnen bleibt nur die Verständigung des Sicherheitsrats, der dann seinerseits zu Maßnahmen greifen kann, um die Kooperation des betroffenen Staates herbeizuführen. Allerdings hat der Sicherheitsrat trotz gelegentlicher Gesuche solche Aktionen noch nie ergriffen. Im Fall *Blasik subpoena* äußerte die Berufungskammer, dass "the finding by the International Tribunal must not include any recommendations to suggestions as to the course of action the Security Council may wish to take as a consequence of that finding. [...] [T]he International Tribunal may not encroach upon the sanctionary powers accruing to the Security Council pursuant to Chapter VII of the Untied Nations Charter". Für eine Bewertung und Diskussion über die Durchführung richterlicher Anordnungen durch den SC vgl. *Mundis*, in: *May et al.*, Essays, S. 421.

wortung der Menschheit betrifft, mit seinem Kapitel-VII-Mandat zu verbinden. Deswegen könnte der Gerichtshof prinzipiell den Sicherheitsrat um Unterstützung ersuchen, insbesondere wenn die UN-Beauftragten in der Lage sind, Beweismittel zu sammeln, Opfer und Zeugen oder festgenommene Verdächtige zu schützen.[39] Hinsichtlich einer Sicherheitsratsüberweisung gibt es allerdings keinen bedeutenden Unterschied zwischen *Ad-hoc*-Tribunalen und dem ICC. Der Sicherheitsrat hat die absolute Entscheidungsgewalt in Bezug auf Maßnahmen, die nach solch einer Überweisung zu ergreifen sind.[40]

Es ist jedoch nicht einfach, die Frage zu beantworten, ob und in welchem Maß ein Vertragsstaat auf Kooperationsversäumnisse individuell reagieren kann. Dem kombinierten Effekt von Art. 87 (7) und Art. 112 (2) (f) ICC-Statut ist zweifellos Priorität zur Kollektivreaktion zu geben. Die Rechtslage ist jedoch weniger klar, falls die Vertragsstaatenversammlung die notwendige Mehrheit nicht erreicht, eine angemessene Kollektivmaßnahme zu empfehlen, um ein international rechtswidriges Verhalten zu beenden. Eine mögliche Auslegung wäre, dass ein Vertragsstaat individuell nicht über Empfehlungen der Vertragsstaatenversammlung hinausgehen darf. Dies würde z. B. eine individuelle Gegenmaßnahme mangels entsprechender Empfehlung der Vertragsstaatenversammlung ausschließen.[41] Jedenfalls sind nach Auffassung der ILC nach einem Verstoß gegen eine Vertragspflicht *erga omnes partes* nicht alle Vertragsparteien als verletzte Staaten anzusehen. Vielmehr haben diese lediglich ein schutzwürdiges Interesse an der Durchsetzung der Vertragspflicht. Daher ist zweifelhaft, ob die Vertragsstaaten des Statuts darauf beschränkt sind, den nicht-kooperativen Staat zur Zusammenarbeit im konkreten Fall und in der Zukunft aufzufordern, oder ob diese auch Gegenmaßnahmen im Sinn der Art. 49 ff. ILC-Draft on State Responsibility ergreifen dürfen, die grundsätzlich völkerrechtswidrig wären und nur im Fall eines Verstoßes gegen die Zusammenarbeitspflicht gerechtfertigt werden können.[42] Druckmittel stehen diesen aber nicht zur Verfügung; ebenso wenig können einzelne Staaten Repressalien ausüben, weil sie durch unterlassene Strafverfolgungsmaßnahmen eines anderen Staates nicht in ihren eigenen Rechten verletzt sind. Nur wenn der Sicherheitsrat die Ermittlungen veranlasst hat oder sonst die Voraussetzungen für die Anwendung von Kapitel VII der UN-Charta gegeben sind, stehen Zwangsmittel zur Verfügung. Nach den Erfahrungen mit dem ICTY zu urteilen, ist aber auch das kein sonderlich scharfes Schwert, sodass manches Verfahren aus Mangel an Beweis-

---

39 ICC-OTP Informal Expert Paper I, para. 95, S. 19.

40 *Swart/Sluiter*, in: *Von Hebel et al.*, Reflections, S. 122.

41 *Kreß/Prost*, in: *Triffterer*, Commentary, S. 1068; so auch *Meißner*, Zusammenarbeit, S. 269.

42 *Meißner*, Zusammenarbeit, S. 269-270.

mitteln und wegen der Abwesenheit des Verdächtigen scheitern wird.[43] Allerdings ist diese Interpretation auf keinen Fall eine notwendige. Es ist mindestens diskutierbar, ob das allgemeine Völkergewohnheitsrecht eingreift, falls es an einer notwendigen Kollektivreaktion von seiten der Vertragsstaatenversammlung mangelt. Dies würde - als Letztes - die Annahme von individuellen Gegenmaßnahmen umfassen. Auf der Grundlage der letztgenannten Interpretation wäre es keine Abweichung vom Kooperationsregime unter Art. 89 des Zusatzprotokolls I der vier Genfer Abkommen.[44] Entsprechend dieser Bestimmung können Staaten gemeinsam oder individuell Maßnahmen ergreifen.[45]

§ 12 Differenzierung zwischen eigenhändigen und funktionellen Ermittlungen

Der Ankläger ist in seinem Kompetenzbereich für die Leitung und Koordinierung der Ermittlungen zuständig. Weil der ICC über keine eigenen Polizeikräfte verfügt, muss der Ankläger sehr eng mit den innerstaatlichen Organen zusammenarbeiten. Einerseits darf der Ankläger einige Maßnahmen direkt unternehmen, z. B. Beweismittel sammeln, die Anwesenheit von Personen, gegen die ermittelt wird, von Opfern und von Zeugen verlangen und diese vernehmen; andererseits dürfen die meisten Ermittlungsakte, die auf nationalem Hoheitsgebiet unternommen werden müssen, nur durch innerstaatliche Behörden vorgenommen werden.

Daher können die Ermittlungsakte des Anklägers in zwei Gruppen klassifiziert werden: einerseits eigenhändige Ermittlungen und andererseits funktionelle Ermittlungen. Die Abhängigkeit des Anklägers von der Kooperation inländischer Behörden ist das Unterscheidungskriterium. Die Bedeutung dieser Differenzierung liegt darin, die Rolle des Anklägers im Ermittlungsverfahren und den Einfluß des Regimes der Zusammenarbeit im Statut auf die Funktion des Anklägers besser zu beleuchten.

Zur Konkretisierung gelten eigenhändige Ermittlungen des Anklägers als Ermittlungen durch seine Behörde, entweder am Sitz des Gerichtshofs oder auf nationalem Hoheitsgebiet mit Zustimmung der Vertragsstaaten oder im Rahmen der Genehmigung der Vorverfahrenskammer unter bestimmten Voraussetzungen (Art. 57 (3) (d) ICC-Statut).

---

43 *Fastenrath*, JuS, 1999, S. 634-635. Zutr. *Ferencz*, HuV 11 (1998) 2, S. 84.

44 Protokoll Additional to the Geneva Conventions of 12 August 1949, and relating to the Protection of Victims of International Armed Conflicts (Prot. I), 08.06.1977.

45 So *Kreß/Prost*, in: *Triffterer*, Commentary, S. 1068.

Funktionelle Ermittlungen sind Ermittlungen des Anklägers im Rahmen der internationalen Zusammenarbeit. Die die klassischen Arten von Festnahme und Überstellung sowie andere Formen der Zusammenarbeit werden als funktionelle Ermittlungen bezeichnet. Der Ankläger stellt das Ersuchen um Rechtshilfe, wonach die Ermittlungen von der nationalen Behörde durchgeführt werden.

Im Fall eigenhändiger Ermittlungen hat der Ankläger höchste Kontrolle über und Verantwortung für die Ermittlungen seiner Behörde. Im Gegensatz dazu hat der Ankläger im Bereich funktioneller Ermittlungen keine unmittelbare Aufsicht über die Erfüllung der polizeilichen Funktion von nationalen oder anderen Autoritäten; auch steht ihm bei deren Amtsverfehlungen keine Möglichkeit zur Verfügung, die betreffenden inländischen Funktionäre zu sanktionieren.[46] Der Ankläger selbst kann im Allgemeinen nur Ermittlungen ohne Eingriffscharakter durchführen, z.B. Beweismittel sammeln und prüfen.[47] Die Durchführung der funktionellen Ermittlungsmaßnahmen mit Eingriffscharakter, etwa eine vorläufige Festnahme, eine Festnahme oder eine Überstellung bedürfen der Genehmigung der Vorverfahrenskammer. Obwohl der ICC-Ankläger die die Vertragsstaaten bindenden Anordnungen sowie Haftbefehl, Ladung und Anordnung zur Überstellung bei der Vorverfahrenskammer beantragen kann, unterliegt die Durchführung der Maßnahmen mit Eingriffscharakter exklusiv dem Vorbehalt der Mitgliedstaaten. Der ICC darf den Effekt der Zwangsmaßnahmen durch die innerstaatliche Behörde erkennen. Jedoch haben die ICC-Richter die Befugnis, Beweismittel auszuschließen, die von innerstaatlichen Behörden durch rechtswidrige Zwangsmaßnahmen gesammelt werden. (s. Art. 69 (8) ICC-Statut).

Die Ermittlungen des Anklägers sind normalerweise eine Kombination von eigenhändigen und funktionellen Ermittlungen. Weil der ICC eine klassische internationale Organisation ist, sollten funktionelle Ermittlungen - mit Rücksicht auf die nationale Souveränität - gegenüber eigenhändigen Ermittlungen immer Priorität genießen. Der Grundsatz, der im *Blaškić*-Fall vor dem ICTY festgelegt wurde, muss auch im Fall des ICC immer befolgt werden, nämlich

> „The International Tribunal may discharge its functions only if it can count on the bona fide assistance and cooperation of sovereign States. It is therefore to be regarded as sound policy for the Prosecutor, as well as defence counsel, first to

46 Vgl. *Bergsmo/Cissé/Starker*, in: *Arbour et al.*, The Prosecutor, S. 141, 145.

47 Näheres zur Differenzierung zwischen Maßnahmen ohne Eingriffscharakter und solchen mit Eingriffscharakter des Anklägers *Ambos*, NJW 1998, S. 3745; *ders.*, ZStW 1999, S. 195.

seek, through cooperative means, the assistance of States, and only if they decline to lend support, then to request a Judge or a Trial Chamber to have recourse to the mandatory action provided for in Article 29".[48]

§ 13 Eigenhändige Ermittlungen

A. Allgemeine ergreifbare Ermittlungshandlungen

Die größten Herausforderungen für den Ankläger liegen darin, Beweise zu sammeln und zu präsentieren.[49] Jedoch hatte es viele Debatten darumgegeben, welche Arten von Ermittlungen dem Ankläger erlaubt werden können oder sollten und welchem Zweck die Ermittlungen dienen sollten.[50] Das Statut gewährt der internationalen Strafverfolgungsbehörde zu Recht die Befugnis zu eigenen Ermittlungshandlungen, ohne die sie die ihr zugewiesene Strafverfolgungsaufgabe nicht wahrnehmen könnte. Sie entsprechen dem klassischem Instrumentarium, sind aber sehr begrenzt: Vernehmung des Verdächtigen, Erhebung von Zeugenbeweisen, Sammlung und Überprüfung von Beweismitteln, Sach- und Urkundenbeweisen, Einschaltung von Sachverständigen usw. Hier kann der Ankläger einen Staat oder eine zwischenstaatliche Organisation oder Stelle entsprechend ihrer jeweiligen Zuständigkeit bzw. ihrem Mandat um Zusammenarbeit ersuchen und Abmachungen und Übereinkünfte treffen, die notwendig sind, um solche Zusammenarbeit zu erleichtern (Art. 54 (3) ICC-Statut).

I. Sammeln und Überprüfen der Beweismittel

Sammeln und Überprüfen der Beweismittel sind die wesentlichsten und auch wichtigsten Strafverfolgungsmittel sowie –aufgaben des internationalen Anklägers. Es ist zu bemerken, dass der Ankläger die Verpflichtung hat, sich sowohl um belastende als auch um entlastende Beweismittel zu bemühen (Art. 54 (1) (a) ICC-Statut). Dies entspricht seiner Rechtsstellung als unparteiisches Rechtspflegeorgan im Völkerstrafrechtssystem. Diese Verpflichtung geht über die Aufgabe des Anklägers der *Ad-hoc*-Tribunale hinaus, wo dem Ankläger keine solche Verpflichtung auferlegt wird und es eher in der Verantwortung der Verteidigung liegt, entlastende Beweismittel zu suchen.[51]

---

[48] *Prosecutor v. Blaškić*, IT-95-14-AR108*bis*, Judg. 29.10.1997, para. 31.

[49] *Del Ponte*, ZStrR 119 (2000), S. 323; *Wäspi*, NJW 2000, S. 2451.

[50] *Bachrach*, IlsaJICL 5 (1998), S. 139.

[51] *Zappala*, Human Rights, S. 40-42

II. Vernehmungskompetenz

Aus Art. 54 ergibt sich ganz klar, dass der Anklagebehörde im Ermittlungsverfahren das Recht zusteht, den Verdächtigen zu befragen. Die Vernehmungskompetenz des Anklägers ist nicht nur auf die Personen, gegen die ermittelt wird, sondern auch auf die Opfer und Zeugen gerichtet (Art. 54 (3) (b) ICC-Statut). Diese eigenhändige Vernehmungskompetenz des Anklägers darf nur auf Grund des freiwilligen Erscheinens der betreffenden Personen vor dem Gerichtshof wahrgenommen werden. Eine überwiegende Interpretation geht auf der Basis von Art. 99 (4) ICC-Statut dahin, dass das freiwillige Gespräch als Ermittlungsmaßnahme betrachtet werden sollte, das gemäß Art. 99 (4) „ohne Zwangsmaßnahmen erledigt werden kann“.[52] Dem Verdächtigen wird aber bereits in diesem ersten Verfahrensabschnitt vor der Anklageerhebung das Recht eingeräumt, sich bei seiner Einvernahme eines Verteidigers seiner Wahl bzw. bei Mittellosigkeit eines von der Kanzlei bzw. dem Kanzler des Gerichts bestellten und somit kostenlos beigegebenen Rechtsvertreters zu bedienen und diesen bei seiner Befragung durch die Anklagebehörde beizuziehen.

III. Andere notwendige Maßnahmen

Der Ankläger ist auch dazu ermächtigt, die notwendigen Maßnahmen zur Gewährleistung der Vertraulichkeit von Informationen zum Schutz einer Person oder der Beweissicherung zu treffen oder zu verlangen, dass sie getroffen werden (Art. 54 (3) (f) ICC-Statut).

Nach Meinungen im Schriftum fällt die Befugnis des Anklägers, die notwendigen Maßnahmen zur Beweissicherung zu treffen, mit Art. 18 (6), 19 (8) (a) und 56 (3) (a) ICC-Statut zusammen.[53] Art. 18 (6) ICC-Statut betrifft die Notwendigkeit der Sicherung von Beweismitteln, wenn der Ankläger im Hinblick auf eine vorläufige Entscheidung die Zulässigkeit betreffend Ermittlungen aufschiebt, oder die Vorverfahrenskammer eine vorläufige Entscheidung die Zulässigkeit betreffend noch nicht getroffen hat. Art. 19 (8) (a) ICC-Statut betrifft die Notwendigkeit der Sicherung von Beweismitteln bis zur Entscheidung des Gerichtshofs über die Gerichtsbarkeit und Zulässigkeit gemäß Art. 17 und 19 ICC-Statut. Und Art. 56 ICC-Statut betrifft die Situation, wo Ermittlungen zu einer einmaligen Gelegenheit führen, mündliche oder schriftliche Zeugenaussagen zu erhalten oder Be-

---

[52] *Bergsmo/Kruger*, in: *Triffterer*, Commentary, S.723; *Rubin*, FFWA 23 (1999) 2, S. 142.

[53] Vgl. *Bergsmo/Kruger*, in: *Triffterer*, Commentary, S. 725.

weismittel zu prüfen, zu sammeln oder auf ihre Beweiskraft zu untersuchen, die für Verhandlungzwecke später möglicherweise nicht mehr verfügbar sein werden.

Außer Art. 56 (3) (a) ICC-Statut, der der Vorverfahrenskammer erlaubt, Maßnahmen *ex officio* zu ergreifen, erfordern Art. 18 (6) und Art. 19 (8) (a) ICC-Statut vom Ankläger, die Genehmigung der Vorverfahrenskammer zu beantragen, bevor er Maßnahmen unternimmt, während Art. 56 (1) ICC-Statut erfordert, dass der Ankläger Maßnahmen zu beantragen hat, bevor die Kammer solche Maßnahmen angesicht einer einmaligen Gelegenheit ergreifen kann.[54]

Dennoch sollte der Ankläger auch ohne vorherige Genehmigung der Vorverfahrenskammer die notwendigen Maßnahmen treffen, auch wenn nur unter bestimmten Einschränkungen möglich: Der Ankläger sollte die Befugnis haben, aus eigener Initiative Beweismittel zu sichern, die Beweiskraft haben, „notwendig" für die Durchführung einer effektiven Strafverfolgung sind und nicht die Rechte der betroffenen Personen verletzen. Der Ankläger Der Ankläger sollte eine solche Maßnahme nur durchführen, wenn sie notwendig erscheint, z. B. Beweismittel sichern, die gerade vernichtet oder geändert werden, oder wo mündliche Aussagen später nicht mehr zur Verfügung stehen oder bei Verzicht auf die Maßnahme nicht mehr zuverlässig wären. Was unter „Notwendigkeit zur Durchführung einer effektiven Strafverfolgung" zu verstehen ist, wird von der Rechtsprechung weiter zu entwickeln sein. Wenn eine Maßnahme die Rechte der betroffenen Person verletzt, sollten die durch sie gesammelten Beweismittel vor dem Gerichtshof für unzulässig erklärt werden.

IV. Kritische Betrachtung

Zur Aufklärung von Straftaten steht dem Ankläger eine Reihe von Ermittlungsmaßnahmen zur Verfügung. Eigene Maßnahmen, die der internationale Ankläger unternehmen darf, sind im Statut vorgesehen, und zwar abschließend und einschränkend. Allerdings sind wenige Rahmenbedingungen für ihre Anwendung vorgesehen.

Im Vergleich zu den Befugnissen des Anklägers der *Ad-hoc*-Tribunale ist die Befugnis des Anklägers am ICC etwas beschränkt. Im Fall des ICTY wird dem Ankläger die sogenannte „impliziert notwendige Befugnis" gegeben: Der Ankläger kann solche Maßnahmen ergreifen, die zur Durchführung der Ermittlungen not-

[54] *Bergsmo/Kruger*, in: *Triffterer*, Commentary, S. 725.

wendig erscheinen (Rule 39 (ii) ICTY-RPE). Der Ankläger des ICC jedoch muss in einem vorgegebenen Rahmen fungieren, nämlich dem Art. 54 (3) ICC-Statut, der eine abschließende Liste von Maßnahmen anführt, die der Ankläger bei Ermittlungen ergreifen kann. Im Fall des ICTY wird dem Ankläger die Befugnis eingeräumt, einen Staat um Ergreifung von vorläufigen Maßnahmen zu ersuchen, z. B. einen Verdächtigen vorläufig festzunehmen, physische Beweismittel zu sammeln und alle notwendigen Maßnahmen zu ergreifen, um die Flucht eines Verdächtigen oder Angeklagten, die Verletzung oder Einschüchterung von Opfern oder Zeugen oder die Vernichtung von Beweismitteln zu verhindern.[55] Im Fall des ICC ist die Vorverfahrenskammer dafür zuständig.

B. Selbstvornahme des Anklägers auf nationalem Staatshoheitsgebiet

I. Verständnis der Selbstvornahme auf zwischenstaatlicher Ebene

Traditionell beschränkt sich die Selbstvornahme auf die zwischenstaatliche Ebene, d. h. die Selbstvornahme eines Staates auf dem Hoheitsgebiet eines anderen Staates. In diesem Bereich haben die Staaten des kontinentaleuropäischen Rechtskreises und diese des angloamerikanischen Rechtskreises unterschiedliche Ansichten. Die Ersteren sehen ihre Souveränität verletzt, wenn ausländische Behörden ohne Zustimmung des betroffenen Staates auf dessen Territorium Ermittlungshandlungen vornehmen. Selbst die schriftliche, fernschriftliche oder telefonische Kontaktaufnahme ausländischer Stellen mit im Inland befindlichen Personen wird bereits als Eingriff in die Gebietshoheit angesehen, deshalb ist es auch übliche Praxis deutscher Stellen, derartige Handlungen von fremden Staaten zu beanstanden. Ob und inwieweit ausländischen Strafverfolgungsbehörden gestattet wird, strafrechtliche Ermittlungshandlungen selbst vorzunehmen, ist vor diesem Hintergrund in erster Linie eine Frage der politischen Machbarkeit. In angloamerikanischen Ländern werden behördliche Ermittlungen im Ausland als Parteihandlungen betrachtet. Und dementsprechend haben angloamerikanische Staaten keine grundsätzlichen Einwände dagegen, dass ausländische Strafverfolgungsbehörden auf ihrem Territorium Ermittlungen ohne Anwendung von Zwang anstellen. Wie eine einheimische Partei, die ein Strafverfahren vorbereitet, können ausländische Behörden Untersuchungen durchführen und Informationen beschaffen. Selbst förmliche Beweisaufnahmen im Zusammenhang mit einem ausländischen Strafverfahren werden ohne weiteres geduldet.[56] Allerdings sind in Bezug auf die konflikt-

---

55 *Zagaris*, ILM 1994, S. 486.

56 *Nagel*, Beweisaufnahme im Ausland, S. 27-29. Für eine Darstellung von einzelstaatlichen

haften Meinungsunterschiede zwischen den beiden Rechtskreisen Ermittlungen auf dem Hoheitsgebiet wegen des empfindlichen Charakters der Angelegenheit nicht Gegenstand umfangreicher Regelungen in den zwischenstaatlichen Rechtshilfeverträgen.[57]

II. Rechtsnatur und Eigenart der Selbstvornahme des internationalen Anklägers

Normalerweise führt der internationale Ankläger Ermittlungen in Den Haag, dem Sitz des Gerichtshofs, durch. In Bezug auf Ermittlungen auf nationalem Staatsgebiet geht das Statut grundsätzlich davon aus, dass die vom Gerichtshof für seine Arbeit benötigten Beweismittel von den Behörden der Vertragsstaaten beigebracht werden.[58] Die Praxis des ICTY besteht darin, dass die meisten Zeugen nicht zum Sitz des Gerichtshofs reisen, um ihre mündliche Aussagen abzugeben, und die meisten physikalischen Beweismittel nicht gesammelt und zum Sitz des Gerichtshofs geliefert werden.[59] Häufig gibt es Unterstützung seitens staatlicher Regierungen bei den schwersten internationalen Verbrechen. Deswegen ist die Selbstvornahmebefugnis des internationalen Anklägers auf nationalstaatlichem Hoheitsgebiet ein unentbehrliches charakteristisches Merkmal der internationalen Strafgerichtsbarkeit und auch wesentlich für die Unabhängigkeit und Autorität des internationalen Anklägers.

Deswegen ist die Frage nach der Zulässigkeit der Selbstvornahme eine Frage nach dem Ausgleich zwischen der Effektivität der Ermittlungen des Gerichtshofs einerseits und der Souveränität der Vertragsstaaten andererseits. Denn die Selbstvornahme kann einerseits für die wirkungsvolle und einheitliche Durchführung von Rechtshilfemaßnahmen von erheblicher Bedeutung sein, insbesondere wenn staatliche Organe an den vom Gerichtshof verfolgten Verbrechen beteiligt waren und daher nicht zur Leistung von Rechtshilfe bereit oder unzuverlässig sind, oder wenn diese nicht in der Lage sind, die angeforderte Rechtshilfe zu erbringen. Andererseits wird die Hoheitsausübung auf dem Gebiet eines Staates durch andere als die Organe dieses Staates weithin als Eingriff in den Kernbereich der Souveränität angesehen.[60]

---

gesetzlichen Bestimmungen und der Praxis von Ermittlungen im Hoheitsgebiet, *Livingstone*, Towards a Procedural Regime.

57 *Swart/Sluiter*, in: *Von Hebel et al.*, Reflections, S.114, Fn. 42.

58 *Maikowski*, Staatliche Kooperationspflichten, S. 249; *Kaul/Kreß*, YIHL 2 (1999), S. 170.

59 *AI*, Handbook 01.08.1996, Sect. II.B.1.

60 *Meißner*, Zusammenarbeit, S. 243-244.

Selbstvornahme wird zwar in den Statuten der internationalen Strafgerichtshöfe festgeschrieben; aber da die entsprechenden Bestimmungen oft zu allgemein und unklar sind, bedarf es weiterer Entscheidungen durch die Rechtsprechung.[61]

Überraschend ist nicht, dass der ICC direkten Kontakt mit einer Einzelperson aufnehmen kann, wenn der betreffende Staat es erlaubt, weil angenommen wird, dass das Erlassen der Implementierungsgesetze nach Art. 88 ICC-Statut eine antizipierte Zustimmung dieses Staates zu solchen Maßnahmen ist.[62] Die Bestimmungen des Statuts, die solche Ermittlungen erlauben, können als Ausdruck der allgemeinen Zustimmung von Staaten betrachtet werden, die durch Ratifikation des Statuts gegeben wird. Trotzdem bleibt die Feststellung, dass solch eine Ermächtigung dem Ankläger eine supranationale Befugnis überträgt, weil er ermächtigt wird, eine traditionelle staatliche Befugnis auszuüben.[63] Es handelt sich bei den Ermittlungen des internationalen Anklägers auf nationalem Hoheitsgebiet um eine völlig neuartige Form der Zusammenarbeit im strafrechtlichen Bereich. Die Anklagebehörde kann auf nationalem Hoheitsgebiet Beweiserhebungen nach dem Recht des Statuts durchführen, wobei der Einsatz von Zwangsmitteln sich nach innerstaatlichem Recht richtet und innerstaatlichen Behörden vorbehalten bleibt.[64]

Angesichts derzeitiger innerstaatlicher Gesetzgebungen geben viele Staaten dem Ankläger die Befugnis, Ermittlungen auf ihrem Hoheitsgebiet durchzuführen.[65] Viele andere Staaten sehen nur einige wenige Formen von Rechtshilfe vor, die ihre Behörden dem Gerichtshof anbieten, und sprechen nicht von Ersuchen des Gerichtshofs für den Ankläger, Ermittlungen auf ihrem Hoheitsgebiet durchzuführen.[66] Übrigens haben bis jetzt die meisten nationalen völkerstrafrechtlichen Gesetze den Ankläger nicht ausdrücklich ermächtigt, auf ihrem Hoheitsgebiet direkte Ermittlungen durchzuführen. Allgemein muss der Ankläger die vorherige Zustimmung des Staates bekommen, um Ermittlungen auf dem Hoheitsgebiet vor-

---

[61] *Prosecutor v. Blaskic*, IT-95-14-AR108*bis*, Judg. 29.10.1997; *Prosecutor v. Kordic and Cerkez*, IT-95-14/2/T, Decision, 25.06.1999. Zutr. *Furuya*, NILR 2000, S. 140.

[62] *Furuya*, NILR 2000, S. 140.

[63] *Rudolf*, RFDC 30 (1999), S. 458.

[64] Näheres *Trautwein*, NJW 1995, S. 1659.

[65] *Australien*, International Criminal Bill 2001 (Exposure Draft), Art. 100; Statutes of *Canada* 2000 (Bill C-19), Art. 59; *New Zealand*, International Crimes and International Criminal Court Act 2000, Art. 166; *Schweiz*, Bundesgesetz über die Zusammenarbeit mit dem Internationalen Strafgerichtshof (Entwurf) 2000, Art. 38(1).

[66] *UK*, Crimes Against Humanity and War Crimes Bill, 2000; *South Africa*, International Criminal Court Bill, 2001.

zunehmen.[67] Einige Staaten wie Frankreich regeln diese Problematik in ihrem Implementierungsgesetz überhaupt nicht.[68] Obwohl es möglich ist, dass Ermittlungen auf dem Hoheitsgebiet durch die allgemeine Verpflichtung zur Zusammenarbeit durch das Statut gedeckt sind, ist es wichtig, dass innerstaatliche Implementierungsgesetze es ausdrücklich erlauben, dass der Ankläger Ermittlungen auf dem Hoheitsgebiet durchführt, wenn sie benötigt werden, und die relevante Behörde ermächtigt und aufgefordert wird, mit dem Ankläger zusammenzuarbeiten und den Ankläger bei seinen Ermittlungen zu unterstützen.

Die Frage liegt nahe, ob die Selbstvornahme auf einer anderen Basis als die der inländischen Implementierungsgesetze möglich wäre, insbesondere wenn die inländischen Implementierungsgesetze üblicherweise zu „Rechtshilfe" neigen, welche somit einige Formen von Selbstvornahme nicht enthalten. Selbstverständlich können hier *ad hoc* Abmachungen eingegangen werden. Bei der Frage, ob die Staaten bereit sind, solche Abmachungen einzugehen, sollte erwähnt werden, dass Selbstvornahmen, die von anderen internationalen Organen durchgeführt werden, zurzeit in einigen Staaten nicht so außergewöhnlich sind. Dennoch ist die Möglichkeit unabhängiger Selbstvornahme ohne Beschränkung auf Grund solcher Implementierungsgesetze ziemlich begrenzt.[69]

III. Die Struktur der Selbstvornahme in der internationalen Strafgerichtsbarkeit

Folgende Grundstruktur der Ermittlungen auf fremdem Hoheitsgebiet lässt sich herauskristallisieren. Die Ermittlungen des Anklägers auf dem Hoheitsgebiet spielen sich nach dem Statut auf zwei Stufen ab: Der Ankläger ist zuerst auf die Erledigung durch innerstaatliche Behörden angewiesen. Nur in Sonderfällen darf der Ankläger mit der Genehmigung der Vorverfahrenskammer unabhängige Ermittlungen auf dem Hoheitsgebiet durchführen, nämlich wenn der Staat nach Art. 57 (3) (d) ICC-Statut nicht in der Lage ist, Rechtshilfeersuchen gemäß Teil 9 zu erledigen. Diese Ebene spiegelt eine Kombination von horizontalem Ansatz und vertikalem Ansatz wider. Der erste spiegelt sich in Art. 54 (2) (a) und 99 (4)

---

67 In der Schweiz braucht die Vornahme von Untersuchungshandlungen in jedem Fall eine Ermächtigung seitens des Eidgenössischen Justiz- und Polizeidepartements. Diese wird nur nach Rücksprache mit den betroffenen kantonalen Behörden erteilt. Siehe dazu: *Wyss*, ZStrR 120 (2002), S. 148.

68 Bill Concerning Cooperation with the International Criminal Court (February 2002, Frankreich). Zutr. *Rudolf*, AJIL 94 (2000), S. 394.

69 *Sluiter*, NILR 45 (1998) 1, S. 108-109.

ICC-Statut wider, und der letztere in Art. 54 (2) (b) und 57 (3) (d) ICC-Statut, in denen die „Genehmigung" zu finden ist.

1. Selbstvornahme im Rahmen von Teil 9 des ICC-Statuts

a) Umfang der Selbstvornahme

Im Rahmen internationaler Zusammenarbeit (Teil 9 ICC-Statut) sind die Ermittlungsmaßnahmen des Anklägers auf nationalem Hoheitsgebiet auf die in Art. 93 (1) ICC-Statut aufgelisteten Formen beschränkt. Aber nicht alle Ermittlungsmaßnahmen in Art. 93 (1) ICC-Statut darf der Ankläger auf dem Hoheitsgebiet durchführen. Es ist klar, dass Art. 93 (1) ICC-Statut auf die Maßnahmen begrenzt ist, die ohne die Notwendigkeit eines Gerichtsbefehles oder einer Gerichtsermächtigung durchgeführt werden können; auch beabsichtigt dieser Artikel insbesondere, dem Ankläger zu erlauben, Zeugen direkt zu interviewen, und falls notwendig, ohne Anwesenheit der staatlichen Behörde.[70] Art. 99 (4) ICC-Statut nennt ausdrücklich einige, aber nicht notwendigerweise alle Arten von Beweissammlungen, die ohne Zwangsmaßnahmen erledigt werden können: Zeugenbefragung auf freiwilliger Grundlage einschließlich einer solchen Vorgehensweise in Abwesenheit der Behörden des ersuchten Vertragsstaats, falls dies für die Erledigung des Ersuchens entscheidend ist, sowie die nicht mit der Vornahme von Veränderungen verbundene Untersuchung einer öffentlichen Stätte oder eines sonstigen öffentlichen Ortes.[71]

b) Selbstvornahme ohne Zwangsmittel

Der Ankläger ist befugt, ohne dass es einer besonderen Zustimmung bedarf, selbstständig Zeugen und Beschuldigte zu vernehmen sowie Inaugenscheinnahmen und andere Beweisaufnahmen durchzuführen. Zwar sind die Mitglieder des Gerichtshofs berechtigt, bei ihren Tätigkeiten die Hilfe innerstaatlicher Behörden in Anspruch zu nehmen, doch ist es ihnen untersagt, Zwangsmaßnahmen im Hoheitsgebiet anzuwenden und anzudrohen.[72]

Art. 99(4) ICC-Statut legt das Zwangsfreiheitsprinzip für die Selbstvornahme des Anklägers fest. Bezüglich der Untersuchung einer öffentlichen Stätte stellt der

[70] ICC-OTP Informal Expert Paper I, para. 66, S. 14.

[71] Näheres *Ciampi*, in: *Cassese et al.*, The Rome Statute, Vol. II, S. 1737; *Maikowsik*, Staatliche Kooperationspflichten, S. 251; ICC-OTP Informal Expert Paper I, para. 67, S. 15.

[72] Vgl. *Strijards*, LJIL 12(2002), S. 678.

Wortlaut „ohne Veränderung" klar, dass Durchsuchungen und Beschlagnahmen nicht abgedeckt werden.[73] Sie sollten jedenfalls ausgeschlossen werden, weil ihre Erledigung notwendigerweise die Zuhilfenahme von Zwangsmaßnahmen impliziert. Danach darf der Ankläger normalerweise z. B. keine Durchsuchungen und Beschlagnahmen (Art. 93 (1) (h) ICC-Statut) durchführen; gleiches gilt für das Aufspüren oder die Beschlagnahme von Erlösen, Eigentum und Vermögensgegenständen sowie Tatwerkzeugen (Art. 93 (1) (k) ICC-Statut).[74] Es ist für den Ermittler des Gerichtshofs auch nicht möglich, ein Tonband oder Mithörgerät zu benutzen. Ohne Unterstützung der innerstaatlichen Behörde kann auch kein Festnahmebefehl durchgesetzt werden.[75] In einem solchen Fall bedarf es eines Rechtshilfeersuchens an die innerstaatlichen Behörden, die bei Zulässigkeit der Rechtshilfe auf Anordnung durch ein innerstaatliches Gericht nur selbst diese Zwangsmaßnahmen durchführen dürfen.[76] Insoweit bleibt die wichtigste Form der Selbstvornahme die Vernehmung von Zeugen auf freiwilliger Basis.[77]

Allerdings schließt Art. 99 (4) ICC-Statut die Nutzung von Zwangsmaßnahmen durch den Ankläger nicht absolut aus. Falls die nationale Gesetzgebung eines Vertragsstaates den Ankläger ermächtigt, Zwangsmaßnahmen durchzuführen, z. B. Beweismittel durch Zwangsmaßnahmen zu sammeln, darf er auch Zwangsmaßnahmen auf dem betreffenden Hoheitsgebiet einsetzen.[78]

Es ist nicht schwierig, den begrenzten Bereich von Art. 99 (4) ICC-Statut zu kritisieren, wie z. B. die Befugnisse des Anklägers, die sehr streng begrenzt sind; folglich scheint es, dass der Ankläger nicht mehr Befugnisse als ein Tourist in einem fremden Staat hat. Aber es sollte nicht vergessen werden, dass die Beweissammlung zum Zweck der Strafverfolgung in einer erheblichen Anzahl von Staaten als ein Privileg der innerstaatlichen Behörden betrachtet wird, von dem es keine Ausnahme gibt. Aus dieser Perspektive ist es ein Fortschritt, dass eine Vereinbarung über solch eine heikle Problematik erreicht wurde. Ob Art. 99 (4) ICC-Statut einen ausreichenden Rechtsrahmen anbieten kann, dem Gerichtshof zu ermöglichen, seine Aufgaben effektiv zu erfüllen, ist eine andere Angelegenheit.[79] Argu-

---

73 So Auch *Prost/Schlunk*, in: *Triffterer*, Commentary, S. 1138-1139.

74 *Ciampi*, in: *Cassese et.*, The Rome Statute, Vol. II, S. 1738-1739.

75 *Blewitt*, International Criminal Tribunals: A look to the future.

76 *Strijards*, LJIL 12(2002), S. 678.

77 *Kreß*, Vor III 26, S. 158.

78 *Ciampi*, in: *Cassese et al.*, The Rome Statute, Vol. II, 2002, S. 1739. Vgl. *Trautwein*, NJW 1995, S. 1659.

79 Siehe auch *Swart/Sluiter*, in: *Von Hebel et al.*, Reflections, S. 115.

mente, dass die Befugnis des Anklägers ausufernd sei oder die staatliche Souveränität gefährdet wäre, treffen nicht zu und liegen neben der Sache.

c) Notwendigkeit der Selbstvornahme

Auch der eng begrenzte Kreis von Maßnahmen darf nur unter engen Voraussetzungen durchgeführt werden. In jedem einzelnen Fall muss die Selbstvornahme notwendig sein (Art. 99 (4) Satz 1 ICC-Statut); die bloße Vorzugswürdigkeit gegenüber der Durchführung durch Organe des Territorialstaates reicht nicht aus. Freilich wird man dem Ankläger bei der Beurteilung der Notwendigkeit einen Beurteilungsspielraum zubilligen müssen.[80]

d) Staatliche Zustimmung als Voraussetzung der Selbstvornahme?

Die Befugnis des Anklägers, Ermittlungen auf dem Hoheitsgebiet durchzuführen, betrifft die staatliche Souveränität. Es kann gefragt werden, ob Ermittlungen auf dem Hoheitsgebiet der vorherigen Zustimmung eines Staates unterworfen werden sollten. Völkerrechtsgemäß überschreitet eine solche Selbstvornahme ohne Zustimmung des betreffenden Staates dessen territoriale Souveränität, d. h. das Exklusivrecht der Gerichtsbarkeit des Staates über sein Hoheitsgebiet.[81]

Nach dem Wortlaut des Art. 99 (4) ICC-Statut ist dem Ankläger unter bestimmten Voraussetzungen die Durchführung eigener Ermittlungsmaßnahmen erlaubt. Die staatliche Zustimmung im Einzelfall wird hierbei nicht genannt. Diese Voraussetzungen sind als Ergebnis intensiver Verhandlungen abschließend formuliert. Daher kann das Recht des Anklägers zur Selbstvornahme nicht mehr von einer Zustimmung des Staates im Einzelfall abhängig gemacht werden.[82] Allerdings braucht der Ankläger in der Praxis in den meisten Fällen die staatliche Zustimmung, um das Hoheitsgebiet eines Staates zu betreten und Ermittlungen erfolgreich durchzuführen.[83]

---

80 *Kreß*, Vor III 26, S. 158; *Prost/Schlunck*, in: *Triffterer*, Commentary, S. 1139-1140.

81 *Rudolf*, RFDC 30 (1999), S. 458.

82 Näheres *Meißner*, Zusammenarbeit, S. 249.

83 *Bachrach*, IlsaJICL 5 (1998), S. 152. Um die Verzögerung von seiten des betroffenen Staates zu vermeiden, wird das Folgende vorgeschlagen: "To ensure maximum use of Art. 99(4), the prosecutor should clearly distinguish this process from a normal request under Art. 93 by submitting an entirely different type of document to the state in question. It would be advisable for the Posecutor to set a deadline for the consultations and indicate that in the absence of a response by that time the prosecutor will presume that the state has no concerns to raise and that the consultations are thus concluded." ICC-OTP Informal Expert Paper I, para. 68, S. 15.

e) Konsultationsgrundsatz

Obwohl eine förmliche staatliche Zustimmung nicht als gesetzliche Voraussetzung der Selbstvornahme des Anklägers vorgesehen ist,[84] gibt es noch eine andere Beschränkung in Bezug auf die Rolle des Anklägers, nämlich den Konsultationsgrundsatz.

(aa) Differenzierung zwischen Territorialstaat und sonstigem Staat

Der Grad der Konsultation ist hinsichtlich eines Territorialstaates (Tatort des Verbrechens) und eines sonstigen Staates unterschiedlich. Letzterenfalls gibt es eine höhere Schwelle für Ermittlungen auf seinem Hoheitsgebiet.[85]

Wenn der ersuchte Vertragsstaat *locus delicti* des angeblichen Verbrechens ist, ist die direkte Durchführung von Ermittlungen durch den Ankläger nur einer Konsultationspflicht unterworfen (Art. 99 (4) (a) ICC-Statut). Der Hinweis auf alle „möglichen" Konsultationen impliziert, dass eine Konsultation nicht stattzufinden braucht, wenn keine Möglichkeit zur Konsultation mit dem ersuchten Vertragsstaat besteht.[86]

Die Rechtslage hinsichtlich anderer Vertragsstaaten als dem Territorialstaat ist etwas mehrdeutiger.[87] Die in Art. 99 (4) (b) ICC-Statut gewählte Formulierung geht dahin, dass der Ankläger nach Konsultationen mit dem ersuchten Vertragsstaat und unter allen sinnvollen Bedingungen oder Anliegen dieses Vertragsstaates die betreffenden Maßnahmen erledigt. Stellt außerdem der ersuchte Vertragsstaat Probleme bei der Erledigung eines Ersuchens nach diesem Buchstaben des Statuts fest, so konsultiert er unverzüglich den Gerichtshof, um die Angelegenheit zu regeln. Deshalb erlegt Art. 99 (4) ICC-Statut dem Gerichtshof die Pflicht auf, unter allen Umständen mit dem ersuchten Vertragsstaat zu konsultieren. Die Verpflichtung des Gerichtshofs zur Konsultation mit dem ersuchten Vertragsstaat bezweckt, die Sorgen der Vertragsstaaten zu verringern, die es für schwierig halten könnten, der Erledigung von gerichtlichen Akten direkt durch eine Behörde des Gerichtshofs anders als durch eine eigene Behörde auf ihrem Hoheitsgebiet zustimmen. Die Möglichkeit, dass ein Vertragsstaat schließlich nicht willens ist, mit dem Gerichtshof zusammenzuarbeiten, kann jedoch nicht ausgeschlossen werden. Des-

[84] Näher *Kreß*, Vor III 26, S. 159.
[85] *Swart/Sluiter*, in: *Von Hebel et al.*, Reflections, S. 115.
[86] *Ciampi*, in: *Cassese et al.*, The Rome Statute, Vol. II, S. 1738-1739.
[87] *Kaul/Kreß*, YIHL 2 (1999), S. 169.

halb ist der Gerichtshof lediglich verpflichtet, Besorgnisse abzubauen und Bedingungen zu folgen, die sinnvoll sind. Es besteht kein Zweifel, dass der Gerichtshof die Befugnis hat, letztlich zu entscheiden, ob die Bedingungen oder Anliegen des ersuchten Vertragsstaats sinnvoll sind. Andernfalls würde diese Anforderung bedeutungslos werden.[88]

(bb) Entscheidungskompetenz des Anklägers

Art. 99 (4) ICC-Statut stellt die Ermittlungsvoraussetzung für den Ankläger klar dar, insbesondere „nach sämtlichen möglichen Konsultationen mit dem ersuchten Vertragsstaat“ oder „nach Konsultationen mit dem ersuchten Vertragsstaat und unter allen sinnvollen Bedingungen oder Anliegen dieses Vertragsstaats“. Aus der Formulierung des Art. 99 (4) ICC-Statut leitet sich ab, dass es vom Ankläger abhängt zu entscheiden, ob die "Konsultation mit dem ersuchten Vertragsstaat" „sämtlich möglich“ ist und ob „Bedingungen oder Anliegen dieses Vertragsstaats“ „sinnvoll“ sind, dessen Grenzen im Verfahren nach Art. 119 (1) ICC-Statut gerichtlich überprüfbar bleiben müssen.[89] Wenn Streitigkeiten während des Vorverfahrens entstehen, werden sie deswegen durch eine Entscheidung der Vorverfahrenskammer beigelegt bzw. während des Hauptverfahrens durch eine Entscheidung der Hauptverfahrenskammer.

Einerseits haben die Vertragsstaaten die Verpflichtung, dem Ankläger zu erlauben, auf ihrem Hoheitsgebiet Ermittlungen durchzuführen; gleichwohl können sie dessen Aktivitäten gewissen Einschränkungen unterwerfen. Der Ankläger kann nur Ermittlungen in Abwesenheit der Behörden des ersuchten Vertragsstaates durchführen, wenn der ersuchte Vertragsstaat zustimmt. Andererseits kann der Ankläger das Hoheitsgebiet des ersuchten Vertragsstaat betreten und dort Ermittlungen durchführen, wenn er entscheidet, dass die "Konsultation mit dem ersuchten Vertragsstaat" nicht möglich ist oder „Bedingungen oder Anliegen dieses Vertragsstaates“ nicht sinnvoll sind.[90] Die einzige Einschränkung ist dann, dass der Ankläger keine Zwangsmaßnahmen ergreifen darf. In der Praxis wäre es für den Ankläger sehr schwierig, das Hoheitsgebiet des betreffenden Vertragsstaats ohne dessen vorherige Zustimmung zu betreten. Infolgedessen ist diese Situation nur theoretisch. In der Praxis kann man annehmen, dass der Ankläger die Unmög-

---

88 *Ciampi*, in: *Cassese et al.*, The Rome Statute, Vol. II, S. 1738-1739.
89 Vgl. *Kreß*, Vor III 26, S. 159.
90 Vgl. *Kreß*, Vor III 26, S. 159.

lichkeit der Konsultation oder die Sinnlosigkeit der Bedingungen oder Anliegen eher selten bejahen wird.

f) Selbstvornahme auf dem Hoheitsgebiet eines Drittstaats

Obwohl die allgemeine Verpflichtung zur Zusammenarbeit unter Art. 86 ICC-Statut und die gerichtliche Genehmigung unter Art. 57 (3) (d) ICC-Statut nur Vertragsstaaten betreffen kann, etabliert Art. 54 (2) ICC-Statut die Befugnis des Anklägers, Ermittlungen „auf dem Hoheitsgebiet eines Staates" durchzuführen, ohne weiter zu spezifizieren, ob der betreffende Staat eine Partei des Statuts sein muss. Dass der Ankläger sogar auf dem Hoheitsgebiet eines Drittstaats, der keine Partei des Statuts ist, ermächtigt ist, Ermittlungen durchführen, setzt voraus, dass dieser Staat zur Zusammenarbeit bereit ist.[91] Das gilt etwa dann, wenn der Ankläger Abmachungen oder Übereinkünfte die Zusammenarbeit mit diesem Staat betreffend eingegangen ist.

2. Selbstvornahme auf Grund Genehmigung des Gerichtshofs

Das Völkerrecht basiert normalerweise auf der Voraussetzung, dass Staaten, die durch eine verantwortliche Regierung vertreten werden, dazu verpflichtet sind, internationale Verpflichtungen zu erfüllen. Wenn ein Staat in Anarchie und Chaos fällt und seine Regierungsgewalt verliert, geht auch die Wirksamkeit des Völkerrechts verloren. Leider kann eine solche Situation am wahrscheinlichsten eintreten, wenn in großem Ausmaß unter die Gerichtsbarkeit des ICC fallende Verbrechen begangen wurden.[92] Dieses ist der einzige Fall von Selbstvornahme des Anklägers, der im Statut ausdrücklich vorgesehen ist, außerhalb des Rechtsrahmens der Zusammenarbeit in Teil 9 Beweismittel zu erhalten. Das bedeutet, wenn das Land nicht mehr handlungsfähig ist, dann kann der Ankläger durchaus auch ohne die Inanspruchnahme des örtlichen Gerichts und damit auch ohne die Inanspruchnahme des örtlichen Rechtssystems seine Ermittlungen auf dem Territorium des fremden Staates durchführen.[93]

Der Eingriff in die Gebietshoheit des Vertragsstaates durch die Ermittlungen des Anklägers findet seine Grundlage in der ermächtigenden Entscheidung der Vor-

---

91 *Turone*, in: *Cassese et al.*, The Rome Statute, Vol. II, 2002, S. 1168.

92 Vgl. *Furuya*, NILR 2000, S. 142.

93 *Ciampi*, in: *Cassese et al.*, The Rome Statute, S. 1737; *Rackwitz*, Working in the Office of the Prosecutor, S. 36.

verfahrenskammer.[94] Art. 57 (3) (d) ICC-Statut sieht vor, dass der Ankläger mit Genehmigung der Vorverfahrenskammer Anordnungen gegenüber einem Verdächtigen direkt treffen kann. Diese Bestimmung bezweckt, derartigen Situationen gerecht zu werden, indem sie den Ankläger ermächtigt, Ermittlungen durchzuführen, ohne von einem zerfallenden nationalen Rechtssystem abhängig zu sein.[95] Diese weitgehende Regelung ist nicht als unzulässiger Eingriff in die staatliche Souveränität anzusehen, weil die Vertragsstaaten durch ihre Ratifikation und den Beitritt zum ICC-Statut in diesem Bereich auf die nationale Souveränität verzichtet haben.[96] Art. 57 (3) (d) ICC-Statut war möglicherweise während der Verhandlungen über das Statut die strittigste Frage in Teil 5.[97] Ob freilich eine solche Befugnis auch praktisch und effektiv umgesetzt werden kann, mag bezweifelt werden.[98]

Im Folgenden sind die Voraussetzungen der Ermächtigung der Vorverfahrenskammer zur Selbstvornahme des Anklägers dargestellt.

a) Erschöpfung der Rechtsmittel im Rahmen von Teil 9

Eine Genehmigung würde kaum erteilt, ohne dass der Versuch gemacht geworden wäre, um Zusammenarbeit nach Teil 9 ICC-Statut zu ersuchen. Trotzdem enthält das Statut keine absolute Forderung, die Stellungnahme des betreffenden Staats zur Genehmigung erhalten zu müssen. Stattdessen sieht Art. 57 (3) (d) ICC-Statut vor, dass die Vorverfahrenskammer über die Angelegenheit entscheiden soll, nach Möglichkeit unter Berücksichtigung der Ansichten des betreffenden Staates. Folglich sollte das Fehlen einer Autorität, die die Macht hat, im Namen des Staates zu sprechen, dem Erlass der Genehmigung des Gerichtshofs nicht entgegenstehen.[99] Die nationale Behörde, die nicht zur Verfügung steht, betrifft nur die Behörde, die in der Lage sein soll, ein Ersuchen um Zusammenarbeit zu erledigen. Das schließt nicht aus, dass andere Organe bestehen, die im Namen dieses Staates fungieren können.[100] Sogar wenn die notwendige Justizbehörde oder eine andere Behörde für die Erledigung eines Ersuchens nicht zur Verfügung steht, kann jemand die Autorität besitzen, auf das Ersuchen des Gerichtshofs im Namen seines Staates zu reagieren. Die Kompromissformel des Art. 57 (3) (d) ICC-Statut besagt, dass die

94 Vgl. *Meißner*, Zusammenarbeit, S. 245.
95 *Furuya*, NILR 2000, S. 142.
96 Vgl. *Bruer-Schäfer*, IStGH, S. 260.
97 *Guariglia/Harris*, in: *Triffterer*, Commentary, S. 751.
98 *Guariglia*, in: *Lee*, ICC, S. 227-238.
99 *Friman*, in: *Fischer et al.*, International and National Prosecution, S. 197.
100 *Friman*, in: *Fischer et al.*, International and National Prosecution, S. 197.

Vorverfahrenskammer über die Angelegenheit entscheiden „soll", „nach Möglichkeit unter Berücksichtigung der Auffassungen des betreffenden Staates".[101]

b) Räumliche Beschränkung

Der betroffene Staat muss ein Vertragsstaat des Statuts sein. Wie dem Wortlaut von Art. 57 (3) (d) ICC-Statut zu entnehmen ist, ist diese Ermächtigung auf Vertragsstaaten beschränkt, sodass Drittstaaten nicht betroffen sind.[102] Dies unterscheidet sich von der Selbstvornahme des Anklägers im Rahmen von Teil 9 ICC-Statut.

c) Feststellung der Unfähigkeit zur Zusammenarbeit

(aa) Unfähigkeit zur Zusammenarbeit

Die Situation, in denen die Vorverfahrenskammer den Ankläger ermächtigen kann, bestimmte Ermittlungsmaßnahmen auf dem Hoheitsgebiet eines Vertragsstaats vorzunehmen, ohne sich der Zusammenarbeit dieses Staates nach Teil 9 ICC-Statut versichert zu haben, betrifft nur den Fall, dass der betroffene Vertragsstaat eindeutig nicht in der Lage ist, ein Ersuchen um Zusammenarbeit nach Teil 9 ICC-Statut zu erledigen, weil keine zuständige staatliche Behörde bzw. kein zuständiger Teil seines Justizsystems für die Erledigung eines solchen Ersuchens zur Verfügung steht (Art. 57 (3) (d) ICC-Statut).[103] Diese Feststellungen der Vorverfahrenskammer über diese Unfähigkeit des Vertragsstaates sind an hohe Beweisanforderungen geknüpft.[104] Verbleiben der Vorverfahrenskammer Zweifel, dann muss der Souveränitätseingriff unterbleiben. Kommt die Vorverfahrenskammer nicht zu der eindeutigen Beurteilung der Unfähigkeit des Staates, so bleibt Art. 99 (4) ICC-Statut anwendbar.[105]

---

101 *Friman*, in: *Lee*, ICC: Elements, S.508.

102 *Bruer-Schäfer*, IStGH, S. 260.

103 Die Formel, die schließlich in Art. 57 (3) (d) angenommen wurde, ist ein Versuch, diese unterschiedlichen Meinungen zusammenzuführen und wiederzugeben: *Guariglia*, in: *Lee*, ICC, S. 232-233.

104 *Guariglia/Harris*, in: *Triffterer*, Commentary, S. 751; *Meißner*, Zusammenarbeit, S. 245.

105 *Meißner*, Zusammenarbeit, S. 245.

(bb) Exkurs: Unwillen zur Zusammenarbeit

Art. 57 (3) (d) ICC-Statut schließt die Möglichkeit aus, dass der Ankläger Ermittlungen direkt durchführen kann, weil eine Zusammenarbeit von dem betreffenden Staat wegen seiner unkooperativen und gegnerischen Haltung nicht erwartet werden kann.[106] Es muss festgehalten werden, dass der ICC seine Gerichtsbarkeit nur in den Situationen ausüben kann, in denen das nationale Rechtssystem gezeigt hat, dass es nicht willens oder nicht in der Lage ist, Ermittlungen oder Strafverfolgung durchzuführen.[107]

Ursprünglich sprach das ILC-Draft nicht von einem bestimmten Fall, bei dem der Ankläger Ermittlungen auf dem Hoheitsgebiet eines Staates direkt durchführen kann (s. Art. 26 ILC-Draft). Die Zusammenarbeit der Staaten sollte nur ersucht werden, wenn es „geeignet" („*appropriate*") ist. Diese Bestimmung zeigt, dass die Verfasser des ILC-Draft beabsichtigten, dass der Ankläger des ICC eine breite Entscheidungsgewalt über direkte Ermittlungen wie im Fall des ICTY haben sollte. Während der Verhandlungen im *Ad-hoc*-Committee äußerten einige Staaten allerdings Sorge um eine solche breite Befugnis. Folglich erklärte das *Ad-hoc*-Committee in seinem Bericht von 1995, dass die Frage der direkten Ausübung der Ermittlungsbefugnis des Gerichtshofs auf dem Hoheitsgebiet eines Staates nur im begrenzten Maß entstünde, nämlich dort, wo die nationale Gerichtsbarkeit solche Hilfe nicht leisten würde.[108] Ähnlich wurde im PrepComm die Meinung geäußert, dass direkte Ermittlungen des Anklägers nur in Ausnahmesituationen genehmigt werden können, wie z. B. wo „es Sorge um die Objektivität der nationalen Behörde gibt", wo „das nationale Strafrechtssystem nicht völlig funktioniert" oder wo „es keine zivile Autorität gibt, an die ein Ersuchen um Hilfe übermittelt werden kann".[109]

Leider zeigte die Diskussion in beiden Komitees, dass es zwei unterschiedliche Situationen geben kann, in denen der Ankläger Ermittlungen direkt durchführen könnte. Die erste betrifft den Fall, dass ein Staat nicht willens ist, mit dem Gerichtshof zusammenzuarbeiten, oder dass die innerstaatliche Behörde dieses Staates derart in das Verbrechen verwickelt ist, dass sie für eine faire Durchführung von Ermittlungen unzuverlässig erscheint. Der zweite Fall ist der, dass das nationale Rechtssystem nicht stabil genug ist, Zusammenarbeit zu leisten, oder sogar

---

106 *Furuya*, NILR 2000, S. 142.
107 *Furuya*, NILR 2000, S. 142.
108 *Ad-hoc*-Committee Report 1995, para. 197; auch *Furuya*, NILR 2000, S. 141.
109 Siehe dazu *Furuya*, NILR 2000, S. 141.

völlig zerfallen ist. Allerdings schlug die *Working Group on Procedural Matters* nur die zweite Situation vor, nämlich „ [t]he Prosecutor may conduct investigations on the territory of a State only: ... b. When the Pre-trial Chamber is satisfied that competent authorities to whom a request for assistance... can be transmitted are not available [or not functioning]." [110] Diese Bestimmung wird vom ICC-Statut in Art. 57 (3) (d) ICC-Statut angenommen.[111]

3. Zur Problematik der Selbstvornahme von Zwangsmaßnahmen

a) Zur Generalklausel „bestimmte Ermittlungsmaßnahmen"

Die Frage, ob der Ankläger im Sonderfall Zwangsmaßnahmen ergreifen darf, stößt auf ein aktuelles praktisches Interesse. Zugleich lenkt die Fragestellung den Blick auf die Schnittstelle von innerstaatlichem und internationalem Recht. Im Fall beider *Ad-hoc*-Tribunale wird eine solche Kompetenz nicht geregelt. In der Tat ist eine derartige Kompetenz im Völkergewohnheitsrecht nicht anerkannt.[112]

Allerdings könnte die Anwendung des Zwangsfreiheitsprinzips in den Ermittlungen des internationalen Anklägers auf nationalem Hoheitsgebiet im Rahmen der Genehmigung der Vorverfahrenskammer auf Schwierigkeiten stoßen. Art. 57 (3) (d) ICC-Statut stellt eine Sondersituation dar, in der die Vorverfahrenskammer den Ankläger ermächtigen kann, „bestimmte Ermittlungsmaßnahmen" („specific investigative steps") auf dem Hoheitsgebiet eines Vertragsstaates vorzunehmen, ohne sich der Zusammenarbeit dieses Staates nach Teil 9 ICC-Statut versichert zu haben. Diese Sondersituation bezieht sich darauf, dass der Staat eindeutig nicht in der Lage ist, ein Ersuchen um Zusammenarbeit nach Teil 9 ICC-Sttatut zu erledigen, weil keine zuständige Behörde bzw. kein zuständiger Teil seines Justizsystems dafür zur Verfügung steht.[113] Hier fehlt nicht der Wille des betroffenen Staates, sondern seine Fähigkeit, die Zusammenarbeit nach Teil 9 ICC-Statut zu erledigen. Art. 57 (3) (d) ICC-Statut deutet an, dass die Ermächtigung des Anklä-

---

[110] PrepComm – Decision 1997 (1), Art. 26 (2) (b); siehe dazu auch *Furuya*, NILR, 2000, S. 141.

[111] *Furuya*, NILR, 2000, S. 142.

[112] So *Maikowsik*, Staatliche Kooperationspflichten, S. 112.

[113] Nach Art. 82 (2) ICC-Statut kann der betroffene Staat gegen eine Entscheidung der Vorverfahrenskammer nach Art. 57 (3) (d) ICC-Statut mit Zustimmung der Vorverfahrenskammer Beschwerde einlegen. Art. 119 (1) ICC-Statut ist dafür eine sehr wichtige Vorschrift, weil er vorsieht, dass Streitigkeiten über die richterlichen Aufgaben des Gerichtshofs durch eine Entscheidung des Gerichtshofs beigelegt werden. Deswegen hat die Entscheidung der Berufungskammer autoritative Kraft. Daher spielt die Berufungskammer in diesem Bereich eine sehr wichtige Rolle.

gers zu Ermittlungen auf nationalem Hoheitsgebiet nur als außergewöhnliches Hilfsmittel verfügbar sein sollte.

Art. 57 (3) (d) ICC-Statut selbst spricht von keinen konkreten Maßnahmen, die in einem solchen Sonderfall der Ankläger auf nationalem Hoheitsgebiet ergreifen darf. Welche konkreten Ermittlungsmaßnahmen dies sein können, ist von der Entscheidung der Vorverfahrenskammer abhängig. Das Ersuchen um Zusammenarbeit nach Teil 9 besteht aus zwei Teilen: Festnahme und Überstellung sowie andere Formen der Zusammenarbeit (Art. 89 und 91-93 ICC-Statut).[114] Deswegen sollten die „bestimmten Ermittlungsmaßnahmen“ nicht nur auf andere Erledigungsformen des Anklägers bei anderen Arten der Zusammenarbeit in Art. 93 ICC-Statut beschränkt werden. Vielmehr müssen sie sich auch auf Festnahme und Überstellung erstrecken.[115] Die größte Schwierigkeit ist, ob die Anordnung der Vorverfahrenskammer für sich allein die unabhängige Selbstvornahme von Zwangsmaßnahmen im Sonderfall rechtfertigen kann. Wenn ja, dann stellt sich die Frage, wie der Umfang „bestimmter Ermittlungsmaßnahmen“ sein sollte.

b) Bestimmungen und Rechtsprechung des ICTY bezüglich unabhängiger Selbstvornahme

Den *Ad-hoc*-Tribunalen ist nicht ausdrücklich die Befugnis gegeben, Zwangsmaßnahmen auf dem Hoheitsgebiet der Staaten durchzuführen, und wenn, dann nur aus dem praktischen Grund, dass die Staaten für unfähig gehalten werden, die erforderlichen Vollzugskräfte einzusetzen. In Bezug darauf ist die Frage aufgetreten, ob die Kammer der *Ad-hoc*-Tribunale die Befugnis hat, den Ankläger zu ermächtigen, Ermittlungen auf dem Hoheitsgebiet, welche die originale Befugnis des Anklägers auf dem Hoheitsgebiet übersteigt, selbst vorzunehmen.[116]

Die Rechtsgrundlage für eine solche Befugnis soll nach *Lamb* in den RPE des ICTY zu finden sein. Seiner Meinung nach ist auf den ersten Blick die Einbeziehung des Anklägers als potenzieller Empfänger eines Festnahmebefehls nach Rule 59 *bis* ICTY-RPE verwirrend.[117] Es bleibe unklar, wer dann den Festnahmebefehl

[114] Der gleiche Text und die gleiche Fußnote können auch im PrepCom – Draft 1998 gefunden werden. In der weiteren Option für Art. 58 bis 61 im PrepCom – Draft 1998 wurde Art. 60[2] ausgestrichen.

[115] Daher ist die Einschränkung in Regel 115 auf bestimmte Ermittlungsmaßnahmen zur Beweismittelsammlung nicht überzeugend.

[116] *Sluiter*, Adjudication, S. 308.

[117] *Lamb*, BYIL 70 (1999), S. 219.

wirklich erledigen würde. Die die Festnahme betreffenden (einschließlich Rule 59 *bis* ICTY-RPE) Regeln sind in Teil 5 der RPE des ICTY enthalten, die sich auf Vorverfahren beziehen. Rule 59 *bis* ICTY-RPE ermächtigt ausdrücklich die Inhaftnahme eines Angeklagten durch den Ankläger, während Rule 37 (b) ICTY-RPE dem Ankläger erlaubt, im Zug seiner Befugnisausübung in Übereinstimmung mit dem Statut und den RPE alle möglichen Personen zu beauftragen, die Aufgaben durchzuführen, die er fordert. Rule 37 ICTY-RPE, gelesen in Verbindung mit Rule 59 *bis* ICTY-RPE, würde folglich dem Ankläger erlauben, geeignete Personen oder Organe zu ermächtigen, einen Festnahmebefehl zu vollziehen und einen Angeklagten festzunehmen.[118] Die Befugnis des Anklägers zum Erlass von Regeln ist in Rule 37 (A) ICTY-RPE enthalten. Diese Rule, die zur Verbesserung der Arbeit des Tribunals in der fünften Plenarsitzung im Januar 1995 geändert wurde, sieht vor, dass der Ankläger bestimmte Regeln erlassen kann, wobei jedoch ein Element von Gerichtskontrolle dadurch bewahrt wird, dass der Ankläger hinsichtlich jeder angeblichen Inkonsistenz zwischen jenen Regeln und dem Statut oder den RPE des Tribunals die Meinung des Büros einholen muss.[119] Obgleich es scheint, dass vom Ankläger gemäß Rule 37 (A) ICTY-RPE keine Rules hinsichtlich der Festnahme erlassen werden können, wäre es vermutlich zulässig, dass der Ankläger die Regeln hinsichtlich seiner eigenen Festnahmebefugnis erlassen darf. Die Übereinstimmung dieser Befugnisausübung hinsichtlich des Erlassens von Regeln mit dem Umfang der Befugnis des Anklägers ist allerdings der Prüfung des Büros des ICTY unterworfen.[120]

Rule 59 *bis* Transmission of Arrest Warrants.
(A) Notwithstanding Rules 55 to 59, on the order of a permanent Judge, the Registrar shall transmit to an appropriate authority or international body or the Prosecutor a copy of a warrant for the arrest of an accused, on such terms as the Judge may determine, together with an order for the prompt transfer of the accused to the Tribunal in the event that the accused be taken into custody by that authority or international body or the Prosecutor.
(B) At the time of being taken into custody an accused shall be informed immediately, in a language the accused understands, of the charges against him or her and of the fact that he or she is being transferred to the Tribunal. Upon such transfer, the indictment and a statement of the rights of the accused shall be read to the accused and the accused shall be cautioned in such a language.
(C) Notwithstanding paragraph (B), the indictment and statement of rights of the accused need not be read to the accused if the accused is served with these, or with a translation of these, in a language the accused understands and is able to read.

118 *Lamb*, BYIL 70 (1999), S. 219.

119 *Lamb*, BYIL 70 (1999), S. 220.

120 *Lamb*, BYIL 70 (1999), S. 220. *Lamb* hält vor, dass die "inherent power… arguably follows from the ICTY's essential independence, as a judicial body, from its parent body. On the one hand, the ICTY is established by a Security Council resolution and must therefore remain within the confines of this delegated grant. On the other hand, once established as a judicial

In den Fällen *Kordić und Čerkez* hat das Tribunal tatsächlich solch einen Durchsuchungsbefehl für den Ankläger erlassen, der später den Befehl selbst durchgeführt hat. Die Verteidigung attackierte den Erlass des Befehls, *inter alia*, mit der Behauptung, dass das Tribunal keine Befugnis habe, Zwangsmaßnahmen auf dem Hoheitsgebiet eines Staates durchzuführen.[121] Die Hauptverfahrenskammer meinte jedoch, dass die Durchsuchung, die vom Ankläger durchgeführt geworden sein und zur Beschlagnahme von bestimmten Materialien geführt habe, problemlos unter die Befugnis fiele, die dem Ankläger zugewiesen werde. Nach der Ansicht der Hauptverfahrenskammer kann der Ankläger folglich mittels eines Durchsuchungsbefehls autorisiert werden, z. B. Zwangsmaßnahmen auf dem Hoheitsgebiet der Staaten durchzuführen. Gleichwohl erscheint zweifelhaft, ob die Kammer damit eine sichere Rechtsgrundlage für diese Befugnis gefunden hat.[122] *Sluiter* meint, dass eine Rechtsgrundlage für diese Befugnis aus der anderen Befugnis und dem Mandat der *Ad-hoc*-Tribunale impliziert werden kann. In der Situation, wo nationale Behörden offenbar nicht in der Lage sind, eine Zwangsmaßnahme wie eine Durchsuchung am Ort durchzuführen - das sogenannte „failed state" Szenario -, kann das Mandat des Tribunals, nämlich effektive Strafverfolgung, das Ergreifen der Ermittlungen auf nationalem Hoheitsgebiet einschließlich Zwangsmaßnahmen rechtfertigen. Der Ankläger ist, wie in den Fällen *Kordić and Čerkez* demonstriert wurde, in einer guten Position, solche Zwangsmaßnahmen durchzuführen; auf jeden Fall aber ist dazu die gerichtliche Genehmigung immer eine notwendige Voraussetzung.[123]

c) Entwurfsgeschichte des ICC-Statuts

(aa) Aufnahme in frühen Entwürfen

Option 2 (b) (iii) von Art. 26 (2) (c) im Bericht der Arbeitsgruppe über Verfahrensangelegenheiten vom April 1997[124] schlug vor, der Ankläger könne zur Beweissammlung auf Grund eines zulässigen Befehls Zwangsmaßnahmen (wie z. B. Durchsuchung, Beschlagnahme und die Anwesenheit des Zeugen zu erzwingen)

---

body, the ICTY necessarily possesses and exercises all inherent judicial functions and powers in much the same sense as any other judicial body. It is admitted that this point is not free from controversy and is a reflection of the ICTY's somewhat *sui generis* character." *Lamb*, BYIL 70 (1999), S. 176-177, Fn. 32.

121 *Prosecutor v. Kordic & Cerkez*, IT-95-14/2/T, Decision, 22.01.1999. Näheres *Sluiter*, Adjudication, S. 308.

122 *Sluiter*, Adjudication, S. 309.

123 *Sluiter*, Adjudication, S. 309.

124 PrepComm - Decision 1997 (1).

durchführen,[125] falls die Vorverfahrenskammer feststellt, dass die kompetenten Autoritäten, denen ein Ersuchen um Zusammenarbeit übermittelt werden kann, nicht verfügbar sind (oder nicht funktionieren). Art. 29 (1) *bis* im Bericht der Arbeitsgruppe über Verfahrensangelegenheiten vom Dezember 1997 schlug weiter vor, der Ankläger könne mit Genehmigung der Vorverfahrenskammer einen Haftbefehl selbst durchführen, falls eine zuständige Behörde des Vertragsstaats nicht zur Verfügung steht oder ineffektiv ist.[126] Diese zwei Bestimmungen blieben jeweils als Art. 47 [26] (2) Option 2 (iii) und Art. 53 [29] (1) *bis* im Zutphen-Draft 1998 und jeweils als Art. 54 (4) (c) Option 2 (iii) und Art. 60 (2) im PrepComm-Draft 1998. Sie warfen jedoch - wie insbesondere die Bestimmung über die Selbstvornahme zur Durchführung der Festnahme - eine Menge von Fragen auf, einschließlich der, unter welchen Voraussetzungen der Ankläger in der Lage sein sollte, solche Befugnisse auszuüben, ob er dafür ausreichende Ressourcen haben würde und ob solche Fragen woanders im Statut geregelt werden sollten.[127]

(bb) Streichung für das ICC-Statut

Schließlich wurde die entsprechende Bestimmung im Zutphen-Draft und PrepComm-Draft 1998 in Bezug auf die Selbstvornahme einer Zwangsmaßnahme während Ermittlungen auf Staatshoheitsgebiet unter Genehmigung einer Vorverfahrenskammer im ICC-Statut gestrichen. Art. 57 (3) (d) ICC-Statut sieht lediglich vor, dass die Vorverfahrenskammer den Ankläger ermächtigen kann, bestimmte Ermittlungsmaßnahmen auf dem Hoheitsgebiet eines Vertragstaates vorzunehmen, ohne sich der Zusammenarbeit dieses Staats nach Teil 9 ICC-Statut versichert zu haben. Wenn allerdings spezielle Abmachungen zwischen dem betroffenen Vertragsstaat und dem Gerichtshof eingegangen würden, sei es nicht ausgeschlossen, dass bestimmte Zwangsmaßnahmen vom internationalen Ankläger vorgenommen werden könnten.

---

125 Option 2 (b) (iii) von Art. 26 (2) (c) engl.: „... the Prosecutor may use compulsory measures for collecting evidence (such as search and seizure and compelling the attendance of witnesses) based upon a valid warrant issued by the Pre-Trial Chamber,"

126 Art. 29 (1) bis von PrepComm – Decision 1997 (2), engl.: „[T]he Prosecutor may, with the consent of the Pre-Trial Chamber, execute a warrant for arrest by him or herself only in cases where the competent authority of the State Party concerned may not be available or may be ineffective." *Blakesley* hielt die Formulierung "by him or herself"für unnötig, nicht hilfreich und verwirrend: *Blakesley*, in: *Wexler*, Observations, S. 80.

127 Zutphen-Draft 1998, Part 5, Investigation and Prosecution, Fn. 32; PrepComm – Draft 1998, Fn. 20.

d) Meinungsstand in der Literatur

(aa) Zustimmende Meinungen

Die Option, dass der Ankläger die Befugnis haben sollte, mit gerichtlicher Genehmigung Zwangsmaßnahmen auf nationalem Hoheitsgebiet im Sonderszenario von „failed state“ zu ergreifen, wird in der Literatur überwiegend bejaht.[128] *Sluiter* meint, dass es der Zweck des Art. 57 (3) (d) ICC-Statut ist, die notwendigen Ermittlungen zu ermöglichen, wenn ein Staat eindeutig nicht in der Lage ist, ein Ersuchen um Zusammenarbeit zu erledigen. In diesem „failed state“-Szenario kann angenommen werden, dass „bestimmte Ermittlungsmaßnahmen“ bestimmte Zwangsmaßnahmen umfassen können, um effektive Ermittlungen zu garantieren. Selbst wenn die Entwurfsgeschichte in eine andere Richtung zeige, könne diese eine der Ausnahmesituationen sein, in denen das Ergreifen von Zwangsmaßnahmen auf dem Hoheitsgebiet eines Vertragsstaates vom Gerichtshofs als Geltendmachung einer implizierten Befugnis betrachtet werden könne, wie dies für die effektive Funktion der Gerichtsbarkeit wesentlich sei.[129]

Die gleiche Meinung vertritt wohl auch *Furuya*. Für ihn ist es sehr wichtig zu bemerken, dass der Komplementaritätsgrundsatz nur ein Prinzip für die Entscheidung der Zulässigkeit einer Sache ist, nicht aber ein allgemeines Prinzip, das alle Aspekte der Beziehung zwischen dem Gerichtshof und den Vertragsstaaten kontrolliere.[130] Zudem wird kritisiert, dass die Befugnis des Anklägers zum Ergreifen von Zwangsmaßnahmen sehr begrenzt ist, denn sofern dies in Betracht zu ziehen ist, wird nicht nur die Ermächtigung der Vorverfahrenskammer, sondern in der Regel auch die Kooperation des betroffenen Staates vorausgesetzt. Auch fehlt dem Ankläger ein unabhängiger Durchsetzungsapparat, so dass er auf die Zusammenarbeit mit den Vertragsstaaten zur Durchführung seiner Untersuchung angewiesen ist.[131]

(bb) Ablehnende Meinungen

Verneinend sind *Guariglia* und *Harris*, die ihre Ablehnung auf die Entwurfsgeschichte der betreffenden Vorschrift stützen: Eine solche Bestimmung, die in der

---

[128] *Sluiter*, Adjudication, S. 311; *Prost/Schlunck*, in: *Triffterer*, Commentary, S. 1138-1139, Fn. 2.

[129] *Sluiter*, Adjudication, S. 311; auch ICC-OTP Informal Expert Paper I, para. 77, S. 16. Bejahend ist auch *Kreß*, Vor III 26, S. 161.

[130] *Furuya*, NILR 2000, S. 130.

[131] *Bruer-Schäfer*, IStGH, S. 262.

Klammer des ILC-Draft wie im Zutphen-Draft enthalten war, sei nicht als Teil des endgültigen Textes behalten worden.[132]

Meißner begründet seine Ablehnung mit dem Verhältnis zwischen dem Gerichtshof und den Einzelpersonen: Lägen die Voraussetzungen des Art. 57 (3) (d) ICC-Statut vor, so könne die Vorverfahrenskammer den Ankläger zur Vornahme bestimmter Ermittlungsmaßnahmen ermächtigen.[133] Die Durchführung umfassender Ermittlungen auf dem Gebiet des Staates sei dem Ankläger nicht gestattet. Umstritten sei, ob diese Ermittlungshandlungen mit Eingriffen in die Rechte Einzelner verbunden sein dürften. Der Vergleich des Wortlauts von Art. 57 (3) (d) ICC-Statut mit Art. 99 (4) ICC-Statut, der insoweit ein ausdrückliches Verbot enthalte, spreche in der Entstehungsgeschichte der Vorschrift gegen eine solche Eingriffsbefugnis. Daher könne Art. 57 (3) (d) ICC-Statut nicht dahingehend ausgelegt werden, dass die Vorschrift dem Ankläger Eingriffe in die Rechte Einzelner erlaube.[134]

e) Stellungnahme

Es ist eine Lücke im ICC-Statut, dass nicht geregelt wird, wie die Festnahme und Überstellung und der Ermittlungsakt mit Zwangscharakter in solchen "failed state"-Szenarios durchgeführt werden könnten. Durch die Entwurfsgeschichte der betreffenden Vorschrift scheint es offensichtlich zu sein, dass das Argument für eine unabhängige Selbstvornahme in einem Staatshoheitsgebiet nicht annehmbar ist. Allerdings ist es in einem „failed state“-Szenario überzeugend, dass der internationale Ankläger über eine solche Befugnis impliziert verfügen muss, um die Effektivität der internationalen Strafverfolgung sicherzustellen. Es scheint jedoch realistisch, dass der Ankläger zuerst versuchen muss, eine Sondervereinbarung mit dem betreffenden Staat zu schließen, um auf diesem Weg die vorherige staatliche Zustimmung zur Selbstvornahme von Zwangsmaßnahmen zu bekommen.

---

132 *Guariglia/Harris*, in: *Triffterer*, Commentary, S. 751, Fn. 42.
133 *Meißner*, Zusammenarbeit, S. 246.
134 Näheres *Meißner*, Zusammenarbeit, S. 246.

4. Durchführung der Selbstvornahme

a) Grundsatz der Anwendung der internationalen Strafverfahrensnormen

Die Organe des Gerichtshofs wenden bei ihrer Ermittlungstätigkeit grundsätzlich nur das Recht des Gerichtshofs an,[135] auch auf dem Staatshoheitsgebiet.[136] Obwohl einem Verdächtigen im Allgemeinen erlaubt wird, zu argumentieren, dass die Befugnis zur Durchsuchung und Beschlagnahme, die vom Ankläger beansprucht wird, die staatliche Souveränität verletzt, ist es zweifelhaft, ob so gewonnene Beweismittel deshalb ausgeschlossen würden.[137] Im Allgemeinen erfordert die Selbstvornahme eine gerichtliche Anordnung, aber wegen der ziemlich umfangreichen Durchführungsbefugnisse der internationalen Strafgerichtshöfe hat das Völkerstrafrecht die Entwicklung eines Äquivalents zur angloamerikanischen Doktrin von den „Früchten des verbotenen Baumes" nicht vorgesehen.[138]

b) Berücksichtigung des innerstaatlichen Rechts

Leitprinzip ist, dass die Ermittler des Gerichtshofs einschließlich der Verteidigung, die anwendbaren Gesetze und Regelungen der Ortsstaaten befolgen sollen.[139] Die Beachtung des spezifisch die Ermittlungstätigkeit regelnden staatlichen Rechts kann sich aber aus der Formulierung von Bedingungen im Sinn der Art. 93 (3), Art. 94 (5) und Art. 99 (4) (b) ICC-Statut ergeben. Im Übrigen sind die Organe des Gerichtshofs den allgemeinen Vorschriften – z. B. des Strafenverkehrsrechts – des Staates unterworfen.[140]

---

135 Näheres *Sluiter*, Adjudication, S. 332; *Meißner*, Zusammenarbeit, S. 243.

136 Z. B. Art. 32, Bundesgesetz über die Zusammenarbeit mit dem Internationalen Strafgerichtshof vom 22.06.2001 (Schweiz): „Auf ausdrückliches Ersuchen des Gerichtshofs werden die Ersuchen in der von ihm angegebenen Weise erledigt." Für den deutschen Gesetzgeber waren die Konsequenzen klar: „... dass für die eigene Ermittlungstätigkeit des Gerichtshofes in Deutschland (...) deutsches Straf- und Strafverfahrensrecht keine Anwendung finden." Vgl. Begründung zu dem Entwurf des ICTY-Statut, in: Gesetzentwurf der Bundesregierung. Entwurf eines Gesetzes über die Zusammenarbeit mit dem Internationalen Strafgerichtshof für das ehemalige Jugoslawien, BT-Drs.13/57 vom 29.11.1994, S. 11 ff.

137 Näheres *May/Wierda*, Evidence, S. 63.

138 *May/Wierda*, Evidence, S. 61.

139 Näheres *Sluiter*, Adjudication, S. 333.

140 *Meißner*, Zusammenarbeit, S. 243, Fn. 1499.

§ 14 Funktionelle Ermittlungen

Auch wenn der Ankläger in nicht wenigen Fällen selbst die Ermittlungshandlungen vornimmt, etwa Zeugen und Beschuldigte vernimmt, so ist er doch bei der Durchführung der Ermittlungen weitgehend auf die Hilfe innerstaatlicher Organe angewiesen, insbesondere bei der Durchsuchung von Orten, der Beschlagnahme von Beweismitteln, der Festnahme und Überstellung von Angeschuldigten oder Angeklagten. Tatsächlich stellen die Vertragsstaaten dem Ankläger ihre Rechtshilfe im Rahmen der nationalen Gesetze zur Verfügung. Funktionelle Ermittlungen des Anklägers sind eigentlich Ermittlungen nationaler Behörden.

A. Formen der funktionellen Ermittlungen

Als Formen der funktionellen Ermittlungen nennt das Statut die Festnahme und Überstellung einer Person (Art. 89 ff. ICC-Statut) und die anderen Formen der Zusammenarbeit (Art. 93 ff. ICC-Statut). Zur Konkretisierung beziehen sie sich z. B. auf vorläufige Festnahme, Identifizierung und Feststellung des Verbleibs von Personen oder Lokalisierung von Gegenständen, Beweisaufnahme und Beibringung von Beweismitteln, Vernehmung von Personen, gegen die ermittelt wird oder die strafrechtlich verfolgt werden, Zustellung von Unterlagen, Festnahme und Überstellung von Personen an den Gerichtshof usw. (Art. 89 ff. und 93 ff. ICC-Statut).

I. Festnahme und Überstellung

1. Festnahme

Der Antrag des Anklägers auf einen Haftbefehl ist Voraussetzung für den Erlass des Haftbefehls. Nach Aufnahme von Ermittlungen kann der Ankläger jederzeit bei der Vorverfahrenskammer einen Haftbefehl beantragen (Art. 58 ICC-Statut). Damit ein solcher Antrag von der Vorverfahrenskammer genehmigt werden kann, muss der Ankläger diese davon überzeugen, dass alle gesetzlichen Voraussetzungen zum Erlassen des Haftbefehls erfüllt sind. Als erstes muss ein begründeter Verdacht bestehen, dass die betreffende Person ein der Gerichtsbarkeit des Gerichtshofs unterliegendes Verbrechen begangen hat. Des Weiteren muss einer der folgenden Haftgründe vorliegen: Entweder muss die Festnahme der Person notwendig erscheinen, um ihre Anwesenheit während des Hauptverfahrens zu garantieren (Art. 58 (1) (b) (i) ICC-Statut), oder es muss darum gehen, den ungestörten Ermittlungs- und Strafverfolgungsablauf sicherzustellen oder die Begehung des in

Rede stehenden oder damit zusammenhängenden Verbrechens durch die betreffende Person zu verhindern (Art. 58 (1) (b) (ii) ICC-Statut). Der Begriff „begründeter Verdacht" („*reasonable ground*") ist in den meisten Rechtssystemen ein allgemeiner Begriff.[141] Er wird so verstanden, dass er objektive Kriterien verkörpert.[142] Der letzte Haftgrund ist vor allem damit begründet worden, dass die Schwere der betreffenden Verbrechen auch eine präventive Untersuchungshaft wegen Fortsetzungs- oder Wiederholungsgefahr rechtfertigt (Art. 58 (1) (b) (iii) ICC-Statut).[143]

Der Haftbefehl bleibt bis zu seinem gerichtlichen Widerruf in Kraft. Er bildet die Grundlage einer vorläufigen Festnahme oder einer Festnahme und Überstellung nach Teil 9 ICC-Statut. Eine Ladung kann anstelle eines Haftbefehls erlassen werden, wenn nach Überzeugung der Vorverfahrenskammer eine Ladung ausreicht, um das Erscheinen der Person vor dem Gerichtshof sicherzustellen.

Hat der Gerichtshof auf der Grundlage eines Haftbefehls ein Ersuchen um Festnahme und Überstellung oder um vorläufige Festnahme nach Teil 9 gestellt, so verpflichtet Art. 59(1) ICC-Statut den ersuchten Staat, sofort Maßnahmen zur Festnahme der gesuchten Person im Einklang mit seinen eigenen Rechtsvorschriften und mit Teil 9 ICC-Statut zu ergreifen. Die innerstaatliche Behörde wird auch gemäß Art. 59 (2) und (7) ICC-Statut aufgefordert, die festgenommene Person umgehend der zuständigen Justizbehörde im Gewahrsamsstaat vorzuführen, die in Übereinstimmung mit dem Recht dieses Staates feststellt, dass sich der Haftbefehl auf sie bezieht, sie entsprechend einem ordnungsgemäßen Verfahren festgenommen wurde und ihre Rechte geachtet wurden (Art. 59 (2) ICC-Statut). Ist eine Überstellungsanordung getroffen, so ist die Person vom Gewahrsamsstaat so bald wie möglich an den Gerichtshof zu überstellen (Art. 59 (7) ICC-Statut). Aber darauf beschränkt sich auch schon die Überprüfungsbefugnis der nationalen Justizbehörde. Die innerstaatliche Justizbehörde kann die Rechtsgültigkeit eines Haftbefehls nicht nachprüfen (Art. 59 (4) Satz 2 ICC-Statut).[144] Auch hier wird freilich keine Verpflichtung von Drittstaaten begründet, sondern lediglich festgestellt, dass ein Vertragsstaat die geeigneten Maßnahmen im Einklang mit Teil 9 ICC-Statut und seinem Recht ergreift.

---

141 *Schlunck*, in: *Triffterer*, Commentary, S. 757.
142 Note 21 of part 5, Zutphen - Draft.
143 *Ambos*, ZStW 111 (1999), S. 196.
144 Zutr. *Ambos*, ZStW 111 (1999), S. 197.

Ein Festgenommener kann schon im Gewahrsamsstaat vorläufige Haftentlassung bis zur Überstellung beantragen. Nationale Gerichte müssen sich auch in der Frage der dringenden vorläufigen Haftentlassung (z. B. wenn der Verdächtige ärztlicher Behandlung bedarf, die unter Haftbedingungen nicht möglich ist) einer Entscheidung des Gerichtshofs unterordnen, wenn der Gerichtshof der Ansicht ist, die nationale Entscheidung überschreite die vom Statut gesetzten Grenzen.[145] Die Vorverfahrenskammer wird von einem solchen Antrag in Kenntnis gesetzt und gibt eine Empfehlung ab. Erst dann darf der Gewahrsamsstaat über den Antrag entscheiden (Art. 59 (3) bis (6) ICC-Statut).

Auch wenn nicht ganz eindeutig ist, ob der Haftbefehl ein völkerrechtlicher Justizverwaltungsakt mit unmittelbarer Wirkung ist, so ist doch davon auszugehen, dass hier eine innerstaatliche Umsetzung nötig ist.[146]

2. Vorläufige Festnahme

In dringenden Fällen kann der Gerichtshof einen Staat um die vorläufige Festnahme einer Person bis zur Vorlage des schriftlichen Überstellungsersuchens bitten (Art. 92 ICC-Statut). Diese Vorschrift betrifft die vorläufige Festnahme und enthält eigentlich eine den Verdächtigen schützende Regelung, wenn der Ankläger sich nicht prompt danach richtet.

3. Überstellung

Auf Ersuchen des Gerichts müssen die Staaten die betreffende Person überstellen oder den Transfer durch ihr Hoheitsgebiet zulassen.[147] Die Überstellung einer Person (Art. 89 ff. ICC-Statut) ist die wichtigste Form der Zusammenarbeit zwischen Staaten und dem Gerichtshof.[148] Sie ist eine *conditio sina que non* für die

---

145 *Wirth/Harder*, ZRP 2000, S. 145; auch *Behrens*, HuV-I 1998, S. 146. Der ICC könnte die oben erwähnte Entscheidung über die vorläufige Haftentlassung allerdings lediglich einer Missbrauchskontrolle unterziehen.

146 *Lenski*, Der Durchgriff des Völkerrechts. S. 25.

147 Für eine weitere Analyse der betreffenden Bestimmungen über Festnahme und Überstellung im Statut und entsprechende Gesetzgebungen in einzelnen Staaten siehe etwa *Oosterveld/Perry/McManus*, FILJ 25 (2002) 3, S. 769-786.

148 Siehe *Ambos*, NJW 1998, S. 3746. Das Statut versteht unter Überstellung die Übergabe einer Person durch einen Staat an den ICC und unter Auslieferung die Übergabe zwischen Staaten (Art. 102). Zum Unterschied des Überstellungsregimes zwischen den *Ad-hoc*-Tribunalen und dem ICC *Knoops*, Surrendering, S. 13 ff.

Strafverfolgung, weil Abwesenheitsverfahren am ICC verboten sind.[149] Die Überstellung eines Verdächtigen an den ICC ist davon abhängig, dass der ICC materiell zuständig und auf Grund des Komplementaritätsgrundsatzes zur Ausübung seiner Gerichtsbarkeit berechtigt ist.[150]

Die Regelungen zur Überstellung im Statut sind durchdacht und detailliert. Sie genügen rechtsstaatlichen Ansprüchen.[151] Es existiert ein detailliertes System von Zulieferungsverpflichtungen, dessen Grenzen durch das Verbot der belastenden Drittwirkung von Verträgen vorgegeben sind.[152] Nach dem Wortlaut der Vorschrift kann die Überstellung nur auf Vertragsparteien angewandt werden, so dass sich das Problem der Drittwirkung nicht stellt.[153]

II. Andere Formen der Zusammenarbeit

Außer Festnahme und Überstellung sieht Teil 9 unter Art. 93 ICC-Statut eine weitreichende Zusammenarbeitsverpflichtung für die Vertragsstaaten vor, die im Allgemeinen auf die Bestimmungen über Beweismittel und Zeugenaussagen und die Erleichterung von Ermittlungen und der Gerichtsverhandlung bezogen wird. Jedoch darf die Art der Erfüllung dieser Zusammenarbeitsverpflichtung, die im innerstaatlichen Recht konkretisiert wird, nicht zum Schaden der Zusammenarbeit mit dem ICC führen.[154]

Von „anderen Formen der Zusammenarbeit" spricht man gegenüber der Auslieferung, um eine deutliche Abgrenzung der übrigen Ermittlungshilfen im Rahmen eines ausländischen Strafverfahrens zu schaffen. Im Einzelnen handelt es sich vor allem um Maßnahmen der Sachverhaltsaufklärung, die ebenso wie die Auslieferung nur dann eingeleitet werden können, wenn der ausländische, das Strafverfahren betreibende Staat ein entsprechendes Ersuchen gestellt hat. Die „sonstige Rechtshilfe" und die Auslieferung haben dieselbe Rechtsnatur, d. h. beiden liegt ein Vertragsverhältnis zugrunde.[155]

---

149 *Young*, BYIL 2000, S. 317.
150 *Hermsdörfer*, NZWehrr 40 (1998), S. 195.
151 *Ambos*, NJW 1998, S. 3745; *Bruer-Schäfer*, IStGH, S. 262.
152 *Seidel/Stahn*, Jura 1999, S. 20.
153 *Bruer-Schäfer*, IStGH, S. 260.
154 *Broomhall*, International Justice, S. 158.
155 *Scholz*, Zulieferung, S. 12.

In Bezug auf spezifische Formen der Zusammenarbeit sieht Art. 93 ICC-Statut eine offene Liste vor, die die üblichen Formen der Rechtshilfe enthält. Zu dieser Liste gehören nicht nur Identifizierung und Feststellung des Verbleibs von Personen, Lokalisierung von Gegenständen, Beweisaufnahme und Beibringung von Beweismitteln, Vernehmung von Personen, gegen die ermittelt wird oder die strafrechtlich verfolgt werden, sondern auch Zustellung von Unterlagen, Erleichterung des freiwilligen Erscheinens von Personen als Zeugen oder Sachverständige vor dem Gerichtshof, Untersuchung von Orten oder Stätten und Durchführung von Durchsuchungen und Beschlagnahme.[156]

Die Liste wird durch eine Generalklausel ergänzt, die vorsieht, dass weitere Rechtshilfehandlungen nur möglich sind, wenn dies nach dem innerstaatlichen Recht zulässig ist (Art. 93 (1) (l) ICC-Statut).[157] Der Ankläger könnte von dieser Klausel z. B. Gebrauch zu machen, wenn er beabsichtigt, um ungewöhnliche Arten der Rechtshilfe wie eine DNA-Probe oder das Abhören der Kommunikation zu ersuchen. Rechtshilfe, die unter staatlichem Recht nicht möglich ist, darf vom ICC nicht verlangt werden..[158] Dies ermöglicht es den Staaten, gewisse für sie heikle Formen der Zusammenarbeit wie z. B. Telefonüberwachung auszuschließen. Die Verwendung einer Generalklausel entspricht der ebenfalls offen formulierten Kompetenz der Vorverfahrenskammer zum Erlass der für den Zweck der Ermittlung möglichen Anordnungen und Befehle (Art. 57 (3) ICC-Statut). Mit der offenen Formulierung kann verhindert werden, dass zukünftige Zusammenarbeitsinstrumente grundsätzlich ausgeschlossen sind. Unter die Generalklausel können bereits jetzt Videokonferenzen subsumiert werden, die in den ICC-RPE Stellen erwähnt sind.[159]

---

156 Schweiz - Botschaft, Sect. 2.8.3., S. 439-440. Für eine weitere Analyse der betreffenden Bestimmungen über andere Formen der Zusammenarbeit im Statut und entsprechende Gesetzgebungen in einzelnen Staaten siehe etwa *Oosterveld/Perry/McManus*, FILJ 25 (2002) 3, S.786-801.

157 *Wyss*, ZStrR 120 (2002), S. 145.

158 ICC-OTP Informal Expert Paper I, para. 61, S. 13.

159 Z. B. Regel 67, 82 (2) (c), 102 und 224 I, CC-RPE. Vgl. dazu Schweiz - Botschaft, Sect. 2.8.3., S. 439-440.

B. Direktes Ersuchen um Zusammenarbeit

I. Inhalt der Befugnis zum direkten Ersuchen um Zusammenarbeit

Der Ankläger wird im Statut ausdrücklich ermächtigt, einen Staat oder eine zwischenstaatliche Organisation oder Stelle entsprechend ihrer jeweiligen Zuständigkeit bzw. ihrem Mandat um Zusammenarbeit zu ersuchen (Art. 54 (3) (c) ICC-Statut). Diese Befugnis zum direkten Ersuchen um Zusammenarbeit wird durch Art. 54 (3) (d) ICC-Statut dahingehend erweitert, dass der Ankläger auf eine ziemlich einfache Art alle diesem Statut nicht entgegenstehenden Abmachungen und Übereinkünfte eingehen kann, die notwendig sind, um einem Staat, einer zwischenstaatlichen Organisation oder einer Person die Zusammenarbeit zu erleichtern. Als Einziges ist dabei zu beachten, dass sich die Abmachungen auf die Verfolgung von Verbrechen richten, die der Gerichtsbarkeit des Gerichtshofs unterliegen und alle Rechte der Verteidigung beachtet werden, die im Statut vorgesehen sind.[160]

Diese Befugnis ist eine Reflexion des Prinzips der Unabhängigkeit des Anklägers, die ein wesentlicher Bestandteil jedes unparteilischen Strafrechtssystems ist.[161] Eine Untersuchungsbehörde mit der Befugnis, um staatliche Zusammenarbeit zu ersuchen, ist notwendig, um internationale menschenrechtliche Gesetze durchzusetzen, wenn Staaten nicht vertraut werden kann, deren Durchsetzung selbst zu leisten.[162] Die Zusammenarbeit mit Staaten auf der Grundlage formeller oder informeller Abmachungen ist unter dem Komplementaritätsgrundsatz eine wichtige Operationsmode für den Gerichtshof.[163]

1. Verträge mit einem Staat oder einer zwischenstaatlichen Organisation oder Stelle

Dazu ist anzumerken, dass der Ankläger sowohl einen Vertragsstaat wie auch einen Nichtvertragsstaat um Zusammenarbeit ersuchen kann. In Bezug auf einen Nichtvertragsstaat hat der Gerichtshof das Recht, seine Aufgaben und Befugnisse durch Sonderverträge auf dessen Hoheitsgebiet wahrzunehmen (Art. 4 (2) ICC-Statut). Das Statut sieht nicht ausdrücklich vor, welches Organ des Gerichts-

---

160 *Gallant*, LJIL 16 (2003) 3, S. 566.

161 *Bergsmo/Kruger*, in: *Triffterer*, Commentary, S. 716.

162 *Gallant*, CLF 5 (1994), S. 575.

163 *Gallant*, LJIL 16 (2003) 3, S. 565. Für eine umfangreiche Darstellung der Befugnis des ICC, Abkommen zu schließen vgl. *Gallant*, LJIL 16 (2003) 3, S. 561 ff.

hofs diese Verträge zu schließen hat. Im Allgemeinen wäre es die angemessenste Interpretation, dass das Präsidium das Organ wäre, das solch einen Vertrag schließen könnte. Für den Fall jedoch, dass ein spezifischer Zeuge oder ein Beweisstück sich auf dem Hoheitsgebiet eines Nichtvertragsstaats befindet, sollte Art. 4 (2) ICC-Statut so interpretiert werden, dass ein anderes Organ als das Gericht selbst wie entweder der Ankläger oder der Kanzler die Befugnis hat, eine begrenzte Übereinkunft zu schließen, um Beweismittel oder Zeugenaussagen zu bekommen.[164] Diese Interpretation wird durch Art. 87 (5) ICC-Statut bekräftigt, der besagt, dass der Gerichtshof (somit der Ankläger) jeden Staat, der nicht Vertragspartei dieses Statuts ist, ersuchen kann, aufgrund einer *ad hoc* Vereinbarung Verträge mit diesem Staat oder auf jeder anderen geeigneten Grundlage Unterstützung nach diesem Teil zu leisten.[165] Es scheint allerdings, dass viele dieser Vereinbarungen ziemlich informell wären.[166]

Bei den Ermittlungen kann der Ankläger auch zwischenstaatliche Organisationen oder Stellen[167] um Zusammenarbeit ersuchen, wie z. B. Interpol im Fall von *Ad-hoc*-Tribunalen. In dieser Hinsicht sieht Art. 87 (6) ICC-Statut weiter vor, dass jede zwischenstaatliche Organisation ersucht werden kann, Informationen oder Unterlagen beizubringen oder andere Formen der Zusammenarbeit und Unterstützung zu bieten, die mit dieser Organisation vereinbart werden und mit ihrer Zuständigkeit oder ihrem Auftrag vereinbar sind.

2. Abmachungen und Übereinkünfte mit Einzelpersonen

Obwohl „der Gerichtshof" als Ganzes die Anklagebehörde nicht ausdrücklich ermächtigt, Übereinkünfte mit Einzelpersonen zu schließen, hat die Anklagebehörde, ein Organ des Gerichtshofs, ausreichende Rechtspersönlichkeit, um legitime Übereinkünfte mit Einzelpersonen zu schließen zu können. Diese Übereinkünfte mit Einzelpersonen erfahren wie die Übereinkünfte mit Staaten oder internationalen Organisationen ihre Legitimation aus Völkerrecht.[168]

---

164 Vgl. *Gallant*, LJIL 16 (2003) 3, S. 566.

165 *Turone*, in: *Cassese et al.*, The Rome Statute, Vol. II, S. 1168.

166 *Gallant*, LJIL 16 (2003) 3, S. 566.

167 Der diffuse Begriff der „Stelle" ist gewählt worden, weil einige Delegationen die ausdrückliche Verwendung der Begriffe „friedenserhaltende bzw. friedensdurchsetzende Truppen" ablehnten. *Kreß*, Vor III 26, S. 77.

168 *Gallant*, LJIL 16 (2003) 3, S. 568.

Abmachungen und Übereinkünfte („*the arrangements or agreements*“) in Art. 54 (3) (d) ICC-Statut, soweit sie Einzelpersonen und Staaten betreffen, können allerdings so gelesen werden, dass sie „Absprachen“ oder andere „Arrangements“ umfassen.[169] Es wird jedoch in der Literatur weitgehend davor gewarnt, dass das Statut vor solchen Gefahren schützen soll, die es von Natur aus mit sich bringt wie unfaire Strafverfolgung und unfaire Gerichtsverfahren sowie die Möglichkeit der Strafverfolgung gegen falsche Personen. Dies betrifft die Besorgnis um die in Art. 54 (3) (f) ICC-Statut zugesicherte „Vertraulichkeit“.[170] Außerdem ist bemerkt worden, dass die mehrdeutige Formulierung gewisse ziemlich beschämende Abmachungen erlauben würde, wie z. B. Die, einem Hauptkriegsverbrecher Immunität zu geben, um seine Zusammenarbeit bei Ermittlungen gegen andere Hauptverdächtige zu suchen.[171] Eine solche Abmachung stünde den Prinzipien entgegen, auf die das Statut sich gründet, und sollte deshalb durch Art. 54 (3) (d) ICC-Statut ausgeschlossen werden.[172]

II. Rechtswirkung des direkten Ersuchens des Anklägers

Das Statut hat nicht klargestellt, ob das Ersuchen des Anklägers die betreffenden Vertragsstaaten bindet. Tatsächlich wird der Ankläger nur ermächtigt, um Zusammenarbeit zu „ersuchen“ anstatt sie zu „fordern“ (Art. 54 (3) (c) ICC-Statut).[173] Im Fall des ICTY argumentiert *Gallant*, dass ein Ersuchen des Anklägers um Rechtshilfe, das die Staaten sogar ohne eine Anordnung des Tribunals bindet, vorgebracht werden kann. Das ICTY-Statut sieht vor, dass die Staaten bei den Ermittlungen gegen Personen, die der Begehung schwerer Verstöße gegen das humanitäre Völkerrecht beschuldigt werden, sowie bei deren strafrechtlicher Verfolgung mit dem Gerichtshof zusammenarbeiten und jedem Rechtshilfeersuchen und jeder von einer Strafkammer des Gerichtshofs erlassenen Anordnung unverzüglich nachkommen (Art. 29 ICTY-Statut).[174] Zusätzlich „entschied“ der Sicherheitsrat in seiner Resolution 827, dass die Staaten nach dem innerstaatlichen Recht notwendige Maßnahmen ergreifen müssen, um ihrer Verpflichtung nachzukommen. Diese Bestimmungen lassen die Folgerung zu, dass die Staaten dem Rechtshilfeersuchen des Anklägers nachkommen müssen.[175] Im Gegensatz dazu

---

169 *Blakesley*, in: *Wexler*, Observations, S. 72.
170 *Blakesley*, in: *Wexler*, Observations, S. 72.
171 *Turone*, in: *Cassese et al.*, The Rome Statute, Vol. II, S. 1169.
172 So auch *Turone*, in: *Cassese et al.*, The Rome Statute, Vol. II, S. 1169.
173 So *Rubin*, FFWA, 23 (1999) 2, S. 142.
174 Siehe dazu *Gallant*, CLF 5 (1994) 2-3, S. 574.
175 S.C. Res. 827, U.N. SCOR, 48th Year, 3217 th mtg. At 1, U.N. Doc. S/RES/827 (1993). Nä-

schützen sich die ICTY-RPE gegen den Übereifer des Anklägers, indem sie richterliche Anordnungen während der Ermittlungen vorsehen, was bedeutet, dass der Ankläger zuerst eine richterliche Anordnung beantragen muss, um einen Staat um Rechtshilfe zu ersuchen. Die letzte Version der RPE jedoch macht es jetzt explizit, dass die Staaten dem Ersuchen des Anklägers im Notfall nachkommen müssen (Rule 39 (iv) und 40 ICTY-RPE).[176]

Ob diese Argumentation auch im Fall des ICC ohne Unterschied gelten kann, ist zu bezweifeln. Für *Broomhall* betrifft Art. 54 (3) (c) ICC-Statut nur die freiwillige Zusammenarbeit zwischen Staaten und dem Ankläger. Mangels freiwilliger Zusammenarbeit muss der Ankläger sich auf Zusammenarbeitsverfahren laut Statut beziehen, weil der Ankläger über keine Zwangsbefugnis verfügt.[177] Sofern der Ankläger einen Staat direkt um Zusammenarbeit ersucht, ohne das Gericht zu durchlaufen, liegt nach Broomhalls Darstellung dieses Handeln außerhalb von Teil 9 und beruht nicht auf den grundlegenden Verpflichtungen, die in diesem Teil zu finden sind. Wenn ein Staat dem Ankläger die ersuchte Zusammenarbeit verweigert, dann könnte der Ankläger beim Gerichtshof einen Antrag auf Zusammenarbeit nach Teil 9 zu stellen. Dieses Regime wird zwar von *Broomhall* als „Durchführung außerhalb von Teil 9" („Implementation outside of Part 9") definiert. Die Grundverpflichtung zur Zusammenarbeit (Art. 86 ICC-Statut) richtet sich aber auf das ganze Statut. Art. 88 ICC-Statut verpflichtet jedoch Vertragsstaaten, entsprechende Vorschriften lediglich für die Zusammenarbeit unter Teil 9 ICC-Statut anzubieten. Die Formulierung der im Kontext mit der Zusammenarbeit stehenden Vorschriften außerhalb von Teil 9 ICC-Statut muss für unabhängige Verpflichtungen überprüft werden. Allerdings scheint es, dass uneingeschränkte Zusammenarbeit („*cooperate fully*") einschließlich der Verabschiedung der inländischen Gesetze, wie es von Art. 86 ICC-Statut gefordert wird, vom Gerichtshof so interpretiert wird, dass sie das Eingehen einer Abmachung auf nationaler Ebene einschließt, um eine solche Zusammenarbeit zu ermöglichen.[178]

Freilich gilt diese Analyse nur für die Fälle, in denen Ermittlungen von einem Staat oder vom Ankläger von Amts wegen eingeleitet werden. Für die Fälle, die vom Sicherheitsrat überwiesen werden, gelten die Argumente von *Gallant*; danach müssen die Vertragsstaaten des Statuts, die auch UN-Mitglieder sind, dem direkten Ersuchen des Anklägers nachkommen.

---

heres *Gallant*, CLF 5 (1994) 2-3, S. 575.

176 Siehe dazu *Gallant*, CLF 5 (1994) 2-3, S. 575.

177 *Broomhall*, in: ICC Ratification and National Implementing Legislation, S. 71.

178 *Broomhall*, in: ICC Ratification and National Implementing Legislation, S. 135.

C. Exkurs: Eilkompetenz des Anklägers im Notfall?

I. Eilkompetenz im Notfall bei Ad-hoc-Tribunalen

Im nationalen Strafverfahren kann eine sofortige Freiheitsentziehung durch die Staatsanwaltschaft notwendig sein, ohne dass es möglich ist, vorher einen schriftlichen Haftbefehl des Richters zu erwirken.[179] Im Fall des ICTY stellen sich die RPE 1. Fassung[180] dem etwaigen Übereifer des Anklägers entgegen, indem sie das Rechtsinstitut der gerichtlichen Anordnung während der Ermittlungen vorsehen, welches impliziert, dass der Ankläger zuerst eine gerichtliche Anordnung bekommen muss, um die Hilfe eines Staates ersuchen zu können (Rule 39 (iv) ICTY-RPE). Eine spätere Version der RPE[181] stellt jedoch klar, dass im Notfall („*in cases of urgency*") Staaten das direkte Ersuchen seitens des Anklägers erfüllen müssen.[182] Bestimmte solche Eilkompetenzen des Anklägers im Notfall, also bei Gefahr im Verzug, die ohne diese Dringlichkeit nur dem die Anklage prüfenden Richter oder der Strafkammer als Kollegialorgan zustehen, beziehen sich auf verfahrenssichernde Maßnahmen wie die vorläufige Festnahme von Verdächtigen, die Beschlagnahme von Beweismitteln oder sonstige sichernde Maßnahmen zur Durchführung des Verfahrens (Rule 40 ICTY-RPE).[183] Zu den letzten gehören auch die Befugnisse, Verletzungen oder Einschüchterungen von Opfern oder Zeugen vorzubeugen (Rule 40 ICTY-RPE, Rule 40 (A) ICTR-RPE),[184] eine Neuheit, die wegweisend sein kann für künftige verfahrensrechtliche Regelungen in vielen staatlichen Rechtsordnungen und die auch im ILC-Draft enthalten waren.[185]

Die Autorität in Bezug auf die Eilkompetenz geht vermutlich auf die Befugnis des Anklägers unter dem ICTY-Statut zurück, um angemessene Hilfe von in Betracht kommenden innerstaatlichen Behörden zu ersuchen.[186] Dem Ankläger als Organ des Tribunals sind die Staaten ebenso wie die richterlichen Organe gemäß Art. 27 ICTY-Statut zur Rechtshilfe verpflichtet. Diese Verpflichtung wird für die Ertei-

---

179 So *Roxin*, Strafverfahrensrecht, Rdnr. 1, S. 262.
180 Die ICTY-RPE wurden am 11.01.1994 angenommen.
181 ICTY-RPE vom 05.05.1994 (geändert von UN.Doc.IT/32/Rev.1(1)(1994)).
182 *Gallant*, CLF 5 (1994), S. 575.
183 Für die weitere Diskussion über Regel 40 und für eine rechtsvergleichende Darstellung der vorläufigen Festnahme siehe etwa *Febles*, Transfer und Provisional Detention of Suspects, S. 5 ff.
184 *Triffterer*, ÖJZ 1994, S. 837; auch *ders.*, in: *Hankel/Stuby*, Strafgerichte, S. 250.
185 *Triffterer*, in: *Hankel/Stuby*, Strafgerichte, S. 250.
186 *Gallant*, CLF 5 (1994), S. 583.

lung von Auskünften in Rule 8 ICTY-RPE ausdrücklich bestätigt, ergibt sich aber auch für die erwähnten Eilkompetenzen aus Rule 40 ICTY-RPE in Verbindung mit Art. 29 ICTY-Statut.[187]

Nach kontinentaleuropäischem Verständnis ist die vorläufige Festnahme eines Verdächtigen ohne richterlichen Haftbefehl allerdings nur bei einer durch bestimmte Tatsachen begründeten Gefahr im Verzug möglich;[188] Rule 40 ICTY-RPE ist daher in Bezug auf dieses Kriterium und auch ganz generell eng auszulegen. Diese Eilkompetenz bezieht sich auf Verdächtige, Beschuldigte und Angeklagte im Sinn des § 38 StPO gleichermaßen. Sie wird ergänzt durch Rule 60 ICTY-RPE, nach welcher der Ankläger den Kanzler ersuchen kann, in einschlägigen Zeitungen öffentlich bekannt zu geben, dass an den nicht auffindbaren Angeklagten die Zustellung einer Anklage erfolgen soll.[189]

II. Rechtsprobleme im Zusammenhang mit der Eilkompetenz des Anklägers

Das Zugeständnis an die Eilbedürftigkeit bei Gefahr des Verlusts von Beweismitteln auf Grund zeitlicher Verzögerung, die mit der Einschaltung des Richters verbunden wären, eröffnet dem internationalen Ankläger in weitaus größerem Maß eigene Kompetenzen.[190]

Die Eilkompetenz des Anklägers kann allerdings mit den Rechten des Angeschuldigten in Konflikt geraten. Es scheint, dass es einige Unterschiede in der Anwendung von Rule 40 ICTY-RPE über die Ergreifung von vorläufigen Maßnahmen im Notfall gibt, um die der Ankläger einen Staat ersuchen kann, und von Rule 40 *bis* ICTY-RPE, die die Überstellung und vorläufige Haft von Verdächtigen bei der Durchführung von Ermittlungen betrifft. Die Bedingungen, die bei Anwendung der Rule 40 *bis* ICTY-RPE gelten, lassen das Interesse erkennen, dass die internationalen Menschenrechtsstandards gegen willkürliche Festnahme und verlängerte

---

187 *Triffterer*, ÖJZ 1994, S. 837.

188 So BVerfGE 44, 353, 373 ff.: „Die Notwendigkeit eines besonderen Sicherungsbedürfnisses für die Anordnung strafprozessualer Eilmaßnahmen folgt im Grunde genommen bereits aus der Geltung des Verhältnismäßigkeitsgrundsatzes im Strafverfahren. Nach dem genannten Verfassungsprinzip sind Eingriffe in die Grundrechte des Beschuldigten oder anderer Personen nur gestattet, wenn sie im konkreten Einzelfall zur Verwirklichung der Verfahrensziele unabdingbar erforderlich erscheinen."

189 *Triffterer*, ÖJZ 1994, S. 837.

190 Vgl. die entsprechende Analyse in Bezug auf die Notkompetenz der europäischen Staatsanwaltschaft in *Nelles*, in: *Huber*, Das Corpus Juris, S. 268.

Haft nicht verletzt werden sollen.[191] Allerdings enthält Rule 40*bis* keine diesbezüglich klaren Einschränkungen. So erfordert diese Rule nicht, entweder eine vorläufige Anklage zu erheben oder vereinbarte und zuverlässige Materialien vorzulegen, die zeigen, dass der Verdächtige ein der Gerichtsbarkeit des Gerichtshofs unterliegendes Verbrechen begangen haben könnte.[192] Folglich enthält Rule 40 ICTY-RPE offensichtlich Gefahren für die Menschenrechte.[193]

Rule 40 ICTY-RPE enthält auch keine Form von Einschränkung der Befugnis des Anklägers, einen Staat zu ersuchen, die vorläufige Verhaftung eines Verdächtigen vorzunehmen, Beweismittel zu erheben und andere angeführte Maßnahmen zu ergreifen.[194] Sie erlaubt dem Ankläger, frei von gerichtlicher Überprüfung, einen Staat willkürlich zu ersuchen, einen Verdächtigen festzunehmen,[195] obwohl die Ausübung der Notkompetenzen in hohem Maß davon abhängen wird, wie wirksam die nachträgliche Kontrolle sein wird.[196] Die Dauer des Freiheitsentzugs eines Verdächtigen ohne Anklageerhebung durch den ersuchten Staat nach vorläufiger Haft unter Rule 40 ICTY-RPE und die Rechte eines solchen Verdächtigen sollten offenbar vom innerstaatlichen Recht der Staaten geregelt werden.[197] Das Problem liegt darin, dass der Anwendungsbereich dieser Befugnisse nicht eingegrenzt wird. Ohne sekundäre Regeln zur Interpretation hat der Ankläger keine Richtlinie über die Anwendung des Beschlagnahmemaßstabs von Beweismitteln. Da das Hilfeersuchen des Anklägers für die Staaten verbindlich ist, scheint der Ankläger befugt, ohne gerichtliche Überprüfung nationalen Menschenrechtsschutz hinsichtlich Verhaftung und Festnahme aufzuheben. Dieses Defizit führt zu einer weiteren Besorgnis um die Rechte des Angeklagten und einem gewissen Misstrauen bei den Vertragsstaaten.[198]

III. Eilkompetenz des Anklägers für den ICC?

Das Rechtsinstitut der vorläufigen Festnahme wird im Fall des ICC beibehalten. Der Gerichtshof darf in dringenden Fällen bis zur Vorlage des Überstellungsersuchens und der in Art. 91 ICC-Statut genannten Unterlagen um vorläufige Fest-

---

191 Näheres *Vohrah*, in: *McDonald/Swaak-Goldman*, Aspects, S. 489.
192 *Vohrah*, in: *McDonald/Swaak-Goldman*, Aspects, S. 489.
193 *Gallant*, CLF 5 (1994), S. 584.
194 *Vohrah*, in: *McDonald/Swaak-Goldman*, Aspects, S. 489.
195 *Gallant*, CLF 5 (1994), S. 584.
196 *Nelles*, in: *Huber*, Das Corpus Juris, S. 268.
197 *Vohrah*, in: *McDonald/Swaak-Goldman*, Aspects, S. 489.
198 *Gallant*, CLF 5 (1994), S. 584.

nahme der gesuchten Person ersuchen (Art. 58 (5) in Verbindung mit Art. 92(1) ICC-Statut). Aber diese Eilkompetenz unterscheidet sich insofern von der der *Ad-hoc*-Tribunale, als die vorläufige Festnahme des ICC auf der Grundlage des richterlichen Haftbefehls ersucht werden muss, während die der ad hoc Tribunale ohne richterlichen Haftbefehl ersucht werden kann. Dies trägt dem Mangel an Menschenrechtsschutz bei der Eilkompetenz des ICTY-Anklägers im Notfall Rechnung. Dadurch wird eine gerichtliche Überprüfung der vorläufigen Festnahme im Notfall erreicht.

Das Statut hat nicht ausdrücklich geklärt, ob der Ankläger Eilkompetenz im Notfall hat, sondern sieht allgemein vor, dass der „Gerichtshof" zuständig ist, auf der Grundlage des Haftbefehls um die vorläufige Festnahme zu ersuchen (Art. 58 (5) ICC-Statut). Hier geht es um die Interpretation der Formulierung von „Gerichtshof". Weil die Anklagebehörde auch ein Teil des Gerichtshofs ist (Art. 35 ICC-Statut), kann „Gerichtshof" in Art. 58 (5) ICC-Statut auch die Anklagebehörde umfassen.[199]

§ 15 Schranken der Ermittlungsbefugnisse des Anklägers

Die Ermittlungsbefugnisse des Anklägers sind zur Wahrung von Grundfreiheiten in zweifacher Hinsicht beschränkt. Die eine Schranke bildet die verfahrensrechtliche Kontrolle durch Einschaltung der Richter, die andere liegt in den Rechten des Verdächtigen und in Grenzen der Zulässigkeit von Beweismitteln im Hauptverfahren.[200]

A. Richterliche Kontrolle der Ermittlungsbefugnisse des Anklägers

I. Vorbemerkung

Gerechtigkeit verlangt die Existenz eines gewissen Mindestmaßes an richterlicher Aufsicht und Intervention, um dem Angeklagten hinreichende Möglichkeiten zu gewährleisten, seine Verteidigung vorzubereiten und seine Rechte nicht vom Ankläger missbrauchen zu lassen.[201] In der internationalen Strafgerichtsbarkeit geht

[199] Für die Interpretation von "Gerichtshof" in Art. 58 (5) hat auch Travaux-préparatoire solche Hinweise gegeben. Art. 58 (4) von PrepComm – Draft 1998 sah vor, "The Court shall transmit the warrant to any State where the person may be located, along with a request for the provisional arrest, or arrest and [surrender, transfer, extradition] of the person under Part 9".
[200] Vgl. *Nelles*, in: *Huber*, Das Corpus Juris, S. 267.
[201] Siehe dazu *Guariglia*, in: *Lee*, ICC, S. 228.

die Einführung eines unabhängigen Anklägers auf ein adversatorisches Modell zurück. Die richterliche Überwachung des Verhandlungsgeschehens gibt es auch in den Statuten der *Ad-hoc*-Tribunale. In deren RPE wird sie ebenfalls unvollständig vorgesehen.[202] Dort findet das Verhandlungsgeschehen ganz wesentlich zwischen dem Ankläger und der Verteidigung statt, wobei sich die Rolle des Richter erst ganz zum Schluss verwirklicht.[203]

Bei Ermittlungen im Rahmen des ICC-Statuts ist für die Vorverfahrenskammer eine gewisse Rolle vorgesehen, die sich vom Ermittlungsverfahren der beiden *Ad-hoc*-Tribunale unterscheidet. Die Vorverfahrenskammer überwacht das gesamte Vorverfahren und nicht nur die Zwangsmaßnahmen, wie sich insbesondere aus Art. 57 ICC-Statut ergibt.[204] Der Grund für die richterliche Überwachung der Ermittlungen bzw. für die Durchführung einer gerichtlichen Voruntersuchung ist neben dem Wunsch nach einem effektiven Schutz der (Grund-)Rechte der Betroffenen auch der Wunsch nach einer Qualitätssicherung der im Vorverfahren erhobenen Beweise.[205]

Die Bedeutung der Vorverfahrenskammer ist nicht auf die Entscheidung über das „Ob" eines Ermittlungsverfahren beschränkt, da sie auch die Frage des „Wie", d. h. die Durchführung desselben maßgeblich beeinflusst.[206] Die Befugnis der Vorverfahrenskammer ist auch nicht darauf begrenzt, lediglich die Gesetzmäßigkeit der Aktivitäten des Anklägers sicherzustellen,[207] sondern soll auch die Ermittlungen des Anklägers in großem Umfang zu kontrollieren helfen. Hier ist im Statut durch die Einführung der Vorverfahrenskammer eine Verstärkung richterlicher Amtsermittlungen erfolgt.[208] Hinsichtlich der Arbeitsteilung zwischen der Vorverfahrenskammer und dem Ankläger gibt es noch Unklarheiten, die nur durch die Praxis geklärt werden können.[209] Es bleibt noch zu sehen, wie der Ankläger und die Vorverfahrenskammer in diesem Verfahren harmonisch und leistungsfähig zusammenarbeiten können.[210]

---

202 *Gallant*, CLF 5 (1994) 2-3, S. 575.
203 Frankreich – Sénat Session, Audition de M. Ronny Abraham.
204 *Triffterer*, GS für Zipf, S. 537; Frankreich – Sénat Session, Audition de M. Ronny Abraham.
205 *Gleß*, in: *Gleß/Grote/Heiner*, Justitielle Einbindung, S. 655; vgl. *Miraglia*, JICJ 4 (2006), S. 193.
206 *Bruer-Schäfer*, IStGH, S. 260; *Ambos*, ZStW 111 (1999), S. 195.
207 *Hall*, ASIL 92 (1998) 1, S. 130.
208 *Roggemann*, Ergänzungsband, S. 21.
209 *Hall*, LJIL 17 (2004), S. 126; vgl. *Miraglia*, JICJ 4 (2006), S. 193.
210 *Hall*, LJIL 17 (2004), S. 126.

II. Rechtmäßigkeitskontrolle der strafprozessualen Grundrechtseingriffe

1. Anordnungsvorbehalt in Bezug auf prozessuale Grundrechtseingriffe

Es ist ein international anerkanntes rechtsstaatliches Prinzip, dass kein Bürger wegen einer Straftat in seiner persönlichen Freiheit beschränkt werden darf, es sein denn im Rahmen eines gesetzlich bestimmten Verfahrens. Demzufolge darf ein Verdächtiger oder Beschuldigter auch nur unter den gesetzlich bestimmten Voraussetzungen festgehalten werden. Grundsätzlich darf somit niemand außerhalb der gesetzlich bestimmten Voraussetzungen in Haft genommen werden; zudem bedarf es hierfür einer gerichtlichen Entscheidung.

Das Statut sieht in weitem Umfang die präventive Einschaltung der Richter bei der Anordnung von Grundrechtseingriffen vor, macht also Gebrauch von der Konstruktion des Richtervorbehalts, der von den meisten mitgliedstaatlichen Rechtsordnungen für schwerwiegende Eingriffe in die Freiheitsrechte vorgesehen ist. Für die besonders intensiven Zwangsmaßnahmen der Durchsuchung, Beschlagnahme, Haft und vorläufigen Festnahme wird dieses Prinzip ausdrücklich in Art. 56 (1) und 58 (1) ICC-Statut hervorgehoben. Dadurch installiert das Statut einen gewissen Schutzmechanismus für die Rechte der Verteidigung schon für das Anfangsstadium des Verfahrens.

a) Festnahme

Zur Frage der gerichtlichen Überwachung durch die Vorverfahrenskammer ist vor allem Art. 58 ICC-Statut als besonders wichtig zur Kenntnis zu nehmen, der das Verfahren für den Erlass von Haftbefehlen und für die Ladung durch die Vorverfahrenskammer regelt. Ein Haftbefehl muss auf Antrag des Anklägers von der Vorverfahrenskammer erlassen werden. Außerdem müssen der Antrag und die Beweismittel oder andere vom Ankläger beigebrachte Informationen von der Vorverfahrenskammer überprüft werden. Diese Überprüfung ist überwiegend eine materielle Überprüfung, die sich insbesondere auf das Bestehen des begründeten Verdachts der Begehung eines der Gerichtsbarkeit des Gerichtshofs unterliegenden Verbrechens und des Vorliegens eines gesetzlich vorgesehenen Haftgrundes im Sinn von Art. 57 (1) bezieht (Art. 58 (1) ICC-Statut).[211] Soweit der letzte dieser Haftgründe (siehe Art. 58 (1) (b) (iii) ICC-Statut) damit begründet wird, dass die Schwere der betreffenden Verbrechen auch eine präventive Untersuchungshaft

---

[211] *Ambos*, ZStW 111 (1999) S. 196.

wegen Fortsetzungs- oder Wiederholungsgefahr rechtfertige, so wird dabei übersehen, dass der Untersuchungshäftling bis zu seiner Verurteilung als unschuldig zu gelten hat und deshalb die Untersuchungshaft nur eine verfahrenssichernde Funktion erfüllen darf.[212] Durch diese Regelung könnte die Unschuldsvermutung umgangen werden. Nach einer Ansicht wiegen die im Statut genannten Verbrechen jedoch so schwer, dass eine vorbeugende Untersuchungshaft, die schließlich durch eine internationale Gerichtskammer angeordnet wird, gerechtfertigt ist.[213] Dem kann nicht zugestimmt werden: Da weder die Tat noch ihre Schwere in diesem Stadium nachgewiesen ist, kann damit der Bruch eines rechtsstaatlichen Grundprinzips nicht gerechtfetigt werden.[214]

b) Vorladung

(aa) Vorladung von Verdächtigen

Besteht nach Überzeugung der Vorverfahrenskammer der begründete Verdacht, dass die Person das zur Last gelegte Verbrechen begangen hat und eine Ladung ausreicht, um ihr Erscheinen vor dem Gerichtshof sicherzustellen, so erlässt sie die Ladung, die mit freiheitsbeschränkenden Bedingungen (außer Freiheitsentzug) verknüpft sein kann, wenn das einzelstaatliche Recht dies vorsieht (Art. 58 (7) ICC-Statut). Ein Verdächtiger muss der Anordnung zum Erscheinen folgen.[215] Bestimmte kontinentaleuropäische Länder waren starke Befürworter, dass die Vorverfahrenskammer die Befugnis hat, eine Ladung zu erlassen, weil ein solcher Ansatz nach ihrem innerstaatlichen System vorgesehen war.[216]

(bb) Vorladung von Zeugen oder Opfern?

Wenn der Ankläger eine beschuldigte Person laden möchte, so ist nach dem Statut klar, dass er dies bei der Vorverfahrenskammer beantragen kann. Problematisch ist jedoch, ob der Ankläger auch eine Ladung von Zeugen bei der Vorverfahrenskammer beantragen kann. Der Ankläger kann jedoch die Ladung nicht in eigener Kompetenz vornehmen. Art. 54 (3) (c) ICC-Statut ermächtigt den Ankläger, jede einschlägige staatliche Behörde sowie jede entsprechende internationale Einrichtung einschließlich Interpol um Unterstützung zu ersuchen. Diese Behörden sind

---

212 *Ambos*, ZStW 111 (1999), S. 197.
213 *Bruer-Schäfer*, IStGH, S. 261.
214 *Ambos*, ZStW 111 (1999), S. 197.
215 *Blakesley*, in: *Wexler*, Observations, S. 71.
216 *Jennings*, Procedural Regime, S. 12.

zwar in der Lage, die Anwesenheit von Zeugen für die Vernehmung sicherzustellen; es ist jedoch zweifelhaft, ob die Zeugen auch gezwungen werden können, auszusagen, insbesondere wenn innerstaatliches Recht solches nicht erlaubt.[217] Deswegen sind Ladung und Vernehmung ganz von der Kooperation der souveränen Staaten und dem freiwilligen Erscheinen von Beschuldigten, Zeugen und Opfern abhängig. Durch diese Überlegungen wird allerdings eine zwangsweise Vorführung von Zeugen innerhalb eines Hoheitsgebiets nicht ausgeschlossen. Da aber für diesen Bereich das Statut keine zwangsweise Vorführung vorsieht, ist auch das persönliche Erscheinen eines auf nationalem Hoheitsgebiet befindlichen Zeugen vor dem ICC nicht durchsetzbar.

Am ICTY hatte im *Blaškić*-Fall die Berufungskammer den Begriff Vorladung („Subpoena") definiert.[218] Ihrer Meinung nach sollte der Begriff Vorladung, wie er in den RPE des Tribunals benutzt wird, restriktiv interpretiert werden, wobei es bei der Vorladung ausschließlich um verbindliche Anordnungen des Internationalen Tribunals geht, die sich an private Einzelpersonen richten.[219] Drei Arten von Vorladung wurden zur Diskussion gestellt, nämlich die Vorladung *duces tecum* an einen souveränen Staat, die Vorladung *duces tecum* an einen hohen Regierungsbeamten eines Staates, und die Vorladung einer Einzelperson.[220] Die Berufungskammer vertrat die Auffassung, dass das Tribunal keine Befugnis hat, eine Vorladung an einen Staat[221] oder einen hohen Regierungsbeamten in seiner amtlichen

---

[217] Vgl. *Nsereko*, CLR 5 (1994) 2-3, S. 522.

[218] Im *Blaskic*-Fall hat der Gerichtshof nach *ex parte* Ersuchen des Anklägers zwei *subpoenas duces tecum* erlassen: eine an die Republik Kroatien und ihren Verteidigungsminister und eine andere an Bosnien-Herzegowina und den Wächter einiger seiner Archive. Die Hauptverfahrenskammer bekräftigte, dass der Richter eine solche Befugnis hat, und weiter, dass die Staaten durch die Anordnung des Tribunals gebunden werden und die Staatsbeamten verpflichtet sind, die an sie adressierten Subpoenas zu vollziehen. Kernfrage bleibt jedoch, ob das Tribunal eine bindende Anordnung an einen Staat erlassen darf. Siehe *Prosecutor v. Blaskic*, IT-95-14-AR108 *bis*, Judg. 29.10.1997, para. 25-26.

[219] „Referring only and exclusively to binding orders addressed by the International Tribunal, under threat of penalty, to individuals acting in their private capacity." *Prosecutor v. Blaskic*, IT-95-14-AR108 *bis*, Judg. 29.10.1997, paras. 20-21.

[220] *Prosecutor v. Blaskic*, IT-95-14-AR108 *bis*, Judg. 29.10.1997. Allg. zur ICTY-Rspr. bzgl. Subpoena *Favre*, AFDI XLIII, 1997, S. 403-429.

[221] Hinsichtlich der innewohnenden Funktion und Befugnisse des ICTY betonte die Berufungskammer die folgenden Begrenzungen: "[T]he International Tribunal does not possess any power to take enforcement measures against States. Had the drafters of the Statute intended to vest the International Tribunal with such a power, they would have expressly provided for it. In the case of an international judicial body, this is not a power that can be regarded as inherent in its functions. Under current international law States can only be the subject of countermeasures taken by other States or of sanctions visited upon them by the organized interna-

Eigenschaft zu erlassen.[222] Hingegen wurde die Vorladung einer Einzelperson in rein privater Eigenschaft gestattet.[223]

Im Fall des ICC ist in Bezug auf Privatpersonen noch nicht klar, ob der Gerichtshof diese vorladen kann.[224] *Blakesly* schlägt vor, dass eine Vorladung von Zeugen im Fall des ICC erlaubt werden soll.[225] Allerdings ist es hinsichtlich des Verhältnisses zwischen dem Gerichtshof und Einzelpersonen schwierig, diese Meinung zu unterstützen.[226] Wenn ein Zeuge einer Vorladung zur Vernehmung nicht nachkäme, würde er sich dann einer Straftat schuldig machen? Es besteht kein Zweifel daran, dass Staaten Gesetze zur gegenseitigen Rechtshilfe erlassen werden, wonach Einzelpersonen innerhalb ihrer Grenzen verpflichtet sein sollen, unter Androhung von Strafe sich an Anordnungen zu halten, die von einer Vorverfahrenskammer des ICC erlassen werden.[227] Der richtige Weg sollte das Gleichgewicht zwischen dem Schutz der Interessen der Opfer und Zeugen und der Effektivität der Strafverfolgung des Gerichtshofs wahren.[228]

Hinsichtlich der Opfer ist die Situation problematischer. Vielleicht sollte den Opfern erlaubt werden, selbst zu entscheiden, ob sie erscheinen, besonders wenn sie sich persönlich oder ihre Familien gefährdet sehen könnten.[229]

---

tional community, i.e., the United Nations or other intergovernmental organizations". *Prosecutor v. Blaskic*, IT-95-14-AR108 *bis*, Judg. 29.10.1997, para. 25.

222 *Prosecutor v. Blaskic*, IT-95-14-AR108 *bis*, Judg. 29.10.1997, para. 38. Jedoch kann ein Staat "orders or requests" erhalten (*Prosecutor v. Blaskic*, IT-95-14-AR108 *bis*, Judg. 29.10.1997, para. 15). Allerdings ist die ICTY-Rspr. nicht immer übereinstimmend. Im *Kordic*-Fall hat die Hauptverfahrenskammer eine bindende Anordnung zur Erbringung von Materiellen durch einen dritten Staat wie die Niederlande erlassen. *Prosecutor v. Kordic and Cerkez*, IT-95-14/2-T, Order, 27.01.2000.

223 *Prosecutor v. Blaskic*, IT-95-14-AR108 *bis*, Judg. 29.10.1997, paras. 46-48. Dazu *King/La Rosa*, EJIL, 9 (1998) 4, Fn. 67. Am 29.01.2002 hatte die Hauptverfahrenskammer gemäß Regel 54 ICTY-RPE eine Confidential Subpoena erlassen, die Randal aufforderte, vor der Hauptverfahrenskammer zu erscheinen, um eine Zeugenaussage zu machen. Dazu *Prosecutor v. Brdjanin and Talic*, IT-99-36-T, Decision, 07.06.2002, para. 2.

224 So *Jennings*, Procedural Regime, S. 12,

225 *Blakesley*, in: *Wexler*, Observations, para. 11, S. 71.

226 *Jennings*, Procedural Regime, S. 12.

227 Vgl. *Nsereko*, CLR 5 (1994) 2-3, S. 522.

228 *Jennings*, Procedural Regime, S. 12.

229 So *Blakesley*, in: *Wexler*, Observations, para. 11, S. 71.

c) Vorläufige Festnahme

Die vorläufige Festnahme ist ein ziemlich außergewöhnliches Mittel, weil sie vor einer Entscheidung des Gerichtshofs erfolgen kann, was ansonsten eine notwendige Voraussetzungen für die Ausübung von Gerichtsbarkeit ist. Der normale Weg wäre, dass der Verdächtige entweder durch eine innerstaatliche Behörde nach innerstaatlichem Recht festgehalten oder nach Bestätigung der Anklagepunkte festgenommen wird, es sein denn, dass der Angeklagte freiwillig vor dem Gerichtshof erscheint. Voraussetzung der vorläufigen Festnahme ist die Befürchtung, dass der Verdächtige nicht für das Gerichtsverfahren zur Verfügung stehen wird. Wenn die Anklagepunkte schon bestätigt sind und der Angeklagte nicht freiwillig erscheinen möchte, sollte jede Bemühung untergenommen werden, sicherzustellen, dass der Angeklagte verhaftet wird, damit er für die Durchführung des Gerichtsverfahrens zur Verfügung steht.[230]

2. Nachträglicher Rechtsschutz

Die Vorverfahrenskammer übt auch eine nachträgliche Kontrolle der Durchführung von Zwangsmaßnahmen aus; sie kann dies auch auf ihre eigene Initiative hin tun. Sie ist verpflichtet, nach Überstellung eines Verdächtigen an den Gerichtshof oder seinem freiwilligen oder auf Grund einer Ladung erfolgtem Erscheinen sicherzustellen, dass die Person über den Tatvorwurf sowie ihre Rechte nach dem Statut belehrt wird (Art. 60 (1) ICC-Statut).

Sie hat über die Fortdauer der Haft zu entscheiden oder aber die Person mit oder ohne Auflagen zu entlassen (Art. 60 (2) ICC-Statut). Sie hat auch über die Haftentlassung von Festgenommenen zu befinden sowie regelmäßig die Aufrechterhaltung der Haft zu überprüfen und nach dieser Überprüfung ihre Entscheidung über die Aufrechterhaltung der Haft oder die Haftentlassung mit oder ohne Auflagen zu ändern, wenn sie überzeugt ist, dass veränderte Umstände dies erfordern (Art. 60 (3) ICC-Statut in Verbindung mit Rule 119 ICC-RPE). Die Vorverfahrenskammer kann dann einen neuen Haftbefehl zur Sicherstellung der Anwesenheit des vorläufig entlassenen Verdächtigen erlassen (Art. 60 (5) ICC-Statut). Insbesondere weil das ICC-Statut keine Frist für Untersuchungshaft vorsieht, muss die Vorverfahrenskammer sicherstellen, dass eine Person nicht wegen unentschuldbarer Verzögerung seitens des Anklägers unangemessen lange in Untersuchungshaft gehalten wird. Tritt eine solche Verzögerung ein, dann muss der Ge-

[230] ILC – Draft 1994, Commentary to Art. 29.

richtshof eine Haftentlassung mit oder ohne Auflagen in Betracht ziehen (Art. 60 (4) ICC-Statut).

Art. 60 (2) ICC-Statut hat mit Verweis auf Art. 58 (1) ICC-Statut die Kriterien für eine vorläufige Entlassung festgelegt. Die Voraussetzungen der Festnahme unter Art. 58 (1) ICC-Statut sind: (i) um sicherzustellen, dass die Person zur Verhandlung erscheint, (ii) um sicherzustellen, dass sie die Ermittlungen oder das Gerichtsverfahren nicht behindert oder gefährdet, oder (iii) um die Person gegebenenfalls an der weiteren Begehung dieses Verbrechen oder eines damit im Zusammenhang stehenden, der Gerichtsbarkeit des Gerichtshofs unterliegenden Verbrechens zu hindern, das sich aus den gleichen Umständen ergibt. Art. 58 (1) ICC-Statut sieht eine Anzahl alternativer Kriterien für die Festnahme vor. Es ist im Statut nicht klar, ob bei der Entscheidung über die vorläufige Entlassung alle drei Voraussetzungen zur Festnahme nicht mehr vorlegen dürfen oder ob schon das Fehlen von nur einer dieser Voraussetzungen für die vorläufige Festnahme zur vorläufigen Entlassung führen kann.

Die RPE des ICTY verfolgen einen kumulativen Ansatz. Danach gilt, dass „release may be ordered by a Trial Chamber … if it is satisfied that the accused will appear for trial and, if released, will not pose a danger to any victim, witness or other person" (Rule 65 (B) ICTY-RPE). Vor Dezember 1999 erlaubte Rule 65 (B) ICTY-RPE die vorläufige Entlassung nur, wenn die Verteidigung glaubhaft machen konnte, dass es außergewöhnliche Umstände („exceptional circumstances") gab, dass der Angeklagte zum Gerichtsverfahren erscheinen werde und keine Gefahr für Opfer, Zeugen oder eine andere Person entstehen würde, wenn er freigegeben wird.[231] Nach der Hauptverfahrenskammer sind diese Kriterien vierfach, von denen drei materiell rechtlich orientiert sind und eins verfahrensorientiert ist. Die Kriterien sind verbindlich, und die Beweislast liegt bei der Verteidigung.[232] Die extremen Anforderungen an die Beweislast der Verteidigung führten nur zu vier vorläufigen Entlassungen,[233] und alle wegen des Gesundheitszustands des

[231] „There are exceptional circumstances, that the accused will appear for trial and that if released the accused will not pose a danger to any victim, witness or other person." *Prosecutor v. Delalic et al.*, IT-96-21-T, Decision, 24.10.1996. Zur näheren Analyse dieser drei Kriterien, *Prosecutor v. Delalic et al.*, IT-96-21-T, Decision, 25.09.1996, paras. 18-35.

[232] „These criteria are fourfold, three of which are substantive and one procedural. They are conjunctive in nature, and the burden of proof rests on the Defence." *Prosecutor v. Delalic et al.*, IT-96-21-T, Decision, 24.10.1996.

[233] *Prosecutor v. Kordic and Cerkez*, IT-95-14/2-T, Order, 14.09.1999; *Prosecutor v. Kupreskic et al.*, IT-95-16-T, Decision, 06.05.1999; *Prosecutor v. Simic et al.*, IT-95-9-PT, Decision, 26.03.1998; *Prosecutor v. Djukić*, IT-96-20-T, Decision, 24.04.1996. Siehe dazu auch

Angeklagten selbst oder seiner unmittelbaren Familie; darin reflektiert sich die dem Angeklagten obliegende Last, „exceptional circumstances" zu zeigen.[234] Im Dezember 1999 wurde Rule 65 (B) ICTY-RPE folgendermaßen geändert:

> „Release may be ordered by a Trial Chamber [1] only after hearing the host country and [2] only if it is satisfied that the accused will appear for trial and, [3] if released, will not pose a danger to any victim, witness or other person."[235]

Die Forderung von „exceptional circumstances" wurde entfernt.[236] Dank der Änderung dieses Artikels hat sich die Praxis des Tribunals bezüglich vorläufiger Entlassung - ein wenig - entspannt. Im Jahr 2003 wurden elf Angeklagten vorläufig entlassen.[237]

III. Exkurs: Andere Mitwirkungsmöglichkeiten des Richters im Ermittlungsverfahren

Art. 57 ICC-Statut gibt zu erkennen, dass die Vorverfahrenskammer auch bezüglich der Verteidigung sowie für Opfer und Zeugen eine Rolle zu spielen hat. Art. 57 (3) (c) ICC-Statut verpflichtet die Vorverfahrenskammer, erforderlichenfalls für den Schutz von Opfern und Zeugen und die Wahrung ihrer Privatsphäre Sorge zu tragen. Dann ist die Vorverfahrenskammer befugt, Maßnahmen zum Zeugen- und Opferschutz, zur Beweissicherung sowie zur Vermögensbeschlagnahme anzuordnen (Art. 57 und 58 ICC-Statut).

Am 17. Februar 2005 erließ die ICC-Vorverfahrenskammer I ihre erste Entscheidung in der Geschichte des ICC. Die Vorverfahrenskammer I entschied, eine Sta-

---

DeFrank, TLR 80 (2002), S. 1430-1431, Fn. 5; *Robinson*, EJIL 11 (2000) 3, S. 586; *Watson*, NELR 37 (2003) 4, S. 881.

234 *Robinson*, EJIL 11 (2000) 3, S. 586.

235 Die Hauptverfahrenskammer beachtete die geänderte Regel 65(B) zu erstem Mal im Fall des Antrags von *Miroslav Tadic* auf vorläufige Entlassung. *Prosecutor v. Simic et al.*, IT-95-9-PT, Decision, 04.04.2000.

236 Diese Änderung folgte dem Tod von zwei festgehaltenen Angeklagten. Der Meinung von Judge Wald nach sind die Richter des ICTY um die „depressive effects" der verlängerten vorläufigen Festnahme besorgt. Die neue gelockerte Regel über vorläufige Festnahme scheint mit den Menschenrechtsgesetzen besser vereinbar zu sein: „It shall not be the general rule that persons awaiting trial shall be detained in custody." Siehe dazu *Watson*, NELR 37 (2003) 4, S. 881. Zutreffend *DeFrank*, TLR 80 (2002), S. 1440-1441; *Kerr*, The ICTY, S. 112 ff; *Robinson*, EJIL 11 (2000) 3, S. 587, Fn. 94.

237 *Watson*, NELR37 (2003) 4, S. 881. Für eine fortlaufend aktualisierte Liste der vorläufig entlassenen Angeklagten *http://www.un.org/icty/glance/index.*

tuskonferenz zu halten, um unter anderem den Schutz für die Opfer und Zeugen und die Sicherung von Beweismitteln zur Verfügung zu stellen.[238] So kann darüber gestritten werden, ob die Vorverfahrenskammer I ihre Rolle erweiterte, indem sie sich auf die allgemeine Bestimmung in Art. 57(3) (c) ICC-Statut bezog: Sie griff auf die Statuskonferenz zurück, um eine allgemeine Kontrolle über die Arbeit des Anklägers auszuüben, die nicht auf eine spezifische Situation bezogen war (wie z. B. eine Entscheidung der Nicht-Strafverfolgung in Art. 53 ICC-Statut). Die Statutskonferenz wurde angeordnet, um Informationen über den Fortgang der Ermittlungen während eines sehr frühen Stadiums des Prozesses zu erhalten. Dadurch erweiterte die Vorverfahrenskammer I ihre Rolle über den minimalen normativen Begrenzungen hinaus. Ausserdem verschob sie auch das Gleichgewicht zwischen den Rechtstraditionen, das in Rom erreicht wurde, und machte sich wohl einem Untersuchungsrichter ähnlicher.[239] Die Vorverfahrenskammer kann auch dafür kritisiert werden, dass sie die Unabhängigkeit des Anklägers bei Ermittlungen beeinträchtigt hat.[240]

Die Vorverfahrenskammer hat auch besondere Anordnungsbefugnisse, wenn der Ankläger eine „einmalige", zu einem späteren Zeitpunkt nicht mehr vorhandene Ermittlungsmöglichkeit zu haben glaubt und entsprechende Beweissicherungsmaßnahmen beantragt (Art. 56 (1) ICC-Statut). Anders als im Fall des ICTY, in dem der Ankläger autorisiert wird, Beweismittel zu beschlagnahmen (Rule 39 (1), (2) und (4) ICTY-RPE), wird diese Befugnis im Fall des ICC dem Richter zugewiesen. Der Ankläger kann die Vorverfahrenskammer lediglich über eine einmalige Gelegenheit zu Ermittlungsmaßnahmen unterrichten (Art. 56 (1) (a) ICC-Statut).[241] Diese Unterrichtung wird zwar als eine „Verpflichtung" betrachtet, und ein nicht gerechtfertigter Bruch dieser Verpflichtung muss zur Unzulässigkeit des Beweismittels im Gerichtsverfahren führen.[242] Diese Unterrichtung und das Eingreifen der Ermittlungsmaßnahme sollen dazu dienen, die Wirksamkeit und Ordnungsmäßigkeit des Verfahrens zu gewährleisten und insbesondere die Rechte der Verteidigung zu wahren (Art. 56 (1) (c) ICC-Statut). In der Tat zeigte die Vorverfahrenskammer in ihrer ersten Entscheidung über eine einmalige Gelegen-

---

[238] Decision to Convene a Status Conference, Situation in the Democratic Republic of Congo (ICC-01/04), Pre-Trial Chamber I, 17 February 2005. Näheres *Miraglia,* JICJ 4 (2006), S. 189.

[239] Näheres *Miraglia,* JICJ 4 (2006), S. 192-193.

[240] *Miraglia,* JICJ 4 (2006), S. 195.

[241] Am 19. April 2005 unterrichtete der Ankläger zum ersten Mal die Vorverfahrenskammer I über eine einmalige Gelegenheit zu Ermittlungsmaßnahmen.

[242] *Guariglia*, in: *Triffterer*, Commentary, S. 738.

heit zu Ermittlungsmaßnahmen große Besorgnis um Waffenungleichheit während der Ermittlungen und ihre Bereitwilligkeit, sich um den Schutz der Rechte des Beschuldigten zu kümmern. Das gilt insbesondere, wenn der Ankläger nur an einer „Situation" arbeitet, d. h. wenn ein „Verdächtiger" noch nicht in förmlicher Weise identifiziert und sein rechtlicher Beistand noch nicht an den Verfahren teilgenommen hat und als ein Wahrer seiner Rechte fungieren kann.[243]

Außerdem muss bemerkt werden, dass der Ankläger, obwohl er eine Verpflichtung zur Unterrichtung über eine einmalige Gelegenheit zu Ermittlungsmaßnahmen hat, keine Befugnisse hat, solche Ermittlungsmaßnahmen selbst zu ergreifen. Diese Befugnisse liegen vielmehr bei der Vorverfahrenskammer (Art. 56 (1) (b) ICC-Statut).

Die dafür in Betracht kommenden Ermittlungsmaßnahmen sind in Art. 56 (2) ICC-Statut aufgeführt, jedoch nicht erschöpfend. Die Vorverfahrenskammer kann danach unter anderem die folgenden Maßnahmen ergreifen: das Aussprechen von Empfehlungen oder Anordnungen betreffend die anzuwendenden Verfahren; die Anordnung, ein Verfahrensprotokoll zu führen; die Bestellung eines Sachverständigen zur Unterstützung; die Ermächtigung des Rechtsbeistands eines Festgenommenen oder einer nach Ladung vor dem Gerichtshof erschienenen Person zur Teilnahme, oder, falls eine Festnahme noch nicht erfolgt ist, die Person noch nicht erschienen ist oder kein Rechtsbeistand benannt wurde, die Bestellung eines anderen Rechtsbeistands, der die Interessen der Verteidigung wahrnimmt und vertritt; die Benennung eines ihrer Mitglieder oder erforderlichenfalls eines anderen verfügbaren Richters der Vorverfahrenskammer oder der Hauptverfahrenskammer, das bzw. der hinsichtlich der Sammlung und Sicherung von Beweismitteln und der Vernehmung von Personen als Beobachter tätig wird und Empfehlungen abgibt oder Anordnung erlässt; das Ergreifen etwaiger anderer zur Sammlung oder Sicherung von Beweismitteln erforderlichen Maßnahmen (Art. 56 (2) ICC-Statut).

Die Vorverfahrenskammer kann solche beweissichernden Maßnahmen auch auf eigene Initiative vornehmen, wenn ihr nach Beratung mit dem Ankläger dessen Untätigkeit nicht gerechtfertigt erscheint (Art. 56 (3) (a) ICC-Statut), was sogar im angloamerikanischen Vorverfahren nie möglich ist.[244] Diese Entscheidung

[243] Decision on the Prosecutor's Request for Measures Under Article 56, Situation in the Democratic Republic of Congo (ICC-01/04), Pre-trial Chamber I, 26 April 2005. Näheres *Miraglia*, JICJ 4 (2006), S. 194 f.

[244] *Findlay*, ICLQ 50 (2001), S. 39.

kann jedoch der Ankläger bei der Berufungskammer anfechten (Art. 56 (3) (b) ICC-Statut).[245]

B. Verpflichtung des Anklägers zur Gewährleistung eines fairen und zügigen Ermittlungsverfahrens

Die Pflichten des Anklägers während des Ermittlungsverfahrens sind in Art. 54 ICC-Statut aufgelistet. Neben der Verpflichtung zur Erforschung sowohl von belastenden als auch von entlastenden Beweismitteln[246] ist der Ankläger zudem verpflichtet, faire und zügige Ermittlungen zu gewährleisten (Art. 54 (1) (b) und (c) ICC-Statut).

I. Gewährleistung der Rechte des Angeschuldigten während der Ermittlungen

1. Vorbemerkungen

Die Legitimität des internationalen Strafprozesses hängt von der gewissenhaften Achtung der Rechte der Beschuldigten ab, die durch die Verteidigung gewährleistet werden. UN-Generalsekretär *Annan* hat schon ausdrücklich als Axiom erklärt, dass die internationalen Tribunale die international anerkannten Standards betreffend der Rechte der Angeklagten in allen Verfahrensstadien vollständig zu beachten haben.[247] Auch die Rechtsprechung des ICTY hat erklärt, dass Verletzungen der Rechte der beschuldigten Personen sich im Vorverfahren negativ auf die Fairness und Integrität des ganzen Prozesses auswirken.[248]

Dabei ist der Schutz der Rechte der Beschuldigten nicht nur eine Angelegenheit der Verteidigung, sondern auch des Gerichtshofs - und zwar insbesondere des Anklägers - als einer internationalen Rechtsinstitution.[249] Aus der Rechtsnatur des Anklägers als Organ der Rechtspflege zur Wahrung der Interessen der Völkergemeinschaft als Ganzes stehen ihm verschiedene Parteirechte zu, wobei auch dem Opfer- und Zeugenschutz umfassend Rechnung zu tragen ist. Ihre Grenze findet

---

245 *Ambos*, ZStW 111 (1999), S. 196.

246 Zur Verpflichtung des Anklägers zur Erforschung von belastenden sowie entlastenden Beweismitteln siehe Kapitel 1 § 4 A (II).

247 Vgl. Report of the Secretary-General pursuant to Paragraph 2 of Security Council Resolution 808 at para. 106, UN Doc.S/25704 (1993).

248 *Prosecutor v. Nikolic*, IT-94-2-PT, Decision, 01.10.2002, para. 67, 111, 114. Näheres *Sluiter*, NELR 37 (2003) 4, S. 945-947.

249 *Kitaw*, Statement.

die Anklägertätigkeit im Verbot der Anwendung rechtswidriger Mittel. Ausdrücklich wird festgelegt, dass Beweise, die unter ernstlicher Verletzung des Statuts oder völkerrechtlicher Regeln (einschließlich völkerrechtlich geschützter Menschenrechte) erlangt werden, nicht zugelassen werden dürfen (siehe Art. 69 (7) ICC-Statut). Das schließt insbesondere durch Folter erpresste Geständnisse als Beweis aus, ist aber darauf nicht beschränkt.[250]

2. Umfang der Rechte der Beschuldigten während der Ermittlungen

Um die Rechtsstaatlichkeit des Ermittlungsverfahrens zu garantieren, sind die Rechte des Einzelnen während der Ermittlungen in Art. 55 und 61 ICC-Statut entsprechend dem internationalen Standard niedergelegt.[251] Bei Ermittlungen darf ein Beschuldigter nicht gezwungen werden, sich selbst zu belasten oder schuldig zu bekennen. Er darf nicht Zwang, Nötigung oder Drohung, Folter oder einer anderen Form grausamer, unmenschlicher oder erniedrigender Behandlung ausgesetzt sein. Dem Verdächtigen, dessen Vernehmung in einer Sprache erfolgt, die er nicht vollständig versteht und spricht, werden unentgeltlich ein sachkundiger Dolmetscher und Übersetzungen zur Verfügung gestellt, die erforderlich sind, um dem Gebot der Fairness Genüge zu tun. Ein Tatverdächtiger darf nicht willkürlich festgenommen[252] oder in Haft gehalten werden, und seine Freiheit darf nur aus rechtlichen Gründen und in Übereinstimmung mit den Verfahren entzogen werden, die im Statut vorgesehen sind (Art. 55 (1) ICC-Statut).[253] Nach dem Geist des Statuts hat der Ankläger außerdem von Anfang an darauf zu achten, bei der Untersuchung den gesetzmäßigen Gang einzuhalten und mit gleicher Sorgfalt den Umständen zur Entlastung des Angeschuldigten nachzugehen. Die Anklagebehörde sollte ihre Aufgaben - unter Wahrung notwendiger Geheimhaltungserfor-

---

250 Allerdings ist das Beweisverwertungsverbot in Art. 69 (7) nicht eine rigide Ausschlussregel, sondern ein Regime, das den Richtern Abwägungsspielräume belässt. *Kreß*, Vor III 26, Rdnr. 165. Für ein Beweisverwertungsverbot bei schwerwiegenden Menschenrechtsverletzungen *Safferling*, Procedure, S. 295.

251 Vgl. Art. 4 Freiburg-Deklaration, in: *Arbour/Eser/Ambos/Sanders* (eds.), The Prosecutor of a Permanent International Criminal Court, S. 667 ff; *Oosterveld/Perry/McManus*, Fordham Int'l L.J. 25 (2002) 3, S. 789-790. Allg. zum internationalen Standard der Rechte des Beschuldigten siehe etwa *Bassiouni*, DJCIL 3 (1993), S. 235-297.

252 Zur Auseinandersetzung über die Legalität der Festnahme in den Fällen *Dokmanovic, Todorovic, Nikolic* am ICTY vgl. *Sloan*, LJIL 16 (2003), S. 85-113, 541-552.

253 Näheres zu den Rechten der Personen während Ermittlungen *Zappala*, in: *Triffterer*, Commentary, S. 1181-1203. Zur Garantie des fairen Gerichtsverfahrens im System des internationalen Menschenrechtsschutzes *Safferling*, Procedure, S. 21 ff. Allg. zum „fair trial" und zu Rechten der Beschuldigten in internationalen Strafverfahren *Sunga*, in: *Henzelin/Roth*, Le droit pénal, S. 217-239; *Bassiouni*, Introduction, S. 641 ff.

dernisse – auch so transparent wie möglich erfüllen und - soweit angemessen - zu ihren Entscheidungen begründete öffentliche Stellungnahmen abgeben.[254]

Bestehen Verdachtsgründe, dass eine Person ein der Gerichtsbarkeit des Gerichtshofs unterliegendes Verbrechen begangen hat, und steht ihre Vernehmung entweder durch den Ankläger oder durch einzelstaatliche Behörden entsprechend einem Ersuchen nach Teil 9 ICC-Statut unmittelbar bevor, so hat diese Person außerdem die nachfolgenden Rechte, über die sie vor der Vernehmung zu belehren ist: das Recht, vor der Vernehmung darüber belehrt zu werden, dass Verdachtsgründe bestehen, wonach sie ein der Gerichtsbarkeit des Gerichtshofs unterliegendes Verbrechen begangen hat; das Recht, zu schweigen, ohne dass dieses Schweigen bei der Feststellung von Schuld oder Unschuld in Betracht gezogen wird; das Recht, sich durch einen Verteidiger ihrer Wahl verteidigen zu lassen oder, falls sie keinen Verteidiger hat, auf Bestellung eines Verteidigers, wenn dies im Interesse der Rechtspflege erforderlich ist; fehlen ihr die Mittel zur Bezahlung eines Verteidigers, so ist ihr in einem solchen Fall ein Verteidiger unentgeltlich zu bestellen, und das Recht, in Anwesenheit eines Rechtsbeistands vernommen zu werden, sofern sie nicht freiwillig auf ihr Recht auf Rechtsbeistand verzichtet hat (Art. 55 (2) ICC-Statut).

Es ist wichtig zu bemerken, dass die Rechte der beschuldigten Personen nicht nur vom Gerichthof, sondern auch von innerstaatlichen Behörden zu wahren sind.[255] Selbst wenn innerstaatliche Behörden den Personen eins oder mehrere dieser Rechte bei innerstaatlichen Verbrechen nicht gewähren, sind sie bei Ermittlungen durch den Gerichtshof von dessen Seite her zugewähren.[256] Als Folge einer unzulässigen Beweisgewinnung von innerstaatlichen Behörden kann ein Beweismittel ausgeschlossen werden, nachdem das Ermittlungsverfahren im Wesentlichen abgeschlossen ist.[257] Die Hauptverfahrenskammer im *Celebici*-Fall betonte, dass der Ausschluss der Beweismittel, die durch Verletzung der international geschützten Menschenrechte erlangt wurden, gemäß Rule 95 ICTY-RPE zwingend ist.[258]

---

254 So Art. 3, Freiburg-Deklaration.

255 *Jennings*, Procedural Regime, S. 11.

256 *Jennings*, Procedural Regime, S. 12.

257 Zum Verwertungsverbot von Beweismitteln, die durch eine inländische Behörde rechtswidrig erlangt wurden, vgl. *Bassiouni*, Introduction, S. 655, Fn. 348. Im *Mucic*-Fall hat die Hauptverfahrenskammer des ICTY betreffend Beweisausschluss die Rspr. des Europäischen Menschenrechtsgerichtshof juristisch berücksichtigt, um den Umfang des Rechts auf Rechtsbeistand nach Regel 42 der ICTY-RPE zu bestimmen. *Prosecutor v. Delalic and others*, IT-96-21-T, Decision, 02.09.1997, paras. 50-51.

258 *Delalic and others*, IT-96-21-T, Decision, 02.09.1997, para. 43.

Dabei ist es irrelevant, ob das Tribunal irgendwie in die Beweissammlung verwickelt war, wobei die Verwicklung des Anklägers in die Beschaffung der Beweismittel unter Verletzung der Menschenrechte zu Rechtsmitteln zusätzlich zum Beweisverwertungsverbot führt.[259]

3. Kritische Bemerkungen

Art. 55 ICC-Statut stellt eine willkommene Bestätigung des internationalen Standards im Bereich der Rechte der Beschuldigten während der Ermittlungen dar. Allerdings sind im Vergleich mit der Gewährleistung der Rechte des Angeklagten während der Hauptverhandlung die „Rechte der Personen während der Ermittlungen" in Art. 55 weniger komplett.[260] Auch hat Art. 55 ICC-Statut nicht definiert, welche Personen zu dieser Kategorie gehören. Während die Statuten aller drei Strafgerichtshöfe zur „Fairness" des Gerichtsverfahrens auffordern und auch bestimmte Rechte des Angeklagten anführen, lassen die Texte andererseits nicht immer klar erkennen, was eigentlich unter einem fairen Gerichtsverfahren zu verstehen sein soll und wie diese Rechte angewendet werden sollen. Das Statut des ICC zum Beispiel gewährt dem Angeklagten das Recht, hinreichende Zeit und Gelegenheit zur Vorbereitung seiner Verteidigung zu haben (Art. 67 (1) (b) ICC-Statut) und die Vernehmung der Entlastungszeugen zu erwirken (Art. 67 (1) (e) ICC-Statut).[261] Hingegen wird das Recht auf Beschaffung der Beweismittel nicht erwähnt, obwohl das Wort „Gelegenheit (facilities)" im Hinblick auf „documents, records, etc, necessary for preparation of the defence" gedeutet wird.[262] Auch enthält das Statut Vorschriften, die den Angeklagten ermächtigen, bei der

[259] *Sluiter*, New Eng. L.R. 37 (2003) 4, S. 943.

[260] In Bezug auf die Rechte des Angeklagten im Hauptverfahren enthält das Statut selbst den fair trial-Grundsatz (Art. 67 (1) Satz 1 ICC-Statut) und u. a. folgende Ausformungen dieses Grundsatzes: die Unschuldsvermutung (Art. 66 ICC-Statut); das Recht auf ein öffentliches (Art. 67 (1) Satz 1 ICC-Statut) und zügiges Verfahren (Art. 67 (1) (c) ICC-Statut); das Recht auf einen Verteidiger (Art. 67 (1) (b) und (d) ICC-Statut); das Recht, sich nicht selbst bezichtigen zu müssen (nemo tenetur, Art. 67 (1) (g) ICC-Statut); das Recht, Zeugen zu benennen und zu befragen (Art. 67 (1) (e) ICC-Statut) und das Verbot eines Verfahrens in Abwesenheit (Art. 63 ICC-Statut). Das Statut enthält überdies wichtige materiell-rechtliche Prinzipien wie das Bestimmtheitsgebot, das Rückwirkungsverbot (Art. 22 ICC-Statut) und das Doppelbestrafungsverbot (Art. 20 ICC-Statut). Die Geltung des Schuldgrundsatzes ergibt sich u. a. aus Art. 31 (1) (a), (b) und (d) ICC-Statut (Entschuldigungsgründe).

[261] Wie sich die Rolle des Beschuldigten bzw. der Verteidigung im Ermittlungsverfahren vor dem IStGH in der zukünftigen Praxis entwickeln wird, gehört zu den spannenden Fragen, auf die derzeit noch keine verlässliche Antwort gegeben werden kann. Näheres *Kreß*, Vor III 26, S. 79.

[262] *Cogan*, YJIL 27 (2002), S. 118.

Vorverfahrenskammer zu beantragen, die notwendigen Anordnungen oder andere notwendige Maßnahmen zur Sicherstellung der Zusammenarbeit zu treffen, um dem Angeklagten bei der Vorbereitung seiner Verteidigung behilflich zu sein (Art. 57 (3) (a) ICC-Statut). Doch auch hier ist vom Grundsatz der Waffengleichheit keine Rede, obwohl angenommen werden kann, dass er vom Statut als Teil der Garantie eines fairen Gerichtsverfahrens verstanden wird.[263]

II. Pflicht zu beschleunigten Ermittlungen

1. Allgemeines

Ziel des Ermittlungsverfahrens ist es, den Fall möglichst zügig und umfassend aufzuklären, auch zugunsten des Beschuldigten. Das Beschleunigungsgebot, wonach das Strafverfahren von den ersten Ermittlungen bis zur vollständigen Erledigung der Strafvollstreckung möglichst schnell durchzuführen ist, gehört zur prozessualen Selbstverständlichkeit und findet seinen Ausdruck in zahlreichen innerstaatlichen Strafprozessordnungen[264] und internationalen Menschenrechtsvorschriften.[265] Der Angeschuldigte hat somit einen konventionsrechtlich garantierten Anspruch darauf, dass über seine Schuld oder Unschuld ohne unnötige Verzögerungen befunden wird. Dieser Anspruch ist weder abhängig von der jeweiligen Organisation des staatlichen Gerichtswesens noch von der Ausgestaltung des betreffenden Strafverfahrensrechts. Insbesondere kann eine Verurteilung unter Verletzung des Beschleunigungsgebots nicht mit dem Argument abgewendet werden, die allzu lange Verfahrensdauer sei allein auf eine unzweckmäßige Gerichtsorganisation oder entsprechende Verfahrensvorschriften zurückzuführen.[266]

---

[263] *Cogan,* YJIL 27 (2002), S. 118. Allg. zu Schwierigkeiten und Beschränkungen auf seiten der Verteidigung hinsichtlich der Beweismittelsammlung *Cogan,* YJIL 27 (2002), S. 121 ff. Vgl. *Kress,* JICJ 1 (2003), S. 608 ff.

[264] Wobei vor allem folgende Formulierungen zum Zug kommen: Die Untersuchung ist „mit Beförderung"; „innerhalb möglichst kurzer Zeit"; „mit aller möglichen Beförderung" durchzuführen. Näheres *Küng-Hofer,* Die Beschleunigung des Strafverfahrens, S. 182-183; *Robinson,* EJIL 11 (2000) 3, S. 582, Fn. 69.

[265] Z. B. Art. 14(3)(c) IPBPR; Art. 6 (1) EMRK; Art. 8 (1) AMRK. Allg. zum Recht auf beschleunigte Verfahren in internationalen Menschenrechtsvorschriften *Bassiouni,* Duke J. Comp. & Int'l L. 3 (1993), S. 285-286. In Bezug auf das Recht auf ein Strafverfahren ohne übermäßige Verzögerung beginnt die maßgebliche Zeit dann, wenn der Beschuldigte informiert wurde, dass die Behörde spezifische Schritte unternimmt, um ihn zu verfolgen. Die Zeit endet am Tag der endgültigen Entscheidung, d.h. dem endgültigen Urteil oder der Einstellung des Verfahrens. Hierzu *Nowak,* CCPR Commentary, para. 45, S. 257. Dazu auch *Robinson* EJIL, 11 (2000) 3, S. 587-588.

[266] *Donatsch,* Das Beschleunigungsgebot im Strafprozess, S. 2.

Der Verfahrensbeschleunigung kommt insbesondere in Haftsachen große Bedeutung zu. Da bis heute - entgegen der internationalen allgemein akzeptierten Normen - die Untersuchungshaft eher die Regel statt die Ausnahme im Strafverfahren ist, müssen Angeklagte im Gefängnis längere Zeit auf den Beginn ihres Prozesses warten. Damit sind nicht allein die Rechte des Angeklagten betroffen, vielmehr nimmt auch die Glaubwürdigkeit der Institution als solche Schaden, wenn sie es nicht schafft, die Prozesse effizient und zügig durchzuführen.[267]

Bereits aus dem Grundsatz der Verhältnismäßigkeit ergibt sich die rechtsstaatliche Forderung, dass das Untersuchungsverfahren nicht länger ausgedehnt werden darf, als unbedingt erforderlich ist, um darüber entscheiden zu können, ob eine Überweisung an das urteilende Gericht oder die Einstellung des Verfahrens erfolgen soll.[268] Der Grundsatz der Erforderlichkeit ist somit sicher dann nicht gewahrt, wenn das Untersuchungsverfahren durch die Vornahme überflüssiger Ermittlungshandlungen eine unnötige Verlängerung erfährt, da in diesem Fall das Ermessen, das in der Auswahl der zu ergreifenden Maßnahmen zum Ausdruck kommt, nicht mehr ein pflichtgemäßes ist.[269] Der Grundsatz der Verhältnismäßigkeit besagt, dass Ermittlungsverfahren, die das Prinzip der Erforderlichkeit wahren, dann unzulässig werden, wenn durch ihre Dauer dem Beschuldigten Nachteile erwachsen, die nicht mehr in einem vertretbaren Verhältnis zu dem mit ihnen verfolgten Zweck der Verbrechensaufklärung stehen. Damit steht zunächst in groben Umrissen fest, wozu die Staatsanwaltschaft im Ermittlungsverfahren verpflichtet ist.[270] Was die auf seiten des Beschuldigten als Folge eines Ermittlungsverfahrens auftretenden Nachteile anlangt, ist festzuhalten, dass sie sämtlich bei der Bewertung zu berücksichtigen sind. Schon die Tatsache als solche, dass über eine lange Zeit hinweg ein Ermittlungsverfahren schwebt, stellt einen Nachteil dar. Weitere Nachteile, die ins Gewicht fallen, sind seelische Schockwirkungen, Verlust der Kreditwürdigkeit, Beeinträchtigung des Rufs usw. Sie alle werden nur dann nicht zu berücksichtigen sein, wenn die Dauer des Verfahrens nicht auf bloßes Schweigen des Beschuldigten, sondern auf seine bewusste Irreführung der Ermittlungsbehörden zurückzuführen ist. Ebenso wenig dürfen Nachteile Berücksichtigung finden, die der Beschuldigte durch eigenes Tun hätte abwenden können.[271]

---

267 *Wäspi*, NJW 2000, S. 2455; siehe dazu auch *Küng-Hofer*, Die Beschleunigung des Strafverfahrens, S. 182.

268 *Kohlmann*, FS für Maurach, S. 509, 512.

269 *Küng-Hofer*, Die Beschleunigung des Strafverfahrens, S. 185.

270 *Kohlmann*, FS für Maurach, S. 510.

271 *Kohlmann*, FS für Maurach, S. 511.

2. Pflicht zu beschleunigten Ermittlungen in internationalen Menschenrechtsvorschriften

Die internationalen Menschenrechtsvorschriften verfolgen in Bezug auf ein zügiges Strafverfahren einen doppelten Ansatz. Sie unterteilen das Recht zum zügigen Strafverfahren in zwei Stadien mit zwei Vorschriften: Die eine gibt dem Festgehaltenen das Recht, binnen einer angemessenen Frist zur Hauptverhandlung gebracht oder während des Strafverfahrens entlassen zu werden, während die andere Vorschrift dem Festgehaltenen während des Strafverfahrens das Recht auf eine faire Verhandlung ohne übermäßige Verzögerung oder binnen einer angemessenen Frist verleiht. Art. 9 (3) IPBPR sieht vor, „Jeder, der unter dem Vorwurf einer strafbaren Handlung festgenommen worden ist oder in Haft gehalten wird, ...hat Anspruch auf ein Gerichtsverfahren innerhalb angemessener Frist oder auf Entlassung aus der Haft. Es darf nicht die allgemeine Regel sein, dass Personen, die eine gerichtliche Aburteilung erwarten, in Haft gehalten werden, doch kann die Freilassung davon abhängig gemacht werden, dass für das Erscheinen zur Hauptverhandlung oder zu jeder anderen Verfahrenshandlung und gegebenenfalls zur Vollstreckung des Urteils Sicherheit geleistet wird." Art. 14 (3) (c) IPBPR gewährt das Recht auf Gerichtsverfahren ohne übermäßige Verzögerung. Art. 5(3) EMRK sieht vor: „Jede Person, ... die von einer Festnahme oder von Freiheitsentzug betroffen ist ..., hat Anspruch auf ein Urteil innerhalb angemessener Frist oder auf Entlassung während des Verfahrens. Die Entlassung kann von der Leistung einer Sicherheit für das Erscheinen vor Gericht abhängig gemacht werden." Art. 6 (1) EMRK gewährt das Recht auf faire Gerichtsverhandlung „innerhalb angemessener Frist". Art 7 (5) AMRK berechtigt jeden Festgenommenen zu einem „Gerichtsverfahren innerhalb angemessener Frist oder die Entlassung unbeschadet der Fortsetzung des Verfahrens. Die Entlassung kann von der Leistung einer Sicherheit für das Erscheinen vor Gericht abhängig gemacht werden." Art. 8 (1) AMRK gewährt das Recht auf Gerichtsverhandlung „innerhalb angemessener Frist." [272]

Obwohl sich selbst aus diesen internationalen Menschenrechtsvorschriften noch kein allgemeiner Anspruch auf schnelle Durchführung des Ermittlungsverfahrens herleiten lässt,[273] lässt sich aber jedenfalls für Haftsachen argumentieren, dass ein Anspruch auf schnelle Durchführung und Abschluss des Ermittlungsverfahrens besteht. Denn eine Aburteilung binnen angemessener Frist hängt nicht allein von dem im Einzelfall zur Entscheidung berufenen Gericht ab, sondern setzt ein Er-

---

[272] Näheres *Robinson*, EJIL, 11 (2000) 3, S. 585.
[273] Vgl. *Kohlmann*, FS für Maurach, S. 508.

mittlungsverfahren voraus, in dem die „angemessene Frist" nicht überschritten werden kann.[274] Was aber eine „angemessene Frist" ist, das hängt von den Umständen des Einzelfalles ab.[275]

3. Pflicht zu beschleunigten Ermittlungen in internationalen Strafgerichtsbarkeiten

Die Statuten der internationalen Strafgerichtshöfe erfordern zu Recht ein faires und zügiges Hauptverfahren.[276] Allerdings haben weder die Statuten noch die RPE den oben erwähnten Doppelansatz in internationalen Menschenrechtsvorschriften wiedergegeben. Selbstverständlich hindert das nicht, dass ein Angeklagter argumentiert, dass seine Haft im Vorverfahren eine unvernünftig lange Zeit dauert, da das Recht auf Strafverfahren ohne übermäßige Verzögerung - nach Art. 21 (4) (c) ICTY-Statut, Art. 20 (4) (c) ICTR-Statut, Art. 67 (1)(c) ICC-Statut - die Zeit der Haft im Vorverfahren mitumfasst.[277] Die Erfahrungen der *Ad-hoc*-Tribunale haben allerdings gezeigt, dass ein Strafverfahren gegen internationale Kernverbrecher sehr lange dauern kann, da es umfassende Beweisaufnahmen erfordern kann.[278]

In der Regel finden die Ermittlungen ihr Ende mit der Einstellung des Verfahrens oder mit Erhebung der Anklage vor dem Gerichtshof. Letzterenfalls werden die Ermittlungen mit Beginn der mündlichen Verhandlung durch Bestätigung der An-

---

274 *Kohlmann*, FS für Maurach, S. 507: „Als Anknüpfungspunkte bieten sich die Art. 5(3) Satz 2 und Art. 6(1) Abs. 2 MRK an. Art. 5 (3) Satz 2 gewährt einen „Anspruch auf Aburteilung innerhalb einer angemessenen Frist oder auf Haftentlassung während des Verfahrens." Die Fassung der Vorschrift – es heißt dort: „Er hat einen Anspruch ..." – und ihre Stellung im Gesamtrahmen der Norm zeigen, dass dieser Anspruch nur ganz bestimmten Personen zukommt, nämlich solchen, die sich in Haft befinden." (Mit „MRK" ist hier die EMRK gemeint.)

275 *Robinson*, EJIL 11 (2000) 3, S. 586.

276 Art. 20(1) ICTY-Statut, Art. 19(1) ICTR-Statut, Art. 64(2) ICC-Statut. Zur Darstellung und Analyse des Erfordernisses eines fairen und zügigen Hauptverfahrens am ICTY vgl. *Boas*, CLF.12 (2001), S. 45 ff.; *Robinson*, EJIL 11 (2000) 3, S. 569-589; *Kerr*, The ICTY, S. 97 ff. Für eine rechtsvergleichende Analyse der Forderung eines Verfahrens ohne übermäßige Verzögerung s. etwa *Before*, Undue Delay. Die ICTY-RPE wurden schon 24-mal geändert, und die meisten Änderungen hatten den Zweck, das Verfahren zu beschleunigen. Die RPE ermächtigen die Richter, mehr Kontrolle über das Vorverfahren auszuüben, unter anderem, "to ensure that the proceedings are not unduly delayed" (ICTY RPE, IT/32/REV.24, July 11-12, 2002, rule 65*ter* (B)). Nach Richter *Pokar* muss nach zwei Jahren Vorverfahrenshaft der Angeklagte durchschnittlich mit einem Jahr Dauer der Gerichtsverhandlung rechnen: *Combs*, ILFDI 5 (2003), S. 81-82.

277 Vgl. *Robinson*, EJIL 11 (2000) 3, S. 585.

278 *Robinson*, EJIL 11 (2000) 3, S. 585; *Patel*, IJIL 39 (1999), S. 467.

klage als abgeschlossen betrachtet, weil der Ankläger bis dahin noch Ermittlungen fortsetzen oder Anklagepunkte ändern oder zurückziehen kann (Art. 61 (4) ICC-Statut). Art. 53 bis 55 ICC-Statut betreffen Ermittlungen und gewährleisten die Rechte der betroffenen Personen. Doch findet sich dort nichts zur Dauer der Ermittlungen[279] oder zur Verpflichtung zu zügigen Ermittlungen.[280] Eine allgemeine gesetzliche Zeitbegrenzung der Ermittlungsdauer ist im Statut nicht vorgesehen. Es mag fraglich sein, ob Ermittlungsverfahren, die sich über einen Zeitraum von mehreren Jahren erstrecken, von der Sache her zu rechtfertigen sind. Diese Lücke sollte durch Einfügung des Beschleunigungsgebots in internationalen Menschenrechtsvorschriften geschlossen werden, da die Pflicht zur beschleunigten Ermittlung aus der allgemeinen Fürsorgepflicht folgt. Außerdem sollten Ermittlungen nach der Anklageerhebung eingeschränkt werden. Weil die vom Gerichtshof behandelten Fälle normalerweiser sehr kompliziert sind, ist es üblich, dass der Ankläger Ermittlungen noch nach der Bestätigung der Anklage durchführt. Dennoch sollte die Beweissammlung zu einem bestimmten Zeitpunkt beendet sein, um die Rechte des Angeklagten zu gewährleisten. Das Hauptverfahren soll dann auf Grund der vorhandenen Materialien durchgeführt werden.[281]

Der internationale Ankläger hat auf eine beschleunigte Durchführung des Ermittlungsverfahrens hinzuwirken.[282] Art. 54 (1) (b) ICC-Statut verpflichtet den An-

[279] Das ist auch der Fall bei den beiden *Ad-hoc*-Tribunalen. Beim ICTY braucht in den meisten Fällen die Strafverfolgung mindestens zwei Jahre zur Beweismittelsammlung vor dem Erlass der Anklageschrift gegen einen bestimmten Beschuldigten: *Combs*, ILFDI 5 (2003), S. 81; *McIntyre*, LJIL 16 (2003), S. 279. Allerdings hat bis jetzt auch keine Haft im Vorverfahren zweieinhalb Jahre überstiegen: *Robinson*, EJIL 11 (2000) 3, S. 585.

[280] *Rosenne*, VJIL. 41 (2000) 1, S. 165-185.

[281] *Mundis*, AJIL 94 (2000), S. 769.

[282] Noch bevor überhaupt das Hauptverfahren begonnen hatte, wurde die Anklage gegen *Barayagwiza* im November 1999 von der Berufungskammer abschließend abgewiesen. Das Gericht rügte insbesondere, dass der Angeklagte letztlich erst nach elf Monaten in genügender Form über die Verhaftungsgründe informiert worden war und der erste Auftritt vor einem Richter erst nach 96 Tagen stattfand und nicht wie in der Verfahrensordnung vorgesehen „unverzüglich". In Anbetracht der zahlreichen Verfahrensverletzungen stellte das Gericht fest: „The crimes for which the Appellant is charged are very serious. However, in this case the fundamental rights of the Appellant were repeatedly violated. What may be worse, it appears that the Prosecutor's failure to prosecute this case was tantamount to negligence. We find this conduct to be egregious and, in light of the numerous violations, conclude that the only remedy available for such prosecutorial inaction and the resultant denial of his rights is to release the Appellant and dismiss the charges against him." (*Prosecutor v. Barayagwiza*, ICTR-97-19-AR72, Decision, 03.11.1999, para. 106). Siehe dazu auch *Wäspi*, NJW 2000, Heft 34, S. 2444-2455. Jedoch hob die Berufungskammer am 31.03.2000 ihre frühere Entscheidung auf. Sie gelangte zum Schluss, dass, obwohl die Rechte von *Barayagwiza* durch die verlängerte Untersu-

kläger, geeignete Maßnahmen zu ergreifen, um eine wirksame Ermittlung und Strafverfolgung zu gewährleisten, was so interpretiert werden kann, dass die Ermittlungen innerhalb eines bestimmten Zeitraumes durchführt werden müssen, der der Schwere und Komplexität der Strafsache entspricht. Unter diesem Gesichtspunkt ist die zentrale Frage, ob der Ankläger die „Wirksamkeit" seiner Ermittlungen wirklich selbstkritisch bewerten würde. [283] Es besteht kein Kontrollmechanismus, abgesehen von der moralischen Pflicht des Anklägers, die belastenden wie die entlastenden Umstände gleichermaßen zu erforschen (Art 54(1)(a)). Es ist insbesondere für den Beschuldigten gefährlich, wenn er während der gesamten Ermittlungen in Untersuchungshaft gehalten wird und eine verringerte Möglichkeit zur Sammlung von ihn entlastenden Beweismitteln hat.[284]

Die Anforderungen zur beschleunigten Abwicklung des Ermittlungsverfahrens beziehen sich insbesondere auf einen inhaftierten Beschuldigten.[285] In dieser Hinsicht sieht das Statut eine Rechtsfolge der Verletzung des Beschleunigungsgebots im Ermittlungsverfahren ausdrücklich vor: Die Vorverfahrenskammer stellt sicher, dass eine Person nicht wegen unentschuldbarer Verzögerung seitens des Anklägers unangemessen lange in Untersuchungshaft gehalten wird. Tritt eine solche Verzögerung ein, so erwägt der Gerichtshof die Haftentlassung der Person mit oder ohne Auflagen (Art. 60 (4) ICC-Statut). Außerdem sieht Rule 24 (2) (b) ICC-RPE ausdrücklich vor, dass die wiederholte Verursachung einer unberechtigten Verzögerung („unwarranted delay") bei den Ermittlungen oder im Gerichtsverfahren einen Tatbestand der schweren Amtspflichtenverletzung begründet, der zur Verhängung von Disziplinarmaßnahmen führt. Falls die Tat die Anforderung von Rule 24 (1) ICC-RPE erfüllt, kann dies auch zur Amtsenthebung führen. Diese Sanktion kann eine effektive Kontrolle der Tätigkeiten des Anklägers bewirken. Jedoch sollte diese Sanktion Extremfällen von wiederholter absichtlicher Verursachung unberechtigter Verzögerungen bei den Ermittlungen oder im Gerichtsverfahren vorbehalten sein.

---

chungshaft verletzt worden waren, die neuen Tatsachen, die von der Anklägerin in ihrem review motion beigebracht wurden, die Härte dieser Verletzung milderten. Deswegen war das Rechtsmittel nicht mehr für eine Entlassung geeignet (*Prosecutor v. Barayagwiza*, ICTR-97-19-AR72, Decision, 31.03.2000, para. 74-75).

283 *Krapac*, in: *Josipović/Krapac/Novoselec*, The Rome Statute, S. 136.

284 *Krapac*, in: *Josipović/Krapac/Novoselec*, The Rome Statute, S. 136.

285 *Pflieger*, Möglichkeiten und Grenzen der Beschleunigung von Strafverfahren. In der Praxis ist es jedoch der am meisten verletzte Grundsatz.

4. Kritische Bemerkungen

Zusammenfassend sollte sich unter Einbeziehung des Verhältnismäßigkeitsprinzips etwa folgende Regelung des Ermittlungsumfangs ergeben: (1) Ermittlungen sind nur zulässig, wenn sie mit einem konkreten Tatverdacht in Verbindung gebracht werden können und nach bestehenden Erkenntnissen geeignet sind, den erforderlichen Beweis zu erbringen; (2) die Ermittlungen dürfen persönlich, zeitlich, sachlich und räumlich nicht weiter ausgedehnt werden, als es die Sachverhaltsaufklärung erfordert; (3) Ermittlungen, die für den Beschuldigten Nachteile mit sich bringen, die unter Berücksichtigung aller Umstände in keinem Verhältnis zum Interesse an der Aufklärung der Straftat stehen, sind unzulässig.[286] Das Spannungsverhältnis liegt darin, dass zum einen überhaupt keine zeitlichen Schranken gelten sollen, andererseits aber wiederum unter Heranziehung des Verhältnismäßigkeitsgrundsatzes zeitliche Grenzen gezogen werden, die nicht ohne Weiteres nachvollziehbar erscheinen.[287] Allerdings sollte immer zugleich darauf geachtet werden, dass das zeitlich angemessene Verfahren ein faires Verfahren bleibt und nicht durch die Forderung nach einem zügigen Verfahren beeinträchtigt wird. Ein vorsichtiges Austarieren zwischen diesen beiden Erfordernissen ist sehr wichtig und tatsächlich eine Herausforderung für internationale Strafgerichtshöfe.[288]

---

286 Vgl. *Küng-Hofer*, Die Beschleunigung des Strafverfahrens, S. 191.

287 *DeFrank*, TLR 80 (2002), S. 1439: "The Trial Chamber has noted its jurisprudence's consistency with international norms regarding 'reasonable' length of detention. As stated in *Brdanin*, 'pre-trial delays should still be relevant to the exercise of the Trial Chamber's discretion, so that due regard may be had to Article 5(3) of the European Convention of Human Rights and Fundamental Freedoms, which guarantees the right of an accused person to a trial within a reasonable time or to release pending trial, and other similar international norms to that effect effect'. But the Trial Chamber has recognized limits to the applicability of the decisions under Article 5(3) of the ECHR. As stated in *Brdanin*: 'What is a reasonable length of pre-trial detention must be interpreted, so far as this Tribunal is concerned, against the circumstances in which it has to operate. The Tribunal's inability to execute arrest warrants upon persons in the former Yugoslavia to whom provisional release has been granted if they do not appear for trial has to be considered considered.' Therefore, the outer limits of 'reasonable length of pretrial detention' embodied within the ECHR or the jurisprudence of other international-human-rights organs are not necessarily the outer limits of the acceptable length of an ICTY pretrial detention." Siehe dazu *Prosecutor v. Brdanin und Talic*, IT-99-36PT, Decision, 25.07.2000, para. 24, 27.

288 Vgl. *Patel*, IJIL 39 (1999), S. 467.

§ 16 Zwischenergebnis

Die Option des ICC-Statuts hinsichtlich der Funktion des internationalen Anklägers im Ermittlungsverfahren könnte als eher ausschließlich technisch betrachtet werden. Trotzdem beeinflusst diese Option die Glaubwürdigkeit des ICC als Ganzes. Falls der Ermittlungsmechanismus auf einem rein abstrakten und ideellen Modell gründen würde, ohne Rücksicht auf die internationale politische Realität, würde die Errichtung eines ständigen ICC nie verwirklicht werden. Nur wenn das ICC-Statut einen realistischeren Ermittlungsmechanismus auswählt, ohne die grundlegenden Prinzipien des Strafverfahrens aufzugeben, könnte die Utopie sich in Realität verwandeln und der Gerichtshof effektiv funktionieren.[289]

Der ICC muss den Schwierigkeiten begegnen, die der Durchführung der Strafverfolgung innewohnen.[290] Bei der Untersuchung der Rolle des Anklägers im Ermittlungsverfahren wird deutlich, dass diese im Ermittlungsverfahren weder übertrieben noch unterschätzt werden darf. Als funktioneller Herr des Ermittlungsverfahrens wird der Ankläger nicht nur ermächtigt, in Zusammenarbeit mit den Vertragsstaaten und mit Unterstützung der Vorverfahrenskammer, funktionelle Ermittlungen durchzuführen, sondern auch ermächtigt, eigenhändige Ermittlungen vorzunehmen. Die Verbindung von funktionellen und eigenhändigen Ermittlungen

---

[289] Zutr. Letter Dated 10 February 1993 from the Permanent Representative of France to the United Nations Addressed to the Secretary-General, S/25266, 10.01.1993. In: *Morris/Michael*, An Insider's Guide to the International Criminal Tribuanl for the Former Yugoslavia: A Documentary History and Analysis, Vol. II. S. 344.

[290] *Cassese* hat sieben Schwierigkeiten aufgelistet, mit denen das ICTY während der Ermittlungen konfrontiert ist: "(i) crimes normally involve dozens of victims and scores of perpetrators. In addition (ii), the scene of the crime is normally far from the headquarters of the investigators, as well as being either inaccessible or not immediately accessible. Furthermore, (iii) often the alleged crimes have been perpertrated long before the investigators arrived at the scene (perhaps two or three years before). Consequently (iv) when the investigators arrive, there is sometimes little or no forensic evidence available nor any outward evidence of the crime (for instance, the bodies of the victims cannot be found). As for witnesses, (v) they may be scattered in various countries, their whereabouts may be unknown, or they may be traumatized, fearful or disillusioned and may, therefore, not be ready to give testimony. If they do testify, (vi) they normally speak a language other than that of the investigators, who must use an interpreter for the interview, or utilise translators to examine any written evidence. There exist further and even more serious problems: (vii) the Prosecutor does not have any powers or arrest, search and seizure. His investigators operate within the context of sovereign States, and consequently need to turn to national authorities to request the issuing of warrants of arrest, search or seizure, or the execution of such warrants, if they are issued by an international judge.": *Cassese*, JRMP 1 (1996), S. 118.

konstruiert ein vollständiges System der Ermittlungen des internationalen Anklägers.

Ob dieses System effektiv funktioniert, hängt nicht unerheblich von der Zusammenarbeit mit den Vertragsstaaten ab. Der Ankläger ist eine Art Leitmotor der Ermittlung seiner Fälle mit der Unterstützung von innerstaatlichen Behörden. Insoweit gibt es zwischen dem Ankläger und den innerstaatlichen Behörden Interaktionsbeziehungen, wobei die innerstaatlichen Rechtssysteme Einfluss auf die Rolle des Anklägers im Ermittlungsverfahren haben. Auch sollte angesichts der Realität der internationalen Politik die Betonung auf die Rolle der Koordination der Ermittlungen durch den Ankläger gelegt werden. Diese Koordination kommt darin zum Ausdruck, dass der Ankläger für die Leitung der Ermittlungen des ICC und die Abstimmung der Strafverfolgung zwischen internationalen und innerstaatlichen Behörden zuständig ist. Der Ankläger muss alle Beweismittel für und gegen die Angeklagten sammeln, sodass das Verfahren gegen Täter von internationalen Verbrechen beginnen kann. Der Ankläger führt die Ermittlungen mit Hilfe der innerstaatlichen Behörden durch. Der Ankläger sollte darauf hinarbeiten, die innerstaatliche Strafverfolgung gegen Täter von völkerrechtlichen Verbrechen zu fördern. Der Ankläger muss die Befugnis und Verantwortung haben, gesammelte relevante Beweismittel an den innerstaatlichen Behörden wie auch den Straftäter an innerstaatliche Gerichte zu verweisen. Wenn innerstaatliche Behörden schon Ermittlungen geführt haben, sollte der Ankläger auch verantwortlich dafür sein, die innerstaatliche Strafverfolgung zu beaufsichtigen. Bei Konflikten zwischen mehreren Staaten über die Ausübung von innerstaatlicher Strafverfolgung und eine etwaige Auslieferung, sollte der Ankläger die Befugnis und die Verantwortung haben, diese Angelegenheiten zu koordinieren. Insoweit sollte der Ankläger vornehmlich als ein Vermittler von innerstaatlicher Strafverfolgung fungieren und weniger als direkter Durchführender von Ermittlungen und Strafverfolgung.

Seit langem haben die *Ad-hoc*-Tribunale wegen der beschränkten verfügbaren Ressourcen eine solche Strategie von Ermittlungen und Strafverfolgung betrieben, die auf politische und militärische Führung zielt.[291] Einer der wichtigen Zwecke dieser Strategie ist es auch, die Ermittlungen und die Strafverfolgung zwischen dem internationalen Ankläger und den nationalen Behörden klar aufzuteilen, um Überschneidungen, Verlust von Beweismitteln und Rivalitäten zu vermeiden. A-

---

291 Näheres ICTY Press Release, Address by His Excellency, Judge Claude Jorda, President of the International Criminal Tribunal for the Former Yugoslavia to the United Nations Security Council, JDH/P.I.S./690-e, 26.07.2002; zutr. *Danner*, SLR 55 (2003) 5, S. 1662-1663.

ber steht dem ICC jetzt noch keine praktische Koordination mit nationalen Behörden zur Verfügung, wie und inwieweit dieses Problem behandelt werden kann und wie eine Aufteilung von Verantwortungen in die Praxis umgesetzt werden kann. Das wird wohl auch ein wichtiges Problem für den ICC sein.[292]

[292] Siehe *Harhoff*, DJCIL 7 (1997) 2, S. 583.

Kapitel 4. Opportunitätserwägungen des Anklägers in Bezug auf Verfolgung und Anklage im internationalen Strafverfahren

§ 17 Einführung: Begriff der Opportunität und ihre Abgrenzung von der Legalität

Das Legalitätsprinzip bedeutet Verpflichtung der Strafverfolgungsbehörden, die Strafverfolgung aufzunehmen und fortzuführen, sobald und solange der Verdacht einer strafbaren Handlung vorliegt und die im betreffenden Stadium des Verfahrens erforderlichen Prozessvoraussetzungen gegeben sind.[1] Dieses Prinzip bedeutet für die Staatsanwaltschaft also Verfolgungszwang[2] und - wenn die entsprechenden Voraussetzungen gegeben sind - auch Anklagezwang. Es ist Ausfluss der Gleichheit vor dem Gesetz, ein Kernstück des Rechtsstaatsprinzips, und verlangt, dass alle Bürger ohne Rücksicht auf politische Zweckmäßigkeit, ohne Rücksicht auf die „Opportunität" gleichbehandelt werden.[3] Das strikte Legalitätsprinzip eröffnet der Strafverfolgungsbehörde keinen Handlungs-, dem Verteidiger bzw. dem Verdächtigen keinen Verhandlungsspielraum. Die Strafverfolgungsbehörde darf nur aus Rechtsgründen von der Einstellung abgesehen. Damit wird sie von zusätzlichen, z. B. politischen, Erwägungen entlastet, sie kann sich gänzlich auf Beweisfragen konzentrieren.[4]

In der Wirklichkeit gibt es aber kein absolutes Legalitätsprinzip.[5] Das Legalitätsprinzip bildete das verfahrensrechtliche Korrelat zur damals herrschenden Vergeltungsidee, demzufolge der Staat zur Verwirklichung absoluter Gerechtigkeit jede Straftat auch zu bestrafen hatte. Mit dem allmählichen Vordringen general- und spezialpräventiver Auffassungen, die die Bestrafung an ihre gesellschaftliche Notwendigkeit und Zweckmäßigkeit im Hinblick auf Kriminalitätsverhütung und Rückfallverhinderung knüpften, verlor das Legalitätsprinzip einen Großteil seiner ursprünglichen Berechtigung.[6] Ein Legalitätsprinzip ohne Ausnahmen entspricht nicht mehr dem kriminologischen und kriminalpolitischen Stand der Erkenntnisse über Diversion.[7] Das Opportunitätsprinzip ermächtigt die Strafverfolgungsbehörde, zwischen Ermittlungsaufnahme und Verfahrenseinstellung zu wählen,

---

1 Allg. zum Legalitätsprinzip *Heyden*, Begriff, S. 3 ff.

2 In einigen Staaten wie z.B. Frankreich ist die Verfolgung nicht zwangsläufig.

3 *Vultejus*, ZRP 1999, S. 136; auch *Ulrich*, ZRP 1982, S. 169.

4 Vgl. *Driendl*, Verfahrensökonomie, S. 55; dazu auch *Röben*, MPYUNL 7 (2003), S. 523.

5 Näheres *Pradel*, Droit pénal comparé, S. 553 ff.

6 *Heinz*, Das strafrechtliche Sanktionensystem.

7 Hierzu *Nelles*, in: *Humber*, Das Corpus Juris, S. 265.

wenn die vorliegenden Informationen zu dem Ergebnis führen, dass hinreichend Verdachtsgründe dafür bestehen, dass eine Straftat begangen wurde, oder zwischen Anklageerhebung und Verfahrenseinstellung zu wählen, wenn die Ermittlungen zu dem Ergebnis führen, dass der Beschuldigte mit an Sicherheit grenzender Wahrscheinlichkeit eine strafbare Handlung begangen hat.[8] Unter Opportunitätsgedanken wird die Anwendung des Legalitätsprinzips durch verschiedene Möglichkeiten der Verfahrenseinstellung unter bestimmten Bedingungen abgeschwächt.[9] Demnach können die Strafverfolgungsbehörden nach freiem Ermessen darüber entscheiden, ob eine Strafverfolgung aufzunehmen und weiterzuführen ist.[10] Das Opportunitätsprinzip folgt nicht nur aus dem Gedanken, dass man die Staatsanwaltschaft von dem Zwang befreien wollte, jede Anzeige Privater, insbesondere der Opfer geringfügiger Delikte, verfolgen zu müssen, sondern auch aus dem verfassungsrechtlichen Grundsatz der Verhältnismäßigkeit, d. h. aus dem Gedanken, dass im Einzelfall auf eine Bestrafung verzichtet werden darf, wenn präventive Gründe sie nicht erfordern.[11]

Zusammenfassend bildet die legalitätsgeprägte Rechtsanwendung nach der gesetzlichen Grundkonzeption des Strafrechts eher die Regel, während opportunitätsgeprägte Entscheidungen die (nur auf Grund besonderer Vorschriften zulässige) Ausnahme darstellen. Dies folgt nicht erst aus der speziell für die Staatsanwaltschaft geltenden Verankerung des Legalitätsprinzips in innerstaatlichen Strafprozessordnungen, sondern ergibt sich im Grunde genommen schon aus der Formulierung der materiellrechtlichen Straftatbestände.[12] In den verschiedenen Rechtsordnungen wird das Verhältnis von Legalitäts- und Opportunitätsprinzip freilich unterschiedlich gehandhabt. Jedoch enthalten alle Rechtsordnungen Elemente beider Prinzipien.[13] Der Blick auf einige Rechtsordnungen hat zwei Annahmen bestätigt: Erstens, Anklagemonopol der Staatsanwaltschaft und Opportunitätsprinzip schließen einander nicht notwendig aus; zweitens, in einem System, das auf

---

8 Allg. zum Opportunitätsprinzip *Horstmann*, Opportunitätseinstellung, S. 51; *Roxin*, Strafverfahrensrecht, S. 85. Weiteres zur Ermessensbefugnis des Staatsanwalts in natonalen Rechtsordnungen *Nsereko*, JICJ 3 (2005), S. 126-134.

9 Über praktische Annäherungen siehe *Pradel*, Droit pénal comparé, S. 553 ff.

10 *Heyden*, Begriff, S. 7. Das Opportunitätsprinzip ist in einer großen Anzahl von Ländern vorgesehen wie Frankreich, Belgien, den Niederlanden, Luxemburg, den italienischen Kantonen in der Schweiz, Großbritannien, Island, Dänemark, Norwegen, den meisten Staaten Afrikas, Israel, den USA, Kanada, Japan und China. *Pradel*, Droit pénal comparé, S. 553 ff.

11 *Roxin*, Strafverfahrensrecht, S. 85. Für eine rechtsvergleichende Darstellung von Legalitäts- und Opportunitätsprinzip *Weigend*, Anklagepflicht und Ermessen.

12 Vgl. *Erb*, Legalität und Opportunität, S. 68.

13 *Biehle/Gleß/Parra/Zeitler*, Analyse des Grünbuchs, S. 21-22.

das Anklagemonopol gegründet ist, bedarf das Ermessen der Staatsanwaltschaft der Strukturierung durch Richtlinien und der externen Kontrolle durch die Gerichte.[14]

§ 18 Opportunitätserwägungen in internationalen Strafverfahren

In Bezug auf internationale Strafverfahren setzen Aufnahme und Fortsetzung einer Strafverfolgung voraus, dass es „begründete" (reasonable) Grundlagen (für die Ermittlungsaufnahme, Art. 53 (1) ICC-Statut) und „hinreichende" (sufficient) Grundlage (für die Anklageerhebung, Art. 53 (2) ICC-Statut) gibt. Dementsprechend setzt die Verfahrenseinstellung voraus, dass es keine begründete oder hinreichende Grundlage für die Einleitung und Durchführung eines Strafverfahrens gibt. Folglich stellt sich bei Vorliegen der Strafverfolgungsvoraussetzungen eine wesentliche Frage: Hat der internationale Ankläger sodann lediglich die Möglichkeit oder aber die Pflicht zur Aufnahme oder Fortsetzung der Strafverfolgung? Im ersten Fall würde das Opportunitätsprinzip, im zweiten Fall das Legalitätsprinzip in der Strafverfolgung angewandt. In diesem Abschnitt ist zu klären, inwieweit bei einer Strafverfolgung das Legalitätsprinzip gilt, der Ankläger also zu einer Verfolgung völkerrechtlicher Verbrechen verpflichtet ist oder aber das Opportunitätsprinzip Anwendung findet, also die Strafverfolgung von Zwecksmäßigkeitsüberlegungen abhängig gemacht werden kann.

A. Rechtfertigung der Opportunität in der internationalen Strafgerichtsbarkeit

Unter dem Gesichtspunkt der Gerechtigkeit bei der Strafverfolgung spielen das Verhältnis zwischen internationaler und innerstaatlicher Strafgerichtsbarkeit, die Strafzwecke, aber auch die Prozessökonomie eine Rolle hinsichtlich der Frage, ob und inwieweit der Verzicht auf eine internationale Strafverfolgungspflicht gerechtfertigt sein kann.

I. Komplementarität der internationalen Strafgerichtsbarkeit zu nationalen Rechtsordnungen

Gemäß dem Komplementaritätsgrundsatz kann der ICC nur tätig werden, wenn die jeweilige nationale Gerichtsbarkeit nicht willens oder fähig ist, ein in ihre Zuständigkeit fallendes Verbrechen zu verfolgen. Die Komplementarität ist eine

---

[14] *Weigend*, Anklagepflicht und Ermessen, S. 167.

Form der Partnerschaft, in der erwartet wird, dass nationale Gerichte den Hauptteil von Verfolgungen sekundärer Wichtigkeit tragen, während der internationale Gerichtshof die Hauptfälle bearbeitet.[15] *Bassiouni* argumentiert, dass - als eine Sache der Politik - die internationale Strafverfolgung auf Führer, politische Entscheidungsträger und leitende Vollstrecker begrenzt werden sollte, während nationale Behörden die Gerichtsbarkeit über die restlichen Täter übernehmen sollten. Eine nationale Verfolgung von Tätern hat beispielsweise in Äthiopien und gewissermaßen in Argentinien stattgefunden. Aber sogar innerhalb von Einzelstaaten können Bemühungen gemacht werden, zwischen Führungskräfte und Tätern von kleineren Rechtsverletzungen zu unterscheiden.[16] Der ICC muss somit nicht nach dem Legalitätsprinzip handeln, das die Verfolgung von Straftaten ohne Rücksicht auf die persönlichen Umstände des Täters und dessen Rolle bei Verbrechen zwingend vorschreiben würde.[17] In der Tat hat der Ankläger des ICC die Vertragsmitgliedstaaten aufgefordert, die Anforderungen des Komplementaritätsgrundsatzes, wie er in der Präambel des Römischen Statuts reflektiert wird, zu erfüllen.[18]

II. Strafzweck des Völkerstrafrechts bzw. des ICC selbst

Bei der Frage nach den Strafzwecken geht es immer zugleich auch um den Zweck des Völkerstrafrechts bzw. des ICC selbst. Der ICC dient nicht nur dazu, Gerechtigkeit herzustellen, sondern soll auch zur Versöhnung beitragen.[19] Politische Erwägungen spielen auf internationaler Ebene immer eine nicht zu übersehende Rolle. [20] Für das Völkerstrafrecht stellt sich nun im Zusammenhang mit solchen politischen Zweckerwägungen nicht nur die Frage nach seinen positiven Funktionen, sondern es ist auch zu fragen, ob Strafdrohungen nicht auch höchst unerwünschte Wirkungen haben können. Denn Strafverfolgungsinteressen und politi-

---

15 *Arbour*, CJTL 40 (2001) 1, S. 5; eingehend auch *Eser*, FS für Burgstaller, S. 360 ff.

16 *Schelton*, Remedies, S. 327.

17 *Rehmke*, ForumRecht Heft 1/2003 ; vgl. *Arbour*, WYAJ 17 (1999), S. 213.

18 Der Ankläger hat in seinem Strategiepapier erklärt, „A major part of the external relations and outreach strategy of the Office of the Prosecutor will be to encourage and facilitate States to carry out their primary responsibility of investigating and prosecuting crimes...... Office will develop formal and informal networks of contacts to encourage States to undertake State action, using means appropriate in the particular circumstances of a given case. " Siehe Paper on Some Policy Issues Before the Office of the Prosecutor, ICC-OTP 2003, September 2003, Section 1.2, S. 5.

19 Nach *Antonio Cassese*, Ex-Präsident des ICTY, hat das ICTY drei Ziele: „to do justice, to deter further crimes and to contribute to the restoration and maintenance of peace." ICTY – Annual Report 1994, paras. 11-18.

20 So *Ambos*, JbM 2000, S. 134.

sche Opportunität können zueinander in ein kompliziertes Konkurrenzverhältnis geraten.[21]

Roggemann erklärt, in der internationalen Strafgerichtsbarkeit könne die „Kollision zwischen Staats- und Politikschutzinteresse einerseits und Strafverfolgungsinteresse andererseits“ ... „durch Einschränkung des Legalitätsprinzips durch das Opportunitätsprinzip gelöst“ werden.[22] Diese Möglichkeit eröffnet dem internationalen Ankläger einen breiten Beurteilungsspielraum, in solchen Fällen von einer Verfolgung abzusehen, in denen dies politisch nicht opportun erscheint.[23] Dementsprechend muss der internationale Ankläger auch die Befugnis haben, unterschiedliche Strategien zu verfolgen, um die legitimen Ziele des Gerichtshofs zu erreichen,[24] insbesondere wenn der internationale Ankläger als Interessenvertreter der internationalen Gemeinschaft betrachtet wird und die internationale Strafverfolgung den Interessen der internationalen Gemeinschaft entsprechen soll.[25]

Die in der Vergangenheit angestellten Opportunitätserwägungen wie auch der Strategiewechsel der *Ad-hoc*-Tribunale, der in erster Linie durch eine veränderte politische Lage hervorgerufen wurde,[26] haben ergeben, dass die Einleitung eines Verfahrens bei den internationalen Strafgerichtshöfen stets selektiv erfolgt[27] und von politischen Interessen mitbestimmt wird.[28] Im Fall des ICC ist die öffentliche Politik ein integrales Element der inländischen und der internationalen Gerichtsbarkeit sein, obwohl dies nicht ausdrücklich identifiziert wird.[29] Deswegen sind die Vorstellungen, dass jede Straftat ohne Berücksichtigung des persönlichen Ansehens des Täters verfolgt wird, wie sie dem Legalitätsprinzip zugrunde liegen, dem Völkerstrafrecht fremd – und sie werden ihm auch so lange fremd bleiben,

---

21 *Jäger*, in: *Hankel/Stuby*, Strafgerichte, S. 342.

22 *Roggemann*, Die Internationalen Strafgerichtshöfe, S. 118.

23 *Ambos*, JbM 2000, S. 134. Zur Analyse von Amnestie und ICC, *Majzub*, MJIL 3 (2002), S. 247-279; *Robinson*, EJIL 14 (2003), S. 481-505.

24 *Blewitt*, in: *Joyne/Bassiouni*, Reining in Impunity, S.159. Für *Arbour*: "The organizing principle that should guide the choices of procedural models for the permanent court as well as for the *ad hoc* tribunals is the link between personal criminal accountability and peace." *Arbour*, CJTL 40 (2001) 1, S. 6.

25 Näheres *Brubacher*, JICJ 2 (2004), S. 80 f.

26 *Gilles*, NKSH 2001, S. 27.

27 Näheres über selektive Strafverfolgung am ICTY *Del Ponte*, JICJ 4 (2006), S. 541 ff.

28 *Tolmein*, taz Nr. 6730 vom 20.04.2002, S. 12. Zur Legitimationsschwierigkeit, die eine solche Strategie für eine Rechtsinstanz im internationalen System darstellt, vgl. *Gilles*, NKSH 2001, S. 27.

29 Näheres *Brubacher*, JICJ 2 (2004), S. 80.

wie es kein internationales Gewaltmonopol gibt, das über die Machtmittel verfügt, dieses Strafrecht zu verwirklichen.[30]

Ferner werden Strafverfolgungsinteressen in manchen Konfliktsituationen hinter vorrangigen politischen Zweckerwägungen, wie vor allem der Herstellung von Frieden, zurücktreten müssen. Solche Interessenabwägungen sind übrigens auch den staatlichen Strafrechtsordnungen nicht fremd.[31] Das Instrument der Wahrheits- und Versöhnungskommission,[32] wie es in Südafrika, Peru und Osttimor existiert, spielt eine wichtige Rolle. Täter, die vor einer Wahrheitskommission wahrheitsgemäß über ihre Straftaten berichten, müssen nicht mehr mit staatlicher Strafverfolgung wegen dieser Straftaten rechnen - Dahinter steht die Hoffnung, dass so die Versöhnung einer Gesellschaft nach einem Bürgerkrieg auf besonders schnelle und sichere Weise gelingen könnte. Dies kann etwa auch der Fall sein, wenn mögliche Tatverdächtige an Friedensverhandlungen teilgenommen haben und der Erfolg dieser Verhandlungen durch Ermittlungen und gegebenenfalls eine Anklage gegen diese Personen gefährdet würde.[33] Deswegen erscheint gerade im Völkerstrafrecht die Anerkennung eines Opportunitätsprinzips, das ein Absehen von Strafverfolgung aus politischen Gründen ermöglicht, von besonderer Dringlichkeit zu sein.[34]

III. Ökonomie internationaler Strafrechtspflege

Bei Begründung einer Präferenz des Opportunitätsprinzips für internationale Strafverfahren spielt auch der Stellenwert justizökonomischer Überlegungen eine wichtige Rolle.[35] Ein strenges Legalitätsprinzip entspricht nicht dem kriminolo-

---

30 *Tolmein*, Freitag 30, 19.07.2002; *ders.*, taz Nr. 6730 vom 20.04.2002, S. 12.

31 *Jäger*, in: *Hankel/Stuby*, Strafgerichte, S. 342; auch *Brubacher*, JICJ 2 (2004), S. 82.

32 Die Wahrheits- und Versöhnungskommission wurde 1996 durch Präsident Nelson Mandela zur Aufarbeitung der Verbrechen während der Apartheid in Südafrika gebildet. Ihr Ziel war und ist es, Opfer und Täter in einen "Dialog" zu bringen und somit eine Grundlage für die Versöhnung der zerstrittenen Bevölkerungsgruppen zu schaffen. Vorrangig hierbei ist die Anhörung, die Wahrnehmung des Erlebens des jeweils anderen. Die Idee der Wahrheitskommission ist in den letzten Jahren in weiteren Ländern umgesetzt worden, unter anderem in Peru und in Osttimor. In beiden Fällen gilt Südafrika als Vorbild. Für weitere Informationen über die Wahrheitskommission siehe ihre Homepage: *www.doj.gov.za/trc.*

33 *Ambos*, JbM 2000, S. 134.

34 *Jäger*, in: *Hankel/Stuby*, Strafgerichte, S. 342. Weiteres siehe *Robinson*, EJIL 14 (2003), S. 505; *Webb*, CLQ 50 (2005), S. 33 ff. Für Kriterien zur Feststellung, ob die Wahrheitskommission als annehmbare Alternative zur Strafverfolgung dienen kann, siehe *Goldstone/Fritz*, LJIL 13 (2000), S. 664.

35 Der Gedanke, in das Strafrecht ökonomische Gesichtspunkte aufzunehmen, ist nicht neu. Nä-

gischen und kriminalpolitischen Stand der internationalen Strafverfolgung. Der moderne Staat hat in fortschreitender Entwicklung die Strafverfolgung als Mittel der Kriminalpolizei eingesetzt und die Pflicht der Staatsorgane zur Strafverfolgung eingeschränkt. So kann Legalität nicht mehr als vorrangig anerkannter Grundsatz bezeichnet werden.[36]

Das Ziel der internationalen Strafverfolgung, die verantwortlichen Anführer für ihre Straftaten zur Rechenschaft zu ziehen, ist im Wesentlichen durch die Tatsache bedingt, dass der Gerichtshof mit seinen begrenzten Ressourcen nur eine begrenzte Zahl von Personen vor Gericht bringen kann.[37] Angesichts der Besonderheiten der internationalen Verfolgung von typischerweise der Makrokriminalität zuzuordnenden Völkerstraftaten ist es kaum anzunehmen, dass sich eine reine Lösung nach dem Legalitätsprinzip für das Völkerstrafverfahren verwirklichen ließe,[38] weil diesem mit einem Verfolgungs- und Anklagezwang etwas Unmögliches aufgebürdet würde.[39] Dies ist besonders für den Ankläger des ICC bedeutsam, der, wenn er sich für die Aufnahme von Ermittlungen entscheidet, belastende wie auch entlastende Umstände gleichermaßen erforschen muss. Dies lässt vermuten, dass die Kosten, die die Ermittlungen erfordern, enorm sind. Deswegen ist es wünschenswert, bei der Strafverfolgung vor dem Gerichtshof dahingehend selektiv zu sein, dass große Fälle verfolgt und von der Verfolgung eher kleinerer Fälle abzuraten ist.[40] Alles andere würde die Kapazität des Gerichtshofs übersteigen.[41] Wenn das Risiko einer möglichen Überlastung des Gerichtshofs nicht ausreichend berücksichtigt würde, wird, könnte seine Funktion beeinträchtigt werden.

---

heres zum „Grundsatz der Prozessökonomie" *Pott*, Außerkraftsetzung, S. 135ff.

36 *Siegert*, Grundlinien, S. 41; *Bergsmo/Cissé/Staker*, in: *Arbour et al.*, The Prosecutor, S. 135.

37 Vgl. *Engels*, Die Neue Gesellschaft/Frankfurter Hefte, 2/1997, S. 124-131; *Nsereko*, JICJ 3 (2005), S. 125. Das erste Budget des ICC z. B. stellte der Anklagebehörde nur € 3.961.200 zur Verfügung aus einem Gesamtbudget von € 30.893.500. Siehe dazu Budget for the First Financial Period of the Court, Official Records of the First Session of the Assembly of States Parties to the Rome Statute of the International Criminal Court, September 3-10, 2002, Part. III, UN Doc. ICC/ASP/1/3.

38 *Siegert*, Grundlinien, S. 41; *Bergsmo/Cissé/Staker*, in: *Arbour et al.*, The Prosecutor, S. 135; *Brubacher*, JICJ 2 (2004), S. 75; *Kreß*, Vor III 26, Rdnr. 100.

39 *Jäger*, in: *Hankel/Stuby*, Strafgerichte, S. 336.

40 *Prosecutor v. Delalic*, IT-96-21-A, Judg. 20.02.2001, para. 602.

41 Siehe *Turone*, in: *Cassese et al.*, The Rome Statute, Vol. II, S. 1174.

IV. Kritische Bemerkungen

Die Funktion des Anklägers spielt eine besondere Rolle in Strafverfolgungssystemen, die durch ein hohes Maß an Ermessen charakterisiert sind.[42] Die Entscheidung, wie viele Ermittlungen aufgenommen und wie viele Anklagen vorgebracht werden und gegen welche Arten von Verbrechen vorzugehen ist, würde die Komplexität, die Länge und den Charakter der einzelnen Fälle, die vom Gerichtshof zu behandeln wären, erheblich beeinflussen.[43] Der Ankläger des ICC hat bereits erklärt, dass als eine allgemeine Regel die Anklagebehörde ihre Bemühungen und Ressourcen auf die Ermittlung und Strafverfolgung von solchen Täter konzentrieren will, welche die größte Verantwortlichkeit tragen, wie Führer eines Staats oder einer Organisation, die angeblich für die schwersten Verbrechen verantwortlich sind.[44] Die Fälle, in denen die Schwelle der erforderlichen „Schwere" nicht erreicht würde bzw. diese Kriterien nicht erfüllt wären, sollten den einzelstaatlichen Behörden überlassen werden. Dies hätte den Vorteil, dass die Anklagebehörde nicht mit Angelegenheiten von geringer Bedeutung belastet werde, die besser auf nationaler Ebene zu erledigen wären.[45] Diese Beschränkungen waren eine Schlüsselfrage bei der Entscheidung der Anklagebehörde, der Ermittlung der schwersten Verletzungen des internationalen humanitären Rechts und der Personen, die für sie letztlich verantwortlich sein können, Priorität zu geben.[46]

Es ist jedoch zu bemerken, dass das Ermessen des Anklägers unter dem Regime der Komplementarität äußerst vorsichtig und diplomatisch ausgeübt werden muss, wenn der Ankläger versucht, die Ermittlung oder Strafverfolgung von Fällen, die bereits von inländischen Behörden begonnen wurde, an sich zu ziehen. Der ICC steht in einem „unausweichlichen Kontext politischer Opportunität".[47] Das Völ-

---

42 *Danner*, AJIL 97 (2003) 3, S. 519.

43 Vgl. *Danner*, AJIL 97 (2003) 3, S. 521.

44 ICC-OTP Policy Paper, Sect. 2.1, S. 7; auch *Danner*, SLR 55 (2003) 5, S. 1658; *Schrag*, Lessons, Sect. 4, S. 4.

45 In diesem Zusammenhang sollten genaue Fallkategorien festgelegt werden, damit klar ist, in welchen Fällen das Strafverfahren endgültig abgeschlossen oder eingestellt werden kann. Nachdem das ICC am 11.03.2003 die Arbeit aufgenommen hatte, hatte der Ankläger bis 17. 07.2003 schon 499 Mitteilungen („Communications") aus 66 Ländern erhalten, wobei allerdings mehr als 80 Prozent aller angezeigten Vorfälle nicht unter die Jurisdiktion des Gerichts fielen. Siehe ICC Press Release, Prosecutor will comment on communications received. No. pids.008.2003-EN, 15.07.2003.

46 Vgl. ICTY Press Release, Statement by Justice Louise Arbour to the Preparatory Committee on the Establishment of an International Criminal Court. CC/PIO/271-E, 08.12.1997; *Arbour*, WYAJ 17 (1999), S. 213. Zutreffend *Akhavan*, HRQ 20 (1998), S. 777.

47 *Lüder*, HuV-I 11 (1998), S. 94. Für eine umfangreiche Darstellung des Abhängigkeitsverhält-

kerstrafrecht ist ein originär politisches Strafrecht. Wer darüber zu entscheiden hat, gegen wen die Strafverfolgung aufzunehmen oder fortzusetzen ist und wie das Verfahren dann geführt werden soll, ist stets abhängig von den jeweiligen Kräftekonstellationen auf internationaler Ebene und von den politischen Vorstellungen und Überzeugungen der staatlichen Akteure.[48]

B. Verankerung der Opportunitätsgedanken in internationalen Strafverfahren

Die Statuten der *Ad-hoc*-Tribunale gingen wohl eher vom strengen Legalitätsprinzip aus. Die definitive Formulierung, „shall prepare an indictment", die Art. 18 (4) ICTY-Statut und Art. 17 (4) ICTR-Statut benutzen, deutet auf eine Verpflichtung eher als Ermessen des Anklägers zum Anklagen hin.[49] Wörtlich verweigert auch Rule 47 (B) ICTY-RPE dem Ankläger das Ermessen, aus anderen Gründen als solchen der Unzulänglichkeit von Beweismitteln von der Einreichung der Anklageschrift abzusehen.[50] Auch in der unmittelbar nach dem Inkrafttreten des Statuts erschienenen Literatur wurde noch ein Opportunitätsermessen des Anklägers zur Verfahrenseinstellung für ausgeschlossen gehalten.[51] Der Gedanke des Legalitätsprinzips versteht sich aus der Schwere der Verbrechen, die der internationalen Strafgerichtsbarkeit unterliegen. Wenn der Ankläger glaubt, dass ein Verbrechen innerhalb seiner Gerichtsbarkeit begangen wurde, muss er Ermittlungen einleiten, und wenn ausreichende Beweismittel vorliegen, muss er Anklage erheben.[52]

Erst in der Folgezeit ist der Opportunitätsgedanke in der Praxis der internationalen Strafjustiz aufgekommen. Wegen der schweren Arbeitsüberlastung hatte der Ankläger seit 1997 eine Politik selektiver Strafverfolgung, die auf Haupttäter zielte, verfolgt.[53] Das Statut (Art. 19 ICC-Statut) und die RPE des ICTY haben dann in der Literatur eine neue Interpretation erfahren. Dementsprechend ist es die Auf-

nisses zwischen Politik und Justiz im Bereich Völkerrecht und Völkerstrafrecht *Maier*, Gemeinsamkeiten, S. 272 ff.

48 *Tolmein*, Freitag 30, 19.07.2002; *ders.*, taz Nr. 6730 vom 20.04.2002, S. 12.

49 Auch *Côté*, JICJ, 3 (2005), S. 165, Nsereko, 3 JICJ (2005), S. 136.

50 *Creta*, HJIL. 1998, S. 401.

51 Siehe *Nsereko*, CLF 5 (1994) 2-3, S. 51; *ders.*, Prosecutorial Discretion, S. 11.

52 ICTY Press Release, Address by the Registrar of the ICTY to the Plenary of the Preparatory Commission of the International Criminal Court during its Seventh Session (06.03.2001). H.H/P.I.S./571-e, 07.03.2001.

53 ICTY Press Release, Statement by the Prosecutor Following the Withdrawal of the Charges against 14 Accused. CC/PIU/314-E, 08.05.1998; siehe auch *Murphy*, AJIL, 93 (1999) 1, S. 59. Näheres über selektive Strafverfolgung am ICTY *Del Ponte*, JICJ 4 (2006), S. 541 ff.

gabe des Anklägers, eine Strafverfolgungsstrategie zu entwickeln und zu entscheiden, ob ein Verfahren dem Interesse seines Mandats als Ankläger dient. Dies wird von Rule 51 (A) der RPE von ICTY und ICTR anerkannt, wonach es dem Ankläger erlaubt ist, in jedem Stadium des Verfahrens die Rücknahme einer Anklageschrift zu beantragen.[54] Richter *Vohrah* erklärte dementsprechend sogar ausdrücklich, dass es im Statut und in den RPE des ICTY nichts gebe, was den Ankläger verpflichte, Anklage zu erheben, selbst wenn hinreichende Beweise gegen einen Verdächtigen vorgebracht werden könnten.[55]

Dieser Opportunitätsgedanke erhielt im Jahr 2001 im Urteil der Berufungskammer im *Delalic*-Fall ihren höchstrichterlichen Segen. Die Berufungskammer erklärte, dass der Ankläger ein eingeschränktes Ermessen hinsichtlich der Einleitung von Ermittlungen und der Erhebung der Anklage habe.[56] Dieser Gedanke wurde dann auch vom Sicherheitsrat bestätigt. Der Sicherheitsrat deutete in einer Erklärung seines Präsidenten am 23.07.2002 an, dass sich das ICTY auf Strafverfolgung von Haupttätern eher als auf die von Tätern niedrigerer Ebene konzentrieren sollte.[57] In seiner Resolution 1534 vom 26. März 2004 wiederholte der Sicherheitsrat diese Aufforderung an die beiden *Ad-hoc*-Tribunale.[58]

---

54 So *Kittichaisaree*, International Criminal Law, S. 280. In Bezug auf das ICTR siehe noch *Laucci*, IRRC, 83 (2001) 842, S. 415. Zur umstrittenen Einstellungsentscheidung des Anklägers des ICTY in Bezug auf das NATO-Bombardement siehe etwa *Colangelo*, NULR 97 (2003) 3, S. 1393-1436.

55 *Vohrah*, in: *McDonald/Swaak-Goldman*, Aspects, S. 488.

56 *Prosecutor v. Delalic*, IT-96-21-A, Judg. 20.02.2001, para. 602: „In the present context, indeed in many criminal justice systems, the entity responsible for prosecutions has finite financial and human resources and cannot realistically be expected to prosecute every offender which may fall within the strict terms of its jurisdiction. It must of necessity make decisions as to the nature of the crimes and the offenders to be prosecuted. It is beyond question that the Prosecutor has a broad discretion in relation to the initiation of investigations and in the preparation of indictments. “

57 UN Press Release SC/7461, 23.07.2002: „The ICTY should concentrate its work on the prosecution and trial of the civilian, military and paramilitary leaders suspected of being responsible for serious violations of international humanitarian law committed in the territory of the former Yugoslavia since 1991, rather than on minor actors.“ Am 23.04.2002 legte der Präsident des ICTY einen Vorschlag über „Referring Strategy“ vor, nämlich dass die Fälle der Strafverfolgung von Personen aus niederen und mittleren Rängen an inländische Gerichte der Staaten des ehemaligen Jugoslawien überwiesen werden sollten. Vor dem ICTY sollten nur noch die prominenten Angeklagten weiterverfolgt werden (ICTY Press Release, JdH/P.I.S./671-e, 24.04.2002). Näheres zur „Referring Strategy“ des ICTY *Bohlander*, CLF 14 (2003), S. 59-99.

58 S.C. Resolution 1534, U.N.SCOR, 4935th mtg, U.N. Doc. S/RES/1534 (2004), 26.03. 2004, „...in reviewing and confirming any new indictments to ensure that such indictments concentrate on the most senior leaders suspected of being most responsible for crimes within their ju-

Gleichwohl ist es bemerkenswert, dass die Opportunitätsbefugnis des Anklägers nie direkt ins Statut geschrieben wurde, und dies, obwohl politische Opportunitätserwägungen in der Rechtsprechungspraxis des ICTY gerichtliche Anerkennung gefunden haben.[59] Außerdem hat die Rechtsprechung des ICTY keine juristischen Richtlinien für politische Opportunitätserwägungen erarbeitet.

Die gesetzliche Positivierung der Opportunität findet sich hingegen im ICC-Statut, das dem Ankläger in Bezug auf Strafverfolgung ausdrücklich eine Ermessensbefugnis einräumt. Nach dem Statut wird die Entscheidung, ob eine Strafverfolgung aufgenommen oder fortgesetzt werden soll oder nicht, nach eingehender Prüfung der zur Verfügung stehenden Beweismittel und nach Beantwortung der Frage getroffen, ob die Strafverfolgung bei Vorliegen der gesetzlichen Voraussetzungen des jeweiligen Einzelfalls im „Interesse der Gerechtigkeit" geboten ist (Art. 53 (1) (c) und (2) (c) ICC-Statut).[60] Damit wird dem Ankläger eine bedeutende Entscheidungsgewalt überlassen. Das Wort „Gerechtigkeit" ist allerdings anspruchsvoll. Es gibt ein Konzept wieder, das erheblich bestritten ist und für unterschiedliche Autoren auch Unterschiedliches bedeutet.[61] Während der Verhandlungen auf der Rom-Konferenz wurde behauptet, dass es dem Begriff „Interesse der Gerechtigkeit" an Klarheit mangele; auch machten sich einige Delegationen Sorgen, dass dieser Begriff die Tür für etwas öffnen könnte, was den Absprachen ähnlich sei;

---

risdictions of the relevant tribunal. In addition, whilst, as we saw earlier, the Prosecutor retains discretion under the Statute to determine whether and on what ground to initiate investigations, the Council has also laid down policy in this respect. In its Res. 1503 of 27 August 2003, the Security Council called on all states, especially Rwanda, Kenya, the DRC and the Republic of Congo, to collaborate fully with the Tribunal and especially in the investigation of allegations of violations by the members of the Rwandan Patriotic Front (RPF). Although this particular aspect of the Resolution is not directed at the Prosecutor, it leaves no doubt that the Council expects the Prosecutor to investigate those allegations and decide whether to indict or not to indict."

59 Für eine kritische Betrachtung hinsichtlich der Auswahl der Anklageerhebungen nach Gruppenzugehörigkeit und Rang vgl. *Gilles*, NKSH Nr. 1, Juli 2001, S. 18 ff.

60 Aber ein Kommentator bemerkt, dass die Auslegung der vagen Begriffe "Schwere des Verbrechens", "Interesse der Opfer" oder "Interesse der Gerechtigkeit" zutreffend dem Ankläger unter der Kontrolle der Vorverfahrenskammer unterliegt (Art. 53(3)). Somit stellt sich Art. 53(1)(c) insgesamt nicht – wie auf den ersten Blick zu vermuten – als eine der Billigkeit genügende Opportunitätsvorschrift dar, sondern als eine verfahrensrechtliche Absicherung der Legalität durch Arbeitsteilung: Wenn der Ankläger in bestimmten Fällen die Verfolgung verweigert, soll der Täter nicht prozessual "davonkommen", vielmehr soll dann den nationalen Strafverfolgungsbehörden der Fall in die Hand gelegt werden. Damit bleibt das Interesse der Gerechtigkeit, Völkerrechtsverbrechen abzuurteilen, im Ergebnis dann doch gewahrt. Siehe *Hoffmeister/Knoke*, ZaöRV 1999, S. 801.

61 *Goldstone/Fritz*, LJIL 13 (2000), S. 662; dazu auch *Rubin*, LCP 64 (2000) 1, S. 162.

ein Verfahren, das in manchen Strafprozesssystemen ausdrücklich ausgeschlossen wird. Dennoch wurde das Konzept im ICC-Statut beibehalten, was bedeutet, dass - anders als in vielen nationalen Rechtsordnungen - der internationale Ankläger keine absolute Verpflichtung hat, eine Ermittlung oder Strafverfolgung einzuleiten, selbst wenn es Gründe für die Annahme gibt, dass ein Verbrechen begangen worden ist.[62] Allerdings muss das Interesse der Gerechtigkeit restriktiv ausgelegt werden, und die Beweislast liegt beim Ankläger.[63]

C. Anwendungsbereich von Opportunitätserwägungen

I. Sachlicher Anwendungsbereich

Im Unterschied zur nationalen Praxis, wo das Opportunitätsprinzip normalerweise nur in Bezug auf Vergehen oder Bagatelldelikte anwendbar ist, gilt die Opportunität in internationalen Strafverfahren für alle Verbrechen, die der Gerichtsbarkeit des Gerichtshofs unterliegen, obwohl nur die schwersten Verbrechen, welche die internationale Gemeinschaft als Ganzes berühren, der Völkerstrafgerichtsbarkeit unterfallen. Im Vergleich zur Praxis auf einzelstaatlicher Ebene kann bemerkt werden, dass das Opportunitätsprinzip in der Völkerstrafgerichtsbarkeit einen sehr viel weiteren sachlichen Anwendungsbereich hat.

II. Zeitlicher Anwendungsbereich

In der Völkerstrafgerichtsbarkeit erstreckt sich die Opportunität des Anklägers sowohl auf die Ermittlungsaufnahme als auch auf die Anklageerhebung. Dies entspricht insbesondere der staatsanwaltschaftlichen Praxis im angloamerikanischen Rechtsbereich.[64] In jedem dieser Verfahrensabschnitte wird der Ankläger aufgefordert, die Prioritäten des Objekts der Ermittlungen sowie des Subjekts der Anklage festzusetzen.[65] Die Entscheidungen sowohl des ICTY als auch des ICTR haben das Bestehen der Diskretion des Anklägers in der Einleitung der Ermittlungen und in der Vorbereitung der Anklage anerkannt: die Auswahl der Einzelpersonen, die angeklagt werden sollen, die Anträge auf Aufschub, die Zurücknahme (oder der Antrag auf Zurücknahme) einer Anklage, die Wahl der Strategie des An-

---

62 *Friman*, in: *Fischer et al.*, International and National Prosecution, S. 201.

63 Näheres *Delmas-Marty*, JICJ 4 (2006), S. 8 f.

64 Für eine umfangreiche Analyse der Ermessensbefugnis des ICC-Anklägers bei Ermittlungseinleitung und Anklageerhebung siehe *McDonald/Haveman*, Prosecutorial Discretion, S. 1-9.

65 *Côté*, JICJ, 3 (2005), S. 167.

klägers usw.[66] Laut ICTY- und ICTR-Statut tritt richterliche Prüfung der Diskretion des Anklägers erst nach der Anklagebestätigung auf, und sie bestätigt nicht mehr als dass ein *prima facie* Fall begründet geworden ist.[67] Die richterliche Kontrolle des ICC-Anklägers tritt dagegen ziemlich früh auf, nämlich bereits hinsichtlich der Einleitung der Ermittlungen.

D. Rechtswirkung einer Einstellung aus Opportunitätserwägungen

Der Akt der Verfolgungseinstellung bildet keine eigene Entscheidung, sondern stellt lediglich das Gegenstück zur Strafverfolgerung dar. Betrachtet man die Fälle des Verfolgungsverzichts aus Opportunitätsgründen und aus anderen Gründen, so ist zunächst beiden gemeinsam, dass eine Verfahrenseinstellung auf der Ebene internationaler Strafgerichtsbarkeit eine Verfolgung des Verbrechens nach nationalem Strafrecht nicht präkludieren sollte. Sofern es der Grundsatz *ne bis in idem* erlaubt, hindert die Verfahrenseinstellung aus Opportunitätserwägungen durch den internationalen Ankläger die nationalen Behörden nicht daran, den Fall seinerseits in Bezug auf Verstöße gegen das nationale Recht weiterzuverfolgen. Es besteht zwar keine Verpflichtung, dass die nationalen Behörden den internationalen Ankläger über das Auftreten neuer Tatsachen informieren müssen. Allerdings wäre es zu begrüßen, wenn die nationalen Behörden das täten.

Die Rechtswirkung der Einstellung ist so ausgestaltet, dass die Fortsetzung der Ermittlungen durch den internationalen Ankläger möglich ist, wenn ihm neue Tatsachen zur Kenntnis gebracht werden (Art. 15 (6) ICC-Statut).

§ 19 Die Abgrenzung des Opportunitätsprinzips in der Völkerstrafgerichtsbarkeit

A. Berücksichtigung bestimmter Interessen

Während in den meisten Rechtskreisen die Kriterien der Handhabung des Ermessens des Anklägers mit der Zeit durch Rechtsprechung relativ gründlich definiert sind, ist die Situation in internationaler Strafrechtspflege noch ziemlich aufkeimend.[68] Nichtsdestoweniger ist es möglich, bestimmte Tendenzen bei der Handhabung des Ermessens des Anklägers von vorhandenen internationalen Gesetzge-

---

[66] Näheres auch *Côté*, JICJ, 3 (2005), S. 167.

[67] Art. 19(1) ICTY-Statut, Art. 18(1) ICTR-Statut. Siehe dazu auch *Côté*, JICJ, 3 (2005), S. 167.

[68] *Jallow*, JICJ 3 (2005), S. 146.

bungen berücksichtigt werden zu können, in der Praxis von Anklagebehörden und noch entwicklenden internationalen Rechtsprechung hinsichtlich dieser Thema.[69]

Eine Einstellung nach dem Opportunitätsprinzip, die ebenfalls ein Verfahrenshindernis darstellt, ist nur in Betracht zu ziehen, wenn eine Strafverfolgung nicht im Interesse der Gerechtigkeit ist. Um die Gefahr der Willkür oder Rechtsunsicherheit zu vermeiden, muss die Entscheidung erkennen lassen, dass Schwere der Schuld, Zulänglichkeit der Beweismittel und andere relevante Faktoren berücksichtigt wurden. Nur die Strafverfolgungen gegen das notorischste Verbrechen dient am besten die allgemeine Gerechtigkeit.[70]

Obwohl im Fall der *Ad-hoc*-Tribunale der Ankläger verpflichtet ist, die Opportunität nach dem Grundsatz der Gleichheit vor dem Gesetz zu handhaben, fehlt in der Rechtsprechungspraxis eine Positivierung sachlicher Opportunitätskriterien. Dementsprechend ist es für die Verteidigung schwierig, die Handhabung der Opportunität durch den Ankläger in Frage zu stellen.[71] Das ICC-Statut enthält die Generalklausel „Interesse der Gerechtigkeit". Obwohl das Interesse der Gerechtigkeit im ICC-Statut nicht definiert wird, steht es nicht völlig im Ermessen des Anklägers, ob er unter Hinweis darauf von der Einstellungsmöglichkeit nach dem Opportunitätsprinzip Gebrauch macht. Er hat nämlich auch über das Vorliegen der Voraussetzungen von so genannten unbestimmten Rechtsbegriffen wie „Schwere des Verbrechens", „Interessen der Opfer" oder „Rolle des Täters bei dem angeblichen Verbrechen" zu entscheiden und folglich geltendes Recht anzuwenden (Art. 53 (1) (c) und (2) (c) ICC-Statut). Jedoch macht das ICC-Statut nicht deutlich, wie viel Gewicht auf diese Faktoren gelegt werden soll, und sie werden nicht als erschöpfende Liste betrachtet. Andere Interessen können deutlich ins Spiel kommen, wenn eine wichtige Entscheidung der Nicht-Ermittlungen oder Nicht-Anklageerhebung getroffen wird.[72]

I. Interessen des Täters

Bei der Entscheidung zwischen Ermittlungsaufnahme oder Verfahrenseinstellung spielt die Schwere des Verbrechens eine wichtige Rolle (Art. 53 (1) (c) ICC-Statut). Bei der Entscheidung zwischen Anklageerhebung oder anderweitiger Reaktion auf eine strafbare Handlung spielen sowohl die Schwere des Verbre-

---

69 *Jallow*, JICJ 3 (2005), S. 146.
70 *Scharf*, in: *Joyner/Bassiouni*, Reining in Impunity, S.130.
71 Zutr. *Laucci*, IRRC 83 (2001) 842, S. 413.
72 *Webb*, CLQ 50 (2005), S. 326.

chens als auch das Alter des Täters, sein Geschlecht und sonstige persönliche Umstände eine besondere Rolle (Art. 53 (2) (c) ICC-Statut). Dieser Bestimmung lassen sich gewisse Richtlinien entnehmen, um möglicherweise willkürliche und durchsichtige Präferenzen beim Gebrauch dieses Ermessensparameters zu vermeiden.[73]

1. Schwere des Verbrechens

Die Schwere des Verbrechens ist der wesentlichste Faktor, den der Ankläger bei der Beurteilung des „Interesses der Gerechtigkeit" zu berücksichtigen hat.[74] Das ICC-Statut erfordert nicht die Verfolgung aller Straftäter. Während die Straftaten, die der Gerichtsbarkeit des ICC unterliegen, deutlich als Genozid, Verbrechen gegen die Menschlichkeit und Kriegsverbrechen definiert werden, sagt Art. 1 ICC-Statut ausdrücklich, dass der ICC für die Verfolgung der Personen errichtet ist, die für „schwerste" Verletzungen der internationalen humanitären Gesetze verantwortlich sind. Es geht also nicht um jede Verletzung, sondern nur um die schwersten. So sagt auch Art. 17 (1) (d) ICC-Statut, dass ein Verfahren nicht zulässig ist, wenn die Sache nicht schwerwiegend genug ist, um weitere Maßnahmen des Gerichtshofs zu rechtfertigen.

Jedoch fehlt im ICC-Statut eine Definition der „schwersten" Verletzungen.[75] In nationalen Strafrechtsordnungen ist die Schwere der Schuld anhand des gesetzlichen Strafrahmens zu beurteilen. Im ICC-Statut hingegen gibt es keinen gestuften gesetzlichen Strafrahmen (siehe Art. 77 ICC-Statut). In dieser Hinsicht hat der internationale Ankläger einen großen Ermessensspielraum. Der Ankläger beim ICC hat vier Faktoren bei der Bewertung der Schwere eines Verbrechens angegeben, nämlich Ausmaß, Natur, Begehungsweise und Auswirkung eines Verbrechens.[76] Allerdings entsteht in diesem Zusammenhang die Hauptkritik an den Richtlinien des Anklägers: Sie seien wesentlich unbestimmt.[77] Deswegen sollte die Unparteilichkeit des Anklägers prinzipiell gesichert werden. Wenn die Schwere des Verbrechens gering ist, kann die Strafverfolgung wegen Schuldgeringfügigkeit eingestellt werden. Es darf jedoch nicht sein, dass die Geringfügigkeitsgrenze von Fall zu Fall unterschiedlich definiert wird.

---

73 *Turone*, in: *Cassese et al.*, The Rome Statute, S. 1174.

74 Der Ankläger beim ICC hat unlängst auch die Schwere des Verbrechens als das erste Kriterium zur Selektion eines Falls betont. Siehe OTP, Report on the activities, S. 6.

75 *Jallow*, JICJ 3 (2005), S. 150 f.

76 OTP, Report on the activities , S. 6.

77 *Danner*, AJIL 97 (2003) 3, S. 544. Dazu auch *Webb*, CLQ 50 (2005), S. 327.

2. Persönliche Faktoren des Täters

Das hohe Alter eines Beschuldigten macht es häufig nicht möglich, ihn mit einer langen Verfahrensdauer zu strapazieren; auch könnte es angemessen erscheinen, ihn nicht mit dem ganzen Vorwurf seiner Straftaten zu konfrontieren.[78] Daneben kommt eine Teileinstellung der Verfolgung auch dann in Betracht, wenn aus Altersgründen die dauernde Verhandlungsunfähigkeit des Beschuldigten absehbar ist.[79]

Weitere persönliche Faktoren, welche die Entscheidung der Strafverfolgungsbehörde beeinflussen können, sind physische Krankheiten und seelische Störungen,[80] nicht aber die Stellung des Täters in der Gesellschaft. Hervorzuheben ist jedoch, dass die physischen Krankheiten der Person nicht zu den traditionellen Strafausschließungsgründen in nationalen Strafgerichtsbarkeiten gehören.[81] Allerdings zählt die seelische Krankheit oder Störung nach dem ICC-Statut eher zu den Ausschlussgründen der strafrechtlichen Verantwortlichkeit (Art. 31 (1) (a) ICC-Statut) als dass sie ein Faktor für die Nicht-Anklageerhebung wäre.[82] Beim ICC entsteht die Frage der seelischen Krankheit nur am Ende des Gerichtsverfahrens in Form einer Verteidigung. Allerdings kann es auch nötig sein, komplettere Bestimmungen einzufügen, um seelisch gestörte Angeklagte früher im Prozess zu behandeln.[83] Damit soll „Alter oder Gebrechlichkeit" (Art. 53 (2) (c)) weit ausgelegt werden.[84]

3. Rolle des Täters beim Verbrechen

Die Rolle des Straftäters beim angeblichen Verbrechen ist das abschließende Kriterium bei der Entscheidung betreffend Strafverfolgung, das ausdrücklich im ICC-Statut aufgelistet wird. Das Politik-Papier der ICC-Anklagebehörde legt ein Interesse auf das Verfolgen der Täter auf höchster Ebene offen. Es legt vorausgehende Regl nahe, dass die Anklagebehörde ihre Bemühungen und Ressourcen auf die Ermittlungen und Anklagen jener Personen richten soll, die die größte Ver-

---

78 Dazu auch *Bergsmo/Kruger*, in: *Triffterer*, Commentary, S. 711.
79 Vgl. *Kapahnke*, Opportunität und Legalität im Strafverfahren, S. 160.
80 Auch *Webb*, CLQ 50 (2005), S. 330.
81 Vgl. *Quattrocolo*, in: *Chiavario*, La justice pénale internationale, S. 367.
82 Auch *Webb*, CLQ 50 (2005), S. 332.
83 *Webb*, CLQ 50 (2005), S. 332.
84 Näheres *Webb*, CLQ 50 (2005), S. 333.

antwortlichkeit tragen, wie die Führer eines Staates oder einer Organisation.[85] Tatsächlich ist es in der Völkerstrafgerichtsbarkeit auch möglich, dass die Rolle eines Verdächtigen so bedeutungslos war, dass es kein Interesse der Gerechtigkeit gibt, obwohl die Taten des Verdächtigen alle Elemente eines Verbrechens aufweisen.[86] Dies könnte insbesondere der Fall sein, wenn eine Strafverfolgung gegen einen Anstifter des angeblichen Verbrechens eingeleitet wird, während der wahre Täter nicht oder noch nicht strafverfolgt wird.[87]

Jedoch entstehen dabei zwei Probleme, falls "die Rolle des angeblichen Täters"(Art. 53 (2) (c) ICC-Statut) nur auf Grund der Position des angeblichen Täters in einer Hierarchie ausgelegt würde. Zuerst gibt es auch ein starkes moralisches Argument für die Verfolgung von Personen, die „besonders sadistische Tendenzen" aufweisen, selbst wenn sie in der Befehlsstruktur relativ niedrig waren.[88] Es wäre unangebracht, wenn nur Führer, die eine Politik der Genozide verkündeten, aber nie wirklich eine Waffe benutzt haben, angeklagt würden, während eine Person, die bei der Ausführung dieser Politik Hunderte Personen ermordete, nicht angeklagt würde. Wenn der Grundsatz der Komplementarität regelrecht durchgesetzt würde, dann könnte man sich ein Szenario vorstellen, in dem der ICC die Führer verfolgt, während inländische Gerichte gegen die Täter auf niedriger Ebene vorgehen.[89]

Zweitens lässt die knappe Auslegung der „Rolle des angeblichen Täters" Zweifel, wie ein Teilnehmer an einem gemeinsamen verbrecherischen Unternehmen. („joint criminal enterprise") zu behandeln ist. Gemeinsames verbrecherisches Unternehmen ist eine Theorie der Verantwortlichkeit, die zuerst international durch die ICTY-Berufungskammer angewandt wurde und seitdem „die magische Kugel der Anklagebehörde" geworden ist. Die Auslegung des Kriteriums der „Rolle des angeblichen Täters" geht über ihren Platz in der Hierarchie hinaus. Die Bestrafung der „Architekten und der Enthusiasten" ist notwendig, um die Opfer zu ehren, grundlegende Werte aufrechtzuerhalten, und die Botschaft der Abschreckung zu vermitteln.[90] Der ICTY-Ankläger lehnt es auch ab, die Beschuldigten in große

85 Paper on some policy issues before the Office of the Prosecutor, September 2003, ICC-OTP 2003 (*http://www.icc-cpi.int/library/organs/otp/030905_Policy_Paper.pdf*), S. 6.
86 *Bergsmo/Kruger*, in: *Triffterer*, Commentary, S. 711.
87 *Bergsmo/Kruger*, in: *Triffterer*, Commentary, S. 711.
88 *Robinson*, EJIL 14 (2003), S. 494; *Webb*, CLQ 50 (2005), S. 334.
89 *Webb*, CLQ 50 (2005), S. 334.
90 Robinson, EJIL 14 (2003), S. 495; auch *Webb*, CLQ 50 (2005), S. 335.

Fische und in kleine Fische zu unterteilen.[91] Das Problem des Verfolgens der Teilnehmer an einem gemeinsamen kriminellen Unternehmen muss sorgfältig überprüft werden.[92]

II. Interessen der Opfer

Bei der Entscheidung über die Verfolgungseinstellung ist grundsätzlich auf die soziale Wirkung zu achten. Vor allem gebietet es die Verteidigung der Rechtsordnung, der Gefahr eines Vertrauensverlustes in das Funktionieren der Rechtspflege entgegenzusteuern. Eine zu geringe Beachtung des Verletzten im Strafverfahren kann nicht nur dessen Vertrauen in die Unverbrüchlichkeit des Rechts beeinflussen, sondern auch das Vertrauen der Allgemeinheit gefährden.[93] Deswegen können Opfer und ihre Familienmitglieder ein höchstes Interesse an den Ermittlungen und an der Strafverfolgung haben. Die Interessen der Opfer haben breite Aufmerksamkeit im Statut und in den RPE des ICC gefunden. Die betreffenden Vorschriften werden von dem allgemeinen Grundsatz getragen, dass bei jeder Entscheidung die Bedürfnisse aller Opfer und Zeugen ausreichend berücksichtigt werden müssen (Art. 53 (1) (c) und (2) (c) ICC-Statut, Rule 86, im Einzelnen Rule 87 ff. ICC-RPE).[94]

Jedoch schlagen einige inländische Anklagerichtlinien vor, dass das Interesse der Opfer auch als Grundlage für die Entscheidung der Nicht-Strafverfolgung dienen kann. Z. B. in England müssen die Staatsanwälte betrachten, ob eine Verfolgung, „wahrscheinlich ist, einen schlechten Effekt auf die geistige oder körperliche Gesundheit des Opfers zu bewirken, während die Schwere der Straftat immer beachtet werden muss.“[95] Gelegentlich gibt es deswegen darüber Ungewissheit, ob eine Strafverfolgung stattfinden soll oder nicht.

Zusammengefasst stellt das Interesse der Opfer ein Schlüsselkriterium für die Entscheidung dar, ob eine Strafverfolgung fortgesetzt werden muss, insbesondere im Licht des opferzentrierten Ansatzes des ICC-Statuts. Es müssen alle Umstände in Betracht gezogen werden. Die Interessen der Opfer können entweder den An-

---

91 Carla Del Ponte, adress to the Security Council, ICTY Press Release GR/P.I.S.642-e, 27.11.2001. Dazu auch *Webb*, CLQ 50 (2005), S. 335.

92 *Webb*, CLQ 50 (2005), S. 335.

93 *Kapahnke*, Opportunität und Legalität im Strafverfahren, S. 153.

94 Vgl. *Ambos*, NJW 2001, S. 408.

95 *Webb*, CLQ 50 (2005), S. 329 f.

kläger zwingen oder ihn daran hindern, die Verfolgung fortzusetzen.[96] Daneben wird von Art. 53 (1) (c) und (2) (c) ICC-Statut auch anerkannt, dass es bestimmte Faktoren wie z. B. das Interesse der Gerechtigkeit geben kann, die diese Interessen überwiegen können, obwohl die Opfer der Verbrechen, die unter die Gerichtsbarkeit des ICC fallen, und ihre Familienmitglieder höchstes Interesse an den Ermittlungen und an der Strafverfolgung der Täter haben.[97]

B. Erfordernis einer Steuerung der Opportunität durch Richtlinien

Offensichtlich ist das „Interesse der Gerechtigkeit" in verschiedenen Fällen unterschiedlich. Deswegen ist es wichtig, dass der Gerichtshof in Zukunft allgemeine Richtlinien dafür entwickelt. Bei entsprechender Ausgestaltung können solche Richtlinien einen wichtigen Beitrag dazu leisten, die Handhabung der Opportunitätsvorschriften berechenbarer und gleichmäßiger zu gestalten. Dabei braucht die Schaffung der erforderlichen normativen Vorgaben weder hinsichtlich der Zahl ermessensrelevanter Kriterien noch im Hinblick auf die justizökonomischen Konsequenzen unrealistisch zu sein, wenngleich übersteigerte Erwartungen vermieden werden sollten.[98] Eine Strukturierung des Ermessens durch Richtlinien, in denen typische „einstellungsfreundliche" und „einstellungsfeindliche" Umstände formuliert sind, hätte den Vorteil, dass sie in der Mehrzahl der Fälle nicht mit einer wesentlichen Steigerung des Arbeitsaufwands der Justizorgane einhergehen müsste.[99]

UN-Richtlinien betreffend die Rolle der Staatsanwälte sehen vor, dass „in Ländern, in denen dem Staatsanwalt Ermessensbefugnisse zustehen, im Gesetz oder in veröffentlichten Regeln oder Verordnungen Richtlinien vorzuschreiben sind, um die Fairness und Gleichmäßigkeit im Hinblick auf Entscheidungen über die Strafverfolgung einschließlich der Einleitung oder Einstellung des Verfahrens sicherzustellen" (Richtlinie 17 dieser UN-Richtlinien). Obwohl diese Richtlinien nur für inländische Strafrechtssysteme ausgearbeitet wurden, ist der Geist dieser Richtlinien in der Völkerstrafgerichtsbarkeit gleichermaßen anwendbar. Auch der ehemalige Ankläger des ICTY *Goldstone* hatte einmal betont, dass die Philosophie des Anklägers ein Thema breiter Debatten werden muss.[100]

---

[96] *Webb*, CLQ 50 (2005), S. 330.
[97] *Bergsmo/Kruger*, in: *Triffterer*, Commentary, S. 709.
[98] *Erb*, Legalität und Opportunität, S. 207.
[99] *Erb*, Legalität und Opportunität, S. 213.
[100] *Goldstone*, Comments on the Office of the Prosecutor, 24.03.2003, S. 2.

Allerdings ist es im Fall der *Ad-hoc*-Tribunale nicht gelungen, Richtlinien für das Ermessen des Anklägers auszuarbeiten. *Hall* hat klar gemacht, dass es scheint, dass die Verfolgungsstrategie der Anklagebehörde des ICTY im letzten Jahrzehnt eine Anzahl wichtiger Wechsel erlebt hat. Es gibt zahlreiche Artikel und Erklärungen, die darauf deuten, dass verschiedene interne Richtlinien betreffend die Ausübung der Ermessensbefugnis tatsächlich existieren - wie z. B. der Bericht über das NATO-Bombardement im Kosovo oder hinsichtlich der Annahme von „The Rules of the Road" und der Erklärungen zur Entwicklung einer „Completion Strategy". Allerdings wurden diese angeblich internen Richtlinien nicht publik gemacht. In der Tat haben sogar einige Mitglieder der Anklagebehörde auf vertraulicher Grundlage Zweifel am Umfang der Richtlinien des Anklägers bzw. hinsichtlich deren Anwendung geäußert.[101]

Im Fall des ICC haben weder das Statut noch seine RPE eine Richtlinie für den Ankläger hinsichtlich seines Ermessens bei der Einleitung der Ermittlungen oder Fortsetzung der Verfolgung vorgesehen.[102] Um Kritik wie bei den *Ad-hoc*-Tribunalen zu vermeiden und die Transparenz der Ermessensentscheidungen zu verbessern, wurde in verschiedenen Aufsätzen gefordert, Richtlinien betreffend die Ausübung der Ermessensbefugnis der Anklagebehörde zu erarbeiten.[103]

In Übereinstimmung mit diesen Aufforderungen hat die Anklagebehörde im Juni 2003 eine Richtlinie vorgelegt.[104] In der Draft Regulation, insbesondere in ihrem Buch Drei, werden Richtlinien betreffend die praktischen Aktivitäten der Anklagebehörde im Bereich Ermittlungen und Strafverfolgung festgelegt. Das Buch Drei mit dem Titel „Operations Manual" enthält vier Teile, die jeweils die Praxis der Komplementarität, der Vorprüfung und des Beginns der Ermittlungen (Regulations 1-13), der Ermittlungen (Regulations 14-39) und der Strafverfolgung betreffen. Hinsichtlich der Ermittlungen werden ziemlich ausführliche Richtlinien vorgelegt. Aber Regulation 12, die das Ermessen des Anklägers hinsichtlich der Ermittlungseinleitung betrifft, hat einfach nur die Bestimmungen des Art. 53 (1)

---

101 *Hall*, Suggestions, S. 11. Vgl. auch *Côté*, JICJ 3 (2005), S. 171-172. Zur umfangreichen Darstellung der Strafverfolgungsstrategien von verschiedenen Anklägern des ICTY *Kerr*, The ICTY, S. 175-207.

102 *McDonald/Haveman*, Prosecutorial Discretion, S. 9.

103 Z.B. *Côté*, JICJ 3 (2005), S. 171-172; *Danner*, AJIL 97 (2003) 3, S. 510-552; *ders*, SLR 55 (2003) 5, S. 1655-1656; *Hall*, Suggestions; *McDonald/Haveman*, Prosecutorial Discretion, S. 9.

104 Siehe ICC-OTP Draft Regulations; zutr. Prosecutor Report, 08.09.2003.

ICC-Statut kopiert. Sie hat nicht erreicht, die Kriterien des Art. 53 (1) ICC-Statut, insbesondere den Begriff „Interesse der Gerechtigkeit" weiter zu konkretisieren. Über den Grund dieser Untätigkeit hat die Anklagebehörde des ICC die folgende Erklärung abgegeben:

> „The experts are not in a position to make a recommendation on whether the Regulations should contain a further definition of what may constitute "interests of justice". Were it to be decided that such definition be given, this could comprise the following factors: (a) the start of an investigation would exacerbate or otherwise destabilise a conflict situation; (b) the start of an investigation would seriously endanger the successful completion of a reconciliation or peace process; or (c) the start of an investigation would bring the law into disrepute.
> Some of the arguments speaking in favour of such inclusion may be: (1) If the criteria are not made public, the Prosecutor will be heavily criticised if he ever makes a decision based on these factors; inclusion brings transparency; (2) It could be important for the Security Council to know these factors and take them into account when deciding whether to refer a case to the ICC; (3) Pursuant to rule 105(4) and (5), the Prosecutor has to give reasons for not starting an investigation of only based on interests of justice assessments."[105]

In der Draft Regulation fehlt nicht nur eine Definition des „Interesses der Gerechtigkeit", sondern auch eine ausführliche Richtlinie betreffend das Ermessen hinsichtlich Strafverfolgung, Berufung, Revision und Entschädigung.[106] Derzeit bleibt noch abzuwarten, was in der endgültigen Regulation stehen wird.[107] Immerhin haben die Experten klargemacht, dass *ex ante* Richtlinien einige Spannungen zwischen der Anklagebehörde und Organen des ICC (insbesondere der Vorverfahrenskammer) und zwischen der Anklagebehörde und beispielsweise dem UNO-Sicherheitsrat mildern können.[108] Nach *Webb* hat die verstärkte Aufsicht durch die Vorverfahrenskammer über Entscheidungen auf Grund der Interessen der Gerechtigkeit drei Auswirkungen. Zuerst scheint es, dass nicht nur der Anklä-

---

105 ICC-OTP Draft Regulations, Fn. 79.

106 Näheres *Hall*, Suggestions, S. 11-33. Weiteres zu den Kriterien, die vom Ankläger beachtet werden müssen *McDonald/Haveman*, Prosecutorial Discretion, S. 9; zur Veröffentlichung der Richtlinien in einzelnen Staaten *Hall*, Suggestions, S. 11-12.

107 Der Ankündigung des Anklägers nach soll die endgültige Regulation während der ersten Hälfte von 2004 erlassen werden. Tatsächlich ist jedoch bis jetzt (Stand: Ende April 2005) die endgültige Regulation immer noch nicht erlassen..

108 Näheres *Webb*, CLQ 50 (2005), S. 318, 324.

ger vom Fehlen der Interessen der Gerechtigkeit überzeugt sein muss, sondern auch die Vorverfahrenskammer, damit Ermittlungen oder Strafverfolgung aus diesem Grund unterbleiben. Dies bedeutet, dass die Auslegung der Interessen der Gerechtigkeit sowohl die Vorverfahrenskammer als auch den Ankläger betrifft. Die Interessen der Gerechtigkeit werden wahrscheinlich durch die Interaktion zwischen diesen zwei Organen definiert. Zweitens gibt die genaue Prüfung der Entscheidungen betreffend die Interessen der Gerechtigkeit eine Erwartung wieder, dass solch eine Entscheidung nicht nur innerhalb der technischen Kompetenz des Anklägers liegt. Die Entscheidung hat ein politisches und subjektives Ausmaß, das die Aufsicht durch ein richterliches Organ benötigt. Drittens deutet der Unterschied bezüglich der Behandlung der Entscheidungen auf Grund des Mangels an "hinreichender Grundlage" oder auf Grund der unzulänglichen "rechtlichen und sachlichen Grundlage" und der Entscheidungen auf Grund der Bewertung der Interessen der Gerechtigkeit daran, dass die Interessen der Gerechtigkeit eine Auswertung der Schwäche oder der Stärke der Beweismittel nicht einschließt.[109]

§ 20 Leitende Prinzipien für die Handhabung der Opportunität

Zwei Prinzipien, die bei der Handhabung der Opportunität für den Ankläger leitend sein sollen, wurden von der Berufungskammer im *Delalic*-Fall entwickelt, nämlich der Grundsatz der Unabhängigkeit und der Grundsatz der Gleichheit vor dem Gesetz. Diese zwei Prinzipien müssen auch im Fall des ICC bei der Handhabung der Opportunität anwendbar sein.

A. Grundsatz der Unabhängigkeit

Der Ankläger ist ein unabhängiges internationales Strafrechtspflegeorgan. Er ist dazu verpflichtet, sein Amt unabhängig auszuüben. Er darf Weisungen von einer Stelle außerhalb des Gerichtshofs weder einholen noch befolgen.[110] Dieser Grundsatz der Unabhängigkeit gilt durch das ganze Strafverfahren. Demnach muss der Ankläger seine Opportunitätsgewalt innerhalb der Beschränkungen, die vom Statut und den RPE geschaffen werden, völlig unabhängig und unparteiisch handhaben.[111]

---

109 *Webb*, CLQ 50 (2005), S. 321 f.

110 Näheres siehe Kapitel 1 über „Grundsatz der Unabhängigkeit".

111 *Prosecutor v. Delalic*, IT-96-21-A, Judg. 20.02.2001, para. 603. Zur Stellung des Anklägers ist die „Freiburg-Deklaration" von Interesse, die von führenden Experten aus 32 verschiedenen Ländern ausgearbeitet worden ist. In dieser Deklaration sind die wesentlichen Grundsätze zur Unabhängigkeit und Verantwortlichkeit von Staatsanwälten, wie sie in völkerrechtlichen In-

B. Grundsatz der Gleichheit vor dem Gesetz

Im Fall der *Ad-hoc*-Tribunale sind mangels gesetzlicher Anerkennung des Opportunitätsprinzips materielle Kriterien für das Absehen von einer Strafverfolgung nicht gesetzlich vorgesehen. Die Gründe, die den Ankläger veranlassen, die Strafverfolgung nicht durchzuführen, obwohl ihr keine objektiven Verfahrenshindernisse entgegenstehen und die vorhandenen Beweismaterialien ausreichend erscheinen, um eine Verurteilung zu erreichen, sind zahlreich. Hierbei spielen folgende Faktoren eine Rolle: die Auswirkung der Strafverfolgung auf das Interesse der Gerechtigkeit, die Einstellung des Opfers zur Tat und zur Strafverfolgung, das Alter und der gesundheitliche Zustand des Täters. Um das Ermessen in gebotener Weise handhaben zu können, legte die Berufungskammer im *Delalic*-Fall fest, dass der Ankläger bei der Handhabung seines Opportunitätsermessens dem Prinzip der Gleichheit vor dem Gesetz und der Anforderung von Nichtdiskriminierung folgen muss:

> „The discretion of the Prosecutor at all times is circumscribed in a more general way by the nature of her position as an official vested with specific duties imposed by the Statute of the Tribunal. The Prosecutor is committed to discharge those duties with full respect of the law. In this regard, the Secretary-General's Report stressed that the Tribunal, which encompasses all of its organs, including the Office of the Prosecutor, must abide by the recognised principles of human rights. [112]
>
> One such principle is explicitly referred to in Article 21(1) of the Statute, which provides: All persons shall be equal before the International Tribunal. This provision reflects the corresponding guarantee of equality before the law found in many international instruments, including the 1948 Universal Declaration of Human Rights, the 1966 International Covenant on Civil and Political Rights, the Additional Protocol I to the Geneva Conventions, and the Rome Statute of the International Criminal Court. All these instruments provide for a right to equality before the law, which is central to the principle of the due process of law. The provisions reflect a firmly established

strumenten und nationalen Strafrechtssystemen anerkannt und angewendet werden und deshalb auch bei einer internationalen Instanz Berücksichtigung finden sollten, herausgearbeitet. Zur Freiburg-Deklaration siehe *Arbour/Eser/Ambos/Sanders* (eds.), The Prosecutor of a Permanent International Criminal Court, S. 667 ff. Vgl. dazu auch *Bruer-Schäfer*, IStGH, S. 210; vgl. *Arbour*, WYAJ 17 (1999), S. 213.

112 *Prosecutor v. Delalic*, IT-96-21-A, Judg. 20.02.2001, para. 604.

> principle of international law of equality before the law, which encompasses the requirement that there should be no discrimination in the enforcement or application of the law. Thus Article 21 and the principle it embodies prohibits discrimination in the application of the law based on impermissible motives such as, *inter alia*, race, colour, religion, opinion, national or ethnic origin. The Prosecutor, in exercising her discretion under the Statute in the investigation and indictment of accused before the Tribunal, is subject to the principle of equality before the law and to this requirement of non-discrimination.[113]

Eine Beobachtung kann in Bezug auf die *Ad-hoc*-Tribunale gemacht werden: Der Ankläger hat sein Ermessen im Interesse der Gerechtigkeit und in Übereinstimmung mit den Grundsätzen eines ordentlichen Gerichtsverfahrens auszuüben; er muss sich demnach von frivolen oder politisch motivierten Verfolgungen zurückhalten. Es gibt jedoch eine Vermutung, dass dieses Ermessen auf korrekte Weise gehandhabt wird. Aber diese Vermutung kann von der Verteidigung widerlegt werden, wenn sie beweisen kann, dass eine ähnlich gestellte Person aus rechtswidrigen oder unangebrachten Motiven (wie z. B. Diskriminierung) nicht verfolgt wurde. Dazu ist hervorzuheben, dass dies ein kumulativer Test ist: So würde das Argument, dass eine ähnlich gestellte Person nicht verfolgt wurde, keinen Erfolg haben.[114] Die Beweislast bei dem Beschuldigten ist sehr hoch.[115]

Insofern bestätigt die Rechtsprechung der *Ad-hoc*-Tribunale das Konzept, dass der internationale Ankläger große Freiheit in der Handhabung der Diskretion hat.[116] Obwohl im ICC-Statut die Generalklausel „Interesse der Gerechtigkeit" nicht definiert wird, kann man gleichwohl erwarten, dass auch der ICC-Ankläger das „Interesse der Gerechtigkeit" ebenfalls nach dem Prinzip der Gleichheit vor dem Gesetz und dem Gebot der Nichtdiskriminierung interpretieren wird.

---

[113] *Prosecutor v. Delalic*, IT-96-21-A, Judg. 20.02.2001, para. 605.

[114] *May/Wierda*, Evidence, S. 34, Fn. 84; dazu auch *Jallow*, JICJ 3 (2005), S. 160.

[115] *Jallow*, JICJ 3 (2005), S. 155.

[116] *Jallow*, JICJ 3 (2005), S. 155.

§ 21 Richterliche Kontrolle der Opportunitätshandhabung des Anklägers

A. Funktion der richterlichen Kontrolle

In der Völkerstrafgerichtsbarkeit fällt dem Ankläger eine ungeheure Verantwortung zu, da es ja gilt, unter Tausenden und Abertausenden von Fällen eine sachgerechte Auswahl zu treffen und angesichts der Beschränktheit der verfügbaren persönlichen und sachlichen Mittel eine Strafverfolgungspolitik zu formulieren. Insbesondere muss sich der Chefankläger über die Behandlung politischer Hintermänner und Schreibtischtäter schlüssig werden.[117]

Die Notwendigkeit einer richterlichen Kontrolle ergibt sich vielmehr zwingend daraus, dass eine gerichtliche Kontrolle der Ermessenshandhabung neben der Bereitstellung von ermessenssteuernden Richtlinien ja gerade als zentrales Instrument zur Herstellung der angestrebten gleichmäßigen Einstellungspraxis fungieren soll und aus rechtstaatlichen Überlegungen im Grundsatz unerlässlich erscheint.[118]

Die richterliche Kontrolle bildet einen Schutz gegen Untätigkeit des Anklägers, wie dies in vielen nationalen Gerichtsbarkeiten sowohl in angloamerikanischen Ländern als auch in kontinentaleuropäischem Ländern zu beobachten ist.[119] Dieses Prinzip bildet auch einen Schutz gegen grundlose, repressive oder politisch motivierte Ermittlungen. Die Zustimmung des Gerichtshofs stärkt die Legitimität solcher Entscheidungen. Darüber hinaus kann eine gerichtliche Kammer eine richtige Balance sowie den Schutz der Rechte der Verteidigung sicherstellen,[120]

---

117 *Tomuschat,* in: Verhandlungen des 60. Deutschen Juristentages, S. Q59. Im Fall der *Ad-hoc*-Tribunale findet eine gerichtliche Kontrolle durch einen oder mehrere Richter erst nach Erstellung der förmlichen Anklage statt. Der Ankläger entscheidet völlig allein über die Ermittlungseinleitung und –aufnahme, unabhängig und weisungsfrei (Art. 16, 18, 19 ICTY-Statut bzw. Art. 15, 17, 18 ICTR-Statut.). Er untersucht von Amts wegen oder auf Grund von Informationen aus jeder beliebigen Quelle. Liegt nach seiner Überzeugung ein „prima facie case" vor, erstellt er eine Anklage, die einem der Richter aus einer Strafkammer zur Überprüfung zugeleitet wird. Erst bei Bestätigung durch diesen kann das Hauptverfahren eingeleitet bzw. ein internationaler Haftbefehl, wiederum mit Zustimmung dieses Richters, zur Ausschreibung bekannt gegeben werden, *Triffterer,* GA für Zipf, 1999, S. 516.

118 *Erb,* Legalität und Opportunität, S. 224; *Heyden,* Begriff, S. 109.

119 *Turone,* in: *Cassese et al.,* Rome Statute, Vol. II, S. 1175-1176; vgl. *Jallow,* JICJ 3 (2005), S. 156.

120 *Benedetti,* A Report.

Konsistenz gewährleisten und dem Ankläger dabei helfen, die Zusammenarbeit mit zögerlichen Staaten zu erhalten.[121]

Grundsätzlich soll diesem Rechtsinstitut nicht die Eignung abgesprochen werden, schweren Missbräuchen bei der Handhabung des Opportunitätsprinzips entgegenzuwirken. Dennoch ist offensichtlich, dass es bei der Zielsetzung, über die Verhinderung grob willkürlicher Verfahrenseinstellungen hinausgehend die notwendige Strukturierung und Vereinheitlichung des Verfolgungsermessens zu fördern, schnell an die Grenzen seiner Leistungsfähigkeit gelangen kann.[122]

Ferner ist bemerkenswert, dass auch der Komplementaritätsgrundsatz eine gerichtliche Überprüfung unvermeidlich macht.[123] Daher entsteht das Bedürfnis nach richterlicher Kontrolle über Einstellungsentscheidungen. Auch um die Besorgnis von Einzelstaaten hinsichtlich des möglichen Missbrauchs der Befugnis des Anklägers zu verringern, kann die richterliche Überwachung durch die Vorverfahrenskammer ein ausreichendes Gegengewicht bilden. Da zudem die Kontrolle der Vorverfahrenskammer nicht auf einer externen Intervention des Sicherheitsrats, oder eines Einzelstaates basiert, kann dadurch auch die Unabhängigkeit des Anklägers nicht wesentlich beeinträchtigt werden.[124]

B. Überblick über den richterlichen Kontrollprozess

Anders als an den *Ad-hoc*-Tribunalen,[125] ist der Rechtsschutz gegen Missbrauch der Opportunität durch den Ankläger im ICC-Statut sehr streng aufgeführt.[126] Der Ankläger muss die Vorverfahrenskammer über die Entscheidung, Ermittlungen nicht einzuleiten oder die Strafverfolgung nicht fortzusetzen, informieren, wenn seine Entscheidung nur auf der Einschätzung von „Interessen der Gerechtigkeit" basiert (Art. 53 (1) und 53(2) ICC-Statut). Die Richter haben dann zu prüfen,

---

121 *Ferencz*, PILR 10 (1998) 1, S. 229.

122 *Erb*, Legalität und Opportunität, S. 224; dazu auch *Nsereko*, JICJ 3 (2005), S. 141 f.

123 *De Bertodano*, LJIL 15 (2002), S. 424.

124 *Guariglia*, in: *Lee*, ICC, S. 230; *Mekhemar*, in: *Politi/Nesi*, The Rome Statute, S. 125. *De Bertodano* befürchtet jedoch, dass dieses Institut wahrscheinlich die Richter in die vorderste Linie der politischen Arena drängen würde, *De Bertodano*, LJIL 15 (2002), S. 424

125 An den *Ad-hoc*-Tribunalen darf eine Kammer die Entscheidungen des Anklägers der Nicht-Strafverfolgung nicht überprüfen oder ändern. Sonst würde gegen die Unabhängigkeit des Anklägers verstoßen. Näheres *Nsereko*, JICJ 3 (2005), S. 137 f.

126 Diese Bestimmung ist auf Grund einer Initiative Frankreichs angenommen worden und sie verstärkt zweifellos die Rolle der Vorverfahrenskammer. Siehe *Bourdon*, La Cour pénale internationale, S. 168.

ob die Verfahrenseinstellung aus der Sicht des Anklägers gerechtfertigt erscheint. Wenn die Vorverfahrenskammer aus eigener Initiative die Entscheidung des Anklägers nachprüft, wird diese nur dann wirksam, wenn sie von der Vorverfahrenskammer bestätigt wird, obwohl es im Ermessen der Vorverfahrenskammer steht, die Nachprüfung durchzuführen oder nicht (Art. 53 (3) (b) ICC-Statut). Diese Spezifizierun der Rechtswirksamkeit der Nachprüfung der Vorverfahrenskammer bezweckt, die Opportunität des Anklägers im Hinblick auf das „Interesse der Gerechtigkeit" zu überwachen.[127] Die Vorverfahrenskammer ist zwar nicht direkt zur Verfahrenseinstellung zuständig, ist aber jedoch insofern am Entscheid beteiligt, als die Entscheidung des Anklägers ausschließlich auf Art. 53 (2) (c) ICC-Statut beruht. In diesem Fall hat die Vorverfahrenskammer das letzte Wort.

Die richterliche Nachprüfung kann auch durch das Ersuchen einer die Sache überweisenden Partei oder aus eigener Initiative der Vorverfahrenskammer eingeleitet werden (Art. 53 (3) ICC-Statut)[128] Hier ist zu bemerken, dass das ICC-Statut unter justizökonomischen Gedanken kein zwangsläufiges Genehmigungserfordernis hinsichtlich des Ersuchens vorsieht.

C. Rechtsfolge der richterlichen Nichtgenehmigung der Verfolgungseinstellung

Das ICC-Statut hat die Rechtsfolge der richterlichen Nichtgenehmigung der Verfahrenseinstellung nicht klargestellt. Doch bleibt im Kontext des Art. 53(3)(b) ICC-Statut als einzige mögliche Interpretation, dass der Ankläger verpflichtet ist, mit den Ermittlungen oder der Strafverfolgung fortzufahren („*the decision of the Prosecutor shall be effective only if confirmed by the pre-trial chamber*"). Diese Verpflichtung wird auch in den ICC-RPE ausdrücklich betätigt („*...shall proceed with the investigation or prosecution*") (Rule 110 (2) ICC-RPE). In diesem Falle führt die Nachprüfung durch die Vorverfahrenskammer zu einer besonderen Form von gerichtlicher Anordnung der Durchführung von Ermittlungen oder Strafverfolgung, wie dies in einigen kontinentaleuropäischen Ländern geläufig, ja selbst im angloamerikanischen System nicht gänzlich ungeläufig ist.[129] Die Richter haben deshalb eine sehr bedeutende Rolle in Bezug auf die Entscheidung, was vor

---

127 Dazu *Du Hellen*, zitiert aus Round Table, in: *Politi/Nesi*, The Rome Statute, S. 305.

128 Dieser Text ist das Resultat der unterschiedlichen Kompromisse, die während der PrepComm-Phase sowie auf der Rom-Konferenz erreicht wurden. Siehe *Guariglia*, in: *Lee*, ICC, S. 229.

129 *Turone*, in: *Cassese et al.*, Rome Statute, Vol. II, S. 1176; *De Bertodano*, LJIL 15 (2002), S. 427.

dem Gericht verhandelt wird und was nicht. Dies steht im Gegensatz zu den *Ad-hoc*-Tribunalen, wo diese Entscheidungsgewalt in den Händen des unabhängigen Anklägers verbleibt.[130]

§ 22 Zwischenergebnis

Wegen der radikal unterschiedlichen Kontexte der internationalen Strafrechtspflege haben inländische Strafrechtsyssteme kein nützliches Modell zur Handhabung des Opportunitätsprinzips geboten.[131] Im internationalen Kontext, insbesondere in einem System, das auf Komplementarität zur inländischen Gerichtsbarkeit basiert, ist Opportunität in Bezug auf Strafverfolgung beträchtlich größer; auch sind die Kriterien, wonach die Opportunität des Anklägers zu handhaben ist, verschwommen definiert und sind kompliziert.[132]

Folglich wirft die breite Opportunität des Anklägers in der Völkerstrafgerichtsbarkeit viele Probleme auf. Die heikle Problematik des Ausnahmecharakters und der Selektivität der Strafverfolgung kann für ein Völkerstrafrecht im Hinblick auf Gleichbehandlung und Gerechtigkeit eine schwere Belastung sein.[133]

Deswegen ist es wichtig, dass jede Ermessensausübung rechtlichen Schranken unterliegt. Der Ankläger muss die Lösung suchen, von der zumindest er selbst in vertretbarer Weise annimmt, dass sie den gesetzlichen Anforderungen am besten gerecht wird.[134] Jedoch in den Fällen, in denen der Ankläger sich entschließt, trotz zulänglicher Verdachtsgründe nicht anzuklagen, scheinen die richterlichen Kontrollbefugnisse nicht ganz auszureichen, insbesondere weil die materiellen Kontrollmaßstäbe fehlen.

---

130 *De Bertodano*, LJIL 15 (2002), S. 427. *Brubacher* bemerkt, dass diese richterliche Anordnung der Ermittlungen unbekannt im Common-Law-System ist und eine bedeutende Einmischung in die Unabhängigkeit des Anklägers darstellt. *Brubacher,* JICJ 2 (2004), S. 80.

131 Hierzu *Akhavan,* HRQ 20 (1998), S. 775-777.

132 ICTY Press Release, Statement by Justice Louise Arbour to the Preparatory Committee on the Establishment of an International Criminal Court, 08.12.1997; Vgl. *Caianiello/Illuminati,* NCJILCR 26 (2001) 2, S. 441.

133 Vgl. *Jäger,* in: *Hankel/Stuby,* Strafgerichte, S. 336.

134 Vgl. *Erb*, Legalität und Opportunität, S. 47, 48.

Kapitel 5. Die Rolle des Anklägers bei der Anklageerhebung

§ 23 Anklageerhebungskompetenzen des Anklägers

A. Verankerung des förmlichen Anklageprinzips in der Völkerstrafgerichtsbarkeit

In der Völkerstrafgerichtsbarkeit ist der Grundsatz des Anklagemonopols des Anklägers fest etabliert. Allein dem internationalen Ankläger steht das Anklagemonopol zu, d. h. nur er ist zur Erhebung einer Anklage berechtigt und verpflichtet: Der Ankläger entscheidet nach Durchführung der Ermittlungen über die Frage der Anklageerhebung oder die Einstellung des Verfahrens. Kommt er zu dem Ergebnis, dass ausreichende Grundlage zur Anklage gegeben ist und kein Anlass zur Verfahrenseinstellung nach dem Opportunitätsprinzip besteh, so erhebt er die Anklage. Die Kompetenzen des weitgehend unabhängigen Anklägers werden aber durch eine Vorverfahrenskammer erheblich eingeschränkt, die nach Prüfung der bereits vorhandenen Beweismaterialien darüber entscheidet, ob der Ankläger einen Angeklagten überhaupt vor einer Hauptverfahrenskammer anklagen darf, wie es in zahlreichen Ländern, vor allem im kontinentaleuropäischen Rechtskreis, fest etabliert ist.[1]

B. Anforderungen in Bezug auf die Anklageschrift

Während die Statuten der *Ad-hoc*-Tribunale ausdrücklich den Begriff „Anklageschrift“ (*indictment*) vorsehen (Art. 18 (4) ICTY-Statut und Art. 17 (4) ICTR-Statut), sieht das ICC-Statut Haftbefehl und Ladung als Instrumente vor, die Anklagepunkte enthalten (Art. 58 (1) und (7) ICC-Statut), ohne den Begriff „Anklageschrift“ zu benutzen.[2] Es ist interessant festzustellen, dass die Formulierung in Art. 58 (1) (a) ICC-Statut betreffend das Vorlegen der Anklageschrift („begrün-

---

1 Hierzu *Triffterer*, GS für Zipf, S. 525.

2 Allerdings ist es wichtig zu bemerken, dass das Erlassen des Haftbefehls von der Vorverfahrenskammer nicht als ein Akt der Anklage betrachtet wird, weil der Haftbefehl gem. Art. 58(1)(b) in jedem Moment erlassen werden kann, um sicherzustellen, dass die Person zur Gerichtsverhandlung erscheint oder die Ermittlungen oder das Gerichtsverfahren nicht behindert oder gefährdet werden, oder die weitere Begehung des Verbrechens oder eines damit im Zusammenhang stehenden Verbrechens durch diese Person zu verhindern ist. Obwohl sich ein Haftbefehl auf den begründeten Verdacht bezieht, dass die Person ein der Gerichtsbarkeit des Gerichtshofs unterliegendes Verbrechen begangen hat, wird er nicht nach dem Schluss des Vorverfahrens erlassen. Näheres *Quattrocolo,* in: *Chiavario,* La justice pénale internationale, S. 370 f..

deter Verdacht" besteht, dass die Person ein der Gerichtsbarkeit des Gerichtshofs unterliegendes Verbrechens begangen hat") im Wesentlichen der von Rule 47 (B) ICTY-RPE entspricht. Nach der Rechtsprechung der *Ad-hoc*-Tribunale deutet „begründeter Verdacht" auf solche Tatsachen und Umstände hin, die bei einem vernünftigen oder gewöhnlich besonnenen Mann die Annahme rechtfertigen können, dass ein Verdächtiger ein Verbrechen begangen hat.[3] Mit dem Begriff „begründeter Verdachts" legt Art. 58 (1) ICC-Statut daher auch nahe, dass der ICC-Ankläger den Erlass des Haftbefehls oder der Ladung ausführlich begründen soll. Diese Begründung unterliegt nicht dem freien Ermessen des Anklägers, sondern muss die Beweismittel berücksichtigen, ob nämlich ein begründeter Verdacht besteht, dass die Person ein der Gerichtsbarkeit des Gerichtshofs unterliegendes Verbrechen begangen hat.[4]

Wie eine Anklageschrift im Fall der *Ad-hoc*-Tribunale muss ein Haftbefehl oder eine Ladung im Fall des ICC eine konkrete Bezugnahme auf die Verbrechen, welche die Person begangen haben soll, und eine knappe Darstellung des Sachverhalts, der angeblich die Tatbestandmerkmale dieser Verbrechen erfüllt, enthalten (Art. 58 (3) und (7) ICC-Statut). Die diesbezügliche Pflicht des Anklägers leitet sich ab aus dem Recht des Angeklagten auf Unterrichtung über Art, Grund und Inhalt der gegen ihn erhobenen Anklage, die unverzüglich und im Einzelnen in einer Sprache gemacht werden soll, die er vollständig versteht und spricht (Art. 67 (1) (a) ICC-Statut), ferner aus dem Recht des Angeklagten zur Vorbereitung seiner Verteidigung mit hinreichender Zeit und Gelegenheit (Art. 67 (1) (b) ICC-Statut).[5] Insgesamt muss die Anklageschrift, wonach der Angeklagte die angeschuldigte Straftat begangen haben soll, hinlänglich konkretisiert sein. Die Anklage darf keine Zweifel daran lassen, was der Angeklagte mit wem, zu wem oder zu welchem Zweck angeblich an einem bestimmten Ort zu einem bestimmten Zeitpunkt oder während eines bestimmten Zeitraums begangen hat. Die Anklageschrift muss die volle Tat beschreiben, deren er beschuldigt wird, wobei sie ein oder mehrere Verbrechen betreffen kann. Sie muss mit unzweifelhafter Klarheit andere Verwickelte oder betroffene Personen identifizieren, soweit dies notwendig ist.[6]

Im Fall der *Ad-hoc*-Tribunale ist der Ankläger verpflichtet, alle materiellen Tatsachen vorzutragen, welche die Anschuldigung unterstützen, nicht aber die Be-

---

3 Dazu *Prosecutor v. Rajic*, IT-95-12-I, Indictment, 29.08.1995, para. 212.
4 *Turone*, in: *Cassese et al.*, The Rome Statute, Vol. II, S. 1172.
5 Vgl. dazu: *Prosecutor v. Ademi*, IT-01-46-PT, Decision, 21.01.2002.
6 *Prosecutor v. Kunarac & Kovac*, IT-96-23-PT, Decision, 04.11.1999, para. 6.

weismittel, durch welche die materiellen Tatsachen bewiesen werden sollen.[7] Dies ist auch bei einer Ladung des ICC der Fall. Im Gegensatz zu einer Ladung soll beim ICC der Haftbefehlsantrag jedoch eine Zusammenfassung der Beweismittel sowie alle anderen Informationen enthalten, die den Verdacht begründen, dass die Person diese Verbrechen begangen hat (Art. 58 (2) (d) ICC-Statut).[8] Beweismittel, die der Verteidigung vorher nicht bekannt gegeben wurden, können im Hauptverfahren nicht beigebracht werden. Dies beseitigt theoretisch eine unzulängliche Anklage.[9] Der Angeklagte könnte benachteiligt werden, falls dem Ankläger erlaubt würde, materielle Tatsachen vorzustellen, indem er im Hauptverfahren zusätzliche Zeugen aufrufen würde, anstatt die Zustimmung zur Änderung der Anklage zu beantragen.[10] Daher wird ein klarer Unterschied gezogen zwischen materiellen Tatsachen, worauf der Ankläger angewiesen ist und die plädiert werden müssen, und den Beweismitteln, womit diese materiellen Tatsachen bewiesen werden sollen und die vor dem Hauptverfahren offengelegt werden.[11]

C. Richterliche Kontrolle der Anklageerhebung

I. Vorbemerkung

Das internationale Strafverfahren folgt insoweit dem adversatorisches System, als den jeweiligen Anklagebehörden die Ermittlungen und die Vorbereitung der Anklage obliegen.[12] Im ICC-Statut aber greift der Gerichtshof in einer Art Bestätigungsverfahren nach der Anklageerhebung ein, um eine richterliche Kontrolle über die Anklageerhebung auszuüben. Dieses Bestätigungsverfahren kann mit einer „grand jury" oder einem „committing magistrate" im angloamerikanischen Rechtssystem bzw. mit einem „juge d'instruction" in einigen kontinentaleuropäischen Rechtsordnungen verglichen werden.[13]

Die Bestätigung der Anklagepunkte vor dem Hauptverfahren bildet das Verfahren, in dem die Vorverfahrenskammer im abschließenden Stadium der Ermittlungen

---

7 *Prosecutor v. Ademi*, IT-01-46-PT, Decision, 21.01.2002. Zur allgemeinen Darstellung der rechtlichen Anforderungen hinsichtlich der Anklageschrift am ICTY *Keegan/Mundis*, in: *May et al.*, Essays, S. 123-136.

8 Um einen Haftbefehl zu beantragen, muss der Ankläger noch Gründe angeben, weswegen er die Festnahme der Person für notwendig hält (Art. 58(2)(e)).

9 Vgl. *Wood*, in: *Stone/Woetzel*, Toward a Feasible International Criminal Court, S. 276.

10 *Prosecutor v. Kunarac & Kovac*, IT-96-23-PT, Decision, 04.111999, para. 7.

11 Siehe dazu *Prosecutor v. Krnojelac*, IT-97-25-PT, Decision, 24.02.1999.

12 *Ambos*, ZRP 7 (1996), S. 265.

13 *Schabas*, Introduction, S. 115; Frankreich – Sénat Session, Audition de M. Ronny Abraham.

gegen den Verdächtigen die beigebrachten Beweismittel beurteilt und darüber entscheidet, ob die Anklagepunkte, auf denen der Ankläger beabsichtigt, das Hauptverfahren zu ersuchen, bestätigt werden können.[14] Der Ankläger präsentiert lediglich die Anklagepunkte und legt sie auf „hinreichender" Grundlage der Vorverfahrenskammer zur Bestätigung vor. Von diesem Zeitpunkt an ist der Angeschuldigte angeklagt, und der Prozess beginnt, auch wenn die Hauptverhandlung später verschoben werden könnte, weil die Beweismittel noch nicht zwischen den Parteien ausgetauscht worden sind.[15]

Die wesentliche Bedeutung des Bestätigungsverfahrens liegt in seiner negativen Kontrollfunktion: Indem die Zulässigkeit und Notwendigkeit einer weiteren Strafverfolgung von einem unabhängigen Richter oder einem richterlichen Gremium in nichtöffentlicher Sitzung erörtert werden, soll für den Betroffenen eine weitere Möglichkeit geschaffen werden, die für ihn stets diskriminierende Hauptverhandlung abzuwenden.[16] Im Übrigen liegt die Bedeutung des Bestätigungsverfahrens darin, dass der Angeschuldigte nach Mitteilung der Anklageschrift nochmals Gelegenheit erhält, durch Beweisanträge und Einwendungen Einfluss auf die Eröffnung des Hauptverfahrens zu nehmen.[17] Dieses eine Parallele zum deutschen Zwischenverfahren aufweisende Verfahren dient somit dem Schutz des Angeschuldigten vor einem Eingriff in seine Rechte[18] und hilft sicherzustellen, dass die Strafverfolgung nicht willkürlich ist.[19] Die Bestätigung der Anklagepunkte darf keineswegs als ein Vorurteil durch den Gerichtshof in Bezug auf die tatsächliche Schuld oder Unschuld des Angeklagten verstanden werden. Sie bezweckt einfach nur die Überprüfung der Hinlänglichkeit, die eine Überweisung in das Hauptverfahren erlaubt.[20]

Die Bestätigung der Anklage ist nur eine Formalität vor dem IMT und dem IMTFE: Dessen Ankläger - anstatt Richter - bestätigen die Anklage, die von ihnen erhoben wird.[21] Im Gegensatz dazu bildet das Bestätigungsverfahren vor den *Ad-hoc*-Tribunalen eine wesentliche Etappe (Art. 19 (1) ICTY-Statut und Art. 18 (1) ICTR-Statut).[22] Nach dem allgemeinen Grundsatz der Trennung von Straf-

---

14 *Shibahara*, in: *Triffterer*, Commentary, S. 784.

15 Frankreich – Sénat Session, Annexe 2, Observations.

16 *Roxin*, Strafverfahrensrecht, S. 325.

17 Siehe dazu *Roxin*, Strafverfahrensrecht, S. 326.

18 *Bruer-Schäfer*, IStGH, S. 263.

19 *Schabas*, Introduction, S.115.

20 *Bitti*, in: *AIDP*, Les systèmes comparés, S. 429-430.

21 Art. 14 IMT-Charta, Art. 8 IMTFE-Charta.

22 Hierzu *Laucci*, in: *Ascensio et al.*, Droit international pénal, para 11, S.759.

verfolgung einerseits und Urteil andererseits werden die Anklagepunkte einem Richter zur Bestätigung vorgelegt, der nicht einer Strafkammer angehört, die den Fall verhandeln würde (Rule 47 (A) ICTY-RPE).[23] Bei der Überprüfung der Anklagepunkte prüft der Richter, ob ihre Voraussetzungen nach Grund und Form erfüllt sind.[24] Dabei ist zu berücksichtigen, dass darüber entschieden wird, ob der Führer eines Staates, militärische Führer und andere politisch mächtige Personen angeklagt werden sollen.[25] Die Richter haben keine Befugnis, die Prüfung der Anklage abzulehnen, falls sie die Anklageerhebung nicht als einen weisen Gebrauch der Ressourcen der Tribunale durch den Ankläger bewerten.[26]

Allerdings ist das Bestätigungsverfahren vor den *Ad-hoc*-Tribunalen ein *ex parte* Verfahren. Vor dem ICC findet dagegen eine kontradiktorische mündliche Verhandlung statt, nachdem die Beweismittel offengelegt worden sind. Am Ende der Verhandlung bestätigt die Vorverfahrenskammer die Anklage nur, wenn die Beweismittel ihr ausreichend scheinen. Das bedeutet, dass vor den *Ad-hoc*-Tribunalen der Prozess beginnt, sobald Indizien vorliegen; im Gegensatz dazu wird der Prozess vor dem ICC nur nach eingehender Nachprüfung der Anklagepunkte und der Argumente der Verteidigung durchgeführt.[27]

II. Überblick über Bestätigungsverfahren

Die Bestätigung der Anklagepunkte soll normalerweise als die Zäsur angesehen werden, an dem das Ermittlungsverfahren beendet ist und das Vorverfahren beginnt.[28] Anders als im deutschen Strafverfahren ist für die Einleitung dieses Verfahrensabschnitts nicht erforderlich, dass der Ankläger eine Anklageschrift einreicht. Der Ankläger bestimmt also nicht, wann das Bestätigungsverfahren beginnt. Vielmehr soll die Vorverfahrenskammer die Verhandlung innerhalb einer ange-

---

23 Dazu *Laucci*, in: *Ascensio et al.*, Droit international pénal, para 11, S. 760. Näheres über Vorverfahrensrichter und Rule 65 *ter* am ICTY *Boas*, CLF 12 (2001), S. 86 ff.

24 *Laucci*, in: *Ascensio et al.*, Droit international pénal, para. 11, S. 759-760.

25 *Klip*, in: *Beken/Kilchling*, The Role of the Public Prosecutor, S. 146.

26 *Prosecutor v. Jelisic*, IT-95-10-A, Partial Dissenting Opinion of Judge Wald, 05.07.2001, S. 4; *Prosecutor v. Brdjanin*, IT-99-36-PT, Decision, 05.10.1999, para. 15.

27 Frankreich – Sénat Session, Annexe 2, Observations.

28 *Shibahara*, in: *Triffterer*, Commentary, S. 784. Hier wird der Begriff "Vorverfahren"in seinem engeren Sinn benutzt. Im weiteren Sinn beginnt das so genannte Vorverfahren mit der richterlichen Zulassung der Anklageschrift und umfasst das gesamte Procedere bis zur Eröffnung des Hauptverfahrens. In einem ersten Stadium geht es z. B. um die Ausstellung von Haftbefehlen oder um Entscheidungen über eventuelle Maßnahmen im Fall mangelnder Kooperation von Staaten.

messenen Frist nach der Überstellung der Person oder ihrem freiwilligen Erscheinen vor dem Gerichtshof abhalten. Der Ankläger kann daher bei seinen Ermittlungen durch die Vorverfahrenskammer auch unter einen gewissen Zeitdruck gesetzt werden. Im Vorverfahren besteht die Verpflichtung, gemäß Art. 61 (1) ICC-Statut nicht hinter verschlossenen Türen über die Bestätigung der Anklage – und somit der vorläufigen Prüfung der Stichhaltigkeit der von der Anklage vorgelegten Beweismittel –zu entscheiden (vgl. Art. 18 (4) ICTY-Statut), sondern in einer grundsätzlich parteiöffentlichen Sitzung – also im Beisein von Ankläger, Angeklagtem und Verteidiger.[29]

Der Angeschuldigte muss innerhalb einer angemessenen Frist vor der mündlichen Verhandlung von den Anklagepunkten und den Beweismitteln in Kenntnis gesetzt werden (Art. 61 (3) ICC-Statut). Anders als im angloamerikanischen Verfahren, wo eine Vorentscheidung in Bezug auf die Rechtsgültigkeit einer Anklageschrift nur erfolgt, wenn der Angeklagte eine Anfechtung einleitet, entspricht das Bestätigungsverfahren des ICC-Statuts für einige Autoren eher dem kontinentalen Verfahren, wo alle Beweismittel für die Strafverfolgung mit den Anklagepunkten beigebracht werden und von einem Richter vor der Überweisung zur Hauptverhandlung nachgeprüft müssen.[30] Für die Verteidigung besteht bereits die Möglichkeit, aber keine Verpflichtung, demgegenüber Beweismittel für die Entkräftung dieser Behauptungen zu präsentieren (Art. 61 (6) ICC-Statut).[31] Dies ist ein Element, das dem kontinentaleuropäischen Verfahren entliehen ist[32] und einen großen Unterschied zu entsprechenden gesetzlichen Bestimmungen bei den *Ad-hoc*-Tribunalen bildet. Im Fall des ICC wird der Angeschuldigte durch einen Rechtsbeistand vertreten, wenn die Vorverfahrenskammer entscheidet, dass dies im Interesse der Rechtspflege liegt. Hier ist jedoch zu bedauern, dass kein Pflichtverteidiger vorgesehen ist.[33]

---

29 Dazu *Soyer/Kier*, in: *Bárd/Soyer* (Hrsg.), Internationale Strafgerichtsbarkeit, S. 43.

30 Vgl. hierzu *Levie*, SJILC 21 (1995), S. 21.

31 Näheres *Soyer/Kier*, in: *Bárd/Soyer* (Hrsg.), Internationale Strafgerichtsbarkeit, S. 43.

32 *Bitti*, in: *AIDP*, Les systèmes comparés, S. 431.

33 Die ICTY-RPE sehen keine Mitwirkung der Verteidigung bei der Nachprüfung der entweder ursprünglichen Anklagepunkte oder der geänderten Anklagepunkte vor. Rule 47 ICTY-RPE sagte ursprünglich zur richterlichen Nachprüfung der Anklagepunkte: „... *hear the Prosecutor, who may present additional material in support of any count.*“ D. h,. es wird angenommen, dass die Nachprüfung der Anklagepunkte eine *ex parte* Nachprüfung ist. Soweit es die Praxis des ICTY betrifft, lehnen die Richter den Antrag der Verteidigung Sitzungsteilnahme bei der Bestätigung der Anklagepunkte ab.

Der Ankläger muss die Anklageschrift vorbringen, die er zum Gegenstand des Hauptverfahrens zu machen beabsichtigt. Bei der mündlichen Verhandlung muss der Ankläger jeden Anklagepunkt durch ausreichende Beweise belegen und auf ausreichender Grundlage begründen, dass der Angeschuldigte die ihm zur Last gelegten Verbrechen begangen hat. Er kann sich auf schriftliche oder summarische Beweise stützen und ist nicht gehalten, die Zeugen aufzurufen, deren Aussage bei dem Verfahren erwartet wird (Art. 61 (5) ICC-Statut). Lehnt die Vorverfahrenskammer die Bestätigung der Anklagepunkte ab, so schließt dies nicht aus, dass der Ankläger später deren Bestätigung auf Grund zusätzlicher Beweismittel beantragt (Art. 61 (8) ICC-Statut).

Obwohl das Bestätigungsverfahren grundsätzlich in Anwesenheit des Angeschuldigten, des Anklägers und des Verteidigers durchgeführt wird, sieht Art. 61 (2) ICC-Statut ein anderes Verfahren vor, wenn der Angeschuldigte abwesend ist. Die Voraussetzung ist, dass der Angeschuldigte nicht gefunden werden kann, wenn er geflohen ist oder auf sein Anwesenheitsrecht verzichtet hat. Diese Bestimmung ähnelt der Rule 61 ICTY-RPE.

Die Vorverfahrenskammer kann die Anklage bestätigen, ablehnen oder ändern. Die Schwelle der Feststellung der Vorverfahrenskammer ist, „ob ausreichende Beweise für den dringenden Verdacht vorliegen, dass der Angeschuldigte jedes der ihm zur Last gelegten Verbrechen begangen hat" (Art. 61 (7) ICC-Statut). Der Standard „ausreichende Beweise" („*sufficient evidence*") wird schon in der jeweiligen Rule 47(B) ICTY- und ICTR-RPE benutzt, um den Standard „*prima facie case*" im ICTY- und ICTR-Statut zu erklären.[34] Allerdings sollte der Standard für die Anklagebestätigung dem Ankläger keine unvernünftige Last auferlegen. Die Entscheidung über das Bestehen eines „*prima facie case*" oder dass „ausreichende Beweise für den dringenden Verdacht vorliegen, dass der Angeschuldigte jedes der ihm zur Last gelegten Verbrechen begangen hat" (Art. 61 (7) ICC-Statut), ist besser geeignet als die Anforderung, dass „ausreichende Beweise für die Verurteilung eines Verdächtigen vorliegen, wenn den Beweisen im Gerichtsverfahren nicht widersprochen wird."[35]

---

[34] Zur Bedeutung von "*prima facie case*" *Hunt*, in: *May et al.*, Essays, S. 138-149. Für die betreffende ICTY-Rspr. siehe etwa *Prosecutor v. Milosevic et al.*, IT-99-37-I, Decision, Judge David Hunt, 24.05.1999; *Prosecutor v. Milosevic et al.*, IT-02-54, Decision, 22.11.2001.

[35] Näheres *De Bertodano*, LJIL 15 (2002), S. 417.

§ 24 Offenlegungspflicht des Anklägers von Beweisen

Das wichtigste Kriterium eines fairen Gerichtsverfahrens ist das Prinzip der Waffengleichheit zwischen der Verteidigung und der Strafverfolgung. Waffengleichheit ist ein internationales rechtliches Konzept, das der Vorstellung eines rechtsstaatlichen Verfahrens zugrunde liegt und als Garantie eines fairen Prozesses von grundlegender Bedeutung ist.[36] Das Prinzip der Waffengleichheit ist im Zusammenhang mit einem Verfahren dahingehend zu interpretieren, dass jede Seite angemessen Gelegenheit erhalten muss, ihre Sicht des Falles darzustellen, und zwar unter Bedingungen, die sie nicht einem wesentlichen Nachteil gegenüber der Gegenseite aussetzt.[37]

Obwohl dieses fundamentale Prinzip alle Aspekte des Verfahrens, also nicht nur die Offenlegung der Beweismittel betrifft, ist jene doch eine Schlüsselfacette dieses Prinzips.[38] Die Offenlegung der Beweismittel betrifft den wahren Kern der Rechte eines Angeklagten auf ein faires Gerichtsverfahren.[39] Deshalb ist es selbst verständlich, dass Art. 21 UN-Grundprinzipien im Hinblick auf die Rolle der Rechtsanwälte vorsieht, dass es die Pflicht der zuständigen Behörden ist, dem Verteidiger Zugang zu angemessener Information, zu Akten und Urkunden in ihrem Besitz oder unter ihrer Kontrolle so rechtzeitig zu gewähren, dass er seinem Mandanten wirksamen rechtlichen Beistand leisten kann.

Zu der Offenlegungspflicht des Anklägers, die inzwischen eine immense Proportion erlangt hat, findet eine beträchtliche Entwicklung der strafrechtlichen Verfahrenstandarden.[40] Diese Verpflichtungen können von großem Belang für den Zugang zu Gerechtigkeit sein und sind daher auch ein wesentliches verfahrensrechtliches Merkmal der internationalen Strafgerichtshöfe.[41]

Es ist daher logisch, dass, um die Übung von Befugnis des Anklägers richtig überwachen und kontrollieren, sowohl das Common Law System als auch das Civil Law System große Betonung auf die Offenlegungspflicht des Anklägers legen.

36 Vgl. *Bassiouni*, DJCIL 3 (1993), S. 277-280.

37 Allg. zum Waffengleichheitsprinzip und rechtsvergleichende Darstellung siehe etwa *Wąsek-Wiaderek*, Equality of Arms. Näheres zum Waffengleichheitsprinzip im internationalen Strafverfaren *Negri*, ICLR 5 (2005), S. 513–571.

38 Hierzu auch *McIntyre*, LJIL 16 (2003), S. 272.

39 *Groulx*, in: *Bevers/ Joubert*, An Independent Defence, S. 16; siehe dazu auch *Knoops*, Theory and Practice, S. 159.

40 So *Arbour*, WUJLP 1999, S. 22.

41 Siehe hierzu *Findlay*, ICLR 2(2002), S. 254.

Dieser Ansatz ist im internationalen Strafverfahren angenommen worden. Das Offenlegungssystem wird nicht nur durch die Statuten und die Verfahrensordnungen, sondern auch durch die Rechtsprechung festgelegt.[42]

A. Allgemeine Offenlegungspflicht von Beweisen

I. Umfangreiche Offenlegungspflicht

Im Zusammenhang mit *fair trial* fragt sich, inwieweit der internationale Ankläger verpflichtet ist, den Angeklagten bzw. dessen Verteidiger über die in den vorangehenden Verfahrensstadien erstellten Ermittlungsakten aufzuklären. Muss der Ankläger diese zur Verfügung stellen und inwieweit hat er im Interesse der Wahrheit in das Beweisverfahren einzugreifen? Diese Fragen sind im internationalen Strafverfahren deshalb von Bedeutung, weil einerseits das Verfahren grundsätzlich ein Anklageverfahren ist und demzufolge jede Partei ihre Beweise selbst zu sammeln und beim Gericht einzubringen hat. Andererseits bestehen keine eigentlichen, nachher dem Gericht vorgelegten Untersuchungsakten, sondern nur Parteiunterlagen.[43]

Heute wird es als selbstverständlich erachtet, dass der internationale Ankläger verpflichtet ist, Beweismittel vor dem Gerichtsverfahren ausreichend offenzulegen, um der Verteidigung eine hinreichende Vorbereitung ihres Falles zu erlauben. Sowohl das angloamerikanische als auch das kontinentaleuropäische Strafverfahren erfordern mehr Offenlegung von seiten der Strafverfolgung als seitens der Verteidigung.[44] Internationale Menschenrechtskonventionen sind hinsichtlich des Umfangs der Verpflichtung des Anklägers zur Offenlegung gegenüber der Verteidigung vor Beginn des Hauptverfahrens freilich nicht recht klar. Obwohl die Menschenrechtskonventionen keine klare Verpflichtung auferlegen, ergibt sich aus der EMRK, dass es ein Postulat der Fairness ist, dass die Strafverfolgungsbehörde alle materiellen Beweise für oder gegen den Angeklagten der Verteidigung offenlegen muss.[45] Diese wenig klar formulierte allgemeine Verpflichtung des Anklägers in Menschenrechtskonventionen war erst mit der Errichtung der beiden *Ad-hoc*-Tribunale klargestellt und konkretisiert worden, und zwar für einen internationalen

---

[42] *Prosecutor v. Kordic and Cerkez*, Decision of February 26, 1999; *Knoops*, Theory and Practice, S. 160.

[43] Vgl. *Schmid*, Strafverfahren und Strafrecht in den Vereinigten Staaten, S. 144.

[44] *May/Wierda*, Evidence, S. 73.

[45] *Schabas*, Introduction, S. 116-117.

Ankläger.[46] Das ICC-Statut folgt dem Vorbild der *Ad-hoc*-Tribunale und erlegt dem Ankläger eine solidere Verpflichtung zur Offenlegung auf.[47]

Bis jetzt ist es der Ansatz, dass die Offenlegung von Beweismitteln durch die Verteidigung im frühen Verfahrensabschnitt weniger als von der Seite des Anklägers gefordert wird. Einige haben argumentiert, dass die Offenbarungsverpflichtungen auf beiden Seiten gleich sein sollten; in der Tat erfordert der Ansatz der ICC-RPE eine breite Offenlegung durch die Verteidigung.[48]

Die Offenlegungspflicht der beiden Parteien im ICC-Strafverfahren ist umfangreicher als das System der sogenannten wechselseitigen Offenlegung („reciprocal disclosure") an den *Ad-hoc*-Tribunalen.[49] Gegenseitige Offenlegung ist etwas, das in der Praxis selten vorkam.[50]

1. Umfang der offenzulegenden Beweismaterialien

Es ist jetzt ein anerkannter Grundsatz im internationalen Strafverfahren, dass der Ankläger die Hauptverpflichtung trägt, der Verteidigung alle Beweise, die für das Hauptverfahren vorgesehen sind, offenzulegen. Diese Verpflichtung muss innerhalb einer bestimmten Frist nach dem ersten Erscheinen des Angeklagten erfüllt werden. Die Verpflichtung betrifft Zeugenaussagen und Beweis mittels schriftlicher Aussagen anstatt von Live-Zeugen einschließlich Affidavits, der Transkriptionen und der eidesstattlichen Aussagen.[51]

Art. 61 (3) ICC-Statut bildet die Rechtsgrundlage für die Verpflichtung des Anklägers zur Offenlegung der Beweismittel, die vor der Bestätigungsverhandlung stattfinden muss. Demnach ist der Ankläger verpflichtet, „eine Abschrift des Schriftstücks, aus dem die Anklagepunkte hervorgehen, die der Ankläger zum Gegenstand des Hauptverfahrens zu machen beabsichtigt" (Art. 61 (3) (a)

---

46 Die RPE der *Ad-hoc*-Tribunale treffen detaillierte Vorschriften über die Offenlegungspflicht des Anklägers und nach neuen Änderungen auch über die Offenlegungspflicht der Verteidigung. Für eine Darstellun der Verpflichtung des Anklägers zur Offenlegung am ICTY siehe etwa *McIntyre*, LJIL, 16 (2003), S. 282 ff.

47 Für eine allgemeine Darstellung der Verpflichtung zur Offenlegung des Anklägers vor dem ICTY und dem ICTR siehe etwa *Tochilovsky*, Prosecution disclosure obligations in the ICTY and ICTR.

48 *Wierda*, LPICT 3 (2003), S. 403.

49 Friman, LPICT 3 (2003), S. 397. Dazu auch *Knoops*, An Introduction, S. 135.

50 Friman, LPICT 3 (2003), S. 397.

51 *Knoops*, Theory and Practice, S. 160.

ICC-Statut), zu liefern und Beweismittel, „... auf die sich der Ankläger bei der mündlichen Verhandlung zu stützen beabsichtigt“ (Art. 61 (3) (b) ICC-Statut), offenzulegen.

Die ICC-RPE etablieren ein weit vollständigeres Regime der Offenlegung, die sowohl auf den Ankläger als auch auf die Verteidigung anwendbar ist.[52] Die Rule 76 und Rule 77 ICC-RPE sind die zwei Hauptregeln, die die Verpflichtung des Anklägers zur Offenlegung bestimmen. Rule 76 ICC-RPE sieht die prinzipielle Verpflichtung der Anklagebehörde vor, bereits im Vorverfahren alle ihre Zeugen mitsamt der dazu gehörigen Einvernahmenprotokolle an die Verteidigung zu übermitteln (Rule 76 (1) ICC-RPE). Dabei müssen die Protokolle sowohl in der Originalsprache, als auch in der Sprache des Angeklagten übermittelt werden (Rule 76 (3) ICC-RPE). Der Ankläger ist verpflichtet, der Verteidigung alle früheren Aussagen („*prior statements*“) des Angeklagten sofort offenzulegen, die in seinen Protokollen erscheinen, gleichgültig ob sie vom Ankläger selbst gesammelt wurden oder aus irgendwelchen anderen Quellen stammen.[53] Im *Blaskic*-Fall wurde die Formulierung „frühere Aussage“ streng interpretiert und sollte nur solche Aussagen betreffen, die vom Angeklagten während der Vernehmung in irgendeiner Art von Gerichtsverfahren gemacht wurden. Damit schieden sowohl militärische Befehle, die vom Angeklagten selbst bei der Ausübung seiner Aufgaben erteilt wurden als auch Karten mit handgeschriebenen Anmerkungen aus.[54]

Rule 77 ICC-RPE sieht ein Recht der Verteidigung vor, in alle belastenden Beweismittel der Strafverfolgungsbehörde Einsicht zu nehmen. Allerdings ist auch die Anklage berechtigt, in alle Beweismittel der Verteidigung Einsicht zu nehmen (Rule 78 ICC-RPE). Das Recht der *reciprocal disclosure* ist somit auch hier – und zwar generell – in der Verfahrensordnung verankert.[55] Ein Motiv dafür war die Verpflichtung des Anklägers, „objektive“ Ermittlungen zu führen, damit unberechtigte Verfolgung und Fehlurteile vermieden würden. Infolgedessen muss der Ankläger verfügbare Materialien so vollständig und so früh wie möglich offenlegen.[56] Über die ordnungsgemäße Durchführung der wechselseitigen „Aktenein-

[52] Das Offenbarungssystem im ICC-Statut ist für beide Parteien ausgedehnter als im ICTY- und ICTR-Statut. *Knoops*, An Introduction, S. 135.

[53] *Prosecutor v. Delalic et al*, IT-96-21-T, Decision, 26.09.1996, para. 4; *Prosecutor v. Blaskic*, IT-95-14-T, Decision, 27.01.1997, para. 37.

[54] *Prosecutor v. Blaskic*, IT-95-14-T, Decision, 15.07.1998, para. 3-4; *Prosecutor v. Blaskic*, IT-95-14-T, Decision, 25.08.1997, para. 10.

[55] *Soyer/Kier*, in: *Bård/Soyer* (Hrsg.), Internationale Strafgerichtsbarkeit, S. 52.

[56] Friman, LPICT 3 (2003), S. 397.

sichten" wacht bis zum Bestätigungsverfahren die Vorverfahrenskammer (Rule 121 ICC-RPE). Festzuhalten ist in diesem Zusammenhang letztlich, dass interne Aufzeichnungen, wie beispielsweise Strategiepapiere oder Aktenvermerke niemals der gegnerischen Einsicht unterliegen (Rule 81 (1) ICC-RPE). Im Übrigen scheint die Verfahrensordnung des ICC dem „Recht auf Akteneinsicht" in Verfahren vor dem ICTY nachempfunden. Die entsprechenden Klärungen werden wohl erst durch die Anwendungspraxis erfolgen.[57]

Auch die Offenlegungspflicht auf der Seite der Verteidigung ist im internationalen Strafverfahren entwickelt worden. Die Verteidigung hat eine entsprechende Offenlegungspflicht in Bezug auf die Zeugen. Diese Verpflichtung fordert freilich nur die Benennung der Zeugen, die zum Nachweis eines Alibis oder eines Strafeinstellungsgrundes dienen sollen (Rule 79 ICC-RPE, vgl. Rule 67 (A) (ii) (A) (b) ICTY-, ICTR-RPE).[58] Offenbar ist diese Mitteilung mit der Fairness der wechselseitigen Offenlegung verflochten. Dementsprechend muss die Mitteilung durch die Verteidigung so früh wie möglich und in jedem Fall vor dem Beginn der Hauptverhandlung gegeben werden.[59] Für den Fall, dass die Verteidigung beantragt, in Bücher und Dokumente im Besitz oder unter der Kontrolle des Anklägers Einsicht zu nehmen, ist auch der Ankläger berechtigt, in Bücher, Dokumente, Fotografien und sonstigen Objekte im Gewahrsam oder unter der Kontrolle der Verteidigung Einsicht zu nehmen, die die Verteidigung beabsichtigt, als Beweismittel in der Hauptverhandlung zu benuzten (Rule 78 ICC-RPE, vgl. Rule 67 (C) ICTY-, ICTR-RPE). Schließlich kann gesagt werden, dass, verglichen mit *Ad-hoc*-Tribunalen, unter dem ICC-System es der Ankläger und das ICC leichter haben, die Verteidigungsstrategie vor ihrer Präsentation in der Hauptverhandlung kennenzulernen.[60]

2. Aktive Offenlegungspflicht

Die Verpflichtung des Anklägers, soweit sie nicht Einschränkungen unterliegt, ist eine aktive und nicht von einem Antrag der Verteidigung zur Offenlegung der Materialien oder der gerichtlichen Anordnung auf Offenlegung abhängig. Vielmehr obliegt es dem Ankläger, die Verteidigung auf die offenzulegenden Materialien aufmerksam zu machen. Die Verteidigung sollte daher nicht damit belastet sein, die Offenlegung einzuleiten, indem sie nach dem Vorliegen der Materialen

[57] *Soyer/Kier*, in: *Bárd/Soyer* (Hrsg.), Internationale Strafgerichtsbarkeit, S. 52.
[58] Dazu auch Friman, LPICT 3 (2003), S. 397; *Knoops*, Theory and Practice, S. 164.
[59] *Knoops*, Theory and Practice, S. 164.
[60] *Knoops*, An Introduction, S. 133.

fragt, die für ihre Verteidigung wesentlich sein könnten. Diese Verpflichtung der Anklagebehörde entspricht dem gesetzlichen Recht des Angeklagten unter Art. 67 (2) ICC-Statut. Bezüglich der Offenlegung von Zeugenaussagen wird diese Verpflichtung in Rule 76 ICC-RPE eindeutig ausgedrückt.

Es ist aber merkwürdig, dass Rule 121 ICC-RPE vorsieht, dass sowohl der Ankläger als auch der Angeklagte Beweismittel offenlegen müssen, die sie im Bestätigungsverfahren beizubringen beabsichtigen und auf die sie sich stützen wollen. Dies anerkennt das Ermessen des Anklägers, zu entscheiden, was im Bestätigungsverfahren beigebracht werden muss. Der Ankläger braucht nur Beweismittel beizubringen, die den dringenden Verdacht, dass der Angeschuldigte ein der Gerichtsbarkeit des Gerichtshofs unterliegendes Verbrechen begangen hat, belegen können. In diesem Stadium muss der Ankläger nicht alle entlastenden Beweismittel beibringen. Er braucht auch nicht den Angeschuldigten über alle entlastenden Beweismittel zu informieren.[61]

3. Dauernde Offenlegungspflicht

Im Einklang mit der umfangreichen Offenlegungspflicht des Anklägers ist diese Verpflichtung grundsätzlich auch eine dauernde Verpflichtung, d. h. diese Verpflichtung findet in allen Verfahrensphasen und nicht nur vor dem Abschluss des Verfahrens Anwendung, soweit sich neue Ermittlungsentwicklungen ergeben, die die Rechte des Angeklagten betreffen.[62] Wenn der Ankläger nach dem Abschluss des Vorverfahrens von entlastenden oder mildernden Beweismitteln erfährt, muss er sie dem Angeklagten offenlegen (Art. 67 (2) ICC-Statut).[63]

4. Anordnungskompetenz der Vorverfahrenskammer

Art. 61(3) ICC-Statut ermächtigt die Vorverfahrenskammer, entweder aus eigener Initiative oder auf Ersuchen einer Verfahrenspartei die Offenlegung von Informationen für die Zwecke der Verhandlung anzuordnen. Sie kann den Ankläger anweisen, dem Angeklagten weitere Beweismittel offenzulegen. Wegen der gebotenen Rücksicht auf die Sicherheit und die Privatsphäre der Zeugen und der Opfer sollte aber die Vorverfahrenskammer auch in der Lage sein, Nichtoffenlegung be-

---

61 *Brady*, in: *Lee*, ICC: Elements, S. 407.

62 Siehe dazu *Prosecutor v. Delalic et all*, Decision on the Applications Filed by the Defense for the Accused Zejnil Delalic and Esad Landzo, 21 February 1997, para. 14; weiteres *May/Wierda*, International Criminal Evidence, S. 75.

63 Vgl. *AI*, ICC: Part II.

stimmter Informationen (einschließlich Identität und Aufenthaltsort der Opfer und Zeugen) anzuordnen, wenn solche Informationen für die Vorbereitung des Falls durch die Verteidigung nicht notwendig sind und ihre Offenlegung die Sicherheit und das Wohl der Einzelpersonen gefährden würde.[64] Rule 121 ICC-RPE, die Art. 61 (3) ICC-Statut untermauert, sieht ein detailliertes Regime der Offenlegung der Beweismittel vor dem Bestätigungsverfahren vor. Die Kernvorstellung ist die, dass die Vorverfahrenskammer eine sehr bedeutende und aktive Rolle hinsichtlich der Offenlegung vor dem Bestätigungsverfahren spielt. Sie erhält alle Beweismittel, die zwischen dem Ankläger und der Verteidigung offengelegt werden, erlässt notwendige Anordnungen für die Offenlegung und sorgt dafür, dass die Offenlegung unter zufrieden stellenden Bedingungen stattfindet.[65] Das ICC-Statut soll klarstellen, dass eine Anordnung erlassen wird, auf Grund derer alle Informationen von potenzieller Relevanz für die Vorbereitung der Verteidigung dem Angeklagten zur Verfügung zu stellen sind. Allerdings ist es undurchführbar, den Ankläger zu verpflichten, alle Beweismittel offenzulegen, die im Lauf komplizierter Ermittlungen gesammelt werden.

Deshalb muss ein Mittelweg zwischen der Notwendigkeit einer Kontrolle über Entscheidungen des Anklägers hinsichtlich der Offenlegung einerseits und der Gefahr einer Überlastung der bereits erheblich involvierten Vorverfahrenskammer andererseits gefunden werden.

Die *Human Rights Watch* schlägt zwar vor, dass der Vorverfahrenskammer die belastende Aufgabe der Nachprüfung aller Materialien, die offengelegt oder von der Offenlegung zurückgenommen werden sollen, nicht obliegen solle. Eher entspräche eine *ex parte* Routinenachprüfung dem geeigneten Mittelweg, wobei die Anklagebehörde einen kurzen Bericht hinsichtlich der Natur der Materialien, die sie offenzulegen oder zurückzunehmen beabsichtigt, und eine Erklärung abgeben müsse.[66] Der Ankläger soll ausdrücklich verpflichtet werden, in jedem Stadium des Verfahrens die Anordnung des Gerichtshofs zu ersuchen, wenn es Zweifel gibt, ob ein Beweismittel in seinem Besitz offengelegt werden muss. Die Notwendigkeit dieser Bestimmung entfällt nicht durch die Errichtung eines Routinenachprüfungsmechanismus, da Fragen in jedem Verfahrensstadium entstehen können, auch nach der Routinenachprüfung.[67]

---

64 *Brady*, in: *Lee*, ICC: Elements, S. 407.
65 *Brady*, in: *Lee*, ICC: Elements, S. 407.
66 *HRW*, Commentary, February 1999.
67 *HRW*, Commentary, February 1999.

II. Sonderfrage: Verpflichtung zur Offenlegung von Entlastungsbeweisen

In der internationalen Strafgerichtsbarkeit steht die Verpflichtung des Anklägers zur Offenlegung entlastender Beweismittel mit seiner Rechtsstellung in der Struktur der internationalen Strafgerichtshöfe restlos im Einklang.[68] Als ein zur Objektivität verpflichtetes und unparteiisches Rechtspflegeorgan hat der internationale Ankläger die Wahrheit herauszufinden, wobei gegebenenfalls auch entlastende Beweismittel vorzulegen sind. Wenn im Übrigen die Verteidigung nicht von nationalen Behörden unterstützt wird, würde es für sie schwierig und kostspielig werden, geeignete Zeugen zu finden. Um das Prinzip der Waffengleichheit zu sichern und Einwänden vorzubeugen, die vor dem IMT gegen die Strafverfolgung erhoben wurden, sieht das ICC-Statut vor, dass der Ankläger, „so bald wie möglich" („*as soon as practicable*"), der Verteidigung jedes entlastende Beweisstück offenlegen muss, das er besitzt (Art. 67 (2) ICC-Statut).[69]

1. Einblick auf die Rechtsprechung des United States Supreme Court

Bei den Ausführungen zur Pflicht des Anklägers zur Offenlegung von Entlastungsbeweisen muss zuerst ein Blick auf die Rechtsprechung des United States Supreme Court geworfen werden. Eine solche Offenlegungspflicht muss nur im adversatorischen Prozesssystem ausdrücklich geregelt werden, weil das Amtsermittlungsverfahren, wie wir es beispielsweise in Deutschland kennen, von vorneherein auf einer objektiven, umfassenden Verfahrensakte aufbaut, die allen Verfahrensbeteiligten zugänglich ist. Für das adversatorische Verfahren hat das höchste US-amerikanische Gericht dagegen erst eine verfassungsrechtliche Pflicht des Anklägers zur Überlassung von Entlastungsbeweisen entwickeln müssen, und diese Rechtsprechung ist zweifelsfrei Vorbild des ICC-Statuts.[70]

In *Brady v. Maryland* (373 U.S. 83 (1963)) wurden zwei Angeklagte des Mordes schuldig gesprochen und zum Tode verurteilt. Einem der Verurteilten, *Brady*, war vor dem *trial* die Einsicht in ein Dokument verweigert worden, in dem ein Mitbeteiligter außerhalb des Prozesses zugegeben hatte, die eigentliche Tötung vorge-

---

68 So auch *De Gurmendi/Friman*, YIHL 3 (2000), S. 307.

69 Hierzu *Cassese*, JRMP 1 (1996), S. 119; *McIntyre*, LJIL 16 (2003), S. 293.

70 Für eine allgemeine Analyse der Ratio der Offenlegungspflicht hinsichtlich Entlastungsbeweisen von Staatsanwälten in US-Verfahren, Peter Joy and Kevin McMunigal , Ethics Why Should Prosecutors "Seek Justice"? Criminal Justice Magazine, Summer 2005, Volume 20 Issue 2 (abrufbar unter *http://www.abanet.org/crimjust/cjmag/20-2/ethics.html* am 29.03.2007).

nommen zu haben, was für die Frage der Todesstrafe von zentraler Bedeutung war. Das Oberste Gericht hielt fest, Brady sei durch die Unterdrückung dieses Dokumentes *due process* verweigert worden.[71]

Später erklärte das Gericht, dass es an *due process* fehle, wenn die Verteidigung Einsicht in die Beweisunterlagen verlangt habe und diese vorteilhaft für die Verteidigung und materiell von Bedeutung gewesen wären. Vor allem dürfe der Ankläger nicht substanzielles Beweismaterial unterdrücken. Eine Routinepflicht der Anklage, der Verteidigung alle von der Polizei gesammelten Informationen mitzuteilen, bestehe freilich nicht (*Moore v. Illinois*, 408 U.S. 786 (1972)); ebensfalls nicht, alle möglichen Spuren aufzubewahren (*Trombetta v. California*, 467 U.S. 479 (1984); *Arizona v. Youngblood*, 488 U.S. 51 (1988)).[72]

In einem Urteil aus dem Jahr 1976 unterschied das Oberste Gericht jene Fälle, in denen sich die Frage der Offenbarung während des Prozesses stellt, von jenen, in denen das Problem im Zusammenhang mit der allfälligen Gewährung eines *new trial* relevant wird. Ein neues Verfahren sei nur dann gerechtfertigt, wenn die dem Angeklagten nicht bekannten Beweismittel anderweitig nicht gestützte Zweifel an der Schuld hervorriefen. Dabei seien diese neuen Beweismittel im Kontext der gesamten Akten zu prüfen (*U.S. v. Agurs,* 427 U.S. 97 (1976)). Im Jahr 1985 schränkte das oberste Gericht den Anspruch auf *material evidence* ein: Im Blick auf die Offenbarungspflicht wird nur davon gesprochen, wenn einige Wahrscheinlichkeit dafür vorhanden ist, dass – wäre der fragliche Beweis der Verteidigung eröffnet worden – das Resultat im Prozess ein anderes gewesen wäre (*U.S. v. Baglez*, 473 U.S. 667 (1985)).[73]

In den mehr als dreißig Jahren seit der *Brady* Entscheidung hat sich dieser Bereich so entwickelt, dass er sowohl unmittelbaren Beweis als auch *impeachment evidence*, die dem Angeklagten vorteilhaft ist, einschlieβt. Die Offenlegungspflicht wird nicht auf die Beweise beschränkt, die im tatsächlichen Besitz des Anklägers sind. Eher erstreckt sie sich auf die Beweise im Besitz der gesamten Anklagemannschaft, die die Ermittlungsbehörde und andere Regierungsbehörden einschlieβt (*Kyles v. Whitley*, 514 U.S. 419 (1995); siehe auch *Strickler v. Greene*, 119 S.Ct. 1936, at n.12 (1999)).[74]

---

71 *Schmid,* Strafverfahren und Strafrecht in den Vereinigten Staaten, S. 144.

72 *Schmid,* Strafverfahren und Strafrecht in den Vereinigten Staaten, S. 145.

73 *Schmid,* Strafverfahren und Strafrecht in den Vereinigten Staaten, S. 145.

74 Summaries of Successful Cases Under *Brady v. Maryland,* Through August 2004 (abrufbar unter

Wird *Brady*-Material nicht offengelegt, ist eine neue Gerichtsverhandlung erforderlich oder ein neues *Sentencing Hearing*, wenn die Offenlegung von Beweisen eine hinreichende Wahrscheinlichkeit eines anderen Resultats erbringen würde.

2. Inhalt der Offenlegungspflicht von Entlastungsbeweisen im internationalen Strafverfahren

An den *Ad-hoc*-Tribunalen ist die Ankkagebehörde nach Rule 68 ICTY-RPE und der Rechtsprechung dazu verpflichtet, der Verteidigung all jenes Beweismaterial zur Verfügung zu stellen, das dazu dienen könnte, die Unschuld des Angeklagten oder eine Minderung von dessen Schuld zu erweisen. Die Entlastungsbeweise an den *Ad-hoc*-Tribunalen umfassen nicht nur Zeugenaussagen, sondern auch dokumentarische und forensische Beweisführung.[75] Die ICTY-Berufungskammer verdeutlicht weiterhin im Fall *Kordic* und *Cerkez*, dass diese Form der Offenlegung nicht sekundär und mithin im gesamten Verfahren obligatorisch ist.[76] Diese dauernde Offenlegungspflicht gemäß Rule 68 ICTY-RPE erstreckt sich sogar auf das Verfahren nach der Gerichtsverhandlung und auf Berufungs- und Wiederaufnahmeverfahren, da das Grundprinzip der Rule 68 ICTY-RPE auch ist, ein faires Verfahren in jedem Stadium sicherzustellen. Rule 68 kann daher als ein wichtiger Mechanismus gelten, Justizirrtümer abzuwenden.[77] Dieses „Recht auf Akteneinsicht" kann nur dann auf Antrag der Anklagebehörde eingeschränkt werden, wenn die Offenlegung der Beweise zu einer Präjudizierung noch anhängiger Ermittlungen führen könnte oder aber gegen öffentliche Interessen verstossen oder die Sicherheit eines Staates gefährden würde (Rule 66 (C) sowie Rule 68 (iv) ICTY-RPE). In diesem Fall hat die Kammer oder der zuständige *Pre-trial judge* über diesen Antrag – nach Vorlage der davon betroffenen Beweismittel an sie oder ihn – zu entscheiden.[78] Unbeschadet dessen, wie umfangreich diese Rule sein kann, macht sie den Ankläger nicht zu einem Assistenten der Verteidigung beim Erlangen von Entlastungsbeweisen.[79]

---

http://www.capdefnet.org/hat/contents/constitutional_issues/exculpatory_evi/exculpatory_evi.htm am 29.03.2007)

75 *May/Wierda*, International Criminal Evidence, S. 77.

76 Siehe *Prosecutor v. Kordic and Cerkez*, IT-95-14/2, App. Ch., Decision on Motions to extend Time for filing Appellant's Briefs, 11 May 2001, para. 14.

77 *Knoops*, An Introduction, S. 133.

78 *Soyer/Kier*, in: *Bárd/Soyer* (Hrsg.), Internationale Strafgerichtsbarkeit, S. 45.

79 *Knoops*, An Introduction, S. 133.

Wie an den *Ad-hoc*-Tribunalen muss auch am ICC der Ankläger - neben anderen im Statut vorgesehenen Offenlegungen - so bald wie möglich der Verteidigung die in seinem Besitz oder seiner Verfügungsgewalt befindlichen Beweismittel offenlegen, die seiner Überzeugung nach die Unschuld des Angeklagten beweisen oder zu beweisen geeignet sind, dessen Schuld mildern oder die Glaubwürdigkeit der vom Ankläger beigebrachten Beweismittel beeinträchtigen können (Art. 67 (2)) ICC-Statut.[80] Diese Offenlegungspflicht von Entlastungsbeweisen ist offenbar dazu bestimmt, die Integrität des Verfahrens zu sichern und gleichzeitig das Recht auf ein faires Verfahren zu gewährleisten.[81]

In Bezug auf den Inhalt der Offenlegungspflicht des Anklägers von Entlastungsbeweisen legte die Strafkammer im *Brdanin* und *Talic*-Fall zwei grundlegende Forderungen fest: eine zeitliche sowie eine in Bezug auf die Form der entlastenden Beweismittel:

> „The principle of a fair trial has the following implications with respect to the meaning of Rule. *First*, the principle of a fair trial requires that disclosure of exculpatory material be made in sufficient time. Thus, if the Prosecution has the statement of a person which contains exculpatory evidence and does not intend itself to call that person as a witness, disclosure as soon as practicably possible is a must to ensure that the Defence has an opportunity to subpoena that witness or to use that exculpatory material during the cross-examination of witnesses whom the Prosecution intends to call. It stands to reason that where disclosure is not made within sufficient time, the Defence should be in the position to recall witnesses who have already testified, if it establishes to the satisfaction of the Trial Chamber that the lateness of the disclosure prejudiced the preparation or presentation of his defence. *Second*, within the context of a fair trial the obligation to disclose exculpatory material implies the disclosure of the exculpatory material in its original form, and <u>not in the form of a summary</u>. The raison d'être behind the disclosure rules is undoubtedly to permit the accused to make effective use of that material. The Trial Chamber is of the view that if the exculpatory material is enclosed in a statement, it is the statement that needs to be disclosed. The Defence rightly pointed out in its Motion ´[t]he 'material' contem-

80 Vgl. zum Begriff der entlastenden Beweismittel in der ICTY-Rechtsprechung: Entlastende Beweismittel sind "material which is known to the Prosecutor and which is favourable to the accused in the sense that it tends to suggest the innocence or mitigate the guilt of the accused or may affect the credibility of the prosecution evidence": *Prosecutor v. Delalic et al.*, Decision on the Request of the Accused Pursuant to Rule 68 for Exculpatory Information, 24.06.1997, para. 2.

81 *Knoops*, Theory and Practice, S. 160 f.

plated by Rule 68 in this instance are the words of the witnesses as recorded in the statements not the Prosecutor's impressions of those statements.´ Indeed, in order to make real use of the material, the Defence is entitled to be provided with the exculpatory material in its original form, minus redactions the Prosecution deem appropriate. The redacted versions of exculpatory material that will be disclosed should however be ´sufficiently cohesive, understandable and usable´. The Trial Chamber underlines once again that only the sections that contain the exculpatory material should be provided to the Defence, not the whole document.“[82]

Diese zwei Anforderungen müssen auch beim ICC anwendbar sein. Art. 67 (2) ICC-Statut erfordert tatsächlich ausdrücklich, dass die entlastenden Beweismittel „so bald wie möglich“ offenzulegen sind.[83] Jedoch ist die Frage, ob etwas „entlastend“ ist, nicht immer klar zu beantworten; der Ankläger kann möglicherweise nicht immer die „entlastende Qualität“ eines bestimmten Beweisstücks erkennen. Um sicherzustellen, dass das Recht des Angeklagten auf Offenlegung entlastender Beweismittel gebührend beachtet wird, würde das Gericht gut tun, diese Frage weiter zu betrachten. Jedes System, das sich entwickelt, muss sich um Leistungsfähigkeit bemühen, während zur gleichen Zeit zu vermeiden ist, dass die Vertraulichkeit und die Wirksamkeit der laufenden oder fortzusetzenden Ermittlungen, wie auch die Unversehrtheit, die Sicherheit und das Privatleben der Opfer und der Zeugen gefährdet werden.[84]

Auch ist fragwürdig, inwieweit der Ankläger in der Lage ist, seine Verpflichtung zur Benachrichtigung der Verteidigung über entlastende Beweismittel zu erfüllen, wenn er von ihnen Kenntnis erlangt oder sie „unter der Bedingung der Vertraulichkeit“ erhalten hat, wie Art. 54 (3) (e) ICC-Statut sagt, d. h. wenn er sie durch eine Vereinbarung mit einem Staat oder einer Person über Nicht-Offenlegung der erhaltenen Daten oder Beweismittel erhalten hat. Wenn es möglich wäre, dass der Ankläger seine zu freiem Ermessen gewährte Einschätzung in dieser Hinsicht sehr extensiv nutzen und deshalb vor der Verteidigung Informationen oder wichtige

82 *Prosecutor v. Brdanin and Talic*, IT-99-36-T, Decision, 30.10.2002, para. 26.

83 Die Anforderungen in Art. 67 (2), die relevanten Informationen "sobald wie möglich" offenzulegen, reflektiert Rule 66 ICTY-RPE. Daneben werden im *Delalic-Fall* entlastende Beweismittel wie folgt definiert: „Material known by the prosecutor that suggests the innocence or mitigates the guilt of the accused or the affects the credibility of the prosecution's evidence“.*Prosecutor v. Delalic et al.*, IT-96-21-T, Decision, 24.06.1997.

84 *Brady*, in: *Lee*, ICC: Elements, S. 413.

Beweismittel im Vorverfahren zurückhalten könnte, würde das zweifellos dem Postulat der Waffengleichheit im Sinn eines „faires Verfahrens" widersprechen.[85] Der Ankläger muss ferner solche Dokumente offenlegen, die die Verteidigung unterstützen können, obwohl eine vergleichbare Verpflichtung der Verteidigung nicht auferlegt wird, der Strafverfolgung Beweismittel offenzulegen, die die Strafverfolgung unterstützen können. Diese Bestimmung hat zur Folge , Beweismittel aus dem Hinterhalt zu verringern, die Fairness zu steigern und zur zügigen Verhandlung beizutragen.[86]

3. Entscheidungskompetenz des Gerichtshofs

Mit der Formulierung „seiner Überzeugung nach" in Art. 67 (2) ICC-Statut ist der Umfang der Verpflichtung des Anklägers zur Offenlegung entlastender Beweismittel nicht präzise benannt. Folglich könnte eine solche Verpflichtung, die auf der subjektiven Einschätzung einer Verfahrenspartei basiert, zu Auseinandersetzungen im Vorverfahren führen.[87] Die Offenlegung ist stark von der Integrität des Anklägers und vom Grad der Schwierigkeit der Durchsetzbarkeit einer solchen Offenlegungsregel abhängig.[88] Deswegen sieht Art. 67 (2) ICC-Statut weiter vor, dass bei Zweifeln hinsichtlich der Anwendung dieses Absatzes der Gerichtshof entscheidet. Allerdings ist hervorzuheben, dass der Gerichtshof nicht von Amts wegen in die Ermessensausübung des Anklägers hinsichtlich der Offenlegung von entlastenden Beweismitteln eingreifen darf. Rule 83 ICC-RPE sieht ferner vor, dass der Ankläger so bald wie möglich ein *ex parte* Verfahren bei der Kammer, die mit der Angelegenheit befasst ist, anfordert, um eine Entscheidung gemäß Art. 67 (2) zu bekommen. Rule 83 ICC-RPE stellt klar, dass der Ankläger und nicht der Angeklagte einen Antrag auf eine Entscheidung gemäß Art. 67 (2) ICC-Statut stellt. Diese Bestimmung wäre sinnvoller, wenn sie durch eine Verpflichtung des Anklägers ergänzt würde, dass er sich an den Gerichtshof wenden muss, wenn in irgendeiner Phase des Verfahrens Zweifel hinsichtlich der Offenlegung entstehen. Je nachdem, wann die Frage entsteht, entscheidet entweder die Vorverfahrenskammer oder die Hauptverfahrenskammer.

Ungeachtet dessen, dass Rule 83 ICC-RPE nur vom Ersuchen des Anklägers spricht, hindert nichts die Verteidigung daran, eine Kammer aufzufordern, ihre

---

85 *Krapac*, in: *Josipović et al.*, The Rome Statute, S. 139.

86 Hierzu *Schabas*, Introduction, S. 117.

87 *Findlay*, ICLR 2 (2002), S. 255; *ders.*, ICLQ, 50 (2001), S. 42.

88 *Findlay*, ICLR 2 (2002), S. 255; *Ders.*, ICLQ, 50 (2001), S. 42; Panel Discussion, ACLR 36 (1999) 2, S. 252.

Befugnisse gemäß Art. 61 (3) oder Art. 64 (3) (c) ICC-Statut zu nutzen, die Offenlegung weiterer entlastender Beweismittel im Besitz oder unter der Kontrolle des Anklägers anzuordnen.[89] Wenn die Verteidigung am ICTY eine Entscheidung zur Verpflichtung des Anklägers zur Offenlegung herbeiführen möchte, muss sie zeigen, dass spezifische Beweismittel im Besitz des Anklägers sind und ein ausreichender Beweis für die entlastende Natur der gewünschten Materialien vorliegt.[90] Diese Möglichkeit der Verteidigung, den Ankläger zu zwingen, entlastende Beweismittel offenzulegen, ist nicht auf Materialien in einem anstehenden Fall begrenzt. Vielmehr kann die Verteidigung die Offenlegung entlastender Beweismittel fordern, die in irgendeinem anderen Fall vor dem Gerichtshof entstanden, allerdings unter Ausschluss vertraulicher Informationen.[91] Sobald die Verteidigung eine Kammer überzeugt hat, dass die Anklagebehörde Rule 68 ICTY-RPE nicht eingehalten hat, muss die Kammer, während sie sich mit angemessenen Rechtsmitteln befasst, prüfen, ob die Verteidigung durch die Verletzung von Rule 68 ICTY-RPE mit einem Vorurteil beeinflusst. Die Kammer kann jetzt gemäß Rule 68 ICTY-RPE eine Entscheidung treffen.[92]

III. Kritische Bemerkungen

Im Vergleich zu entsprechenden Vorschriften in den ICTY-RPE ist sofort zu bemerken, dass der Umfang der Verpflichtung des Ankläger zur Offenlegung entlastender Beweismittel im ICC-Statut und in den ICC-RPE etwas geringer ist, weil Rule 68 ICTY-RPE den Ankläger verpflichtet, der Verteidigung so bald wie möglich mitzuteilen, dass er Kenntnis von Beweismitteln erhalten hat, die „in irgendeiner Weise (‚*in any way*')" geeignet sind, die Unschuld des Beschuldigten nahezulegen oder die Schuld des Beschuldigten mildern oder die Glaubwürdigkeit der Beweismittel der Anklage zu erschüttern.[93] Daher schlagt *Human Rights Watch* vor, dass die ICC-RPE den Standard in Rule 68 ICTY-RPE übernehmen sollten, um damit klarzustellen, dass der Ankläger dem Beschuldigten so bald wie mög-

---

89 *Brady*, in: *Lee*, ICC: Elements, S. 412.

90 *Prosecutor v. Blaskic*, IT-95-14-T, Decision, 27.01.1997, para. 29, 50; siehe dazu *Vohrah*, in: *McDonald/Swaak-Goldman*, Aspects, S. 519-520.

91 *Prosecutor v. Blaskic*, IT-95-14-T, Decision, 27.01.1997, para. 29, 50; vgl. *Prosecutor v. Kordic and Cerkez*, IT-95-14/1-A, App. Judg., December 17, 2004, para. 179; siehe dazu *Vohrah*, in: *McDonald/Swaak-Goldman*, Aspects, S. 519-520; *Knoops*, Theory and Practice, S. 161.

92 *Prosecutor v. Kordic and Cerkez*, IT-95-14/1-A, App. Judg., December 17, 2004, para. 179

93 Für eine detaillierte Darstellung der ICTY-Rspr. in Bezug auf Rule 68 ICTY-RPE (Disclosure of Exculpatory Material) *McIntyre*, LJIL 16 (2003), 293 ff.

lich die Beweismittel liefern muss, die die oben genannten Eigenschaften aufweisen.[94]

Demzufolge entsteht das Problem, ob der Ankläger verpflichtet ist, die entdeckten Materialien als belastend oder entlastend zu charakterisieren. Nach der Interpretation von Rule 68 ICTY-RPE durch die Verhandlungskammer in den Fällen *Krajisnik* und *Sikirica* liegt die Verpflichtung bei der Verteidigung, zur Zufriedenheit der Kammer darzulegen, dass andere Materialien im Besitz des Anklägers gibt, die in den Bereich von Rule 68 ICTY-RPE fallen.[95] Diese Interpretationen bestätigten die Ansicht des Anklägers, dass der Beschuldigte am besten offengelegte Materialien danach identifizieren kann, was entlastend und was belastend ist und nicht der Ankläger. [96]

Bei der Verpflichtung des Anklägers zur Offenlegung der Beweismittel handelt es sich um eine sehr gewichtige Pflicht, die sich insbesondere auch auf die Offenlegung von entlastenden Beweismitteln erstreckt, ohne dass dies jedoch in den einschlägigen Regelungen bereits hinreichend klar geregelt wäre. Dieser Mangel wird zu Recht auch im Hinblick auf die Rechtsfolgen bei Verletzung dieser Offenlegungspflichten konstatiert.

B. Beschränkung auf Offenlegungspflicht des Anklägers

Die Offenlegung der Beweismittel ist wesentlich dafür zu gewährleisten, dass die Verteidigung Zugang zu allen Informationen erhält, die für ihre Arbeit relevant sein können. Ebenso erhält durch die Offenlegung die Strafkammer alle Materialien, die für ihre Entscheidung über Schuld oder Unschuld des Angeklagten relevant sind. Deshalb sollten die Anforderungen zur Offenlegung weit sein.

Indessen ist der Anspruch auf Offenlegung der Beweismittel nicht absolut. Legitimen Interessen gegen eine Offenlegung von Informationen, die für die laufenden Ermittlungen oder für Opfer oder Zeugen ernstlich schädlich sind, sollte durch Sonderregelungen Rechnung getragen werden, um bestimmte Kategorien von Informationen zu schützen,[97] soweit dies mit den Rechten des Angeklagten sowie

---

[94] *HRW*, Commentary, February 1999.

[95] *Prosecutor v. Krajisnik & Plavsic*, IT-00-39 & 40-T, Decision, 19.07.2001; *Prosecutor v. Sikirica et al.*, IT-95-8-T, Decision, 31.08.2001.

[96] Vgl. *Prosecutor v. Krajisnik & Plavsic*, IT-00-39 & 40-T, Decision, 19.07.2001.

[97] Vgl. *HRW*, Justice in the Balance, Comment to Art. 68[61], S. 118. Zur neuesten Entscheidung des ICTY zum Zweck der Rule 70 ICTY-RPE (Matters not Subject to Disclo-

der Fairness und der Unparteilichkeit des Verfahrens vereinbar ist (Art. 68 (5) ICC-Statut).[98] Allgemeine Beschränkungen der Offenlegung ergeben sich aus Gesichtspunkten des Zeugenschutzes (Art. 68 (5) ICC-Statut) [99], der nationalen Sicherheit eines Staates (Art. 72 ICC-Statut) und der Zusage, bestimmte nur zur Gewinnung neuer Beweise erhaltene Informationen vertraulich zu behandeln (Art. 54 (3) (e) ICC-Statut). Die Frage der Offenlegung wird weiter durch eine detaillierte Aussage zum Ausschluss der Offenlegungspflicht in den RPE konkretisiert.

Rule 81 ICC-RPE zieht verschiedene Gründe für die Einschränkung der Offenlegung zusammen, von denen viele auf Artikel zurückgehen, die im ganzen Statut verstreut sind. Demgemäß kann der Ankläger aus folgenden Gründen von der Offenlegungspflicht befreit werden: Interesse der Ermittlungen, aus öffentlichem Interesse, zur Sicherheit der Opfer und Zeugen und zur Sicherheit eines Staates.

Rule 81 (1) ICC-RPE sieht vor, dass interne Dokumente einer Partei wie „reports, memoranda or other internal documents prepared by a party, its assistants or representatives in connection with the investigation or preparation of the case" von der Offenlegung ausgeschlossen werden.

In Rule 81 (2) ICC-RPE, die auf Rule 66 (c) ICTY-RPE basiert, ist erkannt, dass der Ankläger sich in einem Konflikt befinden kann. Während er zur Offenlegung bestimmter Informationen verpflichtet ist, kann erkennbar werden, dass sich eine Offenlegung nachteilig auf weitere Ermittlungen auswirken kann. Dieser Absatz erlaubt dem Ankläger, von der zuständigen Kammer *„on an ex parte basis"* eine Entscheidung darüber zu erhalten, ob solche Materialien der Verteidigung offengelegt werden müssen oder nicht. Dies anerkennt die praktische Realität, dass der

sure) siehe *Prosecutor v. Milosevic*, IT-02-54-AR108 *bis* and AR73.3, 23.10.2002, para. 19: "The purpose of Rule 70 (B) to (G) is to encourage States, organizations, and individuals to share sensitive information with the Tribunal. The Rule creates an incentive for such cooperation by permitting the sharing of information on a confidential basis and by guaranteeing information providers that the confidentiality of the information they offer and of the information's sources will be protected."

98 Der Ankläger sollte sich mit der *Victim and Witness Protection Unit* darüber besprechen, falls er befürchtet, dass die Offenlegung Probleme für Opfer und Zeugen aufwerfen könnte. Siehe *Dicker*, CILJ 32 (1999) 3, S. 473.

99 Nach Art. 68(5) ICC-Statut kann der Ankläger vor der Eröffnung des Hauptverfahrens Beweismittel oder Informationen zurückhalten, die zu einer ernsten Gefährdung der Sicherheit eines Zeuges oder seiner Familie führen können. Am ICTY besteht auf Antrag der Anklagebehörde nur die Möglichkeit, die Identität von Zeugen – nicht aber den Inhalt ihrer Aussagen – bis kurz vor der Hauptverhandlung aus Gründen des Zeugenschutzes geheim zu halten (Rule 69 ICTY-RPE).

Ankläger der Verteidigung bestimmte Beweismittel für einen gewissen Zeitraum zurückhalten kann, um laufende oder weitere Ermittlungen nicht zu beeinträchtigen. Gleichwohl bietet dieser Absatz eine gerichtliche Überprüfung für das Ermessen des Anklägers. Auch wird damit gewährleistet, dass der Ankläger hinreichend vorher offenlegen muss, wenn er solche Materialien später in einer Verhandlung zu nutzen beabsichtigt. Damit soll vermieden werden, dass die Verteidigung vom Ankläger mit vorher nicht offengelegten Materialien „überfallen" wird.[100]

Rule 81 (3) und (4) ICC-RPE bestätigen einige Bestimmungen im Statut, wie insbesondere Art. 54, 68, 72 und 93 ICC-Statut, die für den Schutz der Vertraulichkeit bestimmter Arten von Informationen kritisch sind. Wo Maßnahmen unternommen worden sind, um Vertraulichkeit nach diesen Artikeln zu gewährleisten, müssen die betreffenden Informationen nicht offengelegt werden, es sei denn in Übereinstimmung mit diesen Artikeln; auch muss die Kammer alle notwendigen Maßnahmen treffen, um in Übereinstimmung mit diesen Artikeln Vertraulichkeit der Informationen zu gewährleisten.[101]

Rule 81 (5) ICC-RPE ist auf diese zurückgehaltenen Materialien gerichtet. Sie gewährleistet, dass der Ankläger ausreichend vorher offenlegen muss, wenn er solche Materialien später in einer Verhandlung zu nutzen beabsichtigt. Dadurch soll vermieden werden, dass die Verteidigung vom Ankläger mit vorher nicht offengelegten Materialien „überfallen" wird.[102]

All diese Restriktionen führen zwar zu einer Einschränkung des „Akteneinsichtsrechts" der Verteidigung, erlauben ihr aber dennoch, sich einen Kenntnisstand über die durchgeführten Ermittlungen der Strafverfolgung zu verschaffen und regen in der Folge meist eigene Ermittlungen der Verteidigung an.[103]

---

[100] Hierzu *Brady*, in: *Lee*, ICC: Elements, S. 418-419.

[101] Hierzu *Brady*, in: *Lee*, ICC: Elements, S. 419.

[102] Hierzu *Brady*, in: *Lee*, ICC: Elements, S. 419.

[103] *Soyer/Kier*, in: *Bárd/Soyer* (Hrsg.), Internationale Strafgerichtsbarkeit, S. 45.

C. Rechtsfolge der Verletzung der Offenlegungspflicht

I. Rechtsfolge bei mangelnder Offenlegung von Beweismitteln

Welche Rechtsfolge das Versäumnis der Offenlegung von entlastenden Beweismitteln nach sich zieht, darüber schweigen sich das ICC-Statut und die ICC-RPE aus. Autoren haben durchweg das Fehlen von Sanktionen beim versäumen der Offenlegung von Beweisen kritisiert.[104] *Brady* berichtete, dass diese sichtbare Lücke während der Verhandlungen der Preparatory Commission ziemlich ausführlich diskutiert wurde. Wegen der Komplexität der damit verbundenen Probleme trugen sich die meisten Delegationen mit dem Gedanken, dem Gerichtshof zu erlauben, in dessen Rechtsprechung einen einschlägigen Ansatz zu entwickeln.[105]

Brady schlägt weiter vor, dass gegen das vorsätzliche Versäumnis des Anklägers, offensichtlich entlastende Beweismittel offenzulegen, eine Sanktion nach Art. 71 ICC-Statut für „ordnungswidriges Verhaltens“ in Betracht zu ziehen ist. Solch ein Versäumnis kann sich auch auf einen Verstoß gegen den „*Code of Professional Conduct for Council*“ beziehen, der gemäß Rule 8 ICC-RPE zu erstellen ist. Jedoch sollten diese Maßnahmen Extremfällen vorsätzlicher Zurückhaltung entlastender Beweismittel vorbehalten sein oder mindestens dem Fall grober Fahrlässigkeit.[106]

In der Tat ist ein solcher Ansatz schon benutzt geworden. Rule 68 *bis* ICTY-RPE sieht bereits ausdrücklich vor, dass, wenn eine der Parteien ihren Offenlegungspflichten unter Verletzung der *Rules* nicht nachkommt, auf Antrag oder von Amts wegen Sanktionen durch den Vorverfahrensrichter oder die Kammer verhängt werden können.[107] Allerdings hat Rule 68 *bis* ICTY-RPE nicht klargestellt, um was für eine Sanktion es sich dabei handeln kann.[108] Im Fall *Furundzija* erklärte die Verhandlungskammer, dass „failure to comply with this obligation, whether to disclose or to seek the guidance of a trial chamber, may amount to serious misconduct on the part of the prosecution.“[109] Diese Erklärung ist aber ziemlich un-

---

[104] *Brady*, in: *Lee*, ICC: Elements, S. 412*May/Wierda*, International Criminal Evidence, S. 83; *Zappala*, JICJ 2(2004), S. 620 ff.

[105] *Brady*, in: *Lee*, ICC: Elements, S. 412-413.

[106] *Brady*, in: *Lee*, ICC: Elements, S. 413.

[107] Für eine weitere Analyse von Rule 68*bis* vgl. *McIntyre*, LJIL 16 (2003), S. 299 ff.

[108] So auch *McIntyre*, LJIL 16 (2003), S. 299.

[109] *Prosecutor v. Furundzija*, IT-95-17/1-T, Decision, 16.07.1998, paras. 16-17. In den Fällen

deutlich, weil es einerseits im ICTY-Statut und in seinen RPE keine Vorschrift über „serious misconduct on the part of the prosecution" gibt und andererseits diese Erklärung nicht darstellt, was für eine Sanktion für dieses „serious misconduct on the part of the prosecution" angebracht sein könnte. Im Kontext der ICTY-RPE scheint es, dass eine vergleichbare Rechtsfolge im Fall des Anklägers wie im Fall von Rule 46 ICTY-RPE über „Ungebühr vor Gericht"[110] des Verteidigers („*Misconduct of Counsel*") ausgearbeitet werden könnte, mit der Folge, dass der Ankläger nicht mehr qualifiziert wäre, seinen Fall vor dem Gerichtshof zu vertreten.[111] Rule 77 ICTY-RPE kann hierbei ebenfalls in Betracht gezogen werden. Rule 77 ICTY-RPE sieht vor, dass das Tribunal in der Ausübung seines ableitbaren Rechts (*inherent power*) die Person, die bewusst und absichtlich die Justizpflege stört, wegen Missachtung (*contempt*) des Gerichtshofes verurteilen kann. Wie Rule 46 ICTR-RPE sagt Rule 77 ICTY-RPE nichts ausdrücklich über den Nachteil von Versäumnis von Offenlegung von Beweisen, die eine Partei erlitten hat.[112] Im Fall *Furundzija* betrachtete die Verhandlungskammer schon die Anwendbarkeit von Rule 77 ICTY-RPE. Sie äußerte „... a Trial Chamber's powers of contempt are to be sparingly used in the most extreme of cases where there has been interference with the course and administration of justice. Rule 77 of the Rules ... does not cover situations such as have arisen in this instance ... The Trial Chamber believes that the misconduct of the Prosecution falls short of knowing and willful interference with the administration of justice ..."[113]

Blaskic und *Brdanin* hatte der Beschuldigte die Verletzung der Verpflichtung des Anklägers zur Offenlegung der Beweismittel, insbes. entlastender Beweismittel, angefochten und Sanktionen gefordert. Die Strafkammer hatte jedoch die Aufforderung der Verteidigung nicht entgegengenommen. *Prosecutor v. Blaskic*, IT-95-14, 28.09.1998; *Prosecutor v. Brdanin & Talic*, IT-99-36-T, Decision, 30.10.2002. Im *Brdanin-Fall* erklärte die Strafkammer: „If the Defence satisfies the Trial Chamber that there has been a failure by the Prosecution to comply with Rule 68, the Trial Chamber in addressing the aspect of appropriate remedies will examine whether or not the Defence has been prejudiced by non-compliance and will provide accordingly pursuant to Rule 68bis; in this context the ´sanction approach´ is not the primary option: the possible violations of Rule 68 are governed less by a system of 'sanctions' than by the Judges' definitive evaluation of the evidence presented by either of the parties, and the possibility which the opposing party will have to contest it." *Prosecutor v. Brdanin & Talic*, IT-99-36-T, Decision, 30.10.2002, para. 23.

110 Diese Übersetzung „Ungebühr vor Gericht" von „Misconduct before the Court" ist von *Bohlander*, Gerichtliche Sanktionen, S. 101 übernommen.

111 Vgl. *Bohlander*, Gerichtliche Sanktionen, S. 101; zutr. *Kerr*, The ICTY, S. 105.

112 *De los Reyes*, ChJIL 4 (2005), S. 596.

113 *The Prosecutor v. Furundzija*, IT-95-17/1-PT, The Trial Chamber's Formal Complaint to the Prosecutor Concerning the Conduct of the Prosecution, 5 June 1998, para.11. Näheres *De los Reyes*, ChJIL 4 (2005), S. 596.

Es ist vorstellbar, dass der ICC den gleichen Ansatz wie die *Ad-hoc*-Tribunale wählen könnte. Im Übrigen kann neben der Sanktionsmöglichkeit gegen den Ankläger sein Versäumnis zur Offenlegung von Beweismitteln im Urteil zugunsten des Angeklagten verwendet werden, wenn der Ankläger entlastende Beweismittel vorsätzlich nicht offengelegt hat. [114] Ob wie in der Rechtsprechung des US-Supreme Court das Versäumnis der Anklagebehörde am ICC, Entlastungsbeweisen offenzulegen, ein neues Gerichtsverhandlung oder ein neues *Sentencing Hearing* erfordert, wenn die Offenlegung von Beweisen eine hinreichende Wahrscheinlichkeit eines anderen Resultats erbringen würde, dazu kann Art. 84 ICC-Statut betreffend die Verfahrenswiederaufnahme herangezogen werden. Art. 84 (1) ICC Statut sieht vor, dass ein Verfahren wiederaufgenommen werden darf, wenn neue Beweismittel bekannt geworden sind, die zum Zeitpunkt der Verhandlung nicht vorlagen, ohne dass dies ganz oder teilweise dem Antragsteller zuzuschreiben war, und die so wichtig sind, dass sie wahrscheinlich zu einem anderen Urteil geführt hätten, wenn sie während der Verhandlung entsprechend gewürdigt worden wären. Deswegen erfordert das Versäumnis der Anklagebehörde, Entlastungsbeweise offenzulegen, auch am ICC eine neue Gerichtsverhandlung, wenn die Offenlegung von Beweisen eine hinreichende Wahrscheinlichkeit eines anderen Resultats erbringen würde.

II. Rechtsfolge bei übersteigerter Einschränkung der Offenlegung

Die Zeugenschutzmaßnahmen, die für die Offenlegung relevant sind, können zur Sicherheit und zum Wohl der Zeugen wesentlich sein. Das ICTY erkannte vor Kurzem die Wichtigkeit einer solchen Regel und änderte seine RPE dahingehend, dass „any person who discloses information in knowing violation of an order of the Chamber ... commits a contempt of the [Court]“ (Rule 77 (A) (ii) und (v) ICTY-RPE).

Das Statut zwingt richtigerweise dazu, geeignete Maßnahmen zum Schutz der Sicherheit, des körperlichen und seelischen Wohles, der Würde und der Privatsphäre der Opfer und Zeugen zu treffen (Art. 68 (1) ICC-Statut).

Rule 24 (1) (a) (i) ICC-RPE sieht vor, dass „disclosing facts or information that he or she has acquired in the course of his or her duties or on a matter which is sub judice, where such disclosure is seriously prejudicial to the judicial proceedings or

[114] Über den Unterschied zwischen Sanktion und Rechtsmittel hinsichtlich Offenlegung von Beweismitteln siehe *De los Reyes* ChJIL 4 (2005), S. 595 f.

to any person“ auch den Tatbestand einer schweren Verfehlung erfüllt. Diese Tat kann zur Amtsenthebung der betroffenen Mitglieder der Anklagebehörde führen, wenn es „causes or is likely to cause serious harm to the proper administration of justice before the Court or the proper internal functioning of the Court“.

D. Kritische Betrachtung

Das Statut und die RPE des ICC haben dem Ankläger eine umfangreiche Verpflichtung zur Offenlegung der Beweismittel auferlegt, und zwar sowohl im Hinblick auf belastende als auch entlastende, wobei diese Pflicht unter bestimmten Situationen eingeschränkt wird, wie insbesondere zum Schutz der Interessen der Opfer und Zeugen. Aber obwohl eine Verpflichtung ausdrücklich auferlegt wird, ist im Statut oder in den RPE keine Rechtsfolge für die Verletzung dieser Verpflichtung vorgesehen, vielmehr bleibt es dem Gerichtshof selbst überlassen, im Lauf des Verfahrens solche Rechtsfolgen zu entwickeln. Es ist jedoch nicht angemessen, dass ein solch wichtiger Punkt dem Gerichtshof überlassen wird, weil die RPE von der Vertragsstaatenversammlung erlassen werden. Daher sollte dieser wichtige Punkt von der Vertragsstaatenversammlung gelöst werden.

Außerdem sollte bei der Offenlegung der Beweismittel die Zügigkeit des Verfahrens garantiert werden. Das Statut hat den Begriff „undue delay“ nicht definiert.[115] Allerdings wird von den RPE die Hauptverfahrenskammer bereits angehalten, ein strenges Zeitlimit für Anordnungen zur Offenlegung aufzuerlegen (Rule 101 ICC-RPE).

§ 25 Befugnis des Anklägers zur Änderung oder Zurücknahme von Anklagepunkten

A. Änderung der Anklagepunkte

I. Änderung der Anklagepunkte als eine Ermessensbefugnis des Anklägers

Die Möglichkeit der Änderung der Anklagepunkte in der Völkerstrafgerichtsbarkeit folgt dem Vorbild in nationalen Systemen. Diese erlauben im Allgemeinen eine Änderung der Anklagepunkte vor dem Gerichtsverfahren wie auch währenddessen. Sie behandeln aber die Thematik unterschiedlich. In vielen kontinentalen Verfahren sind Anklagepunkte der gerichtlichen Nachprüfung durch Ermittlungs-

---

[115] Vgl. *Elsea*, International Criminal Court, S. 37.

richter unterworfen. Wegen der inquisitorischen Natur dieses Systems ist eine Änderung nicht so strittig wie im angloamerikanischen System. Aber wenn neue Beschuldigungen auf unterschiedlichen Tatsachen basieren, erheben Ankläger gewöhnlich eine getrennte Anklage hinsichtlich dieser Beschuldigungen. In einigen angloamerikanischen Gerichtsbarkeiten ist es sogar erlaubt, noch in einem späten Stadium des Verfahrens Änderungen vorzunehmen, vorausgesetzt, dass damit dem Angeklagten kein Unrecht geschieht. Dieses Prinzip ist nicht nur dahingehend begrenzt, dass der Angeklagte einige Zeit dafür haben muss, seinen Fall vorzubereiten, um ein faires Verfahren zu haben; vielmehr liegt dem auch die Konzeption zugrunde, dass der Angeklagte hinsichtlich der gegen ihn erhobenen Anklagepunkte nicht irregeführt werden muss.[116]

Die Änderung der Anklagepunkte vor dem ICTY ist in dessen Rule 50 normiert.[117] Diese wurde von der Rechtsprechung des Tribunals bereits dahingehend präzisiert, dass ein Antrag auf Änderung der Anklagepunkte im exklusiven Ermessen des Anklägers liegt.[118] Obwohl der Ankläger am ICTY anfänglich frei war, Anklagepunkte zu ändern, brauchte er später die Genehmigung des Richters, der die Anklagepunkte bestätigt hatte bzw. die Genehmigung der Richter der Hauptverfahrenskammer nach dem ersten Erscheinen des Angeklagten (Rule 50 ICTY-RPE). Eine Zurücknahme der Anklagepunkte ist der gleichen Genehmigung unterworfen (Rule 51 ICTY-RPE). Eine Hauptverfahrenskammer kann „nur ihren Glauben ausdrücken und den Ankläger auffordern, die Anklagepunkte zu ändern, wenn er solchen Glauben teilt".[119] Die neueren Modifikationen der Rule 50 ICTY-RPE legen auch fest, welche Art der Änderung keine Genehmigung benötigt. Diese Modifikationen berücksichtigen, dass es einige Änderungen von Anklagepunkten gibt, die dem Angeklagten keinen Nachteil bringen würden und deswegen keiner richterlichen Genehmigung bedürfen.

---

116 *Prosecutor v. Kovacevic et al.*, IT-97-24-PT, Decision, 05.03.1998. Übrigens ist es hier auch das erste Mal in der Geschichte des ICTY, dass eine Hauptverfahrenskammer den Antrag des Anklägers auf Änderung der Anklagepunkte ablehnte.

117 Über Änderungen der Rule 50 vgl. *Tarr*, Can the Prosecutor amend an indictment after a trial has begun? S. 9-14. Zutr. *HLC*, Spotlight, S. 191.

118 *Vohrah*, in: *McDonald/Swaak-Goldman*, Aspects, S. 493.

119 "Having regard to the Rules, it is the prerogative of the Prosecutor, not the Chamber, to amend the indictment (Rule 50). Under these circumstances, the Chamber can only express its belief and invite the Prosecutor to amend the indictment accordingly, should he share such belief." *Prosecutor v. Nikolic*, IT-94-2-R61-T, Decision, 20.10.1995, para. 32; dazu auch *Laucci*, in: *Ascensio et al.*, Droit international pénal, S. 761.

Im Fall des ICC kann eine Änderung der Anklagepunkte sowohl vor dem Bestätigungsverfahren als auch nach Bestätigung der Anklagepunkte, letzterenfalls aber nur bis zum Beginn des Hauptverfahrens gestellt werden (Art. 61 (4) oder, gilt generell (9) ICC-Statut). Dem Ankläger kann aus verschiedenen Gründen eine Änderung der Anklagepunkte erwünscht sein. Bis zur Anhörung im gerichtlichen Bestätigungsverfahren liegt die Änderung der Anklagepunkte im Ermessen des Anklägers liegt die Änderung der Anklagepunkte im Ermessen des Anklägers (Art. 61 (4) ICC-Statut). Nach der gerichtlichen Bestätigung einer Anklage kann der Ankläger die Anklagepunkte nur mit Genehmigung der Richter, die die Anklage anfangs bestätigt hatten, ergänzen oder ändern, bzw. mit Genehmigung der Hauptverfahrenskammer, sobald das Hauptverfahren eingeleitet worden ist (Art. 61 (4) und (9) ICC-Statut).[120] Beabsichtigt der Ankläger, weitere Anklagepunkte hinzuzufügen oder bestehende Anklagepunkte durch schwerer wiegende zu ersetzen, so muss zu deren Bestätigung eine mündliche Verhandlung stattfinden (Art. 61 (9) ICC-Statut). Dem Angeklagten muss eine Kopie der geänderten Anklagepunkte übergeben werden

Der Beweisstandard für die Genehmigung der Änderung der Anklagepunkte erfordert, dass der Ankläger lediglich darzulegen braucht, dass es im Gesetz eine ausreichende Grundlage gibt und dass Tatsachen zur Genehmigung der Änderung vorliegen. Im Fall des ICTY braucht der Ankläger auch, um eine Änderung zu beantragen, Beweis von einem *prima facie case* vorzulegen.[121]

II. Formen der Änderung der Anklagepunkte

Der Ankläger kann weitere Anklagepunkte hinzufügen oder bestehende Anklagepunkte durch schwerer wiegende ersetzen. Dies wird in Art. 61 (9) ICC-Statut ausdrücklich vorgesehen. Allerdings gibt es neben diesen Formen der Änderung noch zwei andere Möglichkeiten, nämlich die Erweiterung und weitere Ausführung der auf Tatsachen beruhenden Behauptungen, die zur Unterstützung der bereits bestätigten Anklagepunkte angeführt werden, sowie kleine Änderungen der Anklagepunkte.[122] Die Darstellung einzelner Formen der Änderung der Anklagepunkte in den folgenden Abschnitten stützt sich auf die Rechtsgrundlagen und Rechtsprechungen der *Ad-hoc*-Tribunale.

---

120 Über das relevante Verfahren siehe Rule 128 (1) bis (3).

121 *Prosecutor v. Kanyabashi*, ICTR-96-15-T, 12.08.1999.

122 *Prosecutor v. Niyitegeka*, ICTR-96-14-I, Decision, 21.06.2000, para. 33.

1. Hinzufügung weiterer Anklagepunkte zu einer bereits bestätigten Anklageschrift

Nach Art. 61 (4) und (9) ICC-Statut und Rule 128 ICC-RPE kann der Ankläger des ICC Anklagepunkte ändern, und zwar weitere Anklagepunkte hinzufügen oder bestehende Anklagepunkte durch schwerer wiegende ersetzen. Was unter „weiteren Anklagepunkten" zu verstehen ist, lässt sich anhand der Rechtsprechung der beiden *Ad-hoc*-Tribunale beleuchten. Im Fall *Niyitegeka* vor dem ICTR erklärte die Hauptverfahrenskammer:

> „[T]o prevent miscarriage of justice and to protect an accused from surprises at a late stage of trial preparation, the Trial Chamber likes to further define new charges in an amended indictment as an application to: i) charge in the alternative (e.g. the Prosecutor may allege that the accused's acts constitute at least one of several charged offenses); ii) allege an additional legal theory of liability with no new acts (for example alleging that an accused is not only criminally responsible pursuant to Article 6(1), but also pursuant to Article 6(3)); or iii) allege the commission of additional acts that constitute new charges."[123]

Wie die Hauptverfahrenskammer erklärt hatte, sind die ersten beiden Kategorien ohne Weiteres verständlich und wenig problematisch, während die dritte Kategorie viel problematischer ist. Die Hauptverfahrenskammer ist der Ansicht, dass die Ergänzung neuer Anklagepunkte im Zusammenhang mit Beschuldigungen neuer Taten nur genehmigt werden kann, wenn die angeklagten Verbrechen von gleichem oder ähnlichem Charakter sind oder auf „demselben Handlungszusammenhang" („*same transaction*") beruhen.[124]

In einer zustimmenden Meinung wird das Konzept „desselben Handlungszusammenhangs" in Rule 50 ICTY-RPE eingeführt.[125] In Rule 2(A) ICTY-RPE wird „Handlungszusammenhang" (*transaction*) als („)mehrere Handlungen oder Unterlassungen(„) definiert, („)die an einem oder mehreren Orten als ein oder mehrere Ereignisse vorliegen und Teil eines gemeinsamen Plans oder einer gemeinsamen Strategie sind(„). Rule 50 ICTY-RPE erfordert nicht ausdrücklich, dass die

---

123 *Prosecutor v. Niyitegeka*, ICTR-96-14-I, Decision, 21.06.2000, para. 33.

124 "...[A]dding of new charges in connection of allegations of new acts should be granted only if the offenses charged, are of the same or similar character or are based on the same transaction." *Prosecutor v. Niyitegeka*, ICTR-96-14-I, Decision, 21.06.2000, para. 33.

125 *Prosecutor v. Kovacecic*, IT-97-24-AR73, 02.07.1998.

neu erhobenen Anklagepunkte auf demselben Handlungszusammenhang wie die bereits angeklagten Verbrechen basieren. Doch wird dieses Prinzip wiederholt verwendet, wonach zwei oder mehrere Verbrechen in einer Anklage verbunden werden können, wenn eine Serie von Straftaten „denselben Handlungszusammenhang" bildet, und die besagten Verbrechen vom selben Angeklagten begangen wurden. Ähnlich wird in der angloamerikanischen Gerichtsbarkeit der Begriff „derselbe Handlungszusammenhang" verwendet. Wenn vorgelegte neue Anklagepunkte dem Test „desselben Handlungszusammenhangs" entsprechen, muss die Hauptverfahrenskammer die gesamten Interessen von Gerechtigkeit berücksichtigen. Und wenn erhebliche Rechte des Angeklagten nicht beeinträchtigt werden, stellt es im Ermessen des Gerichts, eine Änderung der bestehenden Anklage zu genehmigen oder abzulehnen.[126]

2. Erweiterung und weitere Ausführung der auf Tatsachen beruhenden Behauptungen

Nach Rule 47 (C) ICTY-RPE muss die Anklage eine klare, knappe und definitive schriftliche Zusammenfassung des Tatbestands und des Verbrechens enthalten, dessen der Verdächtige beschuldigt wird. In diesem Verfahrensstadium ist es voreilig, von der Relevanz dieser Beschuldigung zu sprechen. In *Nsengiyuma*-Fall des ICTR befand die Hauptverfahrenskammer unter Rule 47 (C) ICTR-RPE, dass der Ankläger Tatsachen seines Falles behaupten kann, die den begrenzten Umfang (zeitlich oder anders) des Verbrechens übersteigen. Außerdem stellte die Hauptverfahrenskammer fest, dass eine detailliert vorgelegte geänderte Anklage, die den historischen Hintergrund der Verbrechen und andere nützliche Informationen im Zusammenhang mit dem angeklagten Verbrechen enthalten, einen größeren Grad von Genauigkeit und Klarheit in den Beschuldigungen gegen einen Angeklagten bieten können und deshalb für den Angeklagten günstig sind.[127] Weiter sollen neue auf Tatsachen beruhende Beschuldigungen, die in einer vorgelegten geänderten Anklage enthalten sind, klar und direkt mit den angeblichen Taten gegen einen Angeklagten im Zusammenhang stehen. So kann die Hauptverfahrenskammer auf Antrag der Verteidigung in ihrem Ermessen jeden Überschuss schlagen, die mit dem Fall gar nicht zu tun haben.

[126] *Prosecutor v. Niyitegeka*, ICTR-96-14-I, Decision, 21.06.2000, para. 33(1)(c).
[127] *Prosecutor v. Niyitegeka*, ICTR-96-14-I, Decision, 21.06.2000, para. 33.

3. Kleine Änderung der bestätigten Anklageschrift

Nach der Bestätigung einer Anklage kann der Ankläger den Antrag auf eine kleine Änderung stellen. Eine kleine Änderung ist jede Änderung, die keinen Anklagepunkt der bereits bestätigten Anklage ergänzt. „It may not add any substantial matter not fairly included in the indictment and which is not likely to mislead the accused as to the confirmed charge or charges, such as corrections of translation, grammar and punctuation."[128]

III. Gesamtinteresse der Gerechtigkeit als Abgrenzung der Änderung der Anklage

Die Strafgerichtshöfe sehen sich einerseits der Notwendigkeit der Erleichterung der Strafverfolgung gegenüber, indem sie die Änderung der Strafverfolgungsstrategie unterstützen, und der Notwendigkeit der Berücksichtigung neuer Beweismittel, indem sie Anklageänderungen genehmigen; andererseits gibt es die Verpflichtung, eine Übertretung der Rechte des Angeklagten auf ein faires und zügiges Gerichtsverfahren zu vermeiden.[129] Die Abgrenzung der Änderung der Anklage durch den Ankläger wird in den Statuten und in den RPE der internationalen Strafgerichtshöfe nicht klargestellt. Daraus kann gefolgert werden, dass die Befugnis des Anklägers zur Änderung der Anklage gesetzlich unbeschränkt ist. Allerdings deutet die Rechtsprechung der beiden *Ad-hoc*-Tribunale darauf hin, dass die Befugnis des Anklägers zur Änderung der Anklage im Rahmen des Gesamtinteresses der Gerechtigkeit gesehen werden muss.[130] Dieses Gesamtinteresse der Gerechtigkeit zeigt sich insbesondere im Schutz der Rechte des Angeklagten auf ein faires und zügiges Verfahren. Dies kann sowohl eine Frage der zeitliche Vornahme der Änderung als auch der Substanz der Änderung sein.[131]

Jedoch ist dies nicht das einzige relevante Recht des Angeklagten. Es wird ihm durch Art. 64(2) ICC-Statut garantiert weiter auch in Art. 67 (1) (c) ICC-Statut

---

[128] *Prosecutor v. Niyitegeka*, ICTR-96-14-I, Decision, 21.06.2000, para. 33.

[129] Vgl. *Vohrah*, in: *McDonald/Swaak-Goldman*, Aspects, S. 493. Im *Kordić and Čerkez-Fall* gab die Hauptverfahrenskammer an, "the Prosecutor's right to submit a request for leave to amend the indictment pursuant to Rule 50 of the Rules must not be exercised to the prejudice of the accused's right to be tried without undue delay as stated in Art. 21(4)(c) of the Statute": *Prosecutor v. Kordić and Čerkez*, IT-95-14/2/T, Decision, 28.01.1998. Zutr. *Boas*, CLF 12 (2001), S. 45 ff. Für eine ausführliche und vergleichende Analyse in Bezug auf „undue delay" *Before*, Undue Delay.

[130] Siehe dazu *Prosecutor v. Niyitegeka*, ICTR-96-14-I, Decision, 21.06.2000, para. 32.

[131] *Keegan/Mundi*, in: *May et al.*, Essays, 135; auch *Rodney et al.*, Archbold, S. 129.

widergespiegelt, wonach dem Angeklagten das Recht auf Erlass des Urteils ohne unangemessene Verzögerung gewährleistet ist. Dieser Artikel reflektiert die allgemeinen Prinzipien, die in den internationalen Menschenrechtsinstrumenten vorgefunden werden (z. B. Art. 9 (2) MRK). Außerdem gewährleistet Art. 67 (1) (a) ICC-Statut dem Angeklagten das Recht auf unverzügliche Unterrichtung der Anklage gegen ihn, und Art. 67 (1) (b) ICC-Statut das Recht auf Vorbereitung der Verteidigung mit hinreichender Zeit und Gelegenheit.[132] Eine Änderung der Anklage durch Ergänzung von Tatsachen oder Anklagepunkten wird normalerweise nicht genehmigt, wenn es keine Anscheinsbeweismittel gibt, die zur Unterstützung dieser zusätzlichen Tatsachen oder Anklagepunkte zur Verfügung stehen. Die Tests zur Entscheidung über den Antrag auf Genehmigung einer Änderung sind in diesem Fall für eine Bestätigung der geänderten Anklage folglich dieselben.[133]

Mangels spezifischer Standards im Statut und in den RPE der *Ad-hoc*-Tribunale steht es somit im Ermessen des zuständigen Richters, ob er unter Berücksichtigung des Gesamtinteresses der Gerechtigkeit eine Änderung der Anklageschrift erlaubt oder nicht.[134] Der Gerichtshof muss den Antrag im Licht jedes Umstandes des Einzelfalls betrachten. Die Hauptverfahrenskammer muss schließlich die Gefahr einer unangemessenen Verzögerung in Betracht ziehen, die sich im Zusammenhang mit einer Änderung der Anklagepunkte stellen kann. Eine solche Gefahr unangemessener Verzögerung ist Tatfrage des jeweiligen Einzelfalles.[135] Zusammenfassend bleibt mit dem ICTR festzustellen: „In determining whether a delay in the criminal proceedings against the accused is ´undue´, it is essential to consider the length of the delay, the gravity, nature and complexity of the case, as well as any prejudice that the accused may suffer."[136]

---

[132] Vgl. *Prosecutor v. Ljubicic*, IT-00-41-PT, Decision, 02.08.2002; *Prosecutor v. Brdjanin and Talic*, IT-99-36-T, Decision, 26.06.2001, para. 50.

[133] *Prosecutor v. Milosevic*, IT-02-54-T, Decision, 29.06.2001.

[134] *Prosecutor v. Milosevic*, IT-02-54-T, Decision, 29.06.2001; *Prosecutor v. Niyitegeka*, ICTR-96-14-I, Decision, 21.06.2000, para. 34.

[135] *Prosecutor v. Musema*, ICTR-96-13-T, Decision, 06.05.1999, para. 17.

[136] *Prosecutor v. Niyitegeka*, ICTR-96-14-I, Decision, 21.06.2000, para. 36.

B. Zurücknahme von Anklagepunkten

I. Zurücknahme von Anklagepunkten als eine Ermessensbefugnis des Anklägers

Die Zurücknahme von Anklagepunkten stimmt mit Art. 14 UN *Guidelines on the Role of Prosecutors* überein, der vorsieht, dass der „Prosecutor shall not initiate or continue prosecutions, or shall make every effort to stay proceedings, when an impartial investigation shows the charge to be unfounded." Die Entscheidung der Zurücknahme eines Anklagepunktes oder der ganzen Anklage ist Teil richtiger Ermessensausübung des Anklägers. Bei einer solchen Entscheidung haben das Interesse der Gerechtigkeit, das Berufsethos und die Fairness gegenüber dem Angeklagten Vorrang, insbesondere im Fall der Vorverfahrensfestnahme.[137]

Vor dem Bestätigungsverfahren kann der Ankläger Anklagepunkte zurücknehmen, wobei er der Vorverfahrenskammer die Gründe dafür mitteilen muss. Nach der Bestätigung kann eine Anklage nur mit der Genehmigung der Richter, die sie anfangs bestätigt haben, zurückgenommen werden[138] bzw. mit der Hauptverfahrenskammer,[139] darauf ankommt, ob es sich um das Stadium vor dem Hauptverfahren oder bereits um das Hauptverfahren handelt. Nach dem Beginn der Haupt-

---

137 ICTY Press Release, Statement by Justice Louise Arbour: Professional Ethics and Fairness to the Accused are Paramount. 19.12.1997.

138 In der ICTY-Rechtsprechung wurden Anträge auf Zurücknahme der Anklagepunkte beispielsweise in folgenden Fällen gestellt: *Prosecutor v. Alilovic*, Decision on Motion by the Prosecutor for Withdrawl of Indictment Against Stipo Alilovic, 23.12.1997 and order Granting Leave for Withdrawal of Charges against Govedarica, Gruban, Janjic, Kostic, Paspalj, Popovic, Predojevic, Savic, Babic and Saponja, 08.05.1998 and Order Granting leave for Withdrawal of Charges against Janic, Kondic, Lajic, Saponja and Timarac, 05.05.1998; *Prosecutor v. Strugar et al.* Order Authorising the Withdrawal of the Charges Against Milan Zec Without Prejudice, 26.07.2001.

139 In der ICTY-Rechtsprechung wurde die Zurücknahme der Anklagepunkte nach Erscheinen des Angeklagten vor der Hauptverhandlungskammer in den folgenden Fällen beantragt: *Prosecutor v. Dukic*, Decision Rejecting the Application to Withdraw the Indictment and Order for Provisional Release, 24.04.1996; *Prosecutor v. Alilovic*, Decision on Motion by the Prosecutor for Withdrawal of Indictment Against Stipo Alilovic, 23.12.1997; Prosecutor's Motion under Rule 51 for leave to withdraw the Indictment against the accused Marinko Katava, 18.12.1997; Prosecutor's Motion under Rule 51 for Leave to Withdraw the indictment against the Accused Ivan Santic, 18.12.1997; Prosecutor's Motion under Rule 51 for Leave to Withdraw the Indictment Against the Accused Pero Skopljak, 18.12.1997; *Prosecutor v. Todorovic*, Decision on Prosecution Motion to Withdraw Counts of the Indictment and Defence Motion to Withdraw Pending Motions, 26.02.2001; *Prosecutor v. Nenad Banovic*, Decision on Motion by the Prosecutor for Withdrawal of Indictment against Nenad Banovic, 10.04.2002.

verhandlung kann der Ankläger nur mit Genehmigung der Hauptverfahrenskammer Anklagepunkte zurücknehmen (Art. 61 (4) und (9) ICC-Statut).

II. Kriterien für die Zurücknahme der Anklagepunkte

Die Kriterien für die Zurücknahme von Anklagepunkten sind nicht in Statuten der internationalen Strafgerichtshöfe definiert. Es liegt in der Verantwortung der Vorverfahrens- oder der Hauptverfahrenskammer zu gewährleisten, dass Anklagepunkte nach der Bestätigung nur aus rechtlich akzeptablen Gründen zurückgenommen werden.[140] Nach der ICTY-Rechtsprechung können akzeptable Gründe *inter alia* die folgenden sein: Mangel ausreichender Beweismittel zur Gewährleistung eines fairen Gerichtsverfahrens,[141] falsche Beschuldigung,[142] der Tod des Angeklagten,[143] das Gerechtigkeitsinteresse.[144] Gesundheitsgründe des Angeklagten hingegen können keine angemessenen Gründe für eine Zurücknahme sein.[145]

Die Zurücknahme der Anklage kann auch das Resultat einer Absprache[146] sein oder infolge einer Änderung der Strafverfolgungsstrategie geschehen. Die Zunahme der Zahl von Festnahmen und Überstellungen von Angeklagten beim ICTY hat den Ankläger dazu gezwungen, alle außergewöhnlichen Anklagen im Hinblick auf die gesamte Strategie der Anklagebehörde zur Ermittlung und Strafverfolgung von Völkerrechtsverbrechen neu zu bewerten.[147]

140 Siehe dazu *Prosecutor v. Djukić*, IT-96-20-T, Decision, 24.04.1996, para. 3.

141 Siehe dazu *Prosecutor v. Skopljak*, IT-95-14/2-T, 19.12.1997; *Prosecutor v. Šantić*, IT-95-14/2-PT, Order, 19.12.1997; *Prosecutor v. Kupreskic and others*, IT-95-16-T, Decision, 19.12.1997; *Prosecutor v. Nenad Banovic*, IT-02-65, Decision on Motion by the Prosecutor for Withdrawal of Indictment against Nenad Banovic, 10.04.2002.

142 Siehe dazu *Prosecutor v. Sikirica et al.*, IT-95-8-T, Order, 17.06.1996.

143 Siehe dazu *Prosecutor v. Kupreskic et al.*, IT-95-16-T, Decision, 23.12.1997.

144 Siehe dazu *Prosecutor v. Todorovic*, IT-95-9/1-T, Decision, 26.02.2001.

145 Siehe dazu *Prosecutor v. Djukić*, IT-96-20-T, Decision, 24.04.1996; zutr. ICTY - Annual Report 1996, para. 45.

146 Z.B. *Prosecutor v. Todorovic*, Decision on Prosecution Motion to Withdraw Counts of the Indictment and Defence Motion to Withdraw Pending Motions, 26.02.2001; *Prosecutor v. Nikolic*, IT-02-60/1, Decision on Motion to Dismiss Charges Against Accused Momir Nikolic, 12.05.2003. Für eine weitere Analyse siehe Kapitel 6 § 27(F)(III)(2).

147 *Prosecutor v. Sikirica et al.*, IT-95-8-T, Order, 05.05.1998. Näheres siehe Kapitel 4 über Opportunitätserwägungen des Anklägers.

§ 26 Zwischenergebnis

Falls der Ankläger zu dem Schluss gelangt, dass es für eine Strafverfolgung eine hinreichende Grundlage gibt, kann er bei der Vorverfahrenskammer einen Haftbefehl beantragen, wenn die Festnahme der Person notwendig erscheint, um sie vor Gericht zu bringen. Nach Überstellung der Person oder ihrem freiwilligen Erscheinen vor dem Gerichtshof muss die Vorverfahrenskammer ein mündliches Bestätigungsverfahren abhalten, um zu entscheiden, ob der Angeschuldigte einer Hauptverfahrenskammer zugewiesen werden muss. Vor der Durchführung des Bestätigungsverfahrens muss der Ankläger der Verteidigung die Beweismittel offenlegen, damit die Verteidigung den Fall ausreichend vorbereiten kann. Außerdem genießt der Ankläger einen gewissen Ermessensspielraum während des Bestätigungsverfahrens und danach, um seine Strafverfolgungsstrategie durchzuführen, was insbesondere auch im Hinblick auf die Änderung oder Zurücknahme bestimmter Anklagepunkte gilt.

Kapitel 6. Die Rolle des Anklägers im Hauptverfahren

Mit der Anklageerhebung geht die Verfahrensherrschaft auf den Gerichtshof über. Damit beginnt das gerichtliche Strafverfahren. Das Zusammenwirken der anglo-amerikanischen und kontinentaleuropäischen Rechtssysteme hat zur Bildung eines eigenständigen internationalen Strafverfahrens geführt. In diesem Kapitel wird die Rolle des Anklägers im Hauptverfahren und in der Alternative des Hauptverfahrens, dem Verfahren nach einem Schuldeingeständnis, beleuchtet.

§ 27 Hauptverhandlung

A. Überblick über den Ablauf des Hauptverfahrens

Mit der Bestätigung der Anklagepunkte geht die Zuständigkeit innerhalb des Gerichtshofs von der Vorverfahrenskammer auf die Hauptverfahrenskammer über (Art. 61 (11) ICC-Statut). Ähnlich wie in weiten Bereichen der kontinentaleuropäischen Praxis gibt es keine Geschworenen in der Hauptverhandlung. Die Fälle werden von Berufsrichtern verhandelt.[1] Grundsätzlich ist die Hauptverhandlung in Anwesenheit des Angeklagten durchzuführen. Ein Abwesenheitsverfahren ist verboten (Art. 63 (1) ICC-Statut).[2]

Die Hauptverhandlung,[3] die grundsätzlich am Sitz des Gerichtshofs in Den Haag stattfinden soll, beginnt mit der Verlesung der von der Vorverfahrenskammer bestätigten Tatvorwürfe. Das anschließende Beweisverfahren, das in Art. 69 ICC-Statut geregelt ist, folgt dem Grundsatz der „formellen"[4] Unmittelbarkeit und der Mündlichkeit, wobei es auch dort Ausnahmen aus Gründen des Zeugen- oder Opferschutzes gibt (Art. 64 (7) und 72 (4) ICC-Statut).[5] Die Hauptverfahrenskammer hat sicherzustellen, dass der Angeklagte die Anschuldigung versteht und die Verhandlung unter Berücksichtigung der Rechte des Angeklagten[6] und der Interessen der Opfer und Zeugen fair und zügig stattfindet (Art. 64 (2) ICC-Statut). Die Hauptverfahrenskammer muss die notwendigen Maßnahmen zum Opfer- und

---

1 *Mundis*, AJIL 94 (2000), S. 765.

2 Allg. zum Abwesenheitsverfahren in der Völkerstrafgerichtsbarkeit siehe etwa *Brown*, BJIL, 24 (1999), S. 763-796.

3 Allg. zur Hauptverhandlung des ICC siehe insbes. *Kreß*, Vor III 26, S. 93 ff.

4 *Kreß*, Vor III 26, S. 93.

5 Vgl. *Lenski*, Der Durchgriff des Völkerrechts, S. 26.

6 Für eine umfangreiche Darstellung der Rechte der Angeklagten im Gerichtsverfahren *Zappala*, Human Rights, S. 83 ff.

Zeugenschutz anordnen (Art. 68 ICC-Statut). Ebenso ist die Hauptverhandlung vom Grundsatz der Unschuldsvermutung gekennzeichnet (Art. 66 ICC-Statut). Diese ist ein Universalthema in allen Rechtssystemen und eines der Hauptprinzipien im Statut, das nicht auf Besonderheiten eines der beiden Hauptrechtssysteme zurückzuführen ist.[7] Die Rechte des Angeklagten in der Hauptverhandlung benennt Art. 67 ICC-Statut, der dieselben Garantien wie Art. 55 und 61 ICC-Statut für das Ermittlungsverfahren vorsieht. Diese Rechte entsprechen den allgemeinen internationalen menschenrechtlichen Standards.

Während das Vorverfahren ein inquisitorisches Gepräge hat, ist die Hauptverhandlung ihrer Natur nach im Wesentlichen mehr adversatorisch, obwohl zahlreiche fundamentale Elemente des kontinentaleuropäischen Systems in das internationale Strafverfahren Eingang gefunden haben.[8] Im Allgemeinen spielen die Verfahrensparteien eine starke Rolle in der Hauptverhandlung: Das Statut setzt zwei unabhängige Parteien ein, die vor dem Gerichtshof einander gegenüberstehen, während die Richter mehr als oberste Verhandlungsleiter fungieren.[9] Die Verfahrensparteien kontrollieren die Beibringung ihrer jeweiligen Beweismittel und den Aufruf von Zeugen.[10] Jeder Partei ist es erlaubt, das Eröffnungs- und Schlussplädoyer zu halten und direktes Verhör und Kreuzverhör durchzuführen. Gleichzeitig haben aber die Richter in der Hauptverhandlung eine Ermittlungs- und Kontrollfunktion, die mehr dem kontinentalen Rechtssystem entspricht.[11]

B. Beschränkte Rolle des Anklägers im Hauptverfahren im Schatten der dominierenden Rolle der Richter

I. Aktive Rolle der Richter

Den Richtern werden große Befugnisse gegeben, zentrale Aspekte in der Hauptverhandlung zu kontrollieren.[12] Es ist vorgesehen, dass die Hauptverfahrenskammer alle Vorverfahrensangelegenheiten übernimmt, um die Kontinuität in der Ver-

---

7 Vgl. *Lagodny*, ZStW 2001, S. 810; *Tibbitts*, The Role of the Prosecutor and the Judge, S. 50.

8 Siehe dazu auch *Röben*, MPYUNL 7 (2003), S. 535-537.

9 ILC - Yearbook 1994, Vol. I, para. 75, S. 193; *Lagodny*, ZStW 2001, S. 809.

10 Vgl. *Champy*, RIDP 68 (1997), para. 6, S. 152.

11 *Lagodny*, ZStW 2001, S. 809; Panel Discussion, ACLR 36 (1999) 2, S. 252.

12 Siehe *Boas*, CLF 12 (2001), S. 172. Zur Darstellung der Unterschiede zwischen angloamerikanischem und kontinentaleuropäischem Rechtssystem siehe etwa *Ambos*, ICLR 3 (2003), S. 1-37; *Robinson*, EJIL 11 (2000) 3, S. 574 ff.; *Tochilovsky*, EJCCLCJ 6 (1998) 1, S. 55 ff.

handlung zu gewährleisten (Art. 64(6)(a) ICC-Statut). Die Richter entscheiden sowohl über Tatsachen- als auch über Rechtsprobleme.

Die Richter kontrollieren in gewissem Maß den Umfang, die Form, die Art und die Menge der Beweismittel, die eingebracht werden sollen.[13] Die Hauptverfahrenskammer hat umfassende Befugnisse, sicherzustellen, dass das Hauptverfahren fair und zügig verläuft und unter voller Beachtung der Rechte des Angeklagten sowie unter gebührender Berücksichtigung des Schutzes der Opfer und Zeugen geführt wird (Art. 64 (2) ICC-Statut). Unabhängig davon, dass der Ankläger während der Ermittlungen nicht der Kontrolle des Gerichtshofs unterworfen ist, hat die Hauptverfahrenskammer bedeutende Befugnisse, z. B. zusätzliche Zeugen aufzurufen und zu vernehmen (Art. 64 (6) (b) ICC-Statut, Rule 140 (2) (c) ICC-RPE); eine Befugnis, die es in bestimmten adversatorischen Gerichtsbarkeiten nicht gibt. Die Hauptverfahrenskammer hat auch die Befugnis, aus eigener Initiative über die Zulässigkeit bzw. Erheblichkeit der Beweismittel zu entscheiden (Art. 64 (9) (a) ICC-Statut). Ferner ist die Hauptverfahrenskammer befugt, die Beibringung sämtlicher Beweismittel zu verlangen, die sie für die Wahrheitsfindung für erforderlich hält (Art. 69 (3) ICC-Statut), was dem Richter erlaubt, auch eine aktive Rolle in der Gerichtsverhandlung zu spielen.[14] Diese Befugnis der Hauptverfahrenskammer existiert unter anderem wegen der besonderen Schwierigkeiten der Beweissammlung durch die Verfahrensparteien im internationalen Strafverfahren.[15] Diese Bestimmung zeigt, dass die Relevanz der Beweismittel nicht nur durch die Parteien selbst, sondern auch vom Gerichtshof bestimmt wird. Dies spiegelt eine Kombination von adversatorischer Sammlung und Beibringung von Beweismitteln mit einer inquisitorischen Art der Zulassung und Beurteilung von Beweismitteln wider. Es ist logisch, dass Berufsrichter über die Zulässigkeit und den Wert von Beweismitteln entscheiden, wenn strenge Regelungen über die Zulässigkeit von Beweismitteln fehlen.[16] Diese Befugnisse sind jedoch im Wesentlichen ein inquisitorisches Konzept,[17] das dem Auftrag des Gerichtshofs von Wahrheitsfindung entspricht.[18]

Die starke Position der Richter ergibt sich auch aus Art. 64 (6) (d) und Art. 65 (3) bis (5) ICC-Statut. Demzufolge kann die Hauptverfahrenskammer anordnen, dass

---

13 Siehe *Boas*, CLF 12 (2001), S. 172.

14 *Bardy*, in: *Latttazi/Schabas*, Essays, Vol. I, S. 288.

15 *Friman*, LPICT 3 (2003), S. 382.

16 *Klip*, in: *Bevers/Joubert*, An Independent Defence, S. 29.

17 *Caianiello/Illuminati*, NCJILCR 26 (2001), S. 448.

18 Zutphen - Draft, Fn. 212; *Friman*, LPICT 3 (2003), S. 383.

zusätzliche Beweismittel beigebracht werden oder ein Geständnis als nicht abgelegt zu betrachten ist, wenn es nicht bestimmte Voraussetzungen erfüllt, oder dass sich das Gericht über Absprachen zwischen Anklage und Verteidigung hinweggesetzt. Die Richter können also die Beweisführung aktiv beeinflussen. Insbesondere müssen die Absprachen zwischen der Strafverfolgung und der Verteidigung nicht zwangsläufig akzeptiert werden, falls sie der Wahrheitsermittlungspflicht des Gerichtshofs entgegenstehen.[19]

II. Zurückgedrängte Rolle des Anklägers

Die exakte Rolle des Anklägers in der Hauptverhandlung wird im ICC-Statut nicht definiert. Es kann aber festgestellt werden, dass die dominierende Rolle der Richter hinsichtlich ihrer Verantwortung für die Garantie eines fairen und zügigen Verfahrens die Rolle des Anklägers stark prägt und zurückdrängt. Allerdings ist die Herausforderung für den internationalen Ankläger höher als für sein Gegenstück im kontinentaleuropäischen Rechtssystem, da vom Ankläger verlangt wird, ein Hauptverhör bzw. ein Kreuzverhör durchzuführen, also im Allgemeinen eine starke Rolle in der Hauptverhandlung zu spielen. Dieses gemischte Verfahren hat eine Grauzone hinsichtlich der Rolle des Anklägers und der Verteidigung geschaffen.[20] Auch die exakte Balance zwischen der Rolle des Anklägers und der Rolle des Gerichtshofs muss in der Praxis noch gefunden werden.[21] Es dürfte einige Zeit dauern, bis dies geschehen ist.[22] Letztlich sollte die Rolle des Anklägers bei ICC ähnlich der des Anklägers am ICTY sein.

C. Funktionsbereich des Anklägers im Hauptverfahren

I. Beweislast beim Ankläger

Es ist in den meisten nationalen Rechtssystemen allgemein anerkannt, dass die Beweislast für die Schuld des Angeklagten beim Ankläger liegt. Umgekehrt trägt die Verteidigung keine Beweislast.[23] Dies steht in enger Verbindung mit dem international anerkannten Grundsatz, dass jedermann, der wegen einer Straftat angeklagt wird, das Recht auf Unschuldvermutung hat, bis seine Schuld nachgewie-

---

[19] Vgl. *Lagodny*, ZStW 2001, S. 810-811.
[20] *HLC*, Spotlight, S. 304.
[21] ILC - Yearbook 1994, Vol. I, para.75, S. 193.
[22] *HLC*, Spotlight, S. 304.
[23] Näheres *Scaliotti*, ICLR 1 (2001), 123 ff.; auch *Friman*, LPICT 3 (2003), S. 380.

sen wird.[24] Das ist auch der Fall im internationalen Strafverfahren. An den *Ad-hoc*-Tribunalen sowie am ICC ist es allgemeiner Grundsatz, dass der Ankläger die Beweislast hat. Art. 66 (1) ICC-Statut legt den Grundsatz der Unschuldsvermutung fest, solange die Schuld des Angeklagten nicht in Übereinstimmung mit dem anwendbaren Recht vor dem Gerichtshof nachgewiesen ist. Art. 66 (2) ICC-Statut sieht die Beweislast beim Ankläger. Diese Beweislast ist auf die Ermittlungsbefugnis des Anklägers zurückzuführen, die den Ankläger dazu verpflichtet, die Wahrheit der Anschuldigung rechtmäßig und sachlich zu begründen, um die Verurteilung und den Strafspruch zu rechtfertigen. Es ist klar, dass dem Angeklagten nie auferlegt werden kann, eine ähnliche Beweislast hinsichtlich seiner Unschuld zu tragen.[25] Auf Grund seiner Beweislast muss der Ankläger jeden Tatvorwurf ausreichend beweisen, wobei er sich auch auf Urkundenbeweise oder zusammenfassende Beweise – unter Verzicht auf eine unmittelbare Zeugenvernehmung – stützen kann.[26]

Anders als am ICTY, wo die Verteidigung einen Schuldausschließungsgrund nachweisen muss,[27] ist am ICC eine Umkehr der Beweislast oder eine Widerlegungspflicht der Verteidigung ausdrücklich ausgeschlossen (Art. 67 (1) (i) ICC-Statut). Dieser Artikel will klarstellen, dass es hier keine – wie vielleicht sonst üblich – Verteilung der Beweislast gibt und daher die Beweislast nicht von der Strafverfolgung zum Angeklagten verschoben werden darf.[28] Diese Bestimmung ist übrigens keine Reaktion auf die Rechtsregeln, die von den *Ad-hoc*-Tribunalen entwickelt worden sind, sondern beruht auf einer Initiative Südafrikas, das 1986 an der Rom-Konferenz teilnahm. Wie sich diese Bestimmung auf die Frage der Beweislast in der Praxis auswirkt, bleibt noch abzuwarten.[29]

Obwohl das ICC-Statut dem Ankläger die Beweislast auferlegt, welcher Standard für den Ankläger gelten soll, um die Unschuldsvermutung zu überwinden. Jedenfalls erwartet aber das ICC-Statut vom Gericht, für eine Verurteilung von der Schuld des Angeklagten so überzeugt zu sein, dass kein vernünftiger Zweifel besteht (Art. 66 (3) ICC-Statut). Zusammen genommen stellen die Unschuldsvermutung und die Anforderung des Nichtbestehens vernünftiger Zweifel sicher, dass

---

24 *Friman*, LPICT 3 (2003), S. 380.
25 *Arbour*, in: *AIDP*, Les systèmes comparés de justice pénale, S. 380.
26 Siehe *Falvey*, FILJ 19 (1995), S. 486.
27 *The Prosecutor v. Delalic et al.*, IT-96-21, decision of 16 Nov. 1998; näheres *Friman*, LPICT 3 (2003), S. 381.
28 Zur Kritik von Art. 67(l)(i) *Scaliotti*, ICLR 1 (2001), S. 124 ff.
29 *Friman*, LPICT 3 (2003), S. 381.

der Angeklagte im Wesentlichen ein faires Gerichtsurteil erhält.[30] Dieser Standard des Nichtbestehens vernünftiger Zweifel ist offensichtlich auch in Bezug auf die Beweisverpflichtung des Anklägers anwendbar. Entsprechend diesem Gedanken muss der Ankläger so bald wie möglich der Verteidigung die in seinem Besitz oder in seiner Verfügungsgewalt befindlichen Beweismittel offenlegen, die seiner Überzeugung nach die Unschuld des Angeklagten beweisen oder zu beweisen geeignet sind, dessen Schuld mildern oder die Glaubwürdigkeit der vom Ankläger beigebrachten Beweismittel beeinträchtigen können (Art. 67 (2) ICC-Statut).

Im Hauptverfahren müssen die Regeln für die Zulassung von Beweismitteln, welche die Prüfung der Anschuldigung des Anklägers betreffen, flexibel sein. Jedoch mindert dies keinesfalls Pflicht des Anklägers, die Relevanz und Beweiskraft der die Anklagepunkte begründenden Beweismittel darzutun, um die Schuld unzweifelhaft zu beweisen.[31] Es soll noch einmal betont werden, dass die Beweislast im Rahmen der Garantie der Rechte des Angeklagten auf ein faires Gerichtsverfahren beim Ankläger und nur bei diesem liegt. Allerdings könnte auch unter Wahrung der Fairness des Verfahrens ein Mehr an Zügigkeit durch ein flexibleres Offenlegungsverfahren erreicht werden, wobei dem Richter eine beträchtliche Überwachungskompetenz zukommen müsste.[32]

II. Art und Weise der Mitwirkung des Anklägers in der Hauptverhandlung

Das Statut enthält keine besondere Bestimmung über die Funktion des Anklägers in der Hauptverhandlung, sondern regelt nur seine formellen Mitwirkungsrechte und -befugnisse, angefangen von der Verlesung des Anklagesatzes über das Fragerecht in der Beweisaufnahme bis hin zum Schlussvortrag nach Ende der Beweisaufnahme.

Der Ankläger und die Verteidigung sind vor dem Richter gleichgestellt. Sie haben die Hauptverantwortung, Beweismittel vor den Gerichtshof zu bringen, die für die Sache erheblich sind (Art. 69 (3) ICC-Statut). Dabei entscheiden sie auch über die Strategie in der Verhandlung.[33] In dieser Hinsicht offenbart die Hauptverhandlung auch ein verfahrensrechtliches Paradigma des adversatorischen Verfahrens.[34] Dies

---

30 *Falvey*, FILJ 19 (1995), S. 486.

31 *Arbour*, in: *AIDP*, Les systèmes comparés, S. 380.

32 *Arbour*, in: *AIDP*, Les systèmes comparés, S. 377.

33 Siehe *Boas*, CLF 12 (2001), S. 172.

34 *Bardy*, in: *Lattantzi/Schabas*, Essays, Vol. I, S. 288; *Findlay*, ICLQ 50 (2001), S. 40.

spiegelt auch der Grundsatz der Waffengleichheit wider.[35] Die Verteidigung ist ermächtigt, Beweismittel, die vom Ankläger beigebracht werden, und der Weise, in der sie gesammelt wurden, zu widersprechen. Die Verteidigung hat auch Gelegenheit, Gründe, welche die Strafbarkeit ausschließen, geltend zu machen und sonstige zulässige Beweismittel beizubringen (Art. 67 (1) (e) und 69 (3) ICC-Statut). Auf diese Weise kann der Ankläger aus der Verhandlung keine besonderen Vorteile ziehen.

§ 28 Verfahren nach einem Schuldeingeständnis

Das wichtigste Verfahren mit abgekürzter Tatsachenfeststellung ist in den Ländern des *common law* das Schuldeingeständnis (*guilty plea*). Hierbei handelt es sich um die am häufigsten verwendete Methode der Fallerledigung in der Welt des *common law* und gleichzeitig um eine notwendige Vorbedingung für das Funktionieren des gesamten Systems.[36] Die Attraktivität eines *guilty plea* für den Angeklagten – selbst für einen tatsächlich unschuldigen Angeklagten – und der Grund für die anhaltende Popularität dieses Instruments liegt ersichtlich in der Aussicht auf eine Strafmilderung.[37] In der Völkerstrafgerichtsbarkeit ist die Möglichkeit zur „Einsparung der Hauptverhandlung“[38] durch Ablegung eines Geständnisses schon von Anfang an Teil des internationalen Strafverfahrens.[39] Obwohl die Statuten der *Ad-hoc*-Tribunale keine Bestimmungen über die Zulässigkeit und das Verfahren enthalten, das auf ein Geständnis zu folgen hat, hat dieses bereits in zahlreichen Verfahren vor den beiden *Ad-hoc*-Tribunalen eine wesentliche Rolle gespielt, nicht zuletzt im Rahmen der Strafzumessung.[40] Folglich haben

---

35 ICTY - Annual Report 1994, para. 23.

36 *Vogler*, ZStW 116 (2004), S. 133.

37 *Vogler*, ZStW 116 (2004), S. 134.

38 *Roxin*, in: *Eser/Kaiser/Weigend*, Vom totalitären zum rechtsstaatlichen Strafrecht, S. 581.

39 Die Charta des IMT und des IMTFE erklärten: "The Tribunal shall ask each defendant whether he pleads 'guilty' or 'not guilty'. Art. 24(b) IMT-Charta, Art. 15(b) IMTFE-Charta.

40 Die Absprachestrategie wurde von amerikanischen Juristen auf seiten der Strafverfolgung vorgeschlagen. Das erste Schuldeingeständnis am ICTY war das von *Erdemovic*, der seine Rolle im Srebrenic-Massaker von 1995 eingestand. Das erste Schuldeingeständnis am ICTR war das von *Jean Kambanda*, der als Premierminister der Interimsregierung in Ruanda die Völkermorde in 1994 einleitete. Seit 1996 gibt es insgesamt 15 Schuldeingeständnisse an den beiden Tribunalen, 7 von ihnen wurden seit Mai 2003 geleistet. Das jüngste wurde von *Deronjic* abgegeben. Näheres *Del Ponte*, Four Years in The Hague, S. 8-9; *Simons*, The New York Times, 18.11.2003. Zu betreffenden Entscheidungen der beiden *Ad-hoc*-Tribunale siehe z. B. *Prosecutor v. Erdemovic*, IT-96-22-Tbis, Sentencing Judg. 05.03.1998; *Prosecutor v. Todorović*, IT-95-9/1, Sentencing Judg. 31.07.2001; *Prosecutor v. Sikirica et al.*, IT-95-8, Sentencing Judg. 13.11.2001; *Prosecutor v. Simić*, IT-95-9/2, Sentencing Judg. 17.10.2002;

die ICTY-Richter am 19. November 1999 kraft ihrer verfahrensordnunggebenden Befugnis unter Art. 15 ICTY-Statut die Rule 62 *bis* ICTY-RPE eingeführt und damit das Institut des Schuldeingeständnisses in ihre RPE aufgenommen, wodurch die betreffende Praxis formalisiert wurde, indem die Modalität eines Schuldeingeständnisses eingeräumt wird.[41] Das Schuldeingeständnisverfahren spielt eine immer gewichtigere Rolle in der Praxis internationaler Strafjustiz. Die besondere verfahrensrechtliche Bedeutung des Schuldeingeständnisses zeigt sich darin, dass nach angloamerikanischem Vorbild kein Hauptverfahren durchgeführt wird, wenn es bei der ersten gerichtlichen Anhörung abgegeben und von den Richtern angenommen wird; in diesem Fall wird das Verfahren mit dem sog. *sentencing hearing* fortgeführt.[42]

A. Effizienz des Schuldeingeständnisses

Es stellt sich nun die Frage, inwieweit das Schuldeingeständnis im internationalen Strafverfahren zu einer möglicherweise drastischen Reduktion der mit einem Strafverfahren verbundenen Informationskosten führen kann, ohne anderweitig völkergemeinschaftliche Kosten zu produzieren.

May und *Wierda* behaupten, dass Schuldeingeständnisvereinbarungen ein geeigneter Bestandteil des internationalen Strafverfahrens seien und eine Rolle dabei spielten, dass im Einzelfall Gerechtigkeit gewährt werde und Zeit und Geld nicht durch entbehrliche Gerichtsverfahren vergeudet würden.[43] Die *Ad-hoc*-Tribunale haben den finanziellen und administrativen Nutzen des Schuldeingeständnisses schon offen anerkannt.[44] So erklärte das ICTY im *Erdemovic*-Fall:

> „It is apparent from the whole spirit of the Statute and the Rules that, by providing for a guilty plea, the draftsmen intended to enable the accused (as well as the Prosecutor) to avoid a possible lengthy trial with all the attendant

Prosecutor v. Plavšić, IT-00-40/1, Sentencing Judg. 27.02.2003. Näheres auch *Askin*, New Eng. L.R. 37 (2003) 4, S. 911. Zur Beziehung zwischen Schuldeingeständnis und Strafzumessung *Nemitz*, Strafzumessung, 262; *May/Wierda*, Evidence, Rdnr. 2.74, S. 47.

41 Auch *Bohlander*, in: *May et al.*, Essays, S. 151, Fn. 2. Für eine konkrete Modalität von Plea Agreements siehe z. B. *Prosecutor v. Vidoje et al.*, IT-02-60-T, Joint Motion, 20.05.2003; *Prosecutor v. Obrenović*, IT-02-60-T, Plea Agreement, 20.05.2003; *Prosecutor v. Nikolić*, IT-02-60-PT, Amended Plea Agreement, 07.05.2003.

42 *Nemitz*, Strafzumessung, S. 262.

43 *May/Wierda*, Evidence, Rdnr. 2.74, S. 47.

44 Siehe *Prosecutor v. Erdemovic*, IT-96-22-T*bis*, Sentencing Judg. 05.03.1998, para. 16; zutr. *Del Ponte*, Four years in The Hague, S. 9.

> difficulties. These difficulties - it bears stressing - are all the more notable in international proceedings. Here, it often proves extremely arduous and time-consuming to collect evidence. In addition, it is imperative for the relevant officials of an international court to fulfill the essential but laborious task of protecting victims and witnesses. Furthermore, international criminal proceedings are expensive, on account of the need to provide a host of facilities to the various parties concerned (simultaneous interpretation into various languages; provision of transcripts for the proceedings , again in various languages; transportation of victims and witnesses from far-away countries; provision of various forms of assistance to them during trial, etc.). Thus, by pleading guilty, the accused undoubtedly contributes to public advantage. At the same time, the accused may find his pleading guilty beneficial to his own condition. Firstly, it may help him to salve his conscience and atone for his wrongdoing. Secondly, he will avoid the indignity and the possible demoralisation of undergoing a trial, as well as the psychological ordeal he would have to go through during examination and cross-examination of witnesses (and possibly also of himself as a witness); he will also eschew the public exposure that may ensue from trial, and the adverse consequences for his social position and the life of his family and relatives. Thirdly, the accused may expect that the court will recognise his cooperative attitude by reducing the sentence it would have imposed had there not been a plea of guilty: in other words, the accused may hope that the court will be more lenient in recognition of his admission of guilt.“[45]

Es bleibt damit festzuhalten, dass das Schuldeingeständnis im internationalen Strafverfahren hinsichtlich seines volkswirtschaftlichen Nutzens als taugliches Verfahren angesehen werden kann.

---

[45] *Prosecutor v. Erdemovic*, IT-96-22-A, Separate and Dissenting Opinion of Judge Cassese, 07.10.1997, para. 8.

B. Elemente eines rechtsgültigen Schuldeingeständnisses

I. Vorbemerkung

Das Schuldeingeständnis des Angeklagten hat im amerikanischen Strafprozess den Charakter von Unterwerfung. Der Angeklagte erklärt sich damit einverstanden, verurteilt zu werden.[46] Dabei verzichtet er implizit auf einige Rechte, die ihm die Bundesverfassung für das Strafverfahren garantiert: das Recht auf Aburteilung durch Geschworene und das Recht, sich nicht selbst belasten zu müssen, sowie das Recht, Belastungszeugen gegenübergestellt zu werden.[47] Im Zentrum steht in diesem Verfahren die Frage nach der Rechtswirksamkeit des Schuldeingeständnisses des Angeklagten in formeller und inhaltlicher Hinsicht, weil damit das Verfahren insgesamt vehement beeinflusst wird. Um zu verhindern, dass die Ermittlungsbehörde ihre starke Position insbesondere nach der Inhaftierung des Betroffenen dazu ausnutzt, Druck auf den Angeklagten zur Abgabe eines Schuldeingeständnisses auszuüben, sind im Lauf des 20. Jahrhunderts im angloamerikanischen Rechtssystem und durch den amerikanischen Gesetzgeber Schutzmechanismen entwickelt worden, die die Freiwilligkeit des Schuldeingeständnis gewährleisten sollen. Der Angeklagte soll in die Lage versetzt werden, seine Situation im Prozess und die Konsequenzen des Schuldeingeständnisses einschätzen zu können.[48] Ziel der Verfahrensvorschriften ist es, dem Angeklagten, gegebenenfalls mit Hilfe eines Rechtsbeistands, eine freie und eigenverantwortliche Entscheidung zu ermöglichen, eine Verurteilung ohne Beweisverfahren herbeizuführen oder aber den Staat darauf zu verweisen, den Schuldnachweis zu erbringen.[49]

Die Elemente, die für ein rechtsgültiges Geständnis erforderlich sind, wurden erstmals durch das ICTY im *Erdemovic*-Fall nach angloamerikanischem Modell etabliert und definiert. Es sind die drei Elemente: Freiwilligkeit, Informiertsein und Eindeutigkeit. Ein freiwilliges Geständnis ist eines, das von einem geistig gesunden Angeklagten abgelegt wird, der die Folgen seines Geständnisses versteht. Das Geständnis darf nicht durch Drohung, Anreiz oder Versprechung von Strafe zustande kommen. Als informiert ist das Geständnis zu betrachten, wenn der Angeklagte die Art der Anklagepunkte gegen ihn und die Folgen des Geständnisses versteht und er weiß, was er als schuldig zugestanden hat. Auch muss das Geständnis eindeutig sein. Es darf nicht von Worten begleitet sein, die einer Über-

---

[46] *Bickel*, Das förmliche Geständnis, S. 122.

[47] *Weigend*, Absprachen, S. 60.

[48] *Bickel*, Das förmliche Geständnis, S. 122.

[49] *Bickel*, Das förmliche Geständnis, S. 122; auch *Weigend*, Absprachen, S. 60.

nahme der strafrechtlichen Verantwortlichkeit zuwiderlaufen würden.[50] Zusätzlich zu diesen Elementen hat das ICTY im *Jelisic*-Fall ein viertes Element aufgestellt: Die Hauptverfahrenskammer muss prüfen, ob die im Schuldgeständnis enthaltenen Elemente die gestandenen Verbrechen ausreichend begründen.[51] Diese vier Elemente, die die von der Rechtsprechung erarbeitet wurden, haben später als Rule 61 *bis* in den ICTY-RPE gesetzliche Anerkennung gefunden.

Art. 65 ICC-Statut hat die vier Elemente aufgenommen, die in der Rechtsprechung des ICTY entwickelt worden sind. Weil die Elemente in Art. 65 grundsätzlich nach dem Vorbild der *Ad-hoc*-Tribunale festgelegt wurden, geschieht die folgende Analyse jedes Elements unter Bezugnahme auf die Rechtsprechung der *Ad-hoc*-Tribunale.

Während Art. 20 (3) ICTY-Statut angibt, dass die Hauptverfahrenskammer sich davon überzeugen muss, dass die Rechte des Angeklagten geachtet werden, hat das Statut gleichwohl nicht spezifiziert, welche dieser Rechte durch ein Schuldeingeständnis betroffen sein können. Rule 62 ICTY-RPE scheint diese Rechte einfach auf das Recht auf Rechtsbeistand einzuengen. Während Art. 20(3) ICTY-Statut und Rule 62 (i) ICTY-RPE erfordern, dass die Kammer „confirm“ oder „satisfy itself“ bzw. der Angeklagte die Anklagepunkte verstanden haben muss, ist keine detaillierte Vorgehensweise vorgeschrieben, um das auch tatsächlich sicherzustellen.[52]

Deswegen hat ICTY-Richter *Cassese* im *Erdemovic*-Fall eine allgemeine Begrenzung der Verfahrenserledigung durch Schuldeingeständnis entwickelt: Den Absprachen darf nicht erlaubt werden, die Rechte des Angeklagten zu beschneiden oder zum Schaden des allgemeinen Grundsatzes des fairen Gerichtsverfahren zu führen:

> „This is barred by Article 20, paragraph 1, of the Statute, whereby:
>
> The Trial Chamber shall ensure that a trial is fair and expeditious and that proceedings are conducted in accordance with the rules of procedure and

[50] *Prosecutor v. Erdemovic*, IT-96-22-A, Joint Separate Opinion of Judge McDonald and Judge Vohrah, 07.10.1997, para. 8.

[51] *Prosecutor v. Jelisic*. IT-95-10-T, Judg. 14.12.1999, para. 28.

[52] Siehe *Yee*, GJICL 26 (1997) 2, S. 269.

evidence, with full respect for the rights of the accused and due regard for the protection of victims and witnesses.

In other words, under the Statute the demands for expeditiousness and efficiency must not turn out to be prejudicial to, nor to have an adverse bearing upon, the requirements of justice. Attention should be drawn in particular to the provisions of Article 21, notably to paragraphs 2, 3 and 4(g). These provisions lay down fundamental rights of the accused which constitute absolute minimum guarantees. If the accused, by pleading guilty, decides to waive his right to a trial, this waiver may only be admitted under very stringent conditions."[53]

Diese allgemeine Begrenzung der Verfahrenserledigung durch Schuldgeständnisse sollte auch im Fall des ICC anwendbar sein. Einerseits müssen grundsätzlich die Rechte des Angeklagten, die in Art. 67 ICC-Statut aufgelistet sind, geachtet werden. Andererseits müssen insbesondere alle Voraussetzungen, die in Art. 65 ICC-Statut festgelegt sind, erfüllt werden: So die Einsicht des Angeklagten in die Art und die Folgen des Geständnisses, seine hinreichende Beratung mit dem Verteidiger über das Geständnis, die Freiwilligkeit und materielle Richtigkeit des Geständnisses. Diese Voraussetzungen sind im Folgenden als Kerninhalt und Elemente eines rechtsgültigen Geständnisses zu erläutern.

II. Ausreichende und zutreffende Kenntnisse des Angeklagten

Gemäß Art. 65 (1) (a) ICC-Statut soll der Angeklagte die Art und die Folgen des Geständnisses verstehen, was das Erfordernis an ausreichenden und zutreffenden Kenntnissen des Angeklagten widerspiegelt, wie dies in der Rechtsprechung des ICTY entwickelt wurde.

Nach dieser Rechtsprechung bedeutet die Tatsache, dass der Angeklagte geistig kompetent sein muss, die Folgen des Geständnisses zu verstehen, nicht notwendigerweise, dass das Geständnis ein aufgeklärtes ist. Für ein informiertes Geständnis muss der Anklagte einerseits die Natur und die Straffolgen des Geständnisses im Allgemeinen und die Natur des Tatvorwurfs gegen ihn und andererseits den Unterschied zwischen alternativen Tatvorwürfen den Straffolgen des Schuldeinges-

53 *Prosecutor v. Erdemovic*, IT-96-22-A, Separate and Dissenting Opinion of Judge Cassese, 07.10.1997, para. 9. Gleicher Meinung Richter McDonald und Richter Vohrah *Prosecutor v. Erdemovic*, IT-96-22-A, Joint Separate Opinion of Judge McDonald and Judge Vohrah, 07.10.1997, para. 7.

tändnisses zu einem anderen verstehen. Beweismittel, die einen Mangel an einem informierten Geständnis demonstrieren, soll auch beweisen, dass das Geständnis aus Zwang abgegeben wurde. Ein anderes Beispiel ist, in Erwartung auf Strafmilderung sich in einem schwereren Anklagepunkt schuldig zu benennen.[54]

Allerdings ist weder in den ICTY-RPE noch in Art. 65 (1) (a) ICC-Statut gefordert, dass der Angeklagteüber die Art und die Folgen des Geständnisses „vollkommen informiert“ sein muss.[55]

III. Freiwilligkeit des Schuldeingeständnisses

Die Berufungskammer im *Erdemovic*-Fall etablierte zwei Kriterien, die für die Entscheidung über die Freiwilligkeit eines Geständnisses wesentlich sind. Erstens muss der Angeklagte geistig kompetent sein, die Folgen seines Geständnisses zu verstehen. Zweitens darf das Geständnis nicht Folge von Drohung, Verführung oder Versprechen von Strafmilderung sein.[56] Auf diese zwei Elemente ging Richter *Cassese* in seiner *Seperate and Dissenting Opinion* konkret ein:

> „The guilty plea must be voluntary, that is to say not obtained by threats, inducements or promises. A guilty plea implies that the accused relinquishes his right to a proper trial, namely to proceedings in which he is presumed innocent until his guilt is proved beyond a reasonable doubt and in which he would be entitled to examination and cross-examination of witnesses as well as all the judicial safeguards laid down in Article 21 of the Statute. Therefore, such a waiver of a fundamental right must of necessity be free and voluntary. This conclusion is borne out by an important fact: both the Statute and the Rules deliberately do not make provision for plea bargaining - or, at least, of any endorsement or acknowledgement by the Chambers of out-of-court plea bargaining. This means, among other things, that the framers of the Statute and the Rules aimed at averting those distortions of the free will of the accused which may be linked to plea bargaining.
>
> Furthermore, the plea must be made by a defendant who is *compos sui*, that is to say whose mental health is not in doubt. The plea must not result from a de-

---

54 *Prosecutor v. Erdemovic*, IT-96-22-A, Joint Separate Opinion of Judge McDonald and Vohrah, 07.10.1997, paras. 14 -16.

55 Vgl. *Murphy*, AJIL 93 (1999) 1, S. 90.

56 *Prosecutor v. Erdemovic*, IT-96-22-A, Joint Separate Opinion of Judge McDonald and Vohrah, 07.10.1997, para. 10.

> ranged state of mind whereby the defendant accuses himself of imaginary crimes in order to satisfy a psychological propensity for delusive self-punishment. Plainly, to accept such a plea would be a miscarriage of justice. To ward off such a danger, the court must satisfy itself that the prosecution has collected enough evidence to substantiate or corroborate the guilty plea; in other words, the court must ascertain that a sufficient factual basis for the plea has been shown by the prosecution. Moreover, the guilty plea must be entered in full cognisance of its legal implications. To uphold a plea not entered knowingly and understandingly would distort justice; more specifically, it would mean jeopardising or vitiating the fundamental right of the accused in Article 21, paragraph 3, of the Statute to be ´presumed innocent until proved guilty according to the provisions of the [Tribunal's] Statute´."[57]

Geistige Kompetenz und das Fehlen von Drohung oder Verführung können auf zahlreiche Weise begründet werden. Die Bekräftigung der Schuld bei mehreren Gelegenheiten kann die Freiwilligkeit eines Geständnisses dokumentieren. Ebenso kann ein medizinischer Bericht, der kein Gedächtnisstörung und ein gutes Gewissen anzeigt, beweisen, dass das Geständnis freiwillig abgegeben wurde. Freiwilliges Erscheinen und das Geständnis eines Verbrechens, bevor die Ermittlungsbehörden von diesem erfahren haben, kann das Fehlen von Drohung oder Verführung zeigen. Auch wertvolle freiwillige Informationen über noch unbekannte Verbrechen an den Ermittler oder Aussagen zu anderen Kriegsverbrechen ohne Erwartung von Strafmilderung können Zeichen eines freiwilligen Geständnisses sein.[58]

IV. Eindeutigkeit des Schuldeingeständnisses

Das Element der Eindeutigkeit wird im Statut nicht ausdrücklich erwähnt, anders als in den ICTY-RPE (ICTY-Rule 62 *bis* (iii)). Aber Art. 65 (1) (b) ICC-Statut fordert, dass das Geständnis vom Angeklagten „nach hinreichender Beratung mit seinem Verteidiger" freiwillig abgelegt werden muss. Dieses Erfordernis der „hinreichenden Beratung mit seinem Verteidiger" spiegelt in der Tat die erforderliche Eindeutigkeit des Schuldeingeständnisses wider. Hinsichtlich dieser Anforderung erklärten die ICTY-Richter *McDonald* und *Vohrah* in ihrer *Joint Separate Opinion*, dass

---

57 *Prosecutor v. Erdemovic*, IT-96-22-A, Separate and Dissenting Opinion of Judge Cassese, 07.10.1997, para. 10.

58 Näheres *Ratliff*, Guilty Plea, Sektion. III.A.1.

„The requirement that a plea must be unequivocal is essential to uphold the presumption of innocence and to provide protection to an accused against forfeiture of the right to a trial where the accused appears to have a defence which he may not realise. This requirement imposes upon the court in a situation where the accused pleads guilty but persists with an explanation of his actions which in law amounts to a defence, to reject the plea and have the defence tested at trial. The courts in common law jurisdictions all over the world, except in the United States, have consistently declared that a guilty plea must be unequivocal. It would appear that in the United States the constitutional right to plead as one chooses outweighs any requirement that a defence be tested on the merits at trial. The validity of a guilty plea turns primarily on the voluntariness of the plea, that it is informed, and that it has a factual basis. If a United States court is satisfied that these conditions are fulfilled, apparently, it will be more willing than courts of other common law jurisdictions to accept a *prima facie* equivocal plea in recognition of pragmatic considerations relating to the practicality and the reality of plea-bargaining whereby credit is given for pleading guilty by reduction of sentence.“[59]

Von der Eindeutigkeit eines Geständnisses ist von vornherein die Frage zu unterscheiden, ob das Geständnis durch Worte begleitet oder qualifiziert ist, die Tatsachen beschreiben, die auf eine Verteidigung und damit auf das Bestreiten eines Geständnisses hinauslaufen.[60]

V. Materielle Verlässlichkeit des Schuldgeständnisses

Die Behandlung eines Geständnisses durch internationale Strafgerichte reflektiert auch deren Orientierung an der Ermittlung der Wahrheit mittels eigenem Engagement der Richter. Bevor sie ein Geständnis akzeptieren, müssen sich die Richter Gewissheit darüber verschaffen, dass das Geständnis nicht nur freiwillig, aufgeklärt und eindeutig ist, sondern dass es auch eine auf Tatsachen beruhende Grundlage für das Geständnis gibt. Zur Feststellung der Existenz der tatsächlichen Grundlage für den konkreten Tatvorwurf muss das Gericht die vom Ankläger erhobenen Anklagepunkte, die der Angeklagte zugibt, alle vom Ankläger vorgelegten Unterlagen, welche die Anklage erhärten und die der Angeklagte anerkennt, sowie alle sonstigen Beweismittel, wie beispielsweise Zeugenaussagen, die vom

---

[59] *Prosecutor v. Erdemovic*, IT-96-22-A, Joint Separate Opinion of Judge McDonald and Vohrah, 07.10.1997, para. 29.

[60] *Prosecutor v. Erdemovic*, IT-96-22-A, Joint Separate Opinion of Judge McDonald and Vohrah, 07.10.1997, para. 31.

Ankläger oder vom Angeklagten beigebracht werden, überprüfen (Art. 65 (1) (c) ICC-Statut). Für eine vollständigere Tatsachendarstellung kann die Hauptverfahrenskammer den Ankläger auch noch ersuchen, zusätzliche Beweismittel einschließlich Zeugenaussagen, beizubringen (Art. 65 (4) (a) ICC-Statut).

Die Erforschung des wahren Sachverhalts ist unverzichtbar, weshalb es Vereinbarungen über den Umfang der richterlichen Aufklärungspflicht nicht geben darf. Daraus folgt, dass der Untersuchungsgrundsatz zumindest eine Überprüfung des Geständnisses auf seinen Wahrheitsgehalt hin gebietet, weil das Gericht nicht ohne Weiteres von der Glaubhaftigkeit eines Geständnisses ausgehen darf.[61] Dieses Element bietet einen Schutz, indem Personen nur für die Taten verantwortlich gemacht werden, die sie wahrscheinlich begangen haben.[62] Die Einbeziehung dieses zusätzlichen Elements soll gewährleisten, dass die Verurteilung nicht in der Berufung aufgehoben wird. Dies bietet eine feste Grundlage für eine Verurteilung, die aufzuheben eine Berufungskammer große Schwierigkeiten haben würde. Es dient auch dem Interesse der Gerechtigkeit, weil es einer Person erlaubt, Verantwortung nur für Taten zu übernehmen, die ihr nachgewiesen werden können. Ferner dient dieses Erfordernis dazu, Personen davon abzuhalten, aus Gründen finanziellen Gewinns, wegen Zwang oder anderen äußerlichen Faktoren die Schuld für Verbrechen zu akzeptieren, die sie nicht begangen haben.[63]

§ 29 Absprachen

Mit dem System von Schuldeingeständnissen sind Absprachen sehr eng verbunden. Absprachen sind in kontinentaleuropäischen sowie angloamerikanischen Ländern wesentlicher Teil der Rechtspraxis.[64] Die Versuchung, das Strafverfahren durch Absprachen abzukürzen oder ganz zu vermeiden, existiert auf der ganzen Welt, ist aber in den Rechtssystemen des *common law* besonders ausgeprägt.[65] Einstmals verboten in den meisten europäischen Ländern und technisch verboten in Japan, haben während der letzten Jahre Absprachen in viele Gerichtsbarkeiten wachsenden Eingang gefunden.[66] Insgesamt zeigt das Entstehen der Absprachen – sei es auf gesetzlicher Grundlage, wie in Spanien, Italien und Polen, oder auf

61 *Janke*, Verständigung, S. 104.
62 *Ratliff*, Guilty Plea, Sektion I.A.
63 *Ratliff*, Guilty Plea, Sektion III.A.5.
64 Zur rechtsvergleichenden Darstellung der Absprachen im kontinentaleuropäischen und angloamerikanischen Rechtssystem *Combs*, PULR 151 (2002), S. 16 ff.
65 *Vogler*, ZStW 116 (2004), S. 136.
66 *Findlay*, ICLQ 50 (2001), S. 28; Weiteres *Combs*, PULR 151 (2002), S. 1-49.

Grund formloser Mechanismen, wie von deutschen Gerichten entwickelt -, dass das kontinentaleuropäische und das angloamerikanische System im Wesentlichen konvergieren.[67] Eine damit zusammenhängende Frage ist, ob ein Schuldeingeständnis Gegenstand einer Vereinbarung oder Absprache zwischen den Parteien sein kann.[68] Der Einzug der Absprachenpraxis im Völkerstrafprozess ist nicht nur rasch Gegenstand wissenschaftlicher Kritik geworden, sondern es gibt auch erste Anhaltspunkte für eine Gegenbewegung. So ist die vor dem ICTY geübte Absprachenpraxis im ICC-Statut ganz bewusst nicht rezipiert worden. Im *Momir Nikolic*-Urteil hat die Hauptverfahrenskammer des ICTY diesen Richtungswechsel begrüßt und die Praxis vor dem eigenen Gerichtshof in eindringlichen Worten grundsätzlich in Frage gestellt. Man darf vermuten, dass den Richtern die Akzeptanzprobleme bekannt geworden waren, denen „abgesprochene Urteile" in den Nachfolgestaaten des ehemaligen Jugoslawien begegneten.[69]

Durch die Abgabe des Schuldeingeständnisses im Prozess bekennt sich der Angeklagte hinsichtlich der Anklagevorwürfe schuldig. Die Geständnisabgabe vor dem Richter ist häufig das Ergebnis von Verhandlungen der Verteidigung mit der Anklage über eine Reduzierung von Anklagepunkten oder über die Verpflichtung der Staatsanwaltschaft, eine das Gericht nicht bindende Strafmaßempfehlung oder eine bindende Zustimmung hinsichtlich des Strafmaßes abzugeben.[70] Durch die Abgabe des Schuldeingeständnisses wird die eigentliche Hauptverhandlung vollständig ersetzt. Das Schuldfeststellungsverfahren beschränkt sich auf ein Prüfungsverfahren, das sich in der Prüfung der Wirksamkeit des Verzichts auf ein Beweisverfahren, der damit zusammenhängenden strafprozessualen Rechte und der Prüfung des Vorliegens von Tatsachen erschöpft.[71]

Unter dem Begriff der „Absprache" sollen nur die gesetzlich nicht vorgesehenen Übereinkommen der am Verfahren Beteiligten über die mehr oder weniger verbindliche Rechtsfolge, die am Ende der Hauptverhandlung stehen soll, verstanden

67 *Albrecht*, Settlements out of Court, S. 50-51. Die gegenwärtige Chefanklägerin des ICTY *Del Ponte* zeigte: „Guilty pleas are very common in common law systems. In the U.S. for example roughly 90 % of criminal cases are disposed of by a guilty plea and the vast majority of guilty pleas stem from plea bargaining. Plea bargaining occurs when a defendant pleads guilty in exchange for a reduction in charges and/or sentencing. In England, some 50% of defendants charged with serious crimes plead guilty." *Del Ponte*, Four years in The Hague, S. 9.

68 *May/Wierda*, Evidence, Rdnr. 2.74, S. 47.

69 *Kreß*, ZStW 116 (2004), S. 175.

70 *Bickel*, Das förmliche Geständnis, S. 53.

71 *Bickel*, Das förmliche Geständnis, S. 37.

werden.[72] Anwendung findet diese Vorgehensweise in Verfahren, die nach den Regeln der Strafprozessordnung nur unter erheblichem Aufwand erledigt werden können. Hier hilft sich die Strafjustiz im Einvernehmen mit den Strafverteidigern, indem sie die Verfahren durch Übereinkommen zwischen Gericht, Staatsanwaltschaft und Angeklagtem bzw. dessen Verteidiger informell erledigt.[73] Im Strafprozess stellt sich die Verfahrenserledigung durch Schuldeingeständnis nicht als eine amtliche Ausübung der Wahrheitsuntersuchung dar, sondern als eine Auseinandersetzung zwischen zwei Parteien, dem Ankläger und dem Angeklagten (bzw. seinem Verteidiger), wobei beide Seiten die Befugnis haben, den Umfang der Beweisaufnahme zu reduzieren oder sogar entfallen zu lassen.[74] Bekannt geworden sind freilich auch Verhandlungen unter Ausschluss der Staatsanwaltschaft, nur zwischen Gericht und Verteidiger.[75]

Absprachen können vor oder nach der Anklageerhebung getroffen werden. Einen festen Zeitpunkt im Strafverfahren gibt es dafür nicht. Regelmäßig werden Absprachen nach Eröffnung der Hauptverhandlung vereinbart, wobei der dazu notwendige Einigungsprozess zumeist außerhalb der Hauptverhandlung erfolgt. Ohne Weiteres durchführbar sind Absprachen aber auch im Ermittlungsverfahren oder im Zwischenverfahren. Aus praktischer Sicht aber liegt das Schwergewicht der Absprachenpraxis sowie der sich anschließenden Rechtsfragen im Bereich der Hauptverhandlung, da hier die längere Verfahrensdauer nicht mittels der in der Strafprozessordnung vorgesehenen verfahrensbeschleunigenden Mittel wirksam ausgeglichen werden kann. Allerdings sind in der Hauptverhandlung die verfahrensmäßigen Garantien des Prozessrechts zu beachten, mit denen sich Absprachen zwischen den Verfahrensbeteiligten nicht problemlos vereinbaren lassen.[76]

Manches spricht dafür, Absprachen zeitlich auf eine frühe Phase des Verfahrens zu begrenzen. Auf diese Weise würden zum einen die Effizienzvorteile für die Strafjustiz optimiert, zum anderen die Gefahr nachträglicher Manipulationen und bloßen Taktierens (etwas im Hinblick auf eine mögliche Verschlechterung der Beweisposition der Gegenseite durch Zeitablauf) herabgesetzt werden. In diese Richtung geht auch die Rechtsprechung in den angloamerikanischen Ländern, die dazu tendiert, bei „last minute pleas" eine Strafmilderung zu versagen.[77]

---

72 *Bogner*, Absprachen, S. 3.
73 *Bogner*, Absprachen, S. 1.
74 *May/Wierda*, Evidence, Rdnr. 2.72, S. 46.
75 *Bogner*, Absprachen, S. 1.
76 *Bogner*, Absprachen, S. 3.
77 *Weigend*, Absprachen, S. 107.

A. Das Opportunitätsprinzip als Einfallstor der Absprachen

Die Absprachen sind Ausfluss der Dispositionsgewalt der Verfahrensparteien. Grundlage einer jeden Absprache zwischen Gericht und Prozessbeteiligten ist Kooperation und damit notwendig Kommunikation und Verständigung. Verfahren mit einem ausgeprägten kooperativen Element sind die Einstellungen aus Opportunitätsgründen. Vereinbarungen und Verständigungen sind hier grundsätzlich zulässig, sofern sie sich an die gesetzlichen Vorgaben halten. Besonders deutlich wird dies an der Einstellung gegen Auflagen, deren Anwendbarkeit im Ermessen der Staatsanwaltschaft liegt und der Zustimmung des Beschuldigten sowie im Regelfall auch der Zustimmung des Gerichts bedarf.[78]

B. Inhalt der Absprachen

Die Inhalte der Absprachen sind in Ermangelung einer gesetzlichen Regelung nur schwer fassbar. Aber zur Herauskristallisierung offeriert die Verteidigung ihre Kooperation in Bezug auf die Sachaufklärung, häufig in Form eines Geständnisses des Angeklagten, durch die das Verfahren abgekürzt wird. Möglich ist darüber hinaus aber ebenso das Angebot, von Beweisanträgen abzusehen, Schadenswiedergutmachung zu leisten oder vorzeitig auf Rüge- oder Rechtsmittel zu verzichten. Das Gericht belohnt das kooperative Verhalten der Verteidigung regelmäßig durch eine milde Sanktion, d.h. eine der Höhe nach mehr oder wenige bestimmte und gegebenenfalls zur Bewährung ausgesetzte Freiheitsstrafe. Realisierbar ist aber auch ein richterliches oder staatsanwaltliches Prozessverhalten, wie zum Beispiel Entlassung aus der Untersuchungshaft, schnelle Terminierung, Ausschluss der Öffentlichkeit oder Vollstreckungsaufschub. Wirkt die Staatsanwaltschaft mit, so ist darüber hinaus auch die Einstellung des Verfahrens bzw. die Beschränkung des Prozessstoffes oder die Erledigung im Wege des Strafbefehlsverfahrens durch die Verhängung einer bestimmten Geldstrafe als Gegenleistung möglich. Bindungswirkung erhält die Absprache schließlich durch die Vereinbarung eines Rechtsmittelverzichts.[79]

Der Begriff fasst in der Tat zwei unterschiedliche Konzepte ins Auge sowie eine Anzahl von Abwandlungen.[80] Einerseits gibt es das Schuldgeständnis (*guilty plea*), das vom ICTY als "reine Schuldgeständnis" bezeichnet wird. Hier tritt der Ange-

---

78 *Bogner*, Absprachen, S. 8-9.

79 *Bogner*, Absprachen, S. 2; *Hahn*, Die Verständigung im Strafverfahren, S. 7.

80 *Henham/Drumbl*, CLF (2005), S. 50.

klagte vor, gesteht seine Schuld hinsichtlich der Anklage in der Anklageschrift, sagt Zusammenarbeit zu, zeigt Reue und Verantwortlichkeit, ohne ausdrücklich irgendetwas als Gegenleistung anzunehmen. Die Hauptverfahrenskammer kann dann das Schuldgeständnis als einen strafmildernden Faktor behandeln. Jedoch bevor dieses Stadium erreicht wird, muss die Hauptverfahrenskammer überzeugt werden, dass es eine hinreichende Grundlage von Tatsachen für die Straftat und für ihre Begehung durch den Angeklagten gibt und dass das Schuldgeständnis freiwillig, eindeutig, ausreichend und zutreffend ist. Im Allgemeinen ist dies das Verfahren, das von den Rules 62 (VI) und 62 *bis* ICTY-RPE festgelegt wird. Das reine Schuldgeständnis ist kein Konzept, das historisch zu den internationalen Tribunalen fremd ist.[81] Andererseits gibt es das "charge bargain" oder, in den Worten von Rule 62 *ter* ICTY-RPE, das "plea agreement". Hier ist der Angeklagte damit einverstanden, dass er zu einigen Anklagepunkten in der Anklageschrift (oder möglicherweise nur einem Anklagepunkt) Schuld gesteht, um eine Vielzahl von abgesprochenen Abzügen als Gegenleistung zu bekommen. Diese Abzüge reichen von der Zustimmung der Anklagebehörde zur Zurücknahme bestimmter anderer Anklagen, von der Zusage der Nichtverwendung von Beweisen gegen den Angeklagten in künftigen Strafverfahren bis zur Strafminderung.[82] In einigen Absprachen sagt die Anklagebehörde zu, eine bestimme Strafe zu empfehlen oder eine Strafe über einem bestimmten Niveau von Schärfe hinaus nicht zu empfehlen. In anderen Fällen stimmt die Anklagebehörde einem Strafmaß zu und sagt zu, keine Berufung gegen eine Strafe innerhalb dieses Strafmaßes einzulegen. Kurz gesagt geht das ICTY über das fundamentale Schuldeingeständnis hinaus und entwickelt ein ganzes System der Absprachen. Dabei hat das ICTY eine Vielzahl von Gegenleistungen legitimiert. Die Absprachen, insbesondere das „charge bargain", haben Kontroversen ausgelöst.[83]

C. Zielsetzung der Absprachen

Aus ökonomischer Sicht sollen die Absprachen im Strafverfahren zu einer erheblichen Kosteneinsparung im Strafverfahren und damit zu einer „schlanken" Justiz führen. Ökonomisches Ziel der Absprachen im Strafverfahren muss es somit sein, mit einem gegebenen Aufwand möglichst viele Straftaten tatsächlich zu verfolgen und zu einem Abschluss durch Verurteilung und nicht durch Verjährung zu bringen.[84] Die Fälle, die durch Absprachen behandelt werden, können die gerichtliche

---

[81] *Henham/Drumbl*, CLF (2005), S. 50f.
[82] *Henham/Drumbl*, CLF (2005), S. 51.
[83] *Henham/Drumbl*, CLF (2005), S. 51.
[84] *Hahn*, Die Verständigung im Strafverfahren, S. 11.

Verhandlungszeit und Verzögerungen vor dem Hauptverfahren verringern, einen Grad von Bestimmtheit bei der Verhandlung der Fälle sicherstellen und dem Gerichtshof ermöglichen, die zunehmende Zahl von Fällen mit begrenzten Ressourcen zu bewältigen.[85] Einer mit Einwilligung des Beschuldigten erfolgten „verurteilenden" Einstellung des Vorverfahrens könnte man zwar gewisse theoretische Einwände entgegenhalten; dies scheint aber eine vernünftige Möglichkeit zur Vereinfachung des Strafverfahrens zu sein; vorausgesetzt, dass dadurch die Wahrheitsfindung nicht gefährdet wird, keine Beeinträchtigung der legitimen Verteidigungsinteressen des Beschuldigten stattfindet und die Befriedigung des Sanktionsbedürfnisses der Allgemeinheit sichergestellt ist.[86]

Das Schuldeingeständnis spielt eine wichtige Rolle für die Prozessökonomie, unabhängig davon, ob es um internationale Gerichtsbarkeit geht, die schwerste internationale Verbrechen verhandelt, wie die beiden *Ad-hoc*-Tribunale und der ICC, oder ob es um nationale Gerichtsbarkeiten geht, die gewöhnliche Verbrechen verhandeln.[87] Im Fall internationaler Strafgerichtsbarkeit ist vielleicht der primäre Vorteil der Absprachen aus der Perspektive des Anklägers, dass eine Vereinbarung den Angeklagten häufig dazu anhält, bei der Festnahme des Haupttäters und bei der Sammlung von Beweismitteln zusammenzuarbeiten.[88]

Allerdings könnte die primäre Rechtfertigung möglicher Schuldeingeständnisse und Absprachen in inländischen Systemen, nämlich die Notwendigkeit, die Arbeitsbelastung zu reduzieren, für den ICC vielleicht keine Gültigkeit haben.[89] Verschwiegen werden soll auch nicht, dass Absprachen auch in internationalen Strafverfahren erhebliche rechtliche Probleme aufwerfen. Obwohl Absprachen beträchtliche Vorteile für den Ankläger wie auch für die Verteidigung bieten, sind sie nicht makellos.[90] Das Schuldeingeständnis könnte eine der Schlüsselaufgaben des Gerichts, die Aufklärung der Wahrheit über grobe Menschenrechtsverletzungen, verhindern.[91] Absprachen können die Integrität des gesamten Gerichtsprozesses unglaubwürdig machen und in einigen Fällen die Verteidigung dazu verführen, auf ihr Recht auf volle Verteidigung zu verzichten, weil sie sich Vorteile von einer

---

85 *Creta*, HJIL 20 (1998) 2, S. 407.

86 *Krapac*, in: *Eser et al.*, Strafrecht, S. 525.

87 *Khoday*, Guilty Plea, S. 42.

88 *Creta*, HJIL 20 (1998) 2, S. 407; *Desai*, Plea Bargaining, S. 6. Für Nutzung des Schuldeingeständnisses in internationaler Strafgerichtsbarkeit *MeernikKing*, LJIL 16 (2003), S. 729 ff.

89 Hierzu *Livingstone*, Towards a Procedural Regime, S. 204.

90 *Schabas*, DJCIL 7 (1997) 2, S. 497.

91 Hierzu *Livingstone*, Towards a Procedural Regime, S. 204; dazu auch *Henham/Drumbl*, CLF (2005), S. 49; *Knoops*, Theory and Practice, S. 264.

reduzierten Strafe verspricht. Das Problem ist besonders akut, wenn die Verurteilungsgefahr für den Angeklagten groß ist, besonders in Fällen, in denen die Strafverfolgung auf lebenslange Freiheitsstrafe zielt.[92] Wenn Angeklagte sich schuldig bekennen, würden außerdem nicht alle Zeugen des Anklägers aufgerufen, wodurch einige Opfer die Gelegenheit verlieren könnten, ihre Geschichte zu erzählen.[93]

Indessen kann das Schuldeingeständnis auch anderen Funktionen dienen, die im Kontext des ICC relevant sein können. Den Opfern kann das Trauma erspart werden, unter dem Druck des Kreuzverhörs das widerfahrene Leid einmal mehr wiedererleben zu müssen. Auch ist es wahr, dass nicht alle Opfer ihre Geschichte erklären möchten. Etwas anderes ist es, dass der Täter, indem ihm erlaubt wird, sich schuldig zu bekennen, dadurch etwa eine Katharsis erlebt. Selbst wenn keine formalen Vorschriften für Absprachen existieren, können diese formlos stattfinden, vielleicht indem die Absprache bereits im Stadium der Anklageerhebung getroffen wird.[94]

D. Absprachen in internationalen Strafverfahren

I. Ad-hoc–Tribunale

Absprachen oder eine Verständigung sind in internationalen Strafverfahren vor den *Ad-hoc*-Tribunalen nicht gesetzlich vorgesehen. Die Statuten der *Ad-hoc*-Tribunale enthalten keine Bestimmungen über die Zulässigkeit und das Verfahren, das im Fall eines Geständnisses folgen soll, geschweige denn eigene Regeln über Absprachen.[95] Dem Ankläger wird keine Befugnis gegeben, eine Immunität zu bewilligen, die dazu verwendet werden könnte, Vorteile zu bekommen, die denen ähnlich wären, wie sie nach Absprachen erreicht werden.[96] Theoretisch muss das Gericht in der Hauptverhandlung die materielle Wahrheit erforschen. Und nach dem Ermittlungsgrundsatz erfolgt diese Aufklärung von Amts wegen. Eine einvernehmliche Beendigung des Strafverfahrens durch einen Vergleich der verfahrensbeteiligten „Parteien“ (Gericht, Ankläger, Verteidiger, Angeklagter) ist im

---

92 *Schabas*, DJCIL 7 (1997) 2, S. 497; *Bohlander*, in: *May et al.*, Essays, S. 162; *Linton*, LJIL 12 (1999) 1, S. 270.

93 Hierzu *Livingstone*, Towards a Procedural Regime, S. 204.

94 Hierzu *Livingstone*, Towards a Procedural Regime, S. 204; dazu auch *Henham/Drumbl*, CLF (2005), S. 49; *Knoops*, Theory and Practice, S. 264.

95 *Bohlander*, in: *May et al.*, Essays, S. 152; *Lombardi*, NELR 37 (2003)4, S. 898.

96 So *Creta*, HJIL 20 (1998) 2, S. 407.

internationalen Strafprozess nicht vorgesehen. Diesbezüglich – ähnlich wie in anderen Fragen auch - lehnte sich das frühe ICTY mehr an kontinentaleuropäische gesetzliche Bestimmungen an als der tatsächlichen Verfolgungspraxis zu folgen.[97] Tatsächlich gab der erste Jahresbericht des ICTY an, „the granting of immunity and the practice of plea-bargaining find no place in the rules.“[98]

Allerdings sind trotz dieser Grundstruktur des internationalen Strafverfahrens Absprachen in internationalen Gerichtssälen zu einem festen Bestandteil der Verfahrenswirklichkeit geworden. Obwohl die Statuten und die RPE der *Ad-hoc*-Tribunale weder eine Rechtsgrundlage für Absprachen bieten noch ausdrücklich eine solche Befugnis des Anklägers vorsehen, werden sie doch der Anklagebehörde auch nicht explizit verboten. Es wurde eher angenommen, dass Absprachen eine implizierte Befugnis der Anklagebehörde seien, die zur Ergänzung der Ermittlungen und der Vorbereitung und Durchführung der Anklage erforderlich scheine.[99] Diese implizierte Befugnis sei auf Grund der Befugnis der Anklagebehörde, „andere Maßnahmen zu ergreifen, die zur Ergänzung der Ermittlungen und der Vorbereitung und Durchführung der Anklage im Verfahren erforderlich scheinen“ (Rule 39(ii) ICTY-RPE), ausübba.[100] Auf Grund der Bemühungen der Anklagebehörde ist das ICTY langsam dazu gekommen, angesichts schwerer Arbeitsbelastung Absprachen als einen notwendigen Bestandteil des Gerichtshofs und dafür einen komplizierten Satz von Regelungen vorzusehen.[101] Das ICTY ist nicht nur bereit, das Schuldeingeständnis zu berücksichtigen, sondern die Verurteilung auch an den Vereinbarungen zwischen der Strafverfolgung und der Verteidigung auszurichten.[102]

---

97 *Watson*, NELR 37 (2003) 4, S. 882; vgl. *Henham/Drumbl*, CLF (2005), S. 49.

98 Annual Report of the International Tribunal for the Prosecution of Persons Responsible for Serious Violations of International Humanitarian Law Committed in the Territory of the Former Yugoslavia since 1991, UN Doc. A/49/342, 29 August 1994, para. 74. Später wiederholte Richter Cassese diesen Ansatz in seiner Separate and Dissenting Opinion im *Erdemovic*-Fall: "[B]oth the Statute and the Rules deliberately do not make provision for plea bargaining." *Prosecutor v. Erdemovic*, IT-96-22-A, Separate and Dissenting Opinion of Judge Cassese, 7 October 1997 para. 10.

99 *Desai*, Plea Bargaining, S. 4.

100 *Desai*, Plea Bargaining, S. 6.

101 Allg. zu Absprachen am ICTY *Bohlander,* in: *May et al.*, Essays S.151-163.

102 *Watson*, NELR 37 (2003) 4, S. 882; für eine systematische Darstellung und Analyse der Funktion der Absprache in einem internationalen Strafgerichtsforum *Del Ponte*, Four Years in The Hague, S. 9-12.

Im *Erdemovic*-Fall analysierten die ICTY-Richter die Natur und die Besonderheiten eines *plea agreement* im internationalen Strafverfahren:

> „Plea bargain agreements are common in certain jurisdictions of the world. There is no provision for such agreements in the Statute and Rules of Procedure and Evidence of the International Tribunal. This is the first time that such a document has been presented to the International Tribunal. The plea agreement in this case is simply an agreement between the parties, reached on their own initiative without the contribution or encouragement of the Trial Chamber. Upon being questioned by the Presiding Judge of the Trial Chamber, the accused confirmed his agreement to and understanding of the matters contained therein. The parties themselves acknowledge that the plea agreement has no binding effect on this Chamber, although submissions recommending it were made by both the Prosecutor and Defence Counsel at the hearing on 14 January 1998, in addition to the recommendations in the joint motion. Whilst in no way bound by this agreement, the Trial Chamber has taken it into careful consideration in determining the sentence to be imposed upon the accused.“[103]

Obgleich das *Erdemovic*-Urteil kein *plea agreement* in seiner ursprünglichen Form ins Auge fasste, legte es einige der Haupteigenschaften solcher Vereinbarungen fest, dass sie nämlich Absprachen zwischen den Parteien in einem internationalen Strafrechtsfall sind, in dem der Angeklagte sich in bestimmten Anklagepunkten schuldig bekennt im Austausch für verminderte Strafe, die von der Anklagebehörde verlangt wird.[104] Der Gerichtshof selbst ist keine Partei der Absprachen und nicht verpflichtet, ein ausgehandeltes Geständnis zu akzeptieren. Wenn es der Gerichtshof ablehnt, ein Geständnis zu akzeptieren, wird der Fall nach dem gewöhnlichen Verfahren verhandelt. Die Akzeptierung einer Absprache ist somit von den Umständen des Einzelfalls abhängig.[105]

Auf die seit längerer Zeit andauernde Praxis bestimmter Formen des *charge* und *plea bargaining* vor dem ICTY haben dessen Richter am 13. Dezember 2001 mit der „kleinen Verfahrensordnung für Absprachen“ in Gestalt von Rule 62 *ter* reagiert[106] und dabei Absprachen und das *plea agreement* der juristischen und öffent-

---

103 *Prosecutor v. Erdemovic*, IT-96-22-T*bis*, Sentencing Judg. 05.03.1998, para. 19; Weiteres *Bohlander*, in: *May, Richard, et al.*, Essays, S. 155; *Tochilovsky*, CLF 15 (2004), S. 339.

104 *Knoops*, Theory and Practice, S. 261.

105 ICTY Weekly Press Briefing, 22.05.2003, Time: 12:20.

106 *Kreß*, ZStW 116 (2004), S. 173. Seit der Annahme der Regel 62 *ter* haben sich 11 Personen nach plea agreements für schuldig erklärt. Diese Personen bekamen Strafen, die zwischen 5

lichen Prüfung ausgesetzt.[107] Während es umstritten ist, ob Rule 11 *bis* ICTY-RPE („referral of the indictment to another court") mit dem Objekt und dem Zweck des Statuts vereinbar ist, kennzeichnet Rule 62 *ter* ICTY-RPE eine komplette Umkehrung der ursprünglichen Einstellung gegenüber Absprachen.[108]

Ohne Rücksicht auf die allgemeine Anwendung dieser Art von Maßnahmen, ist der Gebrauch von Absprachen im Kontext des ICTY und des ICTR aus einer Anzahl von Gründen kritisiert worden. Einige sind der Auffassung, dass es wegen der Natur der Verbrechen ungebührlich sei, mit den Angeklagten um Strafmilderung zu verhandeln. Andere beschweren sich, dass das Schuldgeständnis dem Wert der Transparenz des Gerichtsverfahrens entgegenstehe. Eine andere Sorge ist, ob den Opfern ohne ein vollständiges Gerichtsverfahren genügend Gelegenheiten gegeben würden, ihre Geschichte zu erzählen.[109] Allerdings befand die gegenwärtige Chefanklägerin des ICTY *Del Ponte*, dass die Balance, die die Anklagebehörde am ICTY vorgeschlagen hat, tauglich ist und ein Modell darstellt, dem man in der Zukunft folgen sollte.[110] Trotzdem haben die ICTY-Richter begonnen, etwas Kritik betreffend die Angemessenheit von Absprachen hinsichtlich internationaler Straftaten und die Legitimität bestimmter einzelner *plea agreement*, zum Ausdruck zu bringen. Dieser angefangene Dissens tritt eindrucksvoll in der *Momir Nikolic*-Entscheidung sowie in der *Deronjic*-Entscheidung auf, wo die Richter die von der Anklagebehörde vorgeschlagene Strafe nicht akzeptiert haben.[111]

II. ICC

Der ILC-Draft bot keine Regelung für ein Geständnis oder von Absprachen. Jedoch hat die Tatsache, dass das ICTY, das dem adversatorischen Strafprozesssystem folgt, im *Erdemovic*-Fall auf die Schwierigkeiten hinsichtlich eines Geständnisses gestoßen war, zu dem allgemeinen Gefühl beigetragen, dass diesbezüglich etwas getan werden sollte.[112] In dieser Situation versuchten Delegierte aus unter-

---

Jahren und 27 Jahren lagen. Näheres *Tieger/Shin*, JICJ 3 (2005), S. 667.

107 *Tochilovsky*, CLF 15 (2004), S. 338.

108 *Lombardi*, NELR 37 (2003) 4, S. 897.

109 *Del Ponte*, Four Years in The Hague, S. 9; zur Einstellungen wegen Annahme des Schuldeingeständnisses und Absprache in internationaler Strafgerichtsbarkeit *Lombardi*, NELR 37 (2003) 4, S. 897.

110 *Del Ponte*, Four years in The Hague, S. 9.

111 *Prosecutor v. Momir Nikolic*, IT-02-60/1-S, 2 December 2003; *Prosecutor v. Deronjic*, IT-02-61-S, Judgment, 30 March 2004. Nähers *Henham/Drumbl*, CLF (2005), S. 63 ff.

112 *Behrens*, in: *Lee*, ICC, S. 241-242.

schiedlichen Rechtssystemen eine Zusammenfassung der Praxis hinsichtlich des Verfahrens von „*Plea of Guilty*" im angloamerikanischen und von „*confession or admission of guilt*" im kontinentaleuropäischen System auszuarbeiten.

Das Ergebnis war im Jahr 1996 ein Vorschlag für einen neuen Art. 38 *bis*, der das Verfahren beschrieb, dem zu folgen wäre, wenn ein Angeklagter seine Schuld eingesteht.[113] Dieser Artikel, der von Argentinien und Kanada vorgeschlagen wurde, versuchte einen Mittelweg zu finden: Da sich einerseits kontinentaleuropäische Gesetze auf eine begrenzte Anerkennung von Absprachen zubewegen, und andererseits sogar der angloamerikanische Richter das Recht hat, die Glaubwürdigkeit eines Geständnisses nachzuprüfen, kann das Gericht berechtigt und verpflichtet sein, darüber zu befinden, ob ein Geständnis auf verwertbare Beweismittel gestützt ist, und wenn nicht, zu versuchen, die Wahrheit selbst zu ermitteln. Die Formulierung „*admission of guilt*", die in das Statut aufgenommen wurde, vermied, geläufige Terminologien im angloamerikanischen oder im kontinentaleuropäischen System zu benutzen.[114] Ein Geständnis wird nicht zwangsläufig von der Hauptverfahrenskammer akzeptiert, sondern lediglich im Rahmen anderer Beweismittel, die der Kammer vorgelegt werden, berücksichtigt, einschließlich Beweismitteln von seiten der Anklage.[115] Dieser Vorschlag stieß auf starke Akzeptanz.[116]

Eine damit zusammenhängende Frage ist, ob ein Schuldeingeständnis Gegenstand einer Vereinbarung oder Absprache zwischen den Parteien sein kann.[117] Das ICC-Statut bezieht sich in seinem Art. 54(3) auf die Möglichkeit einer Schuldvereinbarung, der von der Vertraulichkeit der Dokumentation oder Informationen spricht, die der Ankläger erlangt. Art. 65 (5) ICC-Statut gibt zu erkennen, dass das Statut Absprachen nicht grundsätzlich ausschließt.[118]

Bei solchen Verfahren nach einem Schuldeingeständnis prüft die Hauptverfahrenskammer dann nur die Freiwilligkeit und Plausibilität des Schuldgeständnisses und setzt bejahendenfalls die Strafe fest (Art. 64 (8) (a) Satz 1 in Verbindung mit

---

113 PrepCom Report 1996, Vol. II.
114 *Behrens*, in: *Lee*, ICC, S. 241-242.
115 *May/Wierda*, Evidence, Rdnr. 2.73, S. 47.
116 *Behrens*, in: *Lee*, ICC, S. 241-242. Außer ergänzenden Absatz wurden nur kleine redaktionelle Änderungen an diesem Text vorgenommen.
117 *May/Wierda*, Evidence, Rdnr. 2.74, S. 47.
118 *Bohlander*, in: *May et al.*, Essays, S. 157.

Art. 65 ICC-Statut).[119] Die Hauptverfahrenskammer muss sich davon überzeugen, dass der Angeklagte die Art und die Folgen des Geständnisses versteht und das Geständnis nach hinreichender Beratung mit seiner Verteidigung freiwillig abgegeben hat und dieses der Wahrheit entspricht (Art. 65 (1) ICC-Statut). Soweit die Hauptverfahrenskammer zu dieser Überzeugung kommt, kann sie den Angeklagten verurteilen, nachdem sie den gesamten Tatbestand des Verbrechens, auf das sich das Geständnis bezieht, als durch das Geständnis und etwaige zusätzliche beigebrachte Beweismittel als erwiesen erachtet (Art. 65 (2) ICC-Statut). Andernfalls wird der Prozess nach den üblichen Regeln fortgeführt (Art. 65 (3) ICC-Statut). Ist die Hauptverfahrenskammer der Auffassung, dass im Interesse der Gerechtigkeit, insbesondere im Interesse der Opfer, eine vollständigere Tatsachendarstellung erforderlich ist, so kann die Hauptverfahrenskammer den Ankläger ersuchen, zusätzliche Beweismittel einschließlich Zeugenaussagen beizubringen, oder sie kann die Fortsetzung des Hauptverfahrens nach dem in diesem Statut vorgesehenen gewöhnlichen Verfahren anordnen (Art. 65 (4) ICC-Statut).

Die Absprachen zwischen dem Ankläger und dem Verteidiger hinsichtlich der Tatvorwürfe, des Geständnisses oder der Strafe sind für das Gericht nicht bindend.[120] Soweit sind in die Anforderungen gemäß Art. 64 (8) in Verbindung mit Art. 65 ICC-Statut offenbar sowohl prozessuale Einflüsse des kontinentalen Rechtssystems als auch Erfahrungen aus dem *Erdemović*-Prozess vor dem ICTY eingegangen. Dort hatte sich gezeigt, dass aus der Sicht kontinentaleuropäischer Rechtsauffassung die angloamerikanische Prozesspraxis nach dem Schuldeingeständnis zu prozessual unbefriedigenden Ergebnissen führte.[121]

§ 30 Wirkung des Schuldeingeständnisses und der Absprachen beim Strafspruch

A. Rechtliche Unverbindlichkeit des Schuldeingeständnisses

Hinsichtlich der Rechtswirkung des Schuldeingeständnisses für das Gericht legt das Statut fest, dass Erörterungen zwischen dem Ankläger und der Verteidigung über eine Änderung der Anklagepunkte, das Geständnis oder die zu verhängende Strafe für das Gericht nicht bindend sind (Art. 65 (5) ICC-Statut). Dieser Artikel

[119] *Fastenrath,* JuS 1999, S. 635.
[120] *Ambos,* NJW 1998, S. 3745.
[121] *Roggemann,* Ergänzungsband, S. 20-21; *Ryneveld/Mundis,* in: *ICCLR & CJP,* The Changing Face, S. 60.

verpflichtet das Gericht, auch andere Beweismittel zu berücksichtigen.[122] Damit kann der Angeklagte durch andere zulässigen Beweismittel an einem Verbrechen schuldig gefunden werden.[123] Der Gerichtshof kann im Interesse der Gerechtigkeit, insbesondere im Interesse der Opfer, die Darstellung von vereinbarten Tatsachen anordnen (Art. 65 (4) ICC-Statut). Aus dieser Bestimmung folgt, dass der Gerichtshof entscheiden kann, sich nicht durch das Geständnis überzeugen zu lassen, sondern ein ordentliches Verfahren anzuordnen (Art. 65 (3) ICC-Statut). Um nicht von einer Absprache zwischen dem Ankläger und der Verteidigung „überfallen" zu werden, sieht Rule 139 ICC-RPE vor, „after having proceeded in accordance with article 65, paragraph 1, the Trial Chamber, in order to decide whether to proceed in accordance with article 65, paragraph 4, may invite the views of the Prosecutor and the defence. The Trial Chamber shall then make its decision on the admission of guilt and shall give reasons for this decision, which shall be placed on the record."

B. Rechtliche Unverbindlichkeit der Absprachen

Die Art und Weise, wie sich das ICC-Statut offenbar Absprachen vorstellt und diese anwendet, spiegelt eine einzigartige Verbindung von adversatorischen und nichtadversatorischen Verfahren sowie den Zweck wider, für den der Gerichtshof errichtet ist. Das Verfahren des Gerichtshofs ist einerseits mehr von den Parteien dominiert als das kontinentaleuropäische Verfahren, aber andererseits mehr von den Richter bestimmt als das amerikanische Verfahren. In Übereinstimmung mit dieser Balance können die Parteien des Verfahrens Strafvorschläge absprechen, wobei aber die Richter die Kontrolle über die endgültige Strafe behalten. Viele amerikanische Richter geben bereitwillig zu, den Empfehlungen der Strafverfolgung in den meisten Fällen zu entsprechen; amerikanische Bundesrichter müssen unter anderem gar eine zuvor vereinbarte Strafe akzeptieren oder der Verteidigung erlauben, ein Geständnis des Angeklagten zurückzunehmen. Im krassen Gegensatz dazu beanspruchen die Richter der internationalen Strafgerichtshöfe eisern die Strafspruchfunktion für sich und wiederholen immer wieder, dass sie sich nicht durch Vereinbarungen zwischen den Parteien gebunden sehen. Selbstverständlich werden insoweit, als sich die Verurteilung innerhalb des vom Ankläger vorbestimmten Rahmens hält, dessen Empfehlungen durch das Tribunal implizit legitimiert. Auch scheinen Richter im Allgemeinen diese Praxis zu respektieren

---

[122] *Benedetti*, A Report.

[123] *Bohlander*, in: *May et al.*, Essays, S. 157

und den Beitrag zu schätzen, der den Betrieb des Strafrechtssystems reibungsloser macht.

Nach der Absprachenpraxis des ICTY klagt der Ankläger eine von ihm ermittelte Tat des Beschuldigten nicht an, falls der Beschuldigte eine andere Tat gesteht. In diesem Szenario geben beide Prozessparteien eine Empfehlung zum Strafmaß ab und erklären einen Rechtsmittelverzicht für den Fall, dass das Gericht innerhalb dieser Empfehlung bleibt. Art. 65 (5) ICC-Statut hingegen schließt wiederum eine bindende Wirkung der Verfahrensabsprachen aus. Obwohl es hier scheint, dass das ICC-Statut Absprachen nicht für rechtlich unzulässig erklärt, bestehen doch erhebliche Zweifel daran, ob und inwieweit angesichts der Prüfpflicht des Gerichtshofs nach Art. 65 (1) (c) ICC-Statut praktische Bedeutung erlangen werden.[124]

C. Strafmildernde Wirkung des Schuldeingeständnisses

Das Tatgeständnis des Beschuldigten und sein Einverständnis mit dem vereinfachten Strafverfahren müssten für ihn mit bestimmten Vorteilen verbunden sein. Der wichtigste bestünde in der Möglichkeit einer Strafmilderung. Eine Strafmilderung, die einem absprachewilligen Beschuldigten im Vorverfahren zugesichert wird, ist keinesfalls weniger rechtsstaatlich als eine Strafmilderung im Rahmen einer klassischen Verurteilung, die als „Belohnung" für das Geständnis des Beschuldigten erfolgt und gegen die er das Risiko seines Schweigens in der Hauptverhandlung abwägen muss. Zudem würde eine solche Strafmilderung den Strafzweck keinesfalls untergraben: Anstelle einer ungewissen und später erfolgenden härteren Strafe die Absprache eine sichere und schnelle, jedoch mildere Strafe bewirken. Das ist ein Gewinn im Hinblick auf die Interessen der General- und Spezialprävention, aber auch für den Bereich des Strafvollzugs, da zu erwarten ist, dass die Bereitschaft des Beschuldigten, eine „abgesprochene" Strafe anzunehmen, größer ist, als eine Strafe zu akzeptieren, die ihm durch die Verurteilung „aufgezwungen" wird.[125] In der Völkerstrafgerichtsbarkeit liegt die Bedeutung der strafmildernden Honorierung eines Geständnisses darin, dass dies zur Wahrheitsfindung und damit zur nationalen Versöhnung beitragen kann, „for it is the truth that cleanses the ethnic and religious hatreds and begins the healing process"[126]

[124] *Kreß*, Vor III 26, Rdnr. 147, S. 96.
[125] *Krapac*, in: *Eser et al.*, Strafrecht, S. 532.
[126] *Prosecutor v. Erdemovic*, IT-96-22-T*bis*, Sentencing Judg. 05.03.1998, para.21.

Im Fall der *Ad-hoc*-Tribunale wird das Geständnis nicht ausdrücklich als ein mildernder Faktor in den Statuten oder in ihren RPE vorgesehen. Kooperation mit dem Ankläger ist der einzige Strafmilderungsumstand, der ausdrücklich in den Bedingungen der RPE vorgesehen ist, wobei jedoch die Kooperation mit dem Ankläger „erheblich" („*substantial*") sein muss (Rule 101 (B) (ii) ICTY-RPE, Rule 101 (B) (ii) ICTR-RPE). In der Rechtsprechung wird es der Entscheidung der Hauptverfahrenskammer überlassen, ob die Kooperation als erheblich betrachtet wird und einen mildernden Faktor beim Strafspruch begründet.[127] Im Hinblick auf die schuldmildernden Umstände stellt das Gericht klar, dass die diesbezüglichen Regelungen im Statut und in den PRE nicht abschließend seien und daher weitere Situationen, die eine Strafmilderung geboten erscheinen lassen, mit in die Betrachtung einbezogen werden können. In diesem Zusammenhang sieht das Gericht unter anderem auch in der tätigen Reue des Angeklagten einen mildernden Umstand. Auffallend ist, dass in der Mehrzahl der Verfahren, in denen der Angeklagte ein Geständnis ablegte, die strafmildernde Wirkung des Geständnisses mit dem Bekunden von Reue verbunden wurde.[128]

Im Fall des ICC verlangt Rule 145 (2) (a) (ii) ICC-RPE von der Hauptverfahrenskammer, bei der Entscheidung der Strafe mildernde Umstände sowie das Verhalten des Angeklagten einschließlich seiner Bemühungen zur Wiedergutmachung für die Opfer und die Zusammenarbeit mit dem Gerichtshof zu berücksichtigen. Diese Rule ähnelt der Rule 101 (B) (ii) ICTY-RPE.

D. Die Praxis des Strafausspruchs bei Ad-hoc-Tribunalen bei Schuldeingeständnis

Obwohl im *Erdemovic*-Fall des ICTY das Geständnis als ein Milderungsfaktor im Strafausspruch grundsätzliche Anerkennung findet, wird dies von der Hauptverfahrenskammer erst am Ende ihrer Entscheidung erwähnt. Diese ganz flüchtigen Hinweise und ihre Platzierung zeigen an, dass die Hauptverfahrenskammer in der Strafmilderung kein erhebliches Gewicht auf das Schuldeingeständnis legte.[129] Im *Todorovic*-Fall des ICTY war die Hauptverfahrenskammer der Ansicht, dass ein Geständnis im Prinzip zur Reduktion der Strafe führt, die der Angeklagte sonst bekommen hätte.[130] Dies steht in Übereinstimmung mit dem bekannten angloame-

127 *Prosecutor v. Jelisic*, IT-95-10-A, Judg. 05.07.2001, para. 126.
128 *Nemitz*, Strafzumessung, S. 262.
129 *Combs*, PULR 151 (2002), S. 111.
130 *Prosecutor v. Tordorovic*, IT-95-9/1-S, Sentencing Judg. 31.07.2001, para. 80.

rikanischen Prinzip.[131] Es timmt auch mit der von ICTY-Richter *Cassese* im *Erdemovic*-Fall ausgedrückten Meinung überein, nämlich dass Schuldgeständnisse die starke Arbeitsbelastung des Tribunals reduzieren.[132]

Andererseits glichen die internationalen Richter an *Ad-hoc*-Tribunalen in mehreren Fällen die mildernden Faktoren gegen die erschwerenden Faktoren aus. Im *Kambanda*-Fall des ICTR gelangte die Hauptverfahrenskammer zu dem Schluss, dass „die erschwerenden Umstände, die mit dem Verbrechen verbunden sind, den mildernden Umständen widersprechen, insbesondere weil *Kambanda* einen hohen ministeriellen Posten innehatte, als er besagte Verbrechen beging."[133] Die Hauptverfahrenskammer erkannte tatsächlich ein sofortiges Geständnis als einen wesentlichen mildernden Faktor an. Dabei bekräftigte sie jedoch die Meinung, dass mildernde Umstände die Festlegung der Strafe betreffen und keineswegs die Schwere des Verbrechens mildern. Die Hauptverfahrenskammer bemerkte weiter, dass der Umfang des Verbrechens ein wesentliches Element der Strafbeurteilung bleibt.[134] Infolgedessen verurteilte sie den Angeklagten zu lebenslanger Freiheitsstrafe.[135] Die Berufungskammer bestätigte, dass diese Strafe im Entscheidungsrahmen liegt, der vom Statut und den RPE vorgesehen ist.[136] Auch im *Jelisic*-Fall des ICTY wurde dem Geständnis nur geringes Gewicht beigelegt, was sich daraus erklärt, dass der Angeklagte keine Reue für seine Verbrechen zeigte[137] und er diese unter besonders erschwerenden Umstände begangen hat, welche die mildernde Umstände bei Weitem überwogen.[138] Im *Babic*-Fall verurteilte das Gericht den Angeklagten zu 13 Jahren Freiheitsstrafe, während die Anklagebehörde im Austausch für ein Schuldeingeständnis eine Strafe von höchstens 11 Jahren empfohlen hatte. Die Richter begründeten ihre Entscheidung mit der Feststellung, dass die Empfehlung der Anklagebehörde "would not do justice in view of the applicable sentencing principles and the gravity of Babic's crime taking account of the

131 *Jørgensen*, LJIL 15 (2002), S. 400.
132 *Prosecutor v. Todorovic*, IT-95-9/1-S, Sentencing Judg. 31.07.2001, para. 80.
133 *Prosecutor v. Kambanda*, ICTR 97-23-A, Judg. 19.10.2000, para. 56.
134 *Prosecutor v. Kambanda*, ICTR 97-23-A, Judg. 19.10.2000, para. 56.
135 Diese Entscheidung wird allerdings kritisiert: Die Ablehnung einer Strafmilderung durch das Tribunal im Austausch gegen ein Schuldeingeständnis im Kambanda-Fall hätte alle Bemühungen darum, dass sich die Angeklagten schuldig bekennen sollten, um dadurch das Gerichtsverfahren zu vermeiden, zunichte gemacht. Dazu *Lombardi*, NELR 37 (2003) 4, S. 897.
136 *Prosecutor v. Kambanda*, ICTR 97-23-A, Judg. 19.10.2000, para. 119, 126.
137 *Prosecutor v. Jelisic*, IT-95-10-T, Judg. 14.12.1999, para. 127; dazu auch *Jelisic*, IT-95-10-A, Judg. 05.07.2001, paras. 119-123.
138 *Prosecutor v. Jelisic*, IT-95-10-T, Judg. 14.12.1999, para. 129, 134; Näheres *Combs*, PULR 151 (2002), S. 117.

aggravating and mitigating circumstances".[139] Ebenso verhängte dasGericht im Fall *Dragan Nikolic* eine Freiheitsstrafe von 23 Jahren – eine viel höhere Strafe als die von den beiden Verfahrensparteien abgesprochenen 15 Jahre. Abermals betonte dasGericht, dass die Schwere der Straftat von äußerster Bedeutung ist. Die Kammer erklärte, "the brutality, the number of crimes committed and the underlying intention to humiliate and degrade would render a sentence such as that recommended unjust". [140] Eine beträchtliche Abweichung von den abgegebenen Strafempfehlungen wurde auch im *Momir Nikolic*-Fall gemacht. Im Verfahren *Momir Nikolic* akzeptierte die Verfahrenskammer das auf einem umfassenden *plea agreement* beruhende *guilty plea* des Angeklagten, ließ jedoch die zwischen 15 und 20 Jahren Freiheitsstrafe angesiedelte Strafmaßempfehlung der Parteien im *plea agreement* unbeachtet und erkannte auf eine Freiheitsstrafe von 27 Jahren. Die Hauptverfahrenskammer entschied, dass sie das zwischen der Verteidiung und der Anklagebehörde abgesprochene Strafmaß nicht akzeptieren könne, weil "neither sentence adequately reflects the totality of the criminal conduct for which Momir Nikolic has been convicted."[141] Das Urteil in der Sache *Nikolic* wirft insofern ein grelles Licht auf den durch eine Absprache heraufbeschworenen Zielkonflikt zwischen verfahrensrechtlicher Fairness gegenüber dem Angeklagten einerseits und Strafgerechtigkeit andererseits.[142]

Im Gegensatz dazu ist die verhängte Strafe von 7 Jahren im *Jokic*-Fall weniger als die von der Anklagebehörde empfohlene Strafe von 10 Jahren. Die Zusammenarbeit des Angeklagten mit der Anklagebehörde und die ehrliche Reue des Angeklagten in einem frühen Stadium spielten eine große Rolle bei der Entscheidung der Verfahrenskammer. Auch das freiwillige Erscheinen des *Jokic* vor dem Tribunal, sein Schuldeingeständnis, seine Rolle im Verbrechen und sein Alter wurden berücksichtigt.[143]

Ansatz und "vorrangige Verpflichtung" der *Ad-hoc*-Tribunale ist dabei immer, die Strafe zu individualisieren, um den individuellen Umständen des Angeklagten und

---

139 *Prosecutor v. Babic*, IT-03-72,Trial Chamber I, Sentencing Judg., 29.06.2004, para. 101; siehe dazu *Dixon/Demirdjian*, JICJ 3 (2005), S. 692.

140 *Prosecutor v. Nikolic*, IT-94-2, Trial Chamber II, Sentencing Judg., 18.12.2003, para. 281; siehe dazu *Dixon/Demirdjian*, JICJ 3 (2005), S. 692.

141 *Prosecutor v. Nikolic*, IT-02-60/1), Trial Chamber I, Sentencing Judg., 02.12.2003, para. 180; siehe dazu *Dixon/Demirdjian*, JICJ 3 (2005), S. 693.

142 *Kreß*, ZStW 116 (2004), S. 178.

143 *Prosecutor v. Jokic*, IT-01-42/1,Trial Chamber I, Sentencing Judg., 18.03.2004, para. 113; siehe dazu *Dixon/Demirdjian*, JICJ 3 (2005), S. 692.

der Schwere des Verbrechens zu entsprechen.[144] Dies bringt die relevanten erschwerenden und mildernden Faktoren zu einem Ausgleich, was jedoch nicht zu bedeuten braucht, dass einem Geständnis grundsätzlich mehr Gewicht als einem anderen Faktor zukommt.[145] In welchem Umfang ein Geständnis Einfluss auf das Strafmaß hat, lässt sich anhand der bisherigen Rechtsprechung noch nicht genau feststellen. Die bisherigen Urteile lassen allerdings erkennen, dass die strafmildernde Wirkung des Geständnisses unterschiedlich hoch bewertet wurde.[146] Während ihm in den Fällen *Kambanda* und *Nikolic* jedweder mildernde Effekt abgesprochen wurde, war in den Fällen *Erdemovic, Serushago, Todorovic, Sikirica, Dosen and Komundzija, Plavsic, Ruggiu* und *Mrdja* der Einfluss des Geständnisses auf die Strafzumessung beträchtlich.[147]

Deswegen ist die Praxis der *Ad-hoc*-Tribunale hinsichtlich der Fälle, in denen der Angeklagte ein Geständnis abgelegt hat, noch nicht weit genug vorangekommen, um bereits ein Strafmuster abzugeben.[148] Eine sichere Prognose ist also zur Zeit nicht möglich; es muss die weitere Rechtsprechung abgewartet werden.[149] Obwohl die Richter nicht an die Vereinbarung einschließlich der Strafvorschläge gebunden sind, haben sich die Hauptverfahrenskammern gleichwohl eng an die von beiden Seiten erreichten Vereinbarungen gehalten.[150] Das Versprechen einer geringeren Strafe für den Fall der Kooperation des Angeklagten steht somit im Zentrum der Absprachepraxis sowohl in nationaler Strafgerichtsbarkeit als auch in der Völkerstrafgerichtsbarkeit.[151]

E. Auswirkungen auf die Arbeit der Anklagebehörde

I. Nachteilige Wirkung des nicht bindenden strafmildernden Effekts des Schuldeingeständnisses auf die Arbeit der Anklagebehörde

Das Zögern der Berufungskammer des ICTR, die von der Hauptverfahrenskammer verhängte Strafe zu ändern, wie z. B. in den Fällen *Kambanda* und *Serushago*, hat nicht nur für das ICTR selbst, sondern auch für die Anklagebehörde zahlreiche

---

144 *Prosecutor v. Delalic et al.*, IT-96-21-A, Judg. 20.02.2001, para. 717; dazu auch *Jørgensen*, LJIL 15 (2002), S. 404.

145 *Jørgensen*, LJIL 15 (2002), S. 405.

146 *Nemitz*, Strafzumessung, S. 263.

147 Näheres *Nemitz*, Strafzumessung, S. 264; dazu auch *Henham/Drumbl*, CLF (2005), S. 55.

148 *Jørgensen*, LJIL 15 (2002), S. 406.

149 Vgl. *Del Ponte*, JICJ 4 (2006), S. 545 f; vgl. *Dixon/Demirdjian*, JICJ 3 (2005), S. 685.

150 So *Askin*, NELR 37 (2003) 4, S. 912; *Meernik/King*, LJIL 16 (2003), S. 743.

151 Diesbezüglich in nationaler Gerichtsbarkeit *Bömeke*, Rechtsfolgen, S. 11.

Probleme aufgeworfen. Mit dieser Zurückhaltung des ICTR gegenüber einem größeren bindenden strafmildernden Effekt des Schuldeingeständnisses konfrontiert, könnten die Angeklagten weniger Bereitwilligkeit zur Kooperation mit dem Tribunal mittels eines Geständnisses zeigen mit der Folge, dass die Arbeitslast des ICTR erhöhen würde.[152]

Einerseits vermindert die mangelnde Verbindlichkeit des Schuldeingeständnisses die Fähigkeit des Anklägers. Der Ankläger erhält von einem Angeklagten, der ein Geständnis abgibt, weniger nützliche Informationen um andere Verbrechensverdächtige erfolgreich zu verfolgen. Das liegt daran, dass solche Personen keine Gewissheit darüber haben, welchen Effekt ihre Kooperation haben würde.[153] Außerdem kann der Ankläger auch das Interesse bestimmter Opfer und Zeugen wenig erfolgreich schützen, wenn diese in einer Hauptverhandlung auftreten müssen, weil die Richter das Schuldeingeständnis des Angeklagten nicht akzeptieren und noch einmal nachprüfen möchten.[154]

Andererseits müssen zur Verfolgung von Verdächtigen größere Ressourcen eingesetzt werden, anstatt sie anzuregen, sich zu ihren Verbrechen zu bekennen. Um dies zu erreichen, könnte der Ankläger vielleicht gezwungen sein, Anklagepunkte zu reduzieren, um ein Schuldeingeständnis zu erzielen. Dies könnte schließlich mit der Zielsetzung des Gerichtshofs in Widerspruch geraten, Frieden und vor allem Gerechtigkeit wieder herzustellen. Auch entsteht durch die Akzeptanz von Absprachen leicht die Gefahr, dass das Ansehen und die Legitimität des Gerichtshofs geschwächt werden können, besonders wenn es wahrgenommen wird, dass die Angeklagten nicht wegen der von ihnen begangenen Verbrechen verfolgt werden.[155]

II. Änderung oder Zurücknahme der Anklage als eine Strategie des Anklägers für produktive Absprachen und Schuldeingeständnisse

Besteht die Besorgnis, dass der Gerichtshof überlastet werden könnte, so ist selektive Strafverfolgung eine bessere Lösung als die Zulassung des Schuldeingeständnisses.[156] Allerdings deutet die mangelnde Bindungswirkung des Schuldeingeständnisses an, dass der Ankläger nach der Anklageerhebung seine Befugnis zur

152 *Khoday*, Guilty Plea, S. 42.
153 *Falvey*, FILJ 19 (1995), S. 509; *Desai*, Plea Bargaining, S. 6.
154 *Falvey*, FILJ 19 (1995), S. 509.
155 Vgl. *Khoday*, Guilty Plea, S. 43.
156 *Livingstone*, Towards a Procedural Regime, S. 204.

Änderung oder Zurücknahme von Anklagepunkten strategisch einsetzen muss, um effektive Absprachen zu erreichen.[157]

Der Ankläger kann mit der Verteidigung Absprachen treffen, indem er sich damit einverstanden erklärt, unterschiedliche Anklagepunkte hinzuzufügen oder zurückzunehmen, um ein Geständnis zu anderen Anklagepunkten oder weitere Informationen zu erhalten.[158] Tatsächlich sieht Art. 61 ICC-Statut unterschiedliche Folgen vor, je nachdem, ob Absprachen vor oder nach dem Bestätigungsverfahren oder nach dem Beginn des Hauptverfahrens getroffen werden.[159] Der Ankläger muss sich des erheblichen Unterschieds zwischen dem Maß der Freiheit der Absprache mit dem Angeklagten vor der Bestätigung der Anklagepunkte und dem Maß der Freiwilligkeit einer Absprache nach der Bestätigung der Anklagepunkte bewusst sein. Der Ankläger hat viel mehr Freiheit, vor der Bestätigung Absprachen treffen, während für den Angeklagten der Spielraum einer Absprache nach Bestätigung der Anklagepunkte viel stärker begrenzt ist.[160]

1. Absprachen vor Bestätigung der Anklagepunkte

Wenn eine Absprache vor der Anklageerhebung das Versprechen des Anklägers enthält, von einer Anklage gegen diesen Verdächtigen abzusehen, um auf diese Weise Informationen über andere Verdächtige oder ein Geständnis über andere Anklagepunkte zu bekommen, so kann der Ankläger dies tun, ohne die vorherige Zustimmung der Vorverfahrenskammer zu ersuchen. Dies wird als innerhalb des Ermessens des Anklägers vor einer gerichtlichen Entscheidung über die Angelegenheit liegend betrachtet. Daher genießt der Ankläger beträchtliche Freiheit zu Absprachen vor der Anklageerhebung, weil in diesem Stadium die Vorverfahrenskammer noch keine Rolle spielt.[161] Das Statut verlangt nämlich nicht, dass der Ankläger vor der Bestätigung für die Zurücknahme von Anklagepunkten die Genehmigung der Vorverfahrenskammer ersuchen muss, und zwar deshalb weil Art. 61 (4) ICC-Statut lediglich erfordert, dass der Ankläger der Vorverfahrenskammer die Zurücknahme und die Gründe dafür mitteilt. In diesem Stadium können somit Anklageabsprachen also doch eine bindende Wirkung auf den Gerichtshof haben, wenn sich die Absprachen auf Tatsachen beziehen.[162]

---

157 Siehe dazu *Desai*, Plea Bargaining, S. 6.
158 Siehe dazu *Desai*, Plea Bargaining, S. 6.
159 *Bohlander*, in: *May, Richard, et al.*, Essays, S. 158.
160 Vgl. *Desai*, Plea Bargaining, S. 6.
161 *Desai*, Plea Bargaining, S. 6.
162 *Bohlander*, in: *May et al.*, Essays, S. 158.

Unter diesem Blickwinkel scheint die Absprache vor Anklageerhebung eine Fortsetzung oder Ausdehnung der Ermittlungsbefugnis des Anklägers zu sein. Im Wesentlichen wird sich der Ankläger mit einem Verdächtigen in Verbindung setzen, um ihn über das Gewicht der gegen ihn vorliegenden Beweismittel zu informieren und ihm Gelegenheit zur Kooperation zu geben, indem er dem Ankläger Informationen gegen andere Straftäter höheren Kalibers liefert. Als Gegenleistung kann der Ankläger dem Beschuldigten anbieten, bestimmte Anklagepunkte nicht zu erheben.[163]

2. Absprachen nach Bestätigung der Anklagepunkte

Im Unterschied dazu, obwohl die Entscheidung zur Rücknahme von Anklagepunkten als innerhalb des Ermessens der Anklagebehörde liegend betrachtet wird, kann sich nach der Anklageerhebung die Anklagebehörde nicht mehr so frei in Absprachen engagieren. Grund dafür ist, dass eine Entscheidung der Zurücknahme rechtlicher Nachprüfung unterworfen sein soll, um zu gewährleisten, dass es Gründe für die Rücknahme gibt (siehe Art. 61 (9) ICC-Statut).[164] Deswegen kann der Ankläger nach Bestätigung der Anklagepunkte ohne die Genehmigung des Gerichtshofs keine bindenden Absprachen mehr treffen.[165]

§ 31 Zwischenergebnis

Als Schlussbemerkung kann hervorgehoben werden, dass es bei realistischer Betrachtungsweise ein wachsendes Bedürfnis nach Beschleunigung des internationalen Strafverfahrens geben wird. Die steigende Zahl der Strafsachen auf der einen Seite und die knappen Ressourcen der Strafjustiz auf der anderen werden es immer dringlicher erscheinen lassen, das ordentliche, mit allen Formalitäten ausgestattete Strafverfahren den komplexen Strafsachen vorzubehalten.[166] Auch ist es für den ICC wichtig, Regelungen zu treffen, durch die verschiedene vereinfachte Verfahrensmodelle ausgebaut werden können, bei denen sowohl eine zügige Prozessführung und die Wahrheitsfindung und Effizienz der Strafrechtspflege als auch die Verteidigungsrechte des Beschuldigten gesichert sind.

Zur Unterstützung des positiven prozessökonomischen Effekts als auch zur Wahrung der grundlegenden Verfahrensprinzipien ist eine gesetzliche Institutionalisie-

[163] *Desai*, Plea Bargaining, S. 6-7.
[164] Vgl. *Desai*, Plea Bargaining, S. 7
[165] *Bohlander*, in: *May et al.*, Essays, S. 158.
[166] Vgl. *Krapac*, in: *Eser et al.*, Strafrecht, S. 532.

rung der Absprachen im internationalen Strafverfahren dringend erforderlich. Nur durch eine transparente und bindende Ausgestaltung der Absprachen im Strafverfahren kann den rechtsstaatlichen Bedenken begegnet werden und die ökonomisch sinnvolle Flankierung der Absprachen gesetzlich erfolgen.[167]

[167] Vgl. *Hahn*, Die Verständigung im Strafverfahren, S. 16.

Kapitel 7. Die Rechtsmittelbefugnis des Anklägers

§ 32 Einleitung

A. Ausgestaltung des Instanzenzuges als Ausgangspunkt

Ein modernes Strafrechtssystem ohne Rechtsmittel ist kaum vorstellbar. Die meisten - wenn nicht alle - nationalen Rechtssysteme (sowohl das angloamerikanische als auch das kontinentaleuropäische) stellen in Strafsachen zwei, zum Teil sogar drei gerichtliche Instanzen zur Verfügung.[1] Die allgemeine Ansicht ist, dass Rechtsmittel in erster Linie der Verteidigung zur Verfügung stehen sollten. Damit sollen die Rechte des Individuums besser garantiert werden. Internationale Menschenrechtsvorschriften haben schon mehrmals gefordert, Rechtshilfeinstanzen gegen Schuld- oder Strafausspruch in der nationalen Gerichtsbarkeit einzurichten.[2] Das Schrifttum interpretiert üblicherweise die internationalen Menschenrechtsnormen aus nationaler Sicht. Daher ist es ein Prinzip des Rechtssystems, dass der Schutz der Rechte des Angeklagten grundsätzlich im Mittelpunkt des Rechtsmittelverfahrens steht.

B. Rechtsmittelverfahren in der Völkerstrafgerichtsbarkeit

Internationale Strafverfahren haben historisch gesehen jeweils mit einem Urteil geendet, das von einem einzelnen Organ ergangen ist. Die Angeklagten, die vom IMT und vom IMTFE verurteilt wurden, konnten gegen verhängte Strafen lediglich um Begnadigung bei einem politischen Organ bitten[3]: Es gab keine richterliche Überprüfung von Tatsachen oder Rechtsanwendung hinsichtlich Schuld oder Unschuld vor einer Berufungskammer.[4] Erst bei der Ausarbeitung des ICTY-Statuts wurde das Recht des Verurteilten auf ein Rechtsmittel gegen eine strafgerichtliche Verurteilung, das in Art. 14 IPBPR verbürgt ist, aus dem nationalem Kontext ins internationale Strafrechtssystem transportiert und damit die Not-

---

[1] Vgl. *Kinzig*, in: *Becker/Kinzig*, Rechtsmittel im Strafrecht, S. 562.

[2] Z. B. Art. 14 (7) IPBPR; Art. 8 (4) AMRK; Art. 4 (1), Prot. No. 7 zur EMRK.

[3] Im Fall des IMT bei "The Control Council for Germany" (Art. 29 IMT-Charta), im Fall des IMTFE bei "The Supreme Commander for the Allied Powers" (Art. 17 IMTFE-Charta).

[4] Art. 26 IMT-Charta sieht ausdrücklich vor: "The judgment of the Tribunal as to the guilt or the innocence ... shall be final and not subject to review."

wendigkeit einer Hierarchie von gerichtlichen Instanzen geschaffen.[5] Dieser Ansatz gilt auch für den ICC.

In der Völkerstrafgerichtsbarkeit werden die Rechtsmittel in „*appeal*“ und „*revision*“ gegliedert. „*Appeal*“ ist ein ordentliches Rechtsmittel gegen (in der Regel) erstinstanzliche Urteile und führt zu einer erneuten Überprüfung des Falles vor einem höheren Gericht, vergleichbar den deutschen Begriffen der „Beschwerde“, der „Berufung“ und der „Revision“. Unter der englischsprachlichen „*revision*“ wird ein außerordentliches Rechtsmittel, entsprechend dem deutschen Begriff der „Wiederaufnahme“, verstanden.[6] An sich kann sowohl gegen einen Schuld- und Strafausspruch als auch gegen einen Freispruch ein „*appeal*“ in Betracht kommen, wobei die nationalen Verfahrensordnungen teils unterschiedliche Wege gehen. Da das Ermittlungs- und Hauptverfahren in der Völkerstrafgerichtsbarkeit weder dem Idealtyp des angloamerikanischen Rechtssystems noch demjenigen des kontinentalen Rechtssystems entspricht, muss auch für das Rechtsmittelverfahren ein Mittelweg gelten.[7] Dieser wird nachfolgend etwas näher beleuchtet. Dabei erscheint es bemerkenswert, dass das kontinentaleuropäische Konzept im internationalen Rechtsmittelverfahren eine stärkere Ausprägung gefunden hat.

C. Aufgabe des internationalen Anklägers beim Rechtsmittelverfahren

Entsprechend der Stellung des internationalen Anklägers, der nicht als eine gleichwertige Prozesspartei, sondern als ein Organ des Gerichtshofs zur unparteiischen Mitwirkung an der Rechtspflege berufen ist, ist der Ankläger ermächtigt, Rechtsmittel einzulegen. Tatsächlich ist die Einlegung von Rechtsmitteln als Teilbereich der Strafverfolgung als eine der wichtigsten Aufgaben des Anklägers anzusehen.[8]

In Bezug auf die Rechtsmittelbefugnisse des Anklägers ist zwischen der Berufung gegen erstinstanzliche Urteile und der Wiederaufnahme gegen rechtskräftige Urteile zu differenzieren. Im ICC-Statut wird dem Ankläger erlaubt, Berufung zu-

---

5 So *Karhilo*, NJIL 64 (1995), S. 709. Allg. zu Rechtsmittelverfahren der *Ad-hoc*-Tribunale *Fleming*, TILJ 37 (2002), S. 111-155.

6 Die Wiederaufnahme des Verfahrens nach Art. 75, die mit "revision" bezeichnet wird, hat mit dem Revisionsverfahren nach kontinentaleuropäischer Rechtstradition nichts zu tun, da sie Unterschied zur Berufung keine erneute Beweisaufnahme mehr kennt, sondern von der Tatsachenfeststellung der Vorinstanz ausgeht. Siehe dazu *Schlunck*, in: *Fischer et al.*, Völkerrechtliche Verbrechen, S. 163.

7 *Lagodny*, ZStW 2001, S. 813.

8 Vgl. *Leonhardt*, Rechtsmittelermessen, S. 85.

gunsten oder zuungunsten eines Angeklagten einzulegen. Dagegen darf er die Wiederaufnahme nur zugunsten eines Verurteilten beantragen. Hierbei ist die Frage umstritten, ob in der Völkerstrafgerichtsbarkeit die höhere Instanz das angefochtene Urteil nur zugunsten des Angeklagten ändern oder ob sie es auch verschlechtern darf.

§ 33 Rechtsmittel des Anklägers zuungunsten des Verurteilten

A. Doppelbestrafungsverbot in der nationalen Strafgerichtsbarkeit

Was die Befugnis des Anklägers im Rechtsmittelverfahren betrifft, hängt diese sehr eng mit dem Gedanken des Doppelbestrafungsverbots zusammen. Das Doppelbestrafungsverbot (begrifflich „*ne bis in idem*" im kontinentaleuropäischen und „*double jeopardy*" im Sinn der Gefahr doppelter Verurteilung zu einer schweren Strafe im angloamerikanischen Rechtssystem) ist alten Ursprungs.[9] Die internationale Diskussion und die Rechtsvergleichung gehen - von kleineren Einschränkungen oder Auslegungsnuancen abgesehen – in der Regel davon aus, dass die Sperrkraft des Strafurteils grundsätzlich sowohl eine neue Bestrafung als auch eine erneute Strafverfolgung wegen derselben Tat ausschließt.[10] Hauptzweck dieses Grundsatzes ist der Schutz der Interessen des Angeklagten an der Endgültigkeit des Gerichtsverfahrens.[11]

Dieser Grundsatz kommt in nationalen Rechtsordnungen von dem Moment an zur Anwendung, an dem man glaubt, dass das Gerichtsverfahren abgeschlossen ist, d. h. nach einer Verurteilung oder einem Freispruch, die bzw. der als unwiderruflich betrachtet wird und die Qualität einer *res judicata* annimmt.[12] Allerdings kann die Gefahr einer Doppelbestrafung hinsichtlich des Umfangs dieses Grundsatzes bei seiner Anwendung in inländischen und internationalen Kontexten schwanken,[13] und zwar insbesondere im Hinblick auf das Verständnis staatsanwaltschaftlicher Rechtsmittelbefugnis zuungunsten des Freigesprochenen oder Verurteilten.[14] Dabei geht die wohl vorwiegende Ansicht dahin, dass das *ne bis in idem*-Prinzip in seiner kontinentalen Tradition, die eine staatsanwaltliche Berufung zuungunsten

---

9 Näheres *Nagel*, ASAL 1 (1994), S. 131; UK LAW COM No. 156, 1999, Rdnr. 1.4.

10 *Maier*, GS für Kaufmann, S. 792.

11 *Jordaan*, SACILJ 32 (1999) 1, S. 1.

12 UK LAW COM No 267, March 2000, Rdnr.3.2.

13 *Bassiouni*, DJCIL 3 (1993), S. 288; *Costa*, UCDJILP 4 (1998), S. 195; *Levitine*, NYILR 9 (1996), S. 44.

14 Vgl. *Bassiouni*, DJCIL 3 (1993), S. 288.

des Betroffenen erlaubt, mit dem *„double jeopardy“*-Prinzip der angloamerikanischen Tradition nicht übereinstimmt.[15]

I. Ne bis in idem nach Civil Law

Die kontinentaleuropäische Rechtstradition geht davon aus, dass ein Fall erst mit der letzten möglichen Rechtsmittelentscheidung endgültig abgeschlossen ist. Der Grundsatz *ne bis in idem* greift deshalb erst ein, wenn alle Berufungs- oder sonstigen Rechtsmittel erschöpft sind. Daher kann eine Verurteilung auf eine Berufung hin aufgehobenund ein neues Gerichtsverfahren angeordnet werden, oder es kann das Urteil revidiert werden, ohne dass ein neues Gerichtsverfahren angeordnet wird.

Die Staatsanwaltschaft in kontinentaleuropäischen Ländern ist berechtigt, gegen jede unrichtige Entscheidung Rechtsmittel einzulegen. Da die Staatsanwaltschaft als staatliche Behörde für die Wahrung des Rechts einzutreten hat, ist die Einlegung von Rechtsmitteln für sie nicht nur ein Recht, sondern gleichsam eine Pflicht. Die staatsanwaltschaftlichen Rechtsmittel zuungunsten des Verurteilten sind in einer Reihe von Ländern (wie Belgien, Spanien, Deutschland, Portugal, Schweden, Dänemark, Italien, Österreich) sowohl im ordentlichen als auch im außerordentlichen Verfahren anerkannt.[16] Auch kann (in der Regel) das Rechtsmittel nicht nur auf Grund fehlerhafter Rechtsanwendung, sondern auch auf Grund fehlerhafter Tatsachenfeststellung eingelegt werden.

II. Das Verbot von „double jeopardy“ nach Common Law

Die angloamerikanischen Gerichtsbarkeiten betrachten ein Strafverfahren als beendet, wenn der Angeklagte verurteilt oder freigesprochen worden ist. Eine Wiederaufnahme eines rechtskräftig abgeschlossenen Verfahrens kennt das angloamerikanische Recht nicht. Durch das Verbot von „double jeopardy“ soll der Angeklagte nicht zweimal für das gleiche Delikt der Gefahr einer Strafverfolgung ausgesetzt werden (*„not [to] be twice ‘put in jeopardy’ for the same offence“*).[17] In den USA ist das verfassungsrechtliche Verbot der Doppelbestrafung so stark, dass

---

[15] *Baum*, WILJ 19 (2001) 2, S. 218.

[16] *Kinzig*, in: *Becker/Kinzig*, Rechtsmittel im Strafrecht, S. 573.

[17] Der Ausdruck *„double jeopardy“* stammt aus dem Fifth Amendment der amerikanischen Verfassung: „nor shall any person be subject for the same offence to be twice put in jeopardy of life or limb.“

es traditionellerweise in jedem Fall einen erneuten Prozess verbietet, selbst wenn der Freispruch krass fehlerhaft ist.[18]

Jedoch erfährt dieses traditionelle Verbot staatsanwaltschaftlicher Rechtsmittel gegen einen Freispruch eine bedeutende Durchbrechung in Großbritannien.[19] Seit 1996 ist die britische Regel gegen „*double jeopardy*" einer gesetzlichen Ausnahme unterworfen, falls sich zeigt, dass der Freispruch mit dem Makel einer Einmischung durch Bedrohung von Geschworenen oder Zeugen behaftet ist.[20] Am 20.11.2003 führte die britische Regierung den neuen *Criminal Justice Act 2003* ein. Teil 10 dieses Act (Art. 75 bis 91) erlaubt, im Fall schwerer Verbrechen eine neue Verhandlung zu eröffnen, wenn auf Grund früher unbekannter Methoden, wie z. B. DNS-Untersuchungen, neue Beweise bekannt werden, die zeigen, dass der Freigesprochene tatsächlich schuldig ist.[21] Dieser Act kennzeichnet die bedeutendste Durchbrechung des „*double jeopardy*"-Prinzips in der angloamerikanischen Rechtstradition.[22]

III. Stellungnahme aus der Sicht internationaler Menschenrechtsinstrumenten

Die Bedeutung des Grundsatzes des Doppelbestrafungsverbots als Rechtsgarantie, die den schon bestraften Täter oder rechtskräftig freigesprochenen Angeklagten sowohl vor einer neuen Bestrafung als auch vor einer erneuten Strafverfolgung schützen soll, kann im 20. Jahrhundert in über fünfzig nationalen Verfassungsge-

---

18 *Stuckenberg*, Double Jeopardy, S. 14. Das gilt allerdings nicht völlig ausnahmslos, denn eine staatsanwaltschaftliche Berufung ist unter bestimmten Umständen erlaubt, z. B. gegen gesetzeswidriges Verhalten oder schwere falsche Beurteilung von Beweismitteln, aber eine Wiederaufnahme des Verfahrens ist völlig verboten. Zutr. Home Office – Explanary Notes. Vgl. dazu neuerdings auch *Eser* in TulsaLR 39 (2004), S. 963 ff.

19 Zum internationalen Hintergrund UK LAW COM No. 267, March 2000, Rdnr. 3.6; UK LAW COM No. 267, March 2000, Rdnr. 4.1.

20 Art. 54 UK Criminal Procedure and Investigations Act 1996; Näheres UK LAW COM No. 156, 1999, Rdnr. 2.15.

21 Die neuen gesetzlichen Bestimmungen treffen nur auf schwere Verbrechen zu. Dies sind Verbrechen, für die gesetzlich eine maximale Strafe von lebenslangem Freiheitsentzug vorgesehen ist und deren Konsequenzen für die Opfer oder für die Gesellschaft als Ganzes besonders schwer sind. Verbrechen, wie z. B. Mord, Totschlag und Vergewaltigung, werden in *Schedule 5* zum *Criminal Justice Act 2003* aufgelistet. Sie umfassen nicht alle Verbrechen, für die eine lebenslange Freiheitsstrafe als maximale Strafe vorgesehen ist, weil nicht alle solche Verbrechen schwere Konsequenzen haben und in solchen Fällen eine lebenslange Freiheitsstrafe sehr selten verhängt wird. Näheres Home Office - Explanary Notes, para. 42.

22 Zutr. *The Stephen Lawrence Inquiry*, Recommendation 38; UK LAW COM, No. 156, 1999; UK LAW COM No. 267, March 2000; *James/Taylor/Walker*, WebJCLS.

setzen gefunden werden.[23] Gleichwohl kann aus der innerstaatlichen Praxis kein allgemeiner Rechtsgrundsatz abgeleitet.[24] Obwohl der Grundsatz des Doppelbestrafungsverbots durch verschiedene internationale Menschenrechtskonventionen anerkannt und bekräftigt wird,[25] hat der Mangel eines internationalen Konsenses darüber bisher die Annahme eines einheitlichen Doppelbestrafungsverbots in internationalen Menschenrechtsvorschriften gehemmt.[26] Art. 14 (7) IPBPR und Art. 4 Prot. Nr. 7 zur EMRK verbieten die Wiederaufnahme oder mehrfache Bestrafung nach einem rechtsgültigen Freispruch oder nach einer rechtsgültigen Verurteilung. Doch überlassen diese internationalen Instrumente dem einzelnen Staat, wie er definieren will, was letztlich als „verurteilt" oder als „freigesprochen" (*„finally convicted or acquitted"*)[27] anzusehen ist. Nur Art. 8 (4) AMRK sieht ein absolutes Verbot der Wiederaufnahme nach einem Freispruch vor. Dieses absolute Verbot richtet sich nach dem gleichen Ansatz, der von seinen Mitgliedstaaten im Hinblick auf *ne bis in idem* verfolgt wird. Das internationale Rechtsforum nimmt die europäische Terminologie an und charakterisiert den Schutz vor mehrfacher Bestrafung wegen derselben Handlung als *ne bis in idem*,[28] was auch im ICC-Statut gilt.[29] Dementsprechend kommt man in der Literatur zum Schluss, dass die internationalen Menschenrechtsinstrumente kein absolutes Verbot staatsanwaltschaftlicher Berufung gegen einen Freispruch enthalten.[30]

Hinsichtlich der Position der internationalen Menschenrechtskonventionen wird jedoch von einigen Autoren behauptet, dass deshalb, weil die Standards der angloamerikanischen und der kontinentaleuropäischen Rechtssysteme gewissermaßen unvereinbar sind, durch die Anlehnung des ICC-Statuts an die kontinentalen Standards der Schutz, der vom angloamerikanischen „*double jeopardy*"-Prinzip

23 *Bassiouni*, DJCIL 3 (1993), S. 289.

24 *Prosecutor v. Tadic*, IT-94-1-A, Declaration of Judge Nieto-Navia, 15.07.1999; *Nieto-Navia /Roche*, in: *May, et al*, Essays, S. 481.

25 Z.B. Art. 14 MRK, Art. 9 Europäische Konvention über die Auslieferung (1957), Art. 4 Prot. Nr. 7 zur EMRK, Art. 20 IGH-Statut (1998). Näheres *Maier*, GS für Kaufmann, S. 792; *Tansey*, in: *Anagnostopoulos*, Internationalisierung des Strafrechts, S. 118.

26 Vgl. *Baum*, WILJ 19 (2001) 2, S. 218.

27 "In accordance with the law and penal procedure of each country" in Art. 14(7) MRK und "in accordance with the law and penal procedure of the State concerned" in Art. 4(2) Prot. Nr. 7 zur EMRK.

28 *Costa*, UCDJILP (4) 1998, S. 182-183; *Bassiouni*, DJCIL 3 (1993), S. 288.

29 *Costa*, UCDJILP (4) 1998, S. 183.

30 *Baum*, WILJ 19 (2001) 2, S. 220; *Brady/Jennings*, in: *Lee*, ICC, S. 297-298; *Fleming*, TILJ 37 (2002), S. 126; *Emmerson/Ashworth*, Human Rights, paras. 12-15; *Tansey*, in: *Anagnostopoulos*, Internationalisierung des Strafrechts, S. 122; *Tracol*, CLF 12 (2001), S. 149.

geboten wird, unterminiert wird[31]. *Anagnostopoulos* fordert, dass in Europa das Recht gegen mehrfache Strafverfolgung den Status eines Menschenrechts verdiene und die europäischen Länder sich über allgemeine Regeln für den Schutz von Personen gegen Doppelbestrafung einigen sollten. Eine allgemeine europäische Zone, in der Freiheit nur für Polizisten und Staatsanwälte garantiert werde, wäre ein Traum von Polizisten, aber ein Albtraum von Bürgern.[32] Allerdings ist aus einer menschenrechtlichen Perspektive schwierig zu argumentieren, dass die Möglichkeit der Berufung seitens des Anklägers gegen einen Freispruch eine Verletzung der Menschenrechte begründet, weil diese Möglichkeit in vielen Ländern besteht.[33]

B. Konzeption des Doppelbestrafungsverbots in der Völkerstrafgerichtsbarkeit

I. Differenzierung zwischen Berufung und Wiederaufnahme

Das ICC-Statut ist dem Konzept des Doppelbestrafungsverbots in den internationalen Menschenrechtsinstrumenten gefolgt und hat deren Differenzierung zwischen Berufung und Wiederaufnahme übernommen. Berufung gegen Freispruch und Wiederaufnahme zugunsten eines Verurteilten werden unterschiedlich behandelt.

II. Abwägung zwischen Gerechtigkeit und Rechtssicherheit

Die Internationalisierung des Grundsatzes *ne bis in idem* hat den Konflikt der unterschiedlichen Anwendungen dieses Grundsatzes in nationalen Rechtssystemen nicht gelöst, sondern aufrechterhalten. Der Kompromiss in den Menschenrechtskonventionen bringt unterschiedliche Einstellungen, wie sie auf der nationalen Ebene existieren, zum Ausdruck. Das Hauptargument für diese unterschiedlichen Einstellungen liegt nicht nur in unterschiedlichen nationalen Verständnissen von Rechtskraft und Abschluss des ordentlichen Verfahrens. Dieses Argument ist zu oberflächlich und ist nicht der tiefere Grund. Vielmehr ist das Hauptargument insbesondere in den unterschiedlichen Auffassungen zur Funktion des Rechtssystems zu sehen. Das Prinzip *ne bis in idem* sollte nicht gänzlich mit der Rechtskraft identifiziert werden. Das Rechtsmittel zuungunsten des Beschuldigten muss aus

---

31 *Baum*, WILJ 19 (2001) 2, S. 220-221.

32 *Anagnostopoulos*, zitiert aus *Tansey*, in: *Anagnostopoulos*, Internationalisierung des Strafrechts, S. 119.

33 *Safferling*, Procedure, S. 333.

dem rechtlichen Kontext der Prinzipien „Gerechtigkeit" und „Rechtssicherheit" heraus verstanden werden. Inwieweit das Rechtsmittel zuungunsten des freigesprochenen Angeklagten oder des schon Verurteilten zulässig sein darf, ist deshalb eine Frage des rationalen Ermessens, es handelt sich um eine Abwägung zwischen beiden Prinzipien.[34]

In der Völkerstrafgerichtsbarkeit stellt die Abwägung beider Prinzipien eine besondere Herausforderung dar. Dabei stellt sich vor allem die Frage, ob die internationalen Strafgerichtshöfe eine richtige Balance zwischen den beiden Prinzipien gefunden haben oder welches Prinzip in der Völkerstrafgerichtsbarkeit Vorrang haben sollte. In der Völkerstrafgerichtsbarkeit müssen beide Prinzipien sehr vorsichtig und sorgfältig abgewogen werden. Sowohl die beiden *Ad-hoc*-Tribunale als auch der permanente ICC befassen sich mit den schwersten internationalen Verbrechen. Diese internationalen Verbrechen unterscheiden sich von traditionellen Verbrechen durch ihr großes Bedrohungspotenzial und den Schaden für die internationale Sicherheit und Stabilität sowie die fundamentalen Menschenrechte.

1. Abwägungen bei den Ad-hoc-Tribunalen

Obwohl die Differenzierung zwischen Berufung und Wiederaufnahme, wie sie vom IPBPR entwickelt wurde, von den *Ad-hoc*-Tribunalen übernommen wird, findet sich keine strenge Differenzierung hinsichtlich der Rechtsmittelsbefugnis zu Ungunsten des Angeklagten. Der Ankläger darf nicht nur Berufung gegen einen Freispruch, sondern auch eine Wiederaufnahme zuungunsten des Verurteilten betreiben (Art. 25 und 26 ICTY-Statut, Art. 24 und 25 ICTR-Statut). Der *Tadic*-Fall hat die Tür für die Möglichkeit geöffnet, dass die Berufungskammer einen Freispruch aufheben kann, wenn sie mit der Verfahrenskammer über die richtige Beurteilung von Beweismitteln nicht übereinstimmt.[35] Eine Wiederaufnahme im Interesse der materiellen Gerechtigkeit und zuungunsten des Verurteilten kommt in Betracht, wenn rechtskräftige Urteile unter gesetzlich sehr eng festgelegten Voraussetzungen durch Wiederaufnahme außer Kraft gesetzt werden (Art. 27 ICTY-Statut in Verbindung mit Rule 119 ICTY-RPE).

Obwohl die Berufungskammer im *Tadic*-Fall wenig Interesse daran gezeigt hat, über die Verhandlung einer gegen einen Freispruch eingelegten Berufung zu

---

[34] Vgl. *Maier*, GS für Kaufmann, S. 793.

[35] *Fleming*, TILJ 37 (2002), S. 112.

sprechen,[36] wird erkennbar, dass die internationale Völkergemeinschaft dadurch das Gewicht auf die Gerechtigkeit gelegt hat, dass sie es zulässt, dass der Ankläger Rechtsmittel zuungunsten des Verurteilten einlegen darf.[37]

Die begrenzten Ressourcen des internationalen Anklägers wie auch die Fähigkeit der internationalen Verbrecher, Beweismittel zu beseitigen oder anderweitig Gerechtigkeit zu blockieren, erfordern, dass der Ankläger in der Lage ist, eine neue Strafverfolgung zu betreiben oder neue materielle Tatsachen beizubringen, auch wenn diese erst verfügbar sind, nachdem das Urteil schon gesprochen ist.[38]

2. Abwägungen im ICC-Statut

Die Abwägungen beider Prinzipien im ICC-Statut haben insbesondere das Prinzip der Rechtssicherheit bevorzugt. Zwar darf der internationale Ankläger Berufung gegen Freispruch einlegen; hingegen ist eine Wiederaufnahme zuungunsten des Verurteilten absolut verboten. Bei dem ursprünglichen Statutsentwurf war die ILC der Ansicht, dass eine Wiederaufnahme gegen Freispruch aus Gründen der Entdeckung neuer Beweismittel den Grundsatz *ne bis in idem* verletze, weswegen das Wiederaufnahmeverfahren nur bei einem Schuldspruch verfügbar sein sollte.[39] Obwohl spätere Verhandlungen eine drastische Abweichung vom Konzept der Wiederaufnahme, wie es von der ILC angenommen worden war, ergaben,[40] hat die der Wiederaufnahme des Anklägers gegen Freispruch widersprechende Auffassung die Oberhand gewonnen.

III. Struktur der Rechtsmittelbefugnis des Anklägers im ICC-Statut

1. Berufung und Berufungsgründe gegen Freispruch

Auf Grund von Präzedenzfällen der beiden *Ad-hoc*-Tribunale erlaubt Art. 81 ICC-Statut dem Ankläger, Berufung gegen Freispruch aus bestimmten Gründen einzulegen; dadurch kommt ein Kompromiss zwischen den beiden Hauptrechts-

---

36 *Fleming*, TILJ 37 (2002), S. 112.

37 Zur Rspr. der *Ad-hoc*-Tribunale bzgl. der Berufung des Anklägers gegen Freispruch siehe etwa *Prosecutor v. Bagilishema*, ICTR-95-1A-A, Judg. 03.07.2002.

38 *Costa*, UCDJILP 4 (1998), S. 199. *Levitine*, NYILR 9 (1996), S. 45.

39 ILC – Draft, para. (1), S. 128; zutr. *Schlunck*, in: *Fischer/Lüder*, Völkerrechtliche Verbrechen, S. 165.

40 Unter Art. 75 [50] Abs. 1, Zutphen - Draft (30 January 1998), wurde dem Ankläger noch unter bestimmten Umständen erlaubt, „apply for a revision of a final judgement or acquittal."

systemen zum Ausdruck. Dies entspricht der Rolle des Anklägers der internationalen Strafgerichtshöfe als einem objektiven Organ der Rechtspflege.

Vor der Errichtung der *Ad-hoc*-Tribunale gab es kein internationales Kriterium bezüglich der Voraussetzungen, unter denen eine Berufung eingelegt werden konnte, und ebenso wenig hinsichtlich der Gründe, auf die eine Berufung gestützt werden konnte.[41] Die *Ad-hoc*-Tribunale sehen die Berufung auf Grund eines Rechtsfehlers vor, der die Entscheidung ungültig gemacht hat, oder eines Tatsachenirrtums, der zu einem Fehlurteil geführt hat (Art. 25 (1) ICTY-Statut, Art. 24 ICTR-Statut).[42] Dies ist das erste Mal, dass ein internationales Gerichtsstatut von Berufungsgründen spricht. Tatsächlich erweitern die Statuten *Ad-hoc*-Tribunale das Recht auf Berufung über den internationalen Menschenrechtsstandard hinaus, indem sie eine Berufung auf Grund eines Tatsachenirrtums oder eines Rechtsfehlers zulassen. Die Berufungsgründe vor dem ICC, die in Art. 81(1) und (2) ICC-Statut abschließend aufgezählt sind, sind viel weiter als jene bei den *Ad-hoc*-Tribunalen. Nicht nur Tatsachenirrtümer und Rechtsfehler, sondern auch Verfahrensfehler werden als Berufungsgründe des Anklägers zugelassen (Art. 81 (1) (a) ICC-Statut). Sofern die Berufungskammer die Berufung für begründet erachtet, kann sie entweder selbst das Urteil ändern oder das Verfahren an eine andere Strafkammer zurückverweisen (Art. 83 (2) ICC-Statut).

a) Verfahrensfehler

Verfahrensfehler sind bei der Berufung an den *Ad-hoc*-Tribunalen nicht als Berufungsgrund genannt. Um die Rechte der Verteidigung besser zu schützen, hat das ICC-Statut Verfahrensfehler ausdrücklich als Berufungsgrund anerkannt. Allerdings ist dieser Berufungsgrund im Statut so ausgedehnt, dass er in den meisten ICC-Fällen das Verfahren verzögern könnte. Deshalb ist es notwendig, diesen Berufungsgrund auf schwere Verfahrensfehler zu begrenzen. Art. 83(2) ICC-Statut bestätigt diesen Gedanken, indem nur ein Verfahrensfehler, der das Urteil oder den Strafausspruch, wogegen Berufung eingelegt wurde, wesentlich beeinträchtigt, zur Aufhebung oder Abänderung des Urteils oder zur Anordnung einer neuen Verhandlung führen kann.[43]

---

41 Hierzu auch *Morri/Scharf*, An Insider's Guide, Vol. I, S. 297.

42 Hierzu auch *Prosecutor v. Furundzija*, IT-95-17/1-A, Judg., 21.07.2000, paras. 36-27; *Prosecutor v. Serushago*, ICTR-98-39-A, Reasons for Judg., 06.04.2000, para. 22.

43 Dies entspricht den nationalen Vorstellungen über Verfahrensfehler als Berufungsgrund. In nationalen Strafprozessordnungen wird die Berufung auf Grund von Verfahrensfehlern nor-

Außerdem soll als Verfahrensfehler nur ein Fehler gelten, der dem Gerichtshof zuzuschreiben ist. Verfahrensfehler von nationalen Verfolgungsbehörden können nicht als Berufungsgrund vor dem internationalen Gerichtshof in Betracht kommen. Jedoch können Beweismittel, die durch nationale Behörden mit rechtswidrigen Methoden gesammelt wurden, vor dem internationalen Gerichtshof ausgeschlossen werden.

b) Tatsachenirrtum

Im Unterschied zu angloamerikanischen Ländern, wo die Staatsanwaltschaft eine Berufung nur auf Grund eines Rechtsfehlers einlegen kann, erlauben die internationalen Strafgerichtshöfe dem Ankläger, Berufung auch auf Grund eines Tatsachenirrtums einzulegen, und zwar auch gegen einen Freispruch. Der Berufungsgrund des Tatsachenirrtums ermöglicht der Berufungskammer weitergehende Prüfungsmöglichkeiten, als dies bei der deutschen Revision oder der französischen *cassation* möglich ist.[44]

Im Fall des ICTY kann nicht irgendein und jeder Tatsachenirrtum die Berufungskammer veranlassen, eine Entscheidung der Verfahrenskammer aufzuheben, sondern nur ein Tatsachenirrtum, der zu einem Fehlurteil führt (Art. 25(1)(b) ICTY-Statut), d. h. ein Tatsachenirrtum, den eine vernünftige Person vernünftigerweise nicht akzeptieren kann und der ein ausschlaggebender Faktor bei der Entscheidung der Verfahrenskammer war. Bezüglich der Bedeutung des „Fehlurteils" („ *miscarriage of justice*") hat die Berufungskammer die Definition in *Black's Law Dictionary* übernommen, wonach „the appellant must establish that the error of fact was critical to the verdict reached by the Trial Chamber, thereby resulting in a grossly unfair outcome in judicial proceedings, as when a defendant is convicted despite a lack of evidence on an essential element of the crime."[45]

Das ICC-Statut hat solch eine Beschränkung nicht ausdrücklich vorgenommen. Wie sich jedoch aus einer genauen Lektüre des Art. 81 (1) in Verbindung mit Art. 83 (2) ICC-Statut ergibt, führt nicht jeder Irrtum im Verfahren zur Aufhebung oder Abänderung einer Entscheidung der Verfahrenskammer oder zur Anordnung einer

---

malerweise auf solche Verfahrensfehler begrenzt, die zu einer bedeutsamen Ungerechtigkeit zulasten einer Partei führen könnten, so etwa in der deutschen StPO.

44 *Kreß*, Vorbemerkungen, Vor III 26, S. 104.

45 *Prosecutor v. Furundzija*, IT-95-17/1-A, Judg., 21.07.2000, para. 37; siehe auch *Prosecutor v. Kupreskic*, IT-95-16-A, Judg., 23.10.2001, para. 29.

neuen Verhandlung, sondern nur dann, wenn es dem Verfahren derart an Fairness ermangelt, dass die Verlässlichkeit des Urteils beeinträchtigt wurde, oder wenn das Urteil durch fehlerhafte Tatsachenfeststellung wesentlich beeinträchtigt ist.[46]

c) Rechtsfehler

Obwohl es beträchtliche Unterschiede zwischen dem angloamerikanischen und dem kontinentalen Rechtssystem zum Umfang des Rechts auf Berufung gibt, besteht allgemeine Übereinstimmung darüber, dass der Ankläger der internationalen Strafgerichtshöfe in der Lage sein sollte, Berufung auf Grund eines Rechtsfehlers einzulegen.[47] Dieser Aspekt der einschlägigen Artikel der internationalen Strafgerichtsstatuten spiegelt die Standardpraxis in vielen angloamerikanischen und kontinentalen Ländern wider und nimmt Vorschläge von vielen Staaten auf.[48] Mit der Berufung auf Grund eines Rechtsfehlers kann die Sicherung der Rechtseinheit gewährleistet und zur Fortbildung des Rechts beigetragen werden.[49]

Beim ICC kann nur ein Rechtsfehler, der das Urteil, gegen das die Berufung eingelegt wurde, wesentlich beeinträchtigen kann, zur Aufhebung oder Abänderung des Urteils oder zur Anordnung einer neuen Verhandlung führen (Art. 83(2) ICC-Statut). Bezüglich eines Rechtsfehlers hat nicht allein eine Verfahrenspartei die Beweislast dafür zu tragen, dass solch ein Fehler vorliegt. Vielmehr hat auch die Berufungskammer die Befugnis, den Rechtsfehler zu korrigieren, ungeachtet dessen, ob der Fehler von einer Verfahrenspartei geltend gemacht wurde oder nicht.[50]

2. Rechtsmittel des Anklägers zugunsten des Verurteilten

Bei der Entscheidung der Frage, ob und inwieweit der Ankläger ein Rechtsmittel, das er in jedem Fall zu begründen hat, einlegt oder durchführt, wird seine Stellung als unparteiisches, der Gerechtigkeit verpflichtetes Prozessorgan besonders augenfällig. Das ILC-Draft hatte schon berücksichtigt, dass das Recht zur Wiederaufnahme für den Ankläger genauso wie für den Verurteilten offen stehen sollte,

---

46 Vgl. Commentary to Art. 49, para. 3, ILC - Draft 1994.

47 *AI*, Memorandum, S. 433.

48 Vgl. *Fleming*, TILJ 37 (2002), S. 127.

49 Siehe *Pfeiffer*, Kommentar, § 333, Vorbemerkung, S. 1367; auch *Fleming*, TILJ 37 (2002), S. 125.

50 So *Ackerman/O'Sullivan*, Practice and Procedure, S. 145.

und zwar deshalb, weil der Ankläger ein gleiches Interesse wie die Verteidigung daran hat, ein rechtmäßiges und im Ergebnis zuverlässiges Verfahren zu gewährleisten.[51] Deshalb sieht das ICC-Statut die Möglichkeit vor, dass der Ankläger Rechtsmittel auch zugunsten des Verurteilten einlegen kann. Eine solche Regelung ist nur zu verstehen, wenn man den Ankläger nicht in der Rolle einer Prozesspartei sieht.[52] Dazu kann bemerkt werden, dass die Möglichkeit, dass der Ankläger zugunsten eines Verurteilten Berufung und Wiederaufnahme einlegen kann, sich bereits in verschiedenen Rechtssystemen bewährt hat.[53] Auch spiegelt diese Möglichkeit die Pflicht des Anklägers zur Unparteilichkeit, Wahrheit und Gerechtigkeit wider.

a) Berufung zugunsten des Angeklagten

Wenn der Ankläger zugunsten eines Angeklagten Berufung einlegt, genießt er Berufungsrechte in gleichem Umfang wie der Verurteilte, d. h. dass der Ankläger nicht nur wegen Verfahrensfehlern, Tatsachenirrtum und Rechtsfehlern, sondern auch wegen jedes anderen Grundes, der die Fairness oder die Verlässlichkeit des Verfahrens oder des Urteils beeinträchtigt, Berufung einlegen kann (Art. 81 (1) (b) ICC-Statut). Allerdings erscheint es fraglich, ob durch den letzten Berufungsgrund über die ersten drei hinaus viel Neues hinzugewonnen wird.[54] Einen derart weit gefassten und damit angeklagtenfreundlichen Berufungsgrund findet man nicht in jeder kontinentaleuropäischen Strafprozessordnung.[55]

b) Wiederaufnahme zugunsten des Verurteilten

Für eine Verfahrenswiederaufnahme[56] zugunsten des Beschuldigten benennt Art. 84 (1) ICC-Statut drei Fälle.

Erstens den Fall, dass neue Beweismittel bekannt geworden sind, die zum Zeitpunkt der Verhandlung nicht vorlagen, ohne dass dies ganz oder teilweise dem Antragsteller zuzuschreiben war, und die so wichtig sind, dass sie wahrscheinlich zu einem anderen Urteil geführt hätten, wenn sie während der Verhandlung ent-

---

[51] Commentary to Art. 50, para. (1), ILC-Draft 1994.
[52] Vgl. *Zuberbier*, Einführung, S. 118.
[53] Siehe z. B. deutsche StPO §§ 359-363.
[54] *Starker*, in: *Triffterer*, Commentary, S. 1019.
[55] *Lagodny*, ZStW 2001, S. 813.
[56] Das Wiederaufnahmeverfahren ist auch an anderen internationalen Gerichtshöfen und Tribunalen bekannt, z.B. Art. 61 IGH – Statut.

sprechend gewürdigt worden wären. Dieses Wiederaufnahmerecht gründet in der kontinentaleuropäischen Tradition.[57] Dieser Grund zur Einleitung eines Wiederaufnahmeverfahrens findet sich in den Rules 119 und 120 ICTY-RPE. Für die Interpretation der Elemente dieses Grundes kann auf eine Entscheidung der Berufungskammer im *Tadic*-Fall des ICTY hingewiesen werden.[58] In dieser Entscheidung wird die Bedeutung von neuen Beweismitteln definiert als „neue Informationen von beweiskräftiger Natur über eine Tatsache, die während des Haupt- oder Berufungsverfahrens nicht in Frage stand."[59]

Zweitens den Fall, dass erst jetzt entdeckt wurde, dass entscheidende Beweismittel, die bei der Verhandlung berücksichtigt wurden und auf denen der Schuldspruch beruht, falsch sind oder ge- oder verfälscht wurden.

Drittens der Fall, dass ein oder mehrere der am Schuldspruch oder an der Anklagebestätigung beteiligten Richter in dieser Sache eine so schwere Verfehlung oder Amtspflicht(en)verletzung begangen haben, dass ihre Amtsenthebung nach Art. 46 ICC-Statut gerechtfertigt ist. Dieser dritte Fall betrifft schwere Verletzungen des Grundsatzes eines ordnungsgemäßen Verfahrens, wodurch das angefochtene Verfahren an einem fundamentalen Defekt leidet.

Die Gründe für die Einleitung eines Wiederaufnahmeverfahrens sind im System der *Ad-hoc*-Tribunale viel weiter, worin der Gedanke eines besseren Schutzes der Rechte der Einzelpersonen zum Ausdruck kommt.

IV. Rekonstruktion des Doppelbestrafungsverbots für den ICC

1. Argumente für die Einführung der Wiederaufnahme zuungunsten der Verteidigung

Art. 84 ICC-Statut sieht nur die Möglichkeit der Wiederaufnahme zugunsten des Angeklagten vor, wodurch sich das ICC-Verfahren vom Ansatz der *Ad-hoc*-Tribunale unterscheidet, wo der Ankläger auch eine Wiederaufnahme zuungunsten des Verurteilten einleiten kann. In der Tat hat das ICC-Statut einen gemischten Ansatz von kontinentaleuropäischer und angloamerikanischer Rechts-

---

57 *Costa*, UCDJILP 4 (1998), S. 192.

58 *Prosecutor v. Tadic*, IT-94-1-R, Decision, 30.07.2002, para. 26.

59 Engl.:„new information of an evidentiary nature of a fact that was not in issue during the trial or appeal proceedings."

tradition übernommen: Obwohl Berufung gegen Freispruch erlaubt ist, wird Wiederaufnahme gegen Freispruch von seiten des Anklägers verboten.

Traditionell dient der Grundsatz *ne bis in idem* dem Schutz des Angeklagten bzw. des Verurteilten gegen die staatliche Strafmacht.[60] Die internationalen Menschenrechtskonventionen haben den Grundsatz *ne bis in idem* auch zwecks Verwirklichung in den nationalen Strafverfolgungssystemen proklamiert. Im Kontext internationaler Strafverfolgung gibt es jedoch keine „staatliche Strafmacht". Obwohl die internationale Strafverfolgung eine selbstständige Strafverfolgung mit eigenen Aufgaben und eigenem Arbeitsfeld ist, bleibt sie von der nationalen Strafverfolgung abhängig. Im Kontext internationaler Strafverfolgung darf der Grundsatz nicht als Vorwand des Angeklagten sowie des Verurteilten dienen, um sich der Verantwortung für schwerste internationale Verbrechen zu entziehen. Deswegen ist die Position des ICC-Statuts nicht überzeugend. Vielmehr sollte der ICC dem Vorbild der *Ad-hoc*-Tribunale folgen, damit internationale Gerechtigkeit gewährleistet werden kann.

2. Vorschläge zur Einführung des Wiederaufnahmeverfahrens zuungunsten des Beschuldigten im Einzelnen

Die Wiederaufnahme des Anklägers zuungunsten des Verurteilten sollte an hohe Anforderungen geknüpft werden, ähnlich wie in den Ländern, die staatsanwaltschaftliche Wiederaufnahme zuungunsten des Verurteilten bereits allgemein anerkannt haben.[61] Daher sollten nicht nur der Gegenstand, sondern auch die Gründe der Wiederaufnahme auf seiten des Anklägers beschränkt werden.

a) Wiederaufnahmegegenstand

Im Prinzip darf der Ankläger die Wiederaufnahme des Verfahrens gegen Freispruch sowie gegen einen Schuldspruch mit (vermeintlich zu) milder Strafe beantragen. Die Wiederaufnahme darf aber nur gegen Freigesprochene beantragt werden, die auf Grund der vorliegenden Beweismittel wahrscheinlich zu einer höheren Strafe als fünf Jahre verurteilt würden. Gegen einen Schuldspruch wegen zu milder Strafe sollte eine Wiederaufnahme nur bei außergewöhnlicher Unverhältnismäßigkeit zwischen Verbrechen und Strafe beantragt werden können.

---

60 So *Weber-Klatt*, Wiederaufnahme, S. 31.

61 *Kinzig*, in: *Becker/Kinzig*, Rechtsmittel, 1/1, S. 573.

b) Wiederaufnahmegründe

Die Gründe für Wiederaufnahme zuungunsten des Angeklagten sollten stark beschränkt werden. Um solche möglichen Gründe zu ermitteln, sollten internationale Menschenrechtskonventionen sowie die Gesetzgebung und Rechtsprechung der *Ad-hoc*-Tribunale herangezogen werden.[62]

Seitens internationaler Menschenrechtskonventionen hat nur die EMRK die Wiederaufnahme zuungunsten des Angeklagten vorgesehen, und zwar beschränkt auf „neue oder neu bekannt gewordene Tatsachen" oder wenn „das vorausgegangene Verfahren schwere, den Ausgang des Verfahrens berührende Mängel aufweist" (Art. 4 (2) Prot. Nr. 7 zur EMRK). Der erste Grund wurde schon an den *Ad-hoc*-Tribunalen angenommen und durch ihre Rechtsprechung weiter interpretiert. Der kombinierte Effekt von Art. 26 ICTY-Statut und Rules 119 und 120 ICTY-RPE stellt diesen Grund in vier Schritten dar: „1. there must be a new fact; 2. that new fact must not have been known by the moving party at the time of the original proceedings; 3. the lack of discovery of the new fact must not have been through the lack of due diligence on the part of the moving party; and 4. the new fact could have been a decisive factor in reaching the original decision."[63]

Wiederaufnahme zuungunsten des Angeklagten ist ein außergewöhnliches Rechtsmittel, das über bloßen Tatsachen- oder Rechtsirrtum hinaus nur unter außerordentlichen Umständen zur Anwendung kommen darf. Aber für einen ständigen Internationalen Strafgerichtshof sollte nicht nur dem Vorbild der *Ad-hoc*-Tribunale gefolgt werden. Viel mehr sollte auch dem Anspruch der internationalen Menschenrechtskonvention entsprochen werden. Demgemäß sollte auch der Fall, dass „das vorausgegangene Verfahren schwere, den Ausgang des Verfahrens berührende Mängel aufweist" (Art. 4 (2) Prot. Nr. 7 zur EMRK) als ein Grund für eine Wiederaufnahme zuungunsten des Angeklagten dienen können. Aber dieser grundlegende Defekt im vorhergehenden Verfahren („*fundamental defect in the previous proceedings*") sollte auf schwere Fehler oder Amtspflicht(en)verletzung von Richtern beschränkt werden, damit dieser Grund nicht über die in Art. 84 (1) ICC-Statut genannten Gründe für Wiederaufnahme zugunsten des Angeklagten hinausgeht.

---

[62] Die nationale Gesetzgebung wird hier nicht als Gegenstand der Untersuchung einbezogen, weil die internationalen Menschenrechtskonventionen normalerweise die allgemeine innerstaatliche Praxis widerspiegeln.

[63] *Prosecutor v. Tadic*, IT-94-1-R, Decision, 30.07.2002, para. 20.

Im Übrigen sollte der Ankläger bei der Entscheidung über die Stellung eines Wiederaufnahmeantrags auch das Interesse der Gerechtigkeit berücksichtigen. Nur wenn die Folgen der Verbrechen für die Opfer und die Völkergemeinschaft als Ganzes sehr schwer sind, darf der Ankläger eine Wiederaufnahme zuungunsten des Angeklagten beantragen.

c) Zeitliche Beschränkung

Es ist notwendig, dass eine zeitliche Begrenzung für den Antrag des Anklägers auf Wiederaufnahme eines Verfahrens zuungunsten des Angeklagten gilt. In dieser Hinsicht bietet das ICTY eine strenge zeitliche Beschränkung auf ein Jahr: Rule 119 ICTY-RPE präzisiert dies dahingehend, dass der Angeklagte zeitlich unbegrenzt, der Ankläger jedoch nur innerhalb einer Ausschlussfrist von einem Jahr entsprechende Tatsachen vorbringen kann. Überraschenderweise wird aber für beide nicht nur die Unkenntnis, sondern darüber hinaus auch verlangt, dass die neuen Tatsachen auch bei Anwendung der gebotenen Sorgfalt nicht rechtzeitig hätten entdeckt werden können.[64] Was den ICC betrifft, kann der für die *Ad-hoc*-Tribunale geltende Ansatz übernommen werden, damit der Ankläger auch innerhalb eines Jahrs nach rechtskräftiger Entscheidung eine Wiederaufnahme zuungunsten des Angeklagten beantragen kann. [65]

C. Kritische Betrachtung

Obwohl es keinen allgemeinen Rechtsgrundsatz gibt, der eine Wiederaufnahme des internationalen Anklägers zuungunsten des Freigesprochenen oder Verurteilten verbieten würde, wird das Rechtsmittel des internationalen Anklägers gegen Freispruch von angloamerikanischen Juristen immer wieder kritisiert. Sie sind der Meinung, dass die Ratio, die den strengen angloamerikanischen Ansatz untermauert, im Kontext der Strafverfolgung vor einem internationalen Gerichtshof fehlt, und dass die nationale Regierung mit ihren überwältigenden Ressourcen ihre Befugnisse missbrauchen könnte, um eine Verurteilung zu erreichen, indem sie die beschuldigte Person mehrmals verfolgt. Diese Begründung hat jedoch keine

---

64 *Triffterer*, ÖJZ 1994, S. 839.

65 In der Praxis der *Ad-hoc*-Tribunale gab es bisher nur im Fall Barayagwiza den Antrag auf Wiederaufnahme vonseiten des Anklägers . *Barayagwiza v. Prosecutor*, ICTR-97-19-AR72, Decision on Prosecutor's Request for Review or Reconsideration, 31.03.2000. Zum Antrag auf Wiederaufnahme vonseiten des Verurteilten vgl. *Prosecutor v. Tadic*, IT-94-1-R, Decision, 30.07.2002; *Prosecutor v. Jelisic*, IT-95-10-R, Decision, 02.05.2002; *Prosecutor v. Delalic et al.*, IT-96-21-R-R119, Decision, 25.04.2002.

Basis im Völkerstrafrechtssystem. ICTY-Richter *Nieto-Navia* hat gezeigt, dass in der Völkerstrafgerichtsbarkeit der Ankläger, der im Namen der internationalen Gemeinschaft fungiert und seinen Strafverfolgungsauftrag ausführt, nicht von einem nationalen Regierungsapparat mit reichlichen Ressourcen unterstützt wird. Vielmehr ist er auf externe Kooperation angewiesen.[66] Außerdem garantiert Art. 67 ICC-Statut jeder Partei Waffengleichheit.[67]

§ 34 Berufung des Anklägers gegen das Strafmaß

Ein allgemeines Charakteristikum des Berufungsverfahrens ist es, dass der Angeklagte die Tatsache akzeptieren kann, dass er eines bestimmten Verbrechens schuldig gesprochen wird, sich aber von einer Berufung erhofft, dass die Berufungskammer eine mildere Sanktion verhängt. Die Ad-hoc-Tribunale haben die Unverhältnismäßigkeit zwischen dem Verbrechen und der dafür ausgesprochenen Strafe nicht ausdrücklich als Berufungsgrund anerkannt.[68] Dort sind Primärzweck der Strafe Vergeltung und Abschreckung,[69] obwohl die Strafen, die das ICTY bis jetzt verhängt hat, als relativ mild bezeichnet werden können.[70] Aber das Rechtsmittel gegen den Strafausspruch ist vor *Ad-hoc*-Tribunalen ohne Weiteres zulässig, obwohl dies zu einer Verschärfung der Strafe führen kann. Dann kann, wie im angloamerikanischen Prozess, die Strafzumessung in einem separaten Verfahrensabschnitt (Strafausspruchverfahren) nach Abschluss der Verhandlung zur Tatfrage (Hauptverfahren) erfolgen.

Die durch die Rechtsprechung der *Ad-hoc*-Tribunale anerkannte Berufung auf Grund von Unverhältnismäßigkeit zwischen dem Verbrechen und dem Strafmaß ist in Art. 81(2) ICC-Statut geregelt. Dies ist eine Verbesserung gegenüber Art. 25 ICTY-Statut und Art. 24 ICTR-Statut. Die ICC-Regelung hat zwei Konsequenzen. Einerseits sieht das ICC-Statut vor, dass die Berufungskammer das Strafmaß abändern kann, wenn sie im Rahmen einer Berufung gegen den Strafausspruch findet, dass die Hauptverfahrenskammer bestimmte Faktoren wie die Schwere des Verbrechens und die individuelle Situation des Verurteilten nicht berücksichtigt hat, und deswegen das auferlegte Strafmaß unverhältnismäßig ist (Art 83 (3) ICC-Statut). Andererseits kann der Gerichtshof aus Anlass einer allein gegen den Strafausspruch gerichteten Berufung zu der Auffassung gelangen, dass Gründe für

---

66 *Tadic*, T-94-1-A, Judg., Declaration of Judge Nieto-Navia, 15.07.1999, para. 10.
67 Vgl. Tadic, T-94-1-A, Judg., Declaration of Judge Nieto-Navia, 15.07.1999, para. 10.
68 *AI*, ICC: Part II, Sect. IV.E.
69 *Prosecutor v. Tadic*, IT-94-1-T*bis*-R117, Sentencing Judg., 11.11.1999.
70 *Martin/Wilson*, The Rights International Companion, S. 318.

die Herabsetzung des Strafmaßes vorliegen. Dann kann er den Ankläger und den Verurteilten auffordern, Gründe wie Verfahrensfehler, fehlerhafte Tatsachenfeststellungen oder falsche Rechtsanwendung sowie jeden anderen Grund, der die Fairness oder Verlässlichkeit des Verfahrens oder des Urteils beeinträchtigen kann, vorzubringen; auch kann er in Übereinstimmung mit Art. 83 ICC-Statut eine Entscheidung über den Schuldspruch fällen (Art. 81 (2) (c) ICC-Statut).[71]

A. Strafmaß und Strafzumessung in der Völkerstrafgerichtsbarkeit

I. Strafmaß

1. Vorbemerkung

Die Grundsätze, an denen das Völkerstrafrecht hinsichtlich der Strafzumessung ausgerichtet ist, sind in internationalen Instrumenten, wie den Statuten des ICTY, des ICTR und des ICC kodifiziert. Freilich sind diesen Statuten kaum irgendwelche Strafzumessungsrichtlinien zu entnehmen. Der Grundsatz „keine Strafe ohne Gesetz", der in den meisten innerstaatlichen Rechtssystemen anerkannt ist, ist im Bereich des Völkerstrafrechts noch nicht anwendbar.[72] Im Völkerstrafrecht fehlt ein sogenannter Strafausspruchtarif, der in innerstaatlichen Rechtssystemen eine Mindest- und Maximalstrafe für die jeweiligen Straftaten vorsieht. Bereits bei Ausarbeitung der Statuten der *Ad-hoc*-Tribunale war klar, dass sich die Hoffnung, den einzelnen Verbrechenstatbeständen des Statuts jeweils eine Strafrahmenbestimmung beizufügen, nicht verwirklichen lässt.[73] Damit blieb nur die Formulierung eines einheitlichen Strafenkatalogs (z. B. Art. 24 (1) ICTY-Statut). Erst vor kurzem haben internationale Instrumente gewisse Richtlinien angeboten, allerdings ohne einen bestimmten Strafausspruchtarif.[74] Alle vier Kernverbrechen in

---

71 *Brant*, in: *Ascensio et al.*, Droit International Pénal, S. 862.

72 Vgl. *Ambos*, EJIL 7 (1996) 4, S. 527 ff.; *Bummel*, MZJ 1 (2001). Zutr. noch Schweiz - Botschaft, Sect. 2.6.2., S. 427.

73 *Triffterer* ist der Auffassung, dass das Prinzip *nullum crimen sine lege* nur die Festlegung der an den Einzelnen gerichteten generellen Strafdrohung erfordert; eine konkrete Strafdrohung, die Art und Höhe der Strafe genau bestimmt, wird dagegen nach ganz überwiegender Meinung nicht gefordert. *Triffterer*, in: *Hankel/Stuby*, Strafgerichte, S. 218-219.

74 Das Statut spricht in Art. 78(1) die Frage der Strafzumessung nur in rudimentärer Form an, indem es die Tatschwere und die persönlichen Umstände des Täters beispielhaft als Strafzumessungsfaktoren benennt. Eine nähere Ausgestaltung des Strafzumessungsrechts erfolgt in den RPE. Diese ergänzen die Vorschriften des Statuts dahingehend, dass u. a. auch die Tatnähe und der Grad des Vorsatzes berücksichtigt werden müssen (Regel 145(1)(c)). Siehe *Kreß*, HuV-I, 1998, S. 153; vgl. *Prosecutor v. Tadic*, IT-94-1-A and IT-94-1-A *bis*, Separate Opin-

der Völkerstrafgerichtsbarkeit haben einen gemeinsamen Strafrahmen.[75] Diese Gleichbehandlung wird als ein Verstoß gegen das Gebot der *poena certa* kritisiert.[76]

2. Hauptstrafe

Die Todesstrafe ist in der Völkerstrafgerichtsbarkeit stillschweigend verboten.[77] Als Hauptstrafe sieht das ICC-Statut nur Freiheitsstrafe vor. Der Gerichtshof kann zwei Hauptstrafen verhängen: eine zeitlich begrenzte Freiheitsstrafe bis zu einer Höchstdauer von 30 Jahren und eine lebenslange Freiheitsstrafe. Für die zeitige Freiheitsstrafe gibt es keine Mindestgrenze. Statt dieser „Regelstrafe"[78] kann auch eine lebenslange Freiheitsstrafe verhängt werden, wenn sie durch die extreme Schwere Tat und durch individuelle Umstände in der Person des Täters gerechtfertigt erscheint (Art. 77 (1) (a) und (b) ICC-Statut in Verbindung mit Rule 145 (3) ICC-RPE). Der Gerichtshof ist jedoch gehalten, das ursprünglich verhängte Strafmaß nach Ablauf von zwei Dritteln der Strafe, bei lebenslangem Freiheitsentzug nach 25 Jahren und von diesem Zeitpunkt an in regelmäßigen Abständen zu überprüfen (Art. 110 ICC-Statut). Bei den Haftstrafen muss der ICC die bereits in Haft verbrachte Zeit anrechnen (Art. 78 (2) ICC-Statut). Wird eine Person auf Grund mehrerer Verbrechen verurteilt, so verhängt der Gerichtshof für jedes Verbrechen eine Einzelstrafe und bildet daraus eine Gesamtstrafe, die nicht kürzer als die höchste verhängte Einzelstrafe sein darf; sie darf aber nicht höher als 30 Jahre oder ausnahmsweise im Fall besonderer Schwere nicht höher als die lebenslange Haftstrafe sein (Art. 78 (3) ICC-Statut).

Es kann jedoch keine Reststrafaussetzung zur Bewährung angeordnet werden; vielmehr stellen diese Verringerungen eine echte Reduzierung des Strafmaßes dar. Daraus folgt auch, dass es keine Bewährungszeit, keine Auflagen oder Weisungen und auch keinen Widerruf der Reststrafenaussetzung geben kann.

---

ion of Judge Cassese, 26.01.2000, para. 4-5. Zu Vorschlägen in Bezug auf Strafausspruchsrichtlinien für die *Ad-hoc*-Tribunale *Beresford,* ICLR 1 (2001), S. 82 ff.

75 *Bruer-Schäfer*, IStGH, S. 333.

76 *Sayers*, LJIL 16 (2003), S. 776, Fn. 133; *Papacharalambous,* in: *Anagnostopoulos*, Internationalisierung des Strafrechts, S. 37. Für die Gegenmeinung *Bruer-Schäfer*, IStGH, S. 333.

77 Es gab unterschiedliche Ansichten darüber, ob die Todesstrafe ausdrücklich als eine Strafe im Statut enthalten sein sollte. Näheres *Arsanjani,* AJIL 1999, S. 39-40; *Bruer-Schäfer*, IstGH, S. 334; *Eser,* ZBJV 139 (2003)1, S. 34; *Fife,* in: *Triffterer*, Commentary, S. 1011; *Kreß*, HuV-I 1998, S. 152; *Schabas,* Abolition.

78 Vgl. *Lenski*, Der Durchgriff des Völkerrechts, S. 27.

3. Zusatzstrafe

Als Zusatzstrafe kann eine Geldstrafe oder die Einziehung von Erlösen, von Eigentum und von Vermögensgegenständen, die aus dem Verbrechen stammen, angeordnet werden (Art. 77 (2) ICC-Statut in Verbindung mit Rules 146 und 147 ICC-RPE). Zum ersten Mal wird in der Völkerstrafgerichtsbarkeit somit eine Geldstrafe als eine zulässige Strafe vorgesehen, ganz im Unterschied zur IMT- und IMTFE-Charta und zu den Statuten der beiden *Ad-hoc*-Tribunale.[79] Während der Rom-Staatenkonferenz wurde die Geldstrafe angesichts der Schwere der Verbrechen gegen den Frieden und die Sicherheit der Menschheit als unangemessen mild verworfen.[80] Sie wurde jedoch als mögliche Zusatzstrafe neben der Freiheitsstrafe für angemessen gehalten.[81] Die Zusatzstrafe darf nur neben einer Haftstrafe verhängt werden.

Bei einer Verurteilung zu einer Geldstrafe gemäß Art. 77 (2) (a) ICC-Statut muss das Gericht insbesondere berücksichtigen, ob mit dem Verbrechen ein finanzieller Gewinn verbunden war. Im Übrigen darf die Geldstrafe nicht 75 % des Wertes des Vermögens des Verurteilten übersteigen. Wird eine Geldstrafe verhängt, dann ist der Verurteilte darüber zu belehren, dass die Nichtbezahlung zu einer Verlängerung der Haftstrafe führen kann (Rule 146 ICC-RPE).[82] Bei der Einziehung von Vermögenswerten müssen die Erlöse, das Eigentum und die Vermögensgegenstände, die unmittelbar oder mittelbar aus diesem Verbrechen stammen, unbeschadet der Rechte gutgläubiger Dritter (Art. 77 (2) ICC-Statut), eingezogen werden.

II. Strafzumessung

Weil es in der Völkerstrafgerichtsbarkeit an einem Strafausspruchtarif fehlt, ist das Gericht bei der Strafzumessung weitgehend frei (Art. 78 ICC-Statut, Art. 24 ICTY-Statut und Art. 23 ICTR-Statut.). Der ICC wird die Straftatbestände erst durch seine Rechtsprechung gewichten, z.B. ob ein Verbrechen gegen die Menschlichkeit schwerer als ein Kriegsverbrechen bestraft werden muss.[83]

---

79 *Fife*, in: *Triffterer*, Commentary, S. 992; *Jescheck*, FS für Nishihara, S. 449.
80 *Jescheck*, FS für Nishihara, S. 449
81 *Fife*, in: *Triffterer*, Commentary, S. 992.
82 *Ambos*, NJW 2001, S. 409.
83 Zu Argumenten betreffend die Strafausspruchsrichtlinie in der ICTY-Rspr. vgl. *Sayers*, LJIL 16 (2003), S. 756 ff. Weiteres zur Analyse der ICTY-Rspr. betreffend die Strafzumessung siehe *Beresford*, ICLR 1 (2001), S. 33-90; *Meernik/King*, LJIL 16 (2003), S. 717–750.

Im Vergleich zu den *Ad-hoc*-Tribunalen erscheint diese Situation der Strafzumessung am ICC als problematischer, weil die Statuten der Tribunale hinsichtlich des Strafausspruchs immerhin einen gewissen Bezug auf die jeweiligen innerstaatlichen Gerichtsbarkeiten genommen haben.[84] Im Fall des ICC hingegen kann - entgegen dem ILC-Draft – zur Strafzumessung nicht einfach auf das Strafsystem einer nationalen Rechtsordnung verwiesen werden wie z. B. auf die Sanktionsordnung des Staates, auf dessen Territorium das fragliche Verbrechen begangen wurde.[85] Allerdings ist insbesondere auch zu begrüßen, dass das Statut keinen Verweis auf die Strafzumessung im Heimatstaat des Täters aufweist,[86] weil dadurch eine gleiche und gerechte Bestrafung von Tätern aus aller Welt ermöglicht wird.

B. Unverhältnismäßigkeit zwischen Verbrechen und Strafmaß als Berufungsgrund gegen den Strafausspruch

Im ICC-Statut ist ausdrücklich festgelegt, dass der Ankläger oder der Verurteilte Berufung gegen den Strafausspruch einlegen kann, und zwar wegen der Unverhältnismäßigkeit zwischen Verbrechen und Strafmaß (Art. 81 (2) (a) ICC-Statut). Aber nicht jede derartige Unverhältnismäßigkeit kann zu einer Aufhebung oder Abänderung des Strafausspruches führen, sondern nur eine solche, die den Strafausspruch durch fehlerhafte Rechtsanwendung oder Tatsachenfeststellung oder durch Verfahrensfehler wesentlich beeinträchtigt (Art. 83 (2) ICC-Statut).

Diese gesetzliche Festlegung des Berufungsgrunds auf Unverhältnismäßigkeit zwischen Verbrechen und Strafmaß folgt der Praxis der *Ad-hoc*-Tribunale. Für diese haben weder die Statuten noch die RPE eine obligatorische Mindeststrafe festgelegt. Sie haben auch keine detaillierten Grundsätze für die Strafzumessung vorgesehen. Deshalb ist Berufung auf Grund von Unverhältnismäßigkeit zwischen Verbrechen und Strafmaß bei den *Ad-hoc*-Tribunalen nicht ausdrücklich erlaubt.[87] Doch ist dies durch die Rechtsprechung eingeräumt werden:

---

84 *Nemitz/Wirth,* Some Observations.

85 Schweiz - Botschaft, Sect. 2.6.2., S. 427.

86 *Kreß*, HuV-I 1998, S. 153. Im Fall des ICTY wird durch ausdrücklichen Verweis auf die Praxis jugoslawischer bzw. ruandischer Gericht dem Problem rückwirkender Strafgesetzgebung die Schärfe genommen, da die zu beurteilenden Tatbestände auch nach dem jeweiligen nationalen Strafrecht entsprechend strafbar waren. Siehe *Van Ooyen,* ASPiBGS 1998, S. 15.

87 *Tracol*, CLF 12 (2001), S. 153.

> „The Appeals Chamber understands that what is being referred to is not a legally binding tariff of sentences but a pattern which emerges from individual cases, and that the argument is that a Trial Chamber has a duty to take that pattern into account. Whether the practice of the Tribunal is far enough advanced to disclose a pattern is not clear. The Appeals Chamber agrees that a sentence should not be capricious or excessive, and that, in principle, it may be thought to be capricious or excessive if it is out of reasonable proportion with a line of sentences passed in similar circumstances for the same offences. Where there is such disparity, the Appeals Chamber may infer that there was disregard of the standard criteria by which sentence should be assessed , as prescribed by the Statute and set out in the Rules. But it is difficult and unhelpful to lay down a hard and fast rule on the point; there are a number of variable factors to be considered in each case.“[88]

Hervorzuheben ist, dass das Finden einer fairen Strafe ein gewisses Ermessenselement impliziert. Die angemessene Strafe zu bestimmen ist jedoch wichtig, um einen klaren Standard für den Vergleich mit Strafen zu haben, die in anderen Fällen verhängt werden, um auf diese Weise Gerechtigkeit herzustellen.[89]

C. Berufung des Anklägers gegen das Strafmaß

Obwohl sich international eine deutliche Tendenz konstatieren lässt, ein etwaiges Verbot der *reformatio in peius* außer Kraft zu setzen,[90] macht das Statut in Bezug auf die Berufung gegen das Strafmaß keinen Unterschied zwischen Berufung zwecks Erhöhung oder Herabsetzung desselben, indem es lediglich sagt, dass Berufung gegen den Strafausspruch eingelegt werden darf („*a sentence may be appealed ...*“) (Art. 81 (2) ICC-Statut). Falls die Berufung gegen das Strafmaß vom Ankläger zuungunsten des Verurteilten eingelegt würde, könnte das Strafmaß zu dessen Ungunsten abgeändert werden. Dieser Befund wird wiederum von Art. 83 (2) ICC-Statut bestätigt, der vorsieht, dass dann, wenn nur der Verurteilte oder zu

---

88 *Prosecutor v. Jelisic*, IT-95-10-A, Judg. 05.07.2001, para. 96.

89 *Tracol*, CLF 12 (2001), S. 154. Weiteres zur Berufung gegen das Strafmaß in der ICTY-Rspr. *Sayers*, LJIL 16 (2003), S. 772 ff. Üblicherweise „Because of a trial chamber's statutory duty to individualize sentences according to the particular circumstances of the case, and its obligation under the Rules to assess aggravating and mitigating factors in this regard, the Appeals Chamber has noted that appellate review of sentencing is 'usually exercised sparingly'.“, siehe *Prosecutor v. Aleksovski*, IT-95-14/1-A, Judg. 24.03.2000, para. 186.

90 *Becker/Kinzig*, in: *Becker/Kinzig*, Rechtsmittel im Strafrecht, S. 202.

seinen Gunsten der Ankläger Berufung gegen das Urteil oder den Strafausspruch einlegt, das Urteil nicht zum Nachteil des Verurteilten abgeändert werden darf.[91]

§ 35 Beschwerde des Anklägers gegen sonstige richterliche Entscheidungen

A. Überblick über die Beschwerde im ICC-Statut

Das Institut der Beschwerde wird in Art. 82 ICC-Statut geregelt. Die Beschwerde bezieht sich auf bestimmte richterliche Entscheidungen, die im Vorverfahren oder im Hauptverfahren vom Gerichtshof getroffen wurden und zur direkten Beeinträchtigung der Rechte der angeschuldigten oder angeklagten Person führen könnten, insbesondere die Entscheidung über den Einwand mangelnder Gerichtsbarkeit *ratione materiae* und *ratione temporis* und die Entscheidung über Ausnahmen von der Zulässigkeit des Verfahrens. Die Befugnis, die Beschwerde einzulegen, gilt nur für die Verfahrensbeteiligten oder Dritte, die durch eine richterliche Entscheidung unmittelbar betroffen sind, wie etwa ein Staat gegen eine Entscheidung der Vorverfahrenskammer nach Art. 57(3) (d) (Art. 82 (1) (2) ICC-Statut).

Jede Verfahrenspartei kann in Übereinstimmung mit den RPE gegen jede der nachstehenden Entscheidungen Beschwerde einlegen: eine Entscheidung betreffend die Gerichtsbarkeit oder Zulässigkeit; eine Entscheidung, mit der die Haftentlassung der Person, gegen die sich die Ermittlungen oder die Strafverfolgung richten, gewährt bzw. abgelehnt wird; eine Entscheidung der Vorverfahrenskammer, nach Art. 56 (3) ICC-Statut aus eigener Initiative tätig zu werden; eine Entscheidung betreffend eine Frage, welche die faire und zügige Durchführung des Verfahrens oder das Ergebnis des Hauptverfahrens maßgeblich beeinflussen würde und deren sofortige Regelung durch die Berufungskammer das Verfahren nach Auffassung der Vorverfahrenskammer oder der Hauptverfahrenskammer wesentlich voranbringen könnte (Art. 82 (1) ICC-Statut). Gegen eine Entscheidung der Vorverfahrenskammer nach Art. 57 (3) (d) ICC-Statut kann der betroffene Staat bzw. der Ankläger mit Zustimmung der Vorverfahrenskammer Beschwerde ein-

---

[91] Vor dem ICTY wurde die Strafe einiger Verurteilten durch Berufung des Anklägers in Form einer Erhöhung geändert. Siehe dazu *Prosecutor v. Aleksovski*, IT-95-14/1-A, Judg., 24.03.2000. Die Strafe des Angeklagten wurde von zweieinhalb Jahren auf sieben Jahre erhöht; *Prosecutor v. Krnojelac*, IT-97-25-A, Judg., 17.09.2003. Die Strafe des Angeklagten wurde von siebeneinhalb Jahren auf fünfzehn Jahre verdoppelt auf Grund des Schlusses, dass der Angeklagte von einer "superior responsibility" irrtümlich freigesprochen worden war. Näheres *Sayers*, LJIL 16 (2003), 772 ff.

legen.[92] Der gesetzliche Vertreter der Opfer, der Verurteilte oder ein gutgläubiger Eigentümer von Vermögensgegenständen, auf die sich eine Anordnung nach Art. 75 ICC-Statut nachteilig auswirkt, kann gegen die Anordnung von Wiedergutmachungsleistungen Beschwerde einlegen (Art. 82 (4) ICC-Statut).

Die Beschwerde kann von der Berufungskammer vor materieller Befassung mit dem Fall oder getrennt davon überprüft, diskutiert und entschieden werden. Die Entscheidung der Berufungskammer, die die Beschwerde zurückweist oder zulässt, beendet eine Verfahrensfrage während des Laufs des Gerichtsverfahrens. Anders als bei einer Berufung gegen Frei- oder Schuldspruch oder Strafausspruch ist hier die allgemeine Regel, dass der Vollzug der angefochtenen Entscheidung durch die Einlegung der Beschwerde nicht gehemmt wird. Daher kann auch während eines Beschwerdeverfahrens das Verfahren vor der Vor- oder Hauptverfahrenskammer ununterbrochen fortgesetzt werden, es sein denn, dass es die Berufungskammer anders anordnet (Art. 82 (2) ICC-Statut). Eine Beschwerde hat nur dann aufschiebende Wirkung, wenn die Berufungskammer dies auf entsprechenden Antrag in Übereinstimmung mit der Verfahrens- und Beweisordnung anordnet (Art. 82 (3) ICC-Statut). Während unter Art. 82 (3) ICC-Statut die Berufungskammer nicht aus eigener Initiative entscheidet, ob das Verfahren aufzuschieben ist, ist es für die Vor- oder Hauptverfahrenskammer vermutlich auch möglich, das Verfahren aufzuschieben, wenn sie es als angemessen betrachtet.[93]

B. Die Entwicklung der Beschwerde in der Völkerstrafgerichtsbarkeit

Das Institut der Beschwerde gegen sonstige richterliche Entscheidungen wurde erstmals vom ICTY in die Völkerstrafgerichtsbarkeit eingeführt. Obwohl die Statuten der beiden *Ad-hoc*-Tribunale eine solche Beschwerde nicht vorgesehen haben, wurde ein begrenztes Beschwerderecht gegen Entscheidungen über vorläufige Anträge im Januar 1995 in der fünften Plenarsitzung eingeführt, wobei dies über das Prot. Nr. 7 zur EMRK hinausgeht, welches lediglich das Recht zur Berufung gegen einen rechtsgültigen Schuld- oder Strafausspruch vorsieht.[94] Rule 72

92 Seit Mitte 1997 erlaubt die ICTY-RPE die Beschwerde eines Staats gegen einen vorläufige Entscheidung, "if that decision concerns issues of general importance relating to the powers of the Tribunal"(Regel 108bis, ICTY-RPE). Es gibt keine ähnliche Bestimmung für die Beschwerde eines Staates am ICTR, vermutlich weil sich die politische Situation und Sicherheitslage zwischen Ruanda und seinen Nachbarn erheblich von der zwischen den Staaten des ehemaligen Jugoslawien unterschiedlich. Siehe *Drumbl/Gallant*, JAPP 3 (2001) 2, S. 614-615.

93 *Starker*, in: *Triffterer*, Commentary, S.1032.

94 Allg. zur Beschwerde am ICTY *Hocking*, in: *May et al.*, Essays, S. 459-471.

ICTY-RPE wurde geändert, um die Beschwerde als ein Recht einzuräumen, obwohl sich dieses Recht nur auf eine die Gerichtsbarkeit betreffende Entscheidung bezieht.[95] Es dauerte bis Juli 1996, bis das Regime der Beschwerde erweitert wurde, um andere vorläufige Anträge zu umfassen. Diese Beschwerden wurden allerdings nicht als ein Recht des Beschwerdeführers betrachtet. Sie erfordern, dass drei Richtern der Berufungskammer ein „ernsthafter Grund" („*serious cause*")dargelegt werden muss.[96] Die wesentlichen Änderungen der Rules 72 und 73 ICTY-RPE, wodurch sie ihre heutige Struktur erhalten haben, wurden in der 14. Plenarsitzung im Oktober und November 1997[97] getroffen.[98] Danach kann die Beschwerde gegen Entscheidungen der Hauptverfahrenskammer bei den folgenden vier Arten von Angelegenheiten erhoben werden: vorbereitende Anträge; andere Anträge; Anträge auf vorläufige Entlassung; und staatliche Anträge zur Überprüfung. Ebenfalls auf der 14. Plenarsitzung wurde das Erfordernis eines „ernsthaften Grundes" für die Beschwerde gegen Entscheidungen über vorläufige Entlassung gemäß Rule 15 ICTY-RPE zu „gutem Grund" („good cause") umformuliert.[99]

Die Wichtigkeit der Beschwerde wurde insbesondere im *Delalic*-Fall betont. Die Berufungskammer erklärte, dass es keinen Grund gebe, warum die Beschwerde einen prinzipiell niedrigeren Rang als eine finale Entscheidung haben sollte. Zweck der Berufung, gleichgültig ob auf einer vorläufigen oder einer abschließenden Grundlage, sei es, jene Fragen zu lösen, die im Sinn von Endgültigkeit aufgeworfen würden.[100] Die Berufungskammer des ICTY bemerkte weiter, dass im *Aleksovski*-Fall kein Unterschied zwischen der autoritativen Natur der vorläufigen und der finalen Entscheidung gemacht wurde.[101] Es wird angenommen, dass die Möglichkeit einer solchen Beschwerde dabei helfen kann, das Treffen von Entscheidungen zu beschleunigen, indem eine spätere Berufung oder Wiederaufnahme wegen Fehlern, die durch unrichtige Entscheidungen im vorbereitenden Stadium verursacht wurden, vermieden werden kann.

---

95 RPE IT/32 Rev. 3, erlassen am 30.01.1995.

96 RPE IT/32 Rev. 9, erlassen am 05.07.1996.

97 RPE IT/32 Rev. 12, erlassen am 12.11.1997.

98 Näheres zur Geschichte der Regelungen betreffend Beschwerde am ICTY *Hocking*, in: *May et al.*, Essays, S. 461-463.

99 *Hocking*, in: *May et al.*, Essays, S. 463; *Murphy*, AJIL 93 (1999), S. 94. Das ICTY lässt mehr Arten von Beschwerden als das ICTR zu, wo Beschwerden auf Angelegenheiten der Gerichtsbarkeit und der Entlassung im Vorverfahren begrenzt sind. Dazu auch *Drumbl/Gallant*, JAPP 3 (2001) 2, S. 613.

100 *Prosecutor v. Delalic et al.*, IT-96-21-A, Judg., 20.02.2001, para. 122.

101 *Prosecutor v. Delalic et al.*, IT-96-21-A, Judg., 20.02.2001, para. 149.

Im Entwurfsstadium wurd nur Berufung gegen Schuldspruch, Freispruch und Strafausspruch vorgesehen und nichts über Beschwerde gegen sonstige richterlichen Entscheidungen gesagt. Erst mit der Entwicklung des Instituts der Beschwerde durch das ICTY hat der spätere ILC-Draft das Institut der Beschwerde aufgenommen. Dabei ist man dem Interesse des Anklägers insofern fair und effizient entgegengekommen, als ihm ausdrücklich erlaubt wird, Berufung gegen sonstige richterliche Anordnungen einzulegen.[102]

C. Umfang der Beschwerde des Anklägers

I. Entscheidung hinsichtlich der Gerichtsbarkeit oder der Zulässigkeit der Sache

Die Beschwerde gegen eine Entscheidung die Gerichtsbarkeit oder Zulässigkeit einer Sache betreffend ist schon in Art. 18 (4) und Art. 19 (6) ICC-Statut ausdrücklich vorgesehen. Allgemeine innerstaatliche Grundsätze sehen vor, dass ein Gericht Strafgewalt hat, wenn es seine Strafbefugnisse auf dem Hoheitsgebiet eines Staates ausüben darf. Ein Einwand gegen die Gerichtsbarkeit kann nur auf Grund des Mangels der persönlichen oder gegenständlichen Gerichtsbarkeit vorgebracht werden.[103]

Wenig klar ist jedoch, ob damit auch zwei andere Situationen erfasst sind: (1) die Entscheidung der Vorverfahrenskammer nach Art. 53 (3) (a) ICC-Statut hinsichtlich der Nachprüfung der Entscheidung des Anklägers, nicht weiter vorzugehen, wenn die Fragen der Gerichtsbarkeit oder Zulässigkeit anstehen; und (2) die Entscheidung der Vorverfahrenskammer nach Art. 15 (4) ICC-Statut hinsichtlich der Ermächtigung des Anklägers, Ermittlungen aus eigener Initiative einzuleiten.[104]

In Bezug auf die erste Situation kann die Formulierung des Art. 82 (1) (a) ICC-Statut dahingehend interpretiert werden, dass die Entscheidung der Vorverfahrenskammer von Art. 53 (3) (a) ICC-Statut gedeckt wird, wenn es um die Frage der Gerichtsbarkeit oder Zulässigkeit geht. Allerdings ist ein zwingendes Gegenargument, dass dieser Ansatz dem Art. 53 ICC-Statut selbst nicht zu entsprechen scheint. Gemäß Art. 53(3)(a) ICC-Statut kann die Vorverfahrenskammer vom Ankläger verlangen, seine Entscheidung des Nichtvorgehens zu überprüfen. Dies

---

102 *AI*, ICC: Part II, Sect. IV.E.

103 *Fleming*, TILJ 37 (2002), S. 144-145.

104 *Brady*, in: *Lee*, ICC: Elements, S. 578.

impliziert, dass die Vorverfahrenskammer nichts mehr tun kann, wenn der Ankläger nach der von ihr verlangten Überprüfung abermals entscheidet, nicht weiter vorzugehen, ungeachtet dessen, ob diese Entscheidung auf der Frage von Gerichtsbarkeit oder Zulässigkeit basiert. Umgekehrt, wenn die Vorverfahrenskammer die Entscheidung des Anklägers auf Nichtvorgehen bestätigt, scheint es auch so, dass deren Bestätigung die Angelegenheit beendet, ebenfalls ungeachtet dessen, ob diese Entscheidung auf der Frage von Gerichtsbarkeit oder Zulässigkeit basiert.[105]

In Bezug auf die zweite Situation wurden während der Statutsverhandlungen unterschiedliche Auffassungen geäußert. Nach Art. 15 (4) ICC-Statut hat die Vorverfahrenskammer zu beurteilen, ob die Sache unter die Gerichtsbarkeit des Gerichtshofs zu fallen scheint. Da dies nicht dasselbe wie die umfassendere Nachprüfung der Gerichtsbarkeit oder Zulässigkeit des Verfahrens gemäß Art. 18 oder Art. 19 ICC-Statut ist, ist klar, dass die Vorverfahrenskammer eine Vorprüfung der Gerichtsbarkeit durchführt. Im PrepComm gab es keine klare Antwort darauf, ob diese Vorprüfung zu einer Berufung unter Art. 82 (1) (a) ICC-Statut führen kann. Diese Frage wird der Rechtsprechung des ICC überlassen.[106]

II. Entscheidung über die Gewährung bzw. Ablehnung der Haftentlassung betreffend

Die Beschwerde gegen eine Entscheidung, mit der die Haftentlassung der Person, gegen die sich die Ermittlungen oder die Strafverfolgung richten, gewährt bzw. abgelehnt wird, kann auch vom Ankläger eingelegt werden (Art. 82 (1) (b) ICC-Statut). Die Entscheidung, gegen die Beschwerde eingelegt werden kann, ist hauptsächlich die unter Art. 60 ICC-Statut. „Die Personen, gegen die sich die Ermittlungen oder die Strafverfolgung richten" (Art. 82(1)(b) ICC-Statut), müssen also Personen sein, gegen die vom Ankläger ermittelt wird oder solche, die vor dem Gerichtshof angeklagt werden. Bereits Verurteilte oder Freigesprochene sind also von der Anwendung des Art. 82(1)(b) ICC-Statut ausgeschlossen.[107]

---

105 *Brady*, in: *Lee*, ICC: Elements, S. 579.
106 *Brady*, in: *Lee*, ICC: Elements, S. 579.
107 *Starker*, in *Triffterer*, Commentary, S. 1031.

III. Entscheidung über die Haft von Freigesprochenen während des Berufungsverfahrens

Unter außergewöhnlichen Umständen und mit Rücksicht unter anderem auf die konkrete Fluchtgefahr, die Schwere der zur Last gelegten Straftat und die Wahrscheinlichkeit eines erfolgreichen Ausgangs der Berufung kann die Hauptverfahrenskammer gemäß Art. 81 (3) (c) ICC-Statut den Freigesprochenen auf Antrag des Anklägers während des Berufungsverfahrens weiterhin in Haft halten. Gegen eine solche Entscheidung der Hauptverfahrenskammer kann Beschwerde eingelegt werden. Das ist ein von Art. 82(1)(b) ICC-Statut zu unterscheidender Grund, weil er nicht eine Entscheidung betrifft, mit der die Haftentlassung der Person abgelehnt wird, gegen die sich die Ermittlungen oder die Strafverfolgung richten.[108]

Dieser Artikel, wonach auch ein Freigesprochener auf Grund einer Entscheidung der Berufungskammer weiter in Haft gehalten werden kann, wenn der Ankläger dies beantragt und zugleich dartut, dass eine Berufung gute Aussichten auf Erfolg bietet bietet, wurde erheblich kritisiert. In der Tat scheint die Vorstellung etwas merkwürdig, dass die Hauptverfahrenskammer zwar freispricht, aber zugleich dem Ankläger gute Chancen auf einen Berufungserfolg attestiert.[109]

IV. Entscheidung der Vorverfahrenskammer nach Art. 56 (3) (b)

Um einen Verfahrensstau in der Berufungskammer zu vermeiden, ist vorgesehen, dass der Ankläger gegen die Entscheidung der Vorverfahrenskammer, aus eigener Initiative tätig zu werden, Beschwerde einlegen kann. Über die Beschwerde wird beschleunigt verhandelt.

V. Entscheidung hinsichtlich der fairen und zügigen Durchführung des Verfahrens oder des Hauptverfahrensergebnisses

Aus denselben Gründen wie jene, die zur Änderung von Rule 72 (B) ICTY-RPE geführt haben,[110] erlaubt das Statut jeder Verfahrenspartei, Beschwerde gegen eine Entscheidung hinsichtlich eines Streitpunktes einzulegen, der die faire und zügige Durchführung des Verfahrens oder das Ergebnis des Hauptverfahrens maß-

---

[108] *Brady*, in: *Lee*, ICC: Elements, S. 580.

[109] *Behrens*, HuV-I 1998, S.150.

[110] *Bourdon*, La Cour pénale internationale, S. 231; ICTY- Annual Report 2002, para. 40.

geblich beeinflussen würde und deren sofortige Erledigung durch die Berufungskammer nach Auffassung der Vorverfahrenskammer oder der Hauptverfahrenskammer das Verfahren wesentlich voranbringen könnte (Art. 82 (1) (d) ICC-Statut). Dadurch wird es in die Entscheidungsgewalt der Vorverfahrenskammer oder der Hauptverfahrenskammer gestellt, Beschwerden zu erlauben, die durch eine unmittelbare Entscheidung der Berufungskammer das Verfahren „wesentlich voranbringen" könnten.[111] Auch wird durch Art. 82 (1) (d) ICC-Statut zum Ausdruck gebracht, wenn anderenfalls die Fairness des Verfahrens gefährdet wurde. Andererseits ist eine Beschwerde nicht zu erlauben, wenn dadurch das Verfahren gelähmt werden könnte.[112]

VI. Entscheidung der Vorverfahrenskammer über Ermittlungen des Anklägers auf nationalem Hoheitsgebiet

Ein sich aus den Tätigkeiten des internationalen Anklägers auf nationalem Territorium ergebender Sonderfall für eine Beschwerde betrifft den Fall, dass die Vorverfahrenskammer dem Ankläger Ermittlungen auf dem Hoheitsgebiet eines Vertragsstaates erlaubt hat, ohne zuvor dessen Kooperation nach Teil 9 des ICC-Statuts sicher zu stellen. Wird ein dahingehender Antrag des Anklägers abgelehnt, so kann er gemäß Art. 82 (2) ICC-Statut mit Zulassung durch die Vorverfahrenskammer Beschwerde einlegen (ebenso wie diese im umgekehrten Fall einer Zulassung der beantragten Ermittlungen dem betroffenen Staat zusteht). Über eine solche Beschwerde ist beschleunigt zu verhandeln (Art. 82 (2) ICC-Statut).

D. Kritische Betrachtung

Für den Bereich der *Ad-hoc*-Tribunale gab es bereits eine bedeutende Verstärkung des Instruments der Beschwerde.[113] Das ICC-Statut hat sogar noch größeren Wert auf dieses Instrument gelegt, indem es eine Reihe detaillierter und eindeutiger Bestimmungen vorsieht. Die Verstärkung der Beschwerde in der Völkerstrafgerichtsbarkeit ist eine Antwort auf zwei fundamentale Grundsätze: die Ökonomie des Strafverfahrens und die uneingeschränkte Garantie des Rechts des Angeklagten auf ein faires Verfahren.[114]

---

111 *Starker*, in: *Triffterer*, Commentary, S. 1031-1032.

112 *Brady/Jennings*, in: *Lee*, ICC, S. 300.

113 Zur Darstellung der Fälle in Bezug auf die Beschwerde *De Cesari*, in: *Politi/Nesi*, The Rome Statute, S. 232-233.

114 *De Cesari*, in: *Politi/Nesi*, The Rome Statute, S. 234.

Gleichwohl sieht sich die Beschwerde allgemeiner Kritik ausgesetzt, in erster Linie, weil sie ineffizient sei. Tatsächlich kann in vielen Fällen die Beschwerde als verfahrensstörend betrachtet werden, insbesondere wenn das Hauptverfahren schon begonnen hat.[115] In vielen nationalen Gerichtsbarkeiten sind Zwischenbeschwerden unbekannt oder selten; stattdessen sind dort die Parteien darauf verwiesen, die Rüge vermeintlicher Fehler bis zum Berufungsverfahren im Anschluss an das Urteil erster Instanz aufzuschieben, zumal in der Zwischenzeit viele Fragen - abhängig vom Lauf des Verfahrens - irrelevant geworden sein können. In manchen Fällen könnte die frühe Entscheidung über eine Rechtsfrage die Verhandlung bestimmter Anschuldigungen unnötig lang und teuer machen.[116] Deshalb muss die Berufungskammer davon absehen, über Beschwerden gegen Entscheidungen, die die Zustimmung der Vor- oder Hauptverfahrenskammer erfordern, zu verhandeln.

§ 36 Zwischenergebnis

Dem internationalen Ankläger wird eine umfangreiche Rechtsmittelbefugnis eingeräumt. Bei Wahrnehmung dieser Befugnis sollte der Ankläger immer darauf achten, einen Ausgleich zwischen Gerechtigkeit und Rechtssicherheit und eine Balance zwischen der Effizienz der internationalen Strafverfolgung und der Achtung der Rechte der Angeklagten zu finden.

---

115 *Starker*, in: *Triffterer*, Commentary, S. 1031; zutr. *Ryneveld/Mundis*, in: *ICCLR&CJP*, The Changing Face, S. 55.

116 *Starker*, in: *Triffterer*, Commentary, S. 1032.

DRITTER TEIL: SCHLUSSBEMERKUNGEN

Kapitel 8 Zusammenfassung und kritische Würdigung

§ 37 Zusammenfassung

Was die Rechtsstellung des Anklägers betrifft, so bekräftigt das ICC-Statut die Anklagebehörde als ein unabhängiges und unparteiisches Völkerstrafrechtspflegeorgan. Dies leitet sich aus dem Gedanken ab, dass der Weg zur Errichtung eines unabhängigen und selbstständigen internationalen Strafverfolgungssystems zur Bekämpfung der schwersten Verbrechen, welche die internationale Gemeinschaft als Ganzes berühren, sowie zum Schutz von universalen Rechtsgütern (Frieden, Sicherheit und Wohl der Welt) das Vertrauen in die internationale Strafverfolgungsbehörde und in die Völkerstrafrechtsordnung voraussetzt.

Im Blick auf das ganze Strafverfahren hat der Ankläger zusammengefasst die folgenden Funktionen: die Situationen zu überprüfen, in denen ein oder mehrere Verbrechen innerhalb der Gerichtsbarkeit des Gerichtshofs entweder durch den Sicherheitsrat oder durch einen Vertragsstaat an die Anklagebehörde überwiesen werden; Ermittlungen auf Grund der Anzeige von Verbrechen innerhalb der Gerichtsbarkeit des Gerichtshofs von Amts wegen einzuleiten; die Ernsthaftigkeit der erhaltenen Anzeigen zu überprüfen und zu diesem Zweck die Kooperation mit Staaten, der UNO, zwischenstaatlichen oder Nichtregierungsorganisationen oder anderen zuverlässigen Quellen zu erlangen; Ermittlungen in Form der Vernehmung von Verdächtigen, Opfern und Zeugen durchzuführen; Beweismittel zu sammeln und zu überprüfen; Ermittlungen auf einem Staatshoheitsgebiet (mit oder ohne Zustimmung des betroffenen Staates) durchzuführen; in der Hauptverhandlung anwesend zu sein und die Beweislast zu tragen; Berufung gegen einen Freispruch, ein Urteil oder einen Strafausspruch einer Hauptverfahrenskammer vor einer Berufungskammer einzulegen oder auf eine Berufung von seiten der Verteidigung zu reagieren; die Wiederaufnahme einer rechtskräftigen Sache zu beantragen oder auf einen Wiederaufnahmeantrag auf Grund neu entdeckter Beweismittel zu reagieren.

Obwohl dem internationalen Ankläger umfangreiche Aufgaben im Völkerstrafrechtsverfahren zugewiesen werden, war bislang kein anderer Ankläger in der Geschichte der Menschheit derart vielen Kontrollen wie im Statut des ICC vorgesehn unterworfen: Der Ankläger kann von Amts wegen Ermittlungen nicht ohne vorherige Ermächtigung durch eine Kammer aus drei Richtern einleiten, wobei deren Entscheidung zudem auch noch der Beschwerde vor fünf anderen Richtern unterworfen ist. Der Sicherheitsrat kann den ICC anweisen, die Strafverfolgung einzustellen, falls diese etwaige Friedensverhandlungen behindern könnte. Der ICC unterliegt zudem der weitgehenden Steuerung vieler Staaten, die die Vertragsstaatenversammlung konstituieren. Diese kontrolliert das Budget des ICC und könnte sich jedem entgegenstellen, der versuchen wollte, die Anklagebehörde zu politisieren.

Obwohl verschiedene Gerichtsbarkeiten auf nationaler Ebene der Staatsanwaltschaft einen unterschiedlich hohen Grad von Unabhängigkeit einräumen, sehen die meisten Länder in der staatsanwaltschaftlichen Unabhängigkeit ein wichtiges Mittel zum Schutz der fundamentalen Freiheiten und zur Förderung der Effektivität der internationalen Strafverfolgung.[1] Auf internationaler Ebene muss der internationale Ankläger bei der Ausübung seiner Befugnisse und Erfüllung seiner Aufgabe unparteiisch und objektiv fungieren. Um die Unabhängigkeit von politischer Willkür und die Unparteilichkeit des internationalen Anklägers im Strafverfahren sicherzustellen, ist in Übereinstimmung mit den allgemeinen Prinzipien der Strafrechtssysteme auf der Welt zu gewährleisten, dass die Aktivitäten des Anklägers in allen Prozessstadien der richterlichen Kontrolle unterworfen sind, und zwar insbesondere dort, wo die fundamentalen Rechte des Angeklagten auf dem Spiel stehen.

§ 38 Kritische Würdigung

Die Einleitung von Ermittlungen und die Anklageerhebung sind die problematischsten Punkte im ICC-Statut. Wer die Ermittlungseinleitung und die Anklageerhebung kontrolliert, kontrolliert die ganze Institution. Das Gesetz kann gut sein und das Gericht kann gut sein. Beide werden jedoch durch die Anklage begrenzt und können nur innerhalb der Begrenzung fungieren, die von der Anklage festgelegt wird.[2] Der Anklagebehörde obliegt es, durch behutsames Wahrnehmen ihrer Aufgabe und durch angemessene Ausübung ihrer Befugnisse zur Glaubwürdigkeit und zum Ansehen des Gerichtshofs beizutragen, der – richtig genutzt – einen Meilenstein für die Geschichte des Völkerrechts und die Wahrung der Menschenrechte bedeutet.[3]

Der internationale Ankläger, dessen Unabhängigkeit als ein allgemeines Prinzip im Völkerstrafrechtssystem eingebettet ist, soll auch zur Stärkung und Vereinheitlichung

1 *Tibbitts*, The Role of the Prosecutor and the Judge, S. 68.
2 *HLC*, Spotlight, S. 188.
3 Vgl. *Seidel/Stahn*, Jura 1999, S. 21.

des Rechtsgüterschutzes des Völkerstrafrechtssystems führen. Dies erfordert grundsätzlich eine einheitliche Strafverfolgung durch den ICC.[4] Immerhin kann auch hervorgehoben werden, dass der internationale Ankläger bei der Ausübung seiner Befugnisse und Erfüllung seiner Aufgabe auch immer darauf achten muss, dass ein Ausgleich der widerstreitenden Interessen zwischen der Effizienz der Völkerstrafrechtspflege und der Respektierung der nationalen Souveränität gefunden wird. Dieser Ausgleich bedarf auch einer Interaktion zwischen der Völker- und der nationalen Strafgerichtsbarkeit. Obwohl die Rolle und Befugnisse des Anklägers in Verbindung mit den nationalen Anklagebehörden und den Anklagebehörden der beiden *Ad-hoc*-Tribunale stark eingeschränkt sind, entspricht seine Rolle der heutigen internationalen Politik und den internationalen Beziehungen am besten. Deswegen ist es weniger das Problem, wie die Rolle des Anklägers verstärkt oder erweitert wird, als vielmehr eine Balance zwischen der Rolle des internationalen Anklägers und der nationalen Strafverfolgung in Bezug auf internationale Verbrechen zu finden.[5]

Der ICC hat seine Tätigkeit im Jahr 2002 aufgenommen. Die ersten Fälle waren sicherlich eine große Herausforderung, zuvorderst für den mit der wichtigsten und politisch sensibelsten Aufgabe betrauten Ankläger.[6] Heikle Fragen haben sich gestellt und stellen sich: Welche Verbrechen sind in welchen Ländern zu verfolgen? Kann der Eindruck eines dominierenden Nordens vermieden werden, wenn möglicherweise mehrheitlich Verbrechen in Ländern des Weltsüdens verfolgt werden, da diese Staaten eventuell nicht alle über ein gut funktionierendes Rechtssystem verfügen?[7] Der Schlüssel zum Erfolg des Gerichtshofs liegt in der Hand des Anklägers: Faire Entscheidungen mit Augenmaß, die frei von politischen Einflüssen sind, werden ihm Akzeptanz und Ansehen sichern.[8] Ob der Ankläger die ihm zugedachte Rolle im Einsatz gegen Straflosigkeit effektiv spielen kann, lässt sich zurzeit nur schwer abschätzen.

---

4 Eine Vereinheitlichung der Strafverfolgung auf die internationalen Kernverbrechen ist jedoch rein faktisch nur möglich, wenn die Ausführung der Strafverfolgungsaufgaben durch eine internationale Strafverfolgungsbehörde einer richterlichen Kontrolle und Steuerung unterliegen. Daher haben die Richter des Gerichtshofs eine wichtige „Mission" zu erfüllen.

5 Zutr. UN Press release, # 182, 01.11.1995.

6 Vgl. *Cottier*, Jusletter 22.04.2002; Secretary-General's Statement to the Inaugural Meeting of Judges of the International Criminal Court, The Hague, Netherlands, 11.03.2003.

7 *Cottier*, Jusletter 22.04.2002

8 *Geiger*, Freundesgabe für Alfred Büllesbach 2002, S. 338-339.

Verzeichnis der ausgewerteten Urteile und Entscheidungen von ICTY und ICTR

(chronologisch angeordnet)

A. ICTY

Tadic, IT-94-1-T, Separate Opinion on Prosecution Motion on the Production of Witness Statements, 27.11.1996.

Tadic, IT-94-1-A, Declaration of Judge Nieto-Navia, 15.07.1999.

Tadic, IT-94-1-T*bis*-R117, Sentencing Judgment, 11.11.1999.

Tadic, IT-94-1-A and IT-94-1-A *bis*, Separate Opinion of Judge Cassese, 26.01.2000.

Tadic, IT-94-1-R, Decision on Motion for Review, 30.07.2002.

Nikolic, IT-94-2-R61-T, Decision on Review of Indictment Pursuant to Rule 61, 20.10.1995.

Sikirica et al., IT-95-8-T, Order for the Withdrawal of the Charges against the Person named Goran Lajic and for his Release, 17.06.1996.

Sikirica and Others, IT-95-8-T, Order granting Leave for Withdrawal of Charges against Nikica Janjic, Dragan Kondic, Goran Lajic, Dragomir Saponja, and Nedjeljko Timarac, 05.05.1998.

Sikirica and others, IT-95-8-T, Decision on Kolundzija Defence Request to Compel Disclosure of Exculpatory Evidence, 31.08.2001.

Todorovic, IT-95-9/1-T, Decision on Prosecution Motion to withdraw Counts of the Indictment and Defence Motion to withdraw pending Motions, 26.02.2001.

Todorovic, IT-95-9/1-S, Sentencing Judgement, 31.07.2001.

Jelisic, IT-95-10-T, Judgement, 14.12.1999.

Jelisic, IT-95-10-A, Judgment, 05.07.2001.

Jelisic, IT-95-10-A, Partial Dissenting Opinion of Judge Wald, 05.07.2001.

Jelisic, IT-95-10-R, Decision on Motion for Review, 02.05.2002.

Raji, IT-95-12-I, Confirmation of the indictment (Judge Sidhwa), 29.08.1995.

Dokmanovic, IT-95-13a-PT, Status Conference, 27.11.1997.

Dokmanovic, IT-95-13a-PT, Decision on the Motion for Release by the Accused Slavko Dokmanovic, 22.10.1997.

Blaskic, IT-95-14-T, Decision on the Production of Discovery Materials, 27.01.1997.

Blaskic, IT-95-14-T, Decision on the Defence Motion to Preclude Testimony of Certain Prosecuton Witnesses Based Upon the Prosecution's Violation of the Tribunal's Order Compelling the Producton of Discovery Material, 25.08.1997.

Blaskic, IT-95-14-AR108 bis, Judgment on the Request of the Republic of Croatia for Review of the Decision of Trial Chamber II of 18 July 1997, 29.10.1997.
Blaskic, IT-95-14-T, Decision on the Defence Motion for Sanctions for the Prosecutor's Failure to Comply with Sub-Rule 66(A) of the Rules and the Decision of 27 Jan. 1997 Compelling the Production of All Statements of the Accused, 15.07.1998.
Blaskic, IT-95-14, Decision on the Defence Motion for Sanctions for the Prosecutor's continuing Violation of Rule 68 of the Rules of Procedure and Evidence, 28.09.1998
Skopljak, IT-95-14/2-T, Order on Prosecutor's Motion for Leave to Withdrawal the Indictment against Pero Skopljak, 19.12.1997.
Šantić, IT-95-14/2-PT, Order on Prosecutor's Motion for Leave to Withdrawal the Indictment against Ivan Santic, 19.12.1997.
Kordic and Cerkez, IT-95-14/2/T, Decision on Defence Motion to Dismiss, 22.01.1999.
Kordic and Cerkez, IT-95-14/2-T, Decision on the Prosecutor's Motions to hold Pre-trial Motions in Abeyance, 28.01.1998.
Kordic and Cerkez, IT-95-14/2/T, Decision Stating Reasons for Trial Chamber's Ruling of June 1, 1999 Rejecting Defence Motion to Suppress Evidence, 25.06.1999.
Kordic and Cerkez, IT-95-14/2-T, Order on Ex Parte Application for Issuance of an Order to the Netherlands Government, 27.01.2000.
Kupreskic and others, IT-95-16-T, Decision on Motion by the Prosecutor for Withdraw of Indictment against Marinko Katava, 19.12.1997.
Kupreskic and others, IT-95-16-T, Decision on Motion by the Prosecutor for Withdrawal of Indictment against Stipo Alilovic, 23.12.1997.
Kupreskic and others, IT-95-16-T, Decision on Communication between the Parties and their Witnesses, 21.09.1998
Kupreskic, IT-95-16-A, Judgement, 23.10.2001.
Furundzija, IT-95-17/1-A, Judgement, 21.07.2000.
Djukić, IT-96-20-T, Decision Rejecting the Application to Withdraw the Indictment and Order for Provisional Release, 24.04.1996.
Delalic et al., IT-96-21-T, Decision on Motion by the Accused Delalic for the Disclosure of Evidence, 10.06.1996.
Delalic et al., IT-96-21-T, Decision on the Request of the Accused Hazim Delic Pursuant to Rule 68 for Exculpatory Information, 24.06.1997.
Delalic et al., IT-96-21-A, Judgement, 20.02.2001.
Delalic et al., IT-96-21-R-R119, Decision on Motion for Review, 25.04.2002.

Delalic et al., IT-96-21-T, Decision on Motion by the Accused Delalic for the Disclosure of Evidence, 26.09.1996.
Erdemovic, IT-96-22-A, Separate and Dissenting Opinion of Judge Cassese, 07.10.1997.
Erdemovic, IT-96-22-A, Joint Separate Opinion of Judge McDonald and Judge Vohrah, 07.10.1997
Erdemovic, IT-96-22-T*bis*, Sentencing Judgement, 05.03.1998.
Kunarac & Kovac, IT-96-23-PT, Decision on the Form of the Indictment, 04.11.1999.
Kovacecic, IT-97-24-PT, Decision on Prosecutor's Request to File an Amended Indictment, 05.03.1998.
Kovacecic, IT-97-24-AR73, Separate Opinion of Judge Mohamed Shahabuddeen (to the Decision Stating Reasons for Appeals Chamber's Order of 29 May 1998), 02.07.1998.
Krnojelac, IT-97-25-PT, Decision on the Defence Preliminary Motion on the Form of the Indictment, 24.02.1999.
Krnojelac, IT-97-25-A, Judgement, 17.09.2003.
Brdjanin, IT-99-36-PT, Decision on Motion to Dismiss Indictment, 05.10.1999.
Brdjanin and Talic, IT-99-36, Decision on Form of Further Amended Indictment and Prosecution Application to Amend, 26.06.2001.
Brdjanin and Talic, IT-99-36-T, Decision on Motion to Set Aside Confidential Subpoena to Give Evidence, 07.06.2002.
Brdanin and Talic, IT-99-36-T, Decision on 'Motion for Relief from Rule 68 Violations by the Prosecutor and for Sanctions to be Imposed Pursuant to Rule 68*bis* and Motion for Adjournment while matters Affecting Justice and a Fair Trial can be Resolved', 30.10.2002
Slobodan Milosevic, Milan Milutinovic, Nikola Sainovic, Dragoljub Ojdanic and Vlajko Stojiljkovic, IT-99-37-I, Decision on Review of Indictment and Application for Consequential Orders, 24.05.1999.
Momcilo Krajisnik & Biljana Plavsic, IT-00-39 & 40-T, Decision on Motion from Momcilo Krajisnik to Compel Disclosure of Exculpatory Evidence Pursuant to Rule 68, 19.07.2001.
Ljubicic, IT-00-41-PT, Decision on Motion for Leave to Amend the Indictment, 02.08.2002.
Ademi, IT-01-46-PT, Decision on the Second Defence Motion on the Decision on Zoran Zigic's Motion for Rescinding Confidentiality of Schedules Attached to the Indictment form of the Indictment, 21.01.2002.
Milosevic, IT-02-54-T, Decision on Application to Amend Indictment and on Confirmation of Amended Indictment, 29.06.2001.

Milosevic, IT-02-54, Decision on Review of Indictment, 22.11.2001.
Milosevic, IT-02-54-AR108bis and AR73.3, Public Version of the Confidential Decision on the Interpretation and Application of Rule 70, 23.10.2002.
Obrenović, IT-02-60-T, Plea Agreement, 20.05.2003.
Nikolić, IT-02-60-PT, Annex A to the Joint Motion for Consideration of Plea Agreement between Momir Nikolić and the Office of the Prosecutor, Amended Plea Agreement, 07.05.2003.
Seselj, IT-03-67-PT, Decision on Motion for Disqualification, 10.06. 2003.

B. ICTR

Musema, ICTR-96-13-T, Decision on the Prosecutor's Request for Leave to Amend the Indictment, 06.05.1999.
Niyitegeka, ICTR-96-14-I, Decision on Prosecutor's Request for Leave to File an Amended Indictment, 21.06.2000.
Kanyabashi, ICTR-96-15-T, Reason for the Decision on the Prosecutor's Request for Leave to Amend the Indictment, 12.08.1999.
Barayagwiza, ICTR-97-19-AR72, Decision, 03.11.1999.
Barayagwiza, ICTR-97-19-AR72, Decision on Prosecutor's Request for Review or Reconsideration, 31.03.2000.
Kambanda, ICTR 97-23-A, Judgement, 19.10.2000.
Serushago, ICTR-98-39-A, Reasons for Judgment, 06.04.2000.

Verzeichnis der zitierten Dokumenten und Übereinkommen

Betreffend ICC:

Report of the Working Group on a Draft Statute for an International Criminal Court, July 16, 1993, reprinted in 33 I.L.M. 1994.
(Zit: ILC - Report 1993)

Draft Statute for an International Criminal Court, Report of the International Law Commission. U.N. GAOR 49th Sess., Supp.No.10, at 32-34, U.N. Doc. A/49/10 (1994).
(Zit: ILC-Draft)

Report of the Ad Hoc Committee on the Establishment of an International Criminal Court, U.N.GAOR 50th Session, Supp. No. 22, A/50/22 (1995)
(Zit: Ad Hoc Committee Report 1995)

Model Draft Statute for the International Criminal Court based on the Prepraratory Committee's Text to the Diplomatic Conference, Rome, June 15 – July 17 1998.

Freiburg-Deklaration zur Stellung der Staatsanwaltschaft eines ständigen Internationalen Strafgerichtshofes. International Workshop on "The Independence and Accountability of the Prosecutor of a Permanent International Criminal Court" Freiburg im Breisgau, May 28-29, 1998.

Rome Statute of the International Criminal Court, A/CONF.183/9 (17.07.1998), as corrected by the process-verbaux of 10.11.1998, C.N.577.1998.TREATIES-8, 12.07.1999, C.N.604.1999.TREATIES-18, and 30.11.1999, C.N.1095.1999. TREATIES-28.

Römisches Statut des Internationalen Strafgerichtshofs samt Erklärung der Republik Österreich, 196 der Beilagen zu den Stenographischen Protokollen des Nationalrates XXI. GP, ausgedruckt am 29.09. 2000, Erklärung zu Art 42.
(Zit: Österreich - Römisches Statut)

Finalized draft text of the Rules of Procedure and Evidence, Report of the Preparatory Commission for an International Criminal Court, PCNICC/2000/INF/3/Add.1, 12/07/2000.

Draft relationship agreement between the United Nations and the International Criminal Court, Report of the Working Group on a Relationship Agreement between the United Nations and the International Criminal Court, PCNICC/2001/WGICC-UN/L.1, 04.10.2001.

Draft Agreement on the Privileges and Immunities of the International Criminal Court. Report of the Preparatory Commission for the International Criminal Court (continued). Part III. U.N. Doc. PCNICC/2001/1/Add.3, 08.01.2002.

Resolution ICC-ASP/1/Res.2, Procedure for the nomination and election of judges, the Prosecutor and Deputy Prosecutors of the International Criminal Court, 09.09.2002.
(Zit: ICC-ASP – Resolution)

Draft Regulations of the Office of the Prosecutor. Version: 3 June 2003; © ICC-OTP 2003.

Comments and conclusions of the Office of the Prosecutor. Summary of recommendations received during the first Public Hearing of the Office of the Prosecutor, convened from 17-18 June 2003 at The Hague
(Zit: ICC-OTP Comments and Conclusions)

Report of the Prosecutor of the ICC at the Second Assembly of States Parties to the Rome Statute of the International Criminal Court, 08.09.2003.
(Zit: ICC-OTP Prosecutor Report)

Betreffend ICTY:

Statute of the International Criminal Tribunal for the Former Yugoslavia, Report of the Secretary-General pursuant to paragraph 2 of S.C. Res. 808 (1993), U.N.Doc.S/25704 (3 May 1993), angenommen durch S.C. Res. 827 vom 25/05/1993, zuletzt geändert durch S/RES/1481 vom 19/05/2003.

Rules of Procedure and Evidence of the International (Criminal) Tribunal for the Former Yugoslavia, angenommen am 11.02.1994, zuletzt geändert am 17/07/2003, IT/32/REV.28.

Annual Report of the International Tribunal for the Prosecution of Persons Responsible for Serious Violations of International Humanitarian Law Committed in the Territory of the Former Yugoslavia since 1991, U.N. GAOR, 49th Sess., A/49/342, S/1994/1007, 29.08.1994.

Annual Report 1996. A/51/292-S/1996/665, 16 August 1996.

Report of the Expert Group to Conduct a Review of the Effective Operation and Functioning of the International Tribunal for the Former Yugoslavia and the International Tribunal for Rwanda, UN Doc. S/2000/597 (2000), Annex I.
(Zit: ICTY - Expert Report).

Betreffend ICTR:

Statute of the International Criminal Tribuanal for Rwanda, Anhang zu S.C. Res. 955 (1994) vom 08/11/1994, zuletzt geändert durch S/RES/1431 vom 14/08/2002.

Yearbook of the International Law Commission, 1994, Vol. I. Summary Records of the meetings of the forty-sixth session, 2 May – 22 July 1994.

Betreffend militarische Tribunalen:

Charter of the Nürnberg International Military Tribunal, 08.08.1945

Charter of the International Military Tribunal for the Far East von 19.01.1946.

Internationale Übereinkommen:

Convention on the Prevention and Punishment of the Crime of Genocide. Approved and proposed for signature and ratification or accession by General Assembly resolution 260 A (III) of 9 December 1948. Entry into force 12 January 1951, in accordance with article XIII.
(Zit: Genozidkonvention)

Europäische Menschenrechtskonvention; Konvention zum Schutze der Menschenrechte und Grundfreiheiten vom 04/11/1950, BGBl. 1952 II, 685.

Internationaler Pakt über bürgerliche und politische Rechte, abgeschlossen in New York am 16.12. 1966.

International Convention on the Suppression and Punishment of the Crime of Apartheid, angenommen und ratifiziert durch Resolution 3068(XXVIII) von der UN-Generalversammlung vom 30.12.1973.
(Zit: Apartheid Konvention)

Sonstige Dokumenten:

Entwurf eines Gesetzes zum Römischen Statut des Internationalen Strafgerichtshofs vom 17. Juli 1998 (IStGH-Statutgesetz). Deutscher Bundestag, Drucksache 14/2682, 14.02.2000.
(Zit: BT-Drs. 14/2682)

Explanatory Notes of the Home Office of United Kingdom to Criminal Justice Act 2003 2003 Chapter 44. Abrufbar unter *http://www.opsi.gov.uk/ACTS/en2003/2003en44.htm* am 10.04.2007
(Zit: Home Office - Explanary Notes)

Report of the Committee on International Criminal Jurisdiction on its session held from 1 to 31 August 1951, 7 UN GAOR Supp. (No. 11) at 21, UN Doc. A/2136 (1952)
(Zit: CICJ - Report 1951)

Report of the Committee on International Criminal Jurisdiction on its session held from 27 July to 20 August 1953, 9 UN GAOR Supp. (No. 12), UN Doc. A/2645 (1954)
(Zit: CICJ - Report 1953)

Literaturverzeichnis

Ackerman, John E./O'Sullivan, Eugene, Practice and Procedure of the International Criminal Tribunal for the Former Yugoslavia. The Hague: Kluwer Law International 2000.

Ahlbrecht, Heiko, Geschichte der völkerrechtlichen Strafgerichtsbarkeit im 20. Jahrhundert. Baden-Baden: Nomos 1999.

AI, Memorandum to the United Nations: The Question of Justice and Fairness in the International War Crimes Tribunal for the Former Yugoslavia, Distr: SC/CO/PG/PO, AI Index: Eur 48/02/93, April 1993 (reproduced in *Morris/Scharf*, An Insider's Guide, Vol. II, S. 409-434).

- International Criminal Tribunals, Handbook for Government Cooperation, AI- Index: IOR 40/07/96, 01.08.1996.
- The International Criminal Court. Making the Right Choices – Part I Defining the crimes and permissible defences and initiating a prosecution. AI-Index: IOR 40/001/1997, 01.01.1997. (Zit: *AI*, ICC: Part I)
- The International Criminal Court. Making the Right Choices – Part II Organizing the Court and Ensuring a Fair Trial. AI Index: IOR 40/011/1997, 01/07/1997. (Zit: *AI*, ICC: Part II)
- The International Criminal Court. Making the Right Choices – Part V Recommendation to the Diplomatic Conference. AI-Index: IOR 40/010/1998, 01/05/1998. (Zit: *AI*, ICC: Part V)
- International Criminal Court: US efforts to obtain impunity for genocide, crime against humanity and war crimes. AI-Index: IOR 40/025/2002, 02.09.2002. (Zit: *AI*, ICC: US Efforts)
- International Criminal Court The unlawful attempt by the Security Council to give US citizens permanent impunity from international justice, AI-INDEX: IOR 40/006/2003, 01.05.2003. (Zit: *AI*, ICC: Unlawful Attempt)

Akhavan, Payam, Justice in The Hague, Peace in the Former Yugoslavia? A Commentary on the United Nations War Crimes Tribunal. HRQ 20 (1998) 4, S. 737-816.

Albrecht, Hans-Jörg, Settlements out of court - A Comparative Study of European Criminal Justice Systems (South African Law Commission, Research Paper 19), 11/2001. Abrufbar unter *http://www.mpicc.de/shared/data/pdf/settlements.pdf* am 10.04.2007.

Ambos, Kai, Zum Stand der Bemühungen um einen ständigen Internationalen Strafgerichtshof und ein Internationales Strafgesetzbuch. ZRP 7 (1996), S. 263-271.

- Establishming an International Criminal Court and an International Criminal Code – Observations from an International Criminal Law Viewpoint. EJIL 7 (1996) 4, S. 519-544.
- Establishing an International Criminal Court and an International Criminal Code: Observations from an International Criminal Law Viewpoint. EJIL 7 (1996) 4, S. 519-544.
- Der neue Internationale Strafgerichtshof – ein Überblick. NJW 1998, S. 3743-3746.
- Der neue Internationale Strafgerichtshof. Die schwierige Balance zwischen effizienter Strafverfolgung und Realpolitik. E+Z - Entwicklung und Zusammenarbeit, Nr. 9, 09.1998. Abrufbar unter *http://www.inwent.org/E+Z/zeitschr/ez998-5.htm* am 10.04.2007.
- Zur Rechtsgrundlage des IStGH. Eine Analyse des Rom-Statuts. ZStW 111 (1999). S. 175-211.
- Der neue internationale Strafgerichtshof: Funktion und vorläufige Bewertung. JbM 2000, S. 122-139.
- „Verbrechenselemente" sowie Verfahrens- und Beweisregeln des Internationalen Strafgerichtshofs. NJW 2001, S. 405-410.
- International Criminal Procedure: „Adversarial", „Inquisitorial" or Mixed? ICLR 3 (2003), S. 1-37.

Amerasinghe, Chittharanjan F., Judges of the International Court of Justice – Election and Qualifications. LJIL 14 (2001), S. 335-348.

Andrzejewska, Aleksandra, Die Beziehung des International Criminal Court zum Security Council. Seminar zum Völkerstrafrecht, Europa Universität Viadrina Frankfurt (Oder), Wintersemester 2002/03, 55 S. Abrufbar unter *http://voelkerrecht.euv-frankfurt-o.de/Publikationen/SeminararbeitAndrzejewska.pdf* am 10.04.2007.

Arbour, Louise, The Development of a Coherent System of Rules of International Criminal procedure and Evidence Before the Ad Hoc International Tribunals for the former Yugoslavia and Rwanda. In: *AIDP*, Les systèmes comparés de justice pénale: De la diversité au rapprochement. Actes de la Conférence internationale à l'occasion du 25ème anniversaire de l'Institut Supérieur International de Sciences Criminelles, Syracuse (Italie), 16-20 Décembre 1997. Toulouse: Editions Érès 1998, S. 371-381.
- The Prosecution of International Crimes. WUJLP 1999, S. 13-24.
- The Need for an Independent and Effective Prosecutor in the Permanent International Criminal Court. WYAJ 17 (1999), S. 207-220.

- The International Tribunals for Serious Violations of International Humanitarian Law in the Former Yugoslavia and Rwanda. MLJ 46 (2000), S. 195-201.
- Litigation Before the ICC: Not If and When, But How? CJTL 40 (2001) 1, S. 1-10.

Arbour, Louise/Bergsmo, Morten, Conspicuous Absence of Jurisdictional Overreach. In: *Von Hebel, Herman A.M./Lammers, Johan G./Schukking, Jolien,* Reflections on the International Criminal Court. Essays in Honour of Adriaan Bos. The Hague: T.M.C.Asser Press 1999, S. 129-140.

Arbour, Louise/Eser, Albin/Ambos, Kai/Sanders, Andrew (eds.), The Prosecutor of a Permanent International Criminal Court. Freiburg im Breisgau: MPI 2000.

Arnold, Pascal, Der UNO-Sicherheitsrat und die strafrechtliche Verfolgung von Individuen. Die ad hoc Tribunale zur Verfolgung von Kriegsverbrechen im ehemaligen Jugoslawien und in Ruanda sowie das Statut des Internationalen Strafgerichtshof. Basel: Helbing & Lichtenhahn 1999.

Arsanjani, Mahnoush H., Reflections on the Jurisdiction and Trigger-Mechanism of the International Criminal Court. In: *Von Hebel, Herman A.M./Lammers, Johan G./Schukking,Jolien,* Reflections on the International Criminal Court. Essays in Honour of Adriaan Bos. The Hague: T.M.C.Asser Press 1999, S. 57-76.

- The International Criminal Court and National Amnesty Laws. ASIL Proceedings of the 93rd Annual meeting, March 24-27, 1999, S. 65-68.
- The Rome Statute of the International Criminal Court. AJIL 1999, S. 22-43.
- The Rome Statute of the International Criminal Court: Exceptions to the Jurisdiction. In: *Politi, Mauro/Nesi, Giuseppe* (eds.), The Rome Statute of the International Criminal Court: A Challenge to Impunity. Aldershot: Ashgate/Dartmouth 2001, S. 49-53.
- ICC and Trigger Mechanism by a State. In: *Perrakis, S.* (ed.), International Criminal Court. A New Dimension in Internatonal Justice. Questions and Prospects for a New Humanitarian Order. Athens: Ant. N. Sakkoulas Publishers 2002, S. 147-150.

Ascensio, Hervé, Privileges and Immunities. In: *Cassese, Antonio/Gaeta, Paola/Jones, John R.W.D.* (eds.), The Rome Statute of the International Criminal Court: A Commentary. Oxford: Oxford University Press 2002, S. 289-295.

Ascensio, Hervé/Decaux, Emmanuel/Pellet, Alain, Droit International Pénal. Paris: Pedone 2000.

Askin, Kelly D., Reflections on Some of the Most Significant Achievements of the ICTY. NELR 37 (2003) 4, S. 903-914.

Bachrach, Michael, The Permanent International Criminal Court: An Examination of the Statutory Debate. IJCLJ 5 (1998) 1, S. 139-169.

Baer, Andrea, Die Unabhängigkeit der Richter in der Bundesrepublik Deutschland und in der DDR. Berlin: Berlin-Verlag Spitz, 1999.

Bardy, *Helen,* The System of Evidence in the Statute of the International Criminal Court. In: *Lattanzi, Flavia/Schabas, Willam A*., Essays on the Rome Statute of the International Criminal Court. Ripa Fagnano Alto: Editrice il Sirente 1999, Vol. I, S. 279-302.

Bass, Gary Jonathan, Stay the Hand of Vengeance: The Politics of War Crimes Tribunals. Princeton, New Jersey: Princeton University Press 2000.

Bassiouni, M. Cherif, Human Rights in the Context of Criminal Justice: Identifying International Procedural Protections and Equivalent Protections in National Constitutions. DJCI L 3 (1993), S. 235-297.

- Negotiating the Treaty of Rome on the Establishment of an International Criminal Court. CILJ 32 (1999) 3, S. 443-469.
- (Ed.), Model Draft Statute for the International Criminal Court based on thePreparatory Committee's Text to the Diplomatic Conference, Rome, June 15-July 17 1998. Toulouse: Edition Érès 1998.
- Historical Survey: 1919-1998. In: *International Association of Penal Law*, ICC Ratification and National Implementing Legislation. Toulouse: Edition Érès 1999, S. 1-44.
- Note Explicative sur le Statut de la Cour Pénale Internationale. RIDP 71 (2000) 1-2, S. 1-41.
- Introduction to International Criminal Law. Ardsley, New York: Transnational Publishers 2003.

Baum, *Lynne Miriam,* Pursuing Justice in a Climate of Moral Outrage: an Evaluation of the Rights of the Accused in the Rome Statute of the International Criminal Court. WILJ 19 (2001) 2, S. 197-229.

Bazelaire, Jean-Paul/Cretin, *Thierry,* La Justice pénale internationale. Paris: Presses Universitaires de France 2000.

Becker, Monika/Kinzig, Jörg, Rechtsmittel im Strafverfahren in rechtsvergleichender und rechtstatsächlicher Sicht. In: *Becker, Monika/Kinzig, Jörg* (Hrsg.), Rechtsmittel im Strafrecht. Eine international vergleichende Untersuchung zur Rechtswirklichkeit und Effizienz von Rechtsmitteln. Freiburg im Breisgau: MPI 2000, S. 200-212.

Before, Kelly M., Undue Delay. New England School of Law International War Crimes Project, Rwanda Genocide Prosecution, November, 2001. Abrufbar unter *http://www.nesl.edu/center/wcmemos/2001/before.pdf* am 10.04.2007.

Behrens, Hans-Jörg, Das Verfahren des Internationalen Strafgerichtshofes nach dem Statut von Rom. HuV-I 11(1998), S. 144-151.

- Investigation, Trial and Appeal in the International Criminal Court Statute (Pat V, VI, VIII). EJCCLCJ 6 (1998) 4, S. 113-125.
- The Trial Proceedings. In: *Lee, Roy S.* (ed.), The International Criminal Court, The Making of the Rome Statute. The Hague: Kluwer Law International 1999, S. 238-246.

Benedetti, Fanny, A Report on the Negotiations for the Creation of an International Criminal Court. H.R. Brief 5 (1997) 1. Abrufbar unter *http://www.wcl.american.edu/pub/humright/brief/v5i1/html/ICC2.html* am 10.04.2007.

Beresford, Stuart, Unshackling the paper tiger – the sentencing practices of the ad hoc international criminal tribunals for the former Yugoslavia and Rwanda. ICLR 1 (2001), S. 33-90.

Bergsmo, Morten, The Jurisdictional Régime of the International Criminal Court (Part II, Articles 11-19). EJCCLCJ 6 (1998) 4, S. 345-363.

- Occasional Remarks on Certain State Concerns about the Jurisdictional Reach of the International Criminal Court, and Their Possible Implications for the Relationship between the Court and the Security Council. NJIL 69 (2000), S. 87-113.

Bergsmo, Morten/Cissé, Catherine/Staker, Christopher, The Prosecutors of the International Tribunals: The Cases of the Nuremberg and Tokyo Tribunals, the ICTY and ICTR, and the ICC Compared. In: *Arbour, Louise/Eser, Albin/Ambos, Kai/Sanders, Andrew* (eds.) The Prosecutor of a Permanent International Criminal Court. Freiburg im Breisgau: MPI 2000, S. 121-154.

Bergsmo, Morten/Harhoff, Frederik, Commentary to Art. 42. In: *Triffterer, Otto* (ed.), Commentary on the Rome Statute of the International Criminal Court: Observer's Notes, Article by Article. Baden-Baden: Nomos 1999, S. 627-636.

Bergsmo, Morten/Kruger, Pieter, Commentary to Art. 53, 54. In: *Triffterer, Otto* (ed.), Commentary on the Rome Statute of the International Criminal Court: Observer's Notes, Article by Article. Baden-Baden: Nomos 1999, S. 701-725.

Bergsmo, Morten/Pejić, Jelena, Commentary to Art. 15. In: *Triffterer, Otto* (ed.), Commentary on the Rome Statute of the International Criminal Court: Observer's Notes, Article by Article. Baden-Baden: Nomos 1999, S. 359-372.

Berman, Franklin, The Relationship between the International Criminal Court and the Security Council. In: *Von Hebel, Herman A.M./Lammers, Johan G./Schukking,Jolien*, Reflections on the International Criminal Court. Essays in Honour of Adriaan Bos. The Hague: T.M.C.Asser Press 1999, S. 173-180.

Bickel, Johannes, Das förmliche Geständnis im US-amerikanischen Strafprozess als Beispiel der Verfahenserledigung. Berlin: Duncker & Humblot 2001.

Biehler, Anke/Gleß, Sabine/Parra, Nina/Zeitler, Helge Elisabeth, Analyse des Grünbuchs zum strafrechtlichen Schutz der finanziellen Interessen der EG und zur Schaffung einer Europäischen Staatsanwaltschaft. Freiburg im Breisgau: MPI April 2002.

Bitti, Gilbert, Les Tribulations de la Justice Pénale internationale au 20ème Siècle: La Création d'une Cour Criminelle Internationale Permanente – Affrontement ou Conciliation des Dogmes ein Procédure Pénale? In: *AIDP*, Les systèmes comparés de justice pénale: De la diversité au rapprochement. Actes de la Conférence internationale à l'occasion du 25ème anniversaire de l'Institut Supérieur International de Sciences Criminelles, Syracuse (Italie), 16-20 Décembre 1997. Toulouse: Edition Érès 1998, S. 395-442.

Blakesley, Christopher L., Commentary on Parts 5 and 6 of the Zutphen Intersessional Draft: Investigation, Prosecution, & Trial. In: *Wexler, Leila Sadat* (ed.), Observations on the Consolidated ICC Text before the Final Session of the Preparatory Committee. Toulouse: Edition Érès 1998, S. 69-94.

Blewitt, Graham T., International and National Prosecutions. In: *Joyner, Christopher C./Bassiouni, M. Cherif*, Reining in Impunity for International Crimes and Serious Violations of Fundamental Human Rights: Proceedings of the Siracusa conference, 17-21 September 1998. Toulouse: Edition Érès 1998.

- International Criminal Tribunals: A look to the future. Abrufbar unter *http://www.iap.nl.com/speeches/2000_o.html* am 10.04.2007.
- Exercising Independence: The ICTY and ICC Prosecutors. In: *Perrakis, S.* (ed.), International Criminal Court. A New Dimension in Internatonal Justice. Questions and Prospects for a New Humanitarian Order. Athens: Ant. N. Sakkoulas Publishers 2002, S. 155-161.

Boas, Gideon, Creating Laws of Evidence for Internatonal Criminal Law: The ICTY and the Principle of Flexibility. CLF 12 (2001), S. 41-90.

- Developments in the Law of Procedure and Evidence at the International Criminal Tribunal for the Former Yugoslavia and the International Criminal Court. CLF 12 (2001), S. 167-183.

Bogner, Udo, Absprachen im deutschen und italienischen Strafprozessrecht. Marburg: Elwert 2000.

Bohlander, Michael, Plea-Bargaining before the ICTY. In: *May, Richard/MacDonald, Gabrielle Kirk* (eds.), Essays on ICTY Procedure and Evidence in Honour of Gabrielle Kirk McDonald. The Hague: Kluwer Law International 2001, S. 151-163.

- Gerichtliche Sanktionen gegen Anwälte wegen Missbrauchs von Verfahrensrechten. Aachen: Shaker Verlag 2001.
- Last Exit Bosnia – Transferring War Crimes Prosecution From The International Tribunal to Domestic Courts. CLF 14 (2003), S. 59-99.

Bömeke, Patrick M., Rechtsfolgen fehlgeschlagener Absprachen im deutschen und englischen Strafverfahren. Frankfurt am Main: Peter Lang 2001.

Bougarel, Xavier, Der Prozess gegen Milosevic in den Haag: Vom richtigen Gebrach des Rechts, le Monde diplomatique, Nr. 6723, 12.4.2002. Abrufbar unter *http://www.monde-diplomatique.de/pm/2002/04/12.mondeText.artikel ,a0038.idx,9* am 10.04.2007.

Bourdon, William, La Cour pénale internationale: Le statut de Rome. Paris: Seuil Mai 2000.

Brady, Helen, Disclosure of Evidence. In: *Lee, Roy S.* (ed.), The International Criminal Court: Elements of Crimes and Rules of Procedure and Evidence. Ardsley, New York: Transnational Publishers 2001, S. 403-426.

Brady, Helen/Jennings, Mark, Appeal and Revision. In: *Lee, Roy S.* (ed.), The International Criminal Court: The Making of the Rome Statute. The Hague: Kluwer Law International 1999, S. 294-304.

Brant, Leonardo Nemer Caldeira, Les Voies de Recours. In: *Ascensio, Hervé/Decaux, Emmanuel/Pellet, Alain,* Droit International Pénal. Paris: Pedone 2000, S. 855-866.

Broomhall, Bruce, International Justice and the International Criminal Court: Between Sovereignty and the Rule of Law. Oxford: Oxford University Press 2003.

- The International Criminal Court: Overview, and Cooperation with States. In: ICC Ratification and National Implementing Legislation. Paris: Nouvelles Études Pénales 1999, S. 45-111.
- The International Criminal Court: A Checklist for National Implementation. In: ICC Ratification and National Implementing Legislation. Paris: Nouvelles Études Pénales 1999, S. 113-159.

Brown, Bartram S., The Statute of the ICC: Past, Present, and Future. In: *Sewall, Sarah B./Kaysen, Carl* (eds.), The United States and the International Criminal Court. The American Academy of Arts and Sciences 2000, S. 61-84.

- Primacy or Complementarity: Reconciling the Jurisdiction of National Courts and International Criminal Tribunals. YJIL 23 (1998), S. 383-436.

Brown, Daniel J., The International Criminal Court and Trial in Absentia. BJIL, 24 (1999), S. 763-796.

Brubacher, Matthew R., Prosecutorial Discretion within the International Criminal Court. JICJ 2 (2004), S. 71–95.

Bruer-Schäfer, Aline, Der Internationale Strafgerichtshof: die Internationale Strafgerichtsbarkeit im Spannungsfeld von Recht und Politik. Frankfurt am Main: Peter Lang 2001.

Bummel, Andreas, Meilenstein des Völkerrechts: Der Internationale Strafgerichtshof. MZJ 1 (2001). Abrufbar unter *http://www.bummel.org/framesets/fs-t10 .htm* am 10.04.2007.

- Für eine ständige Eingreiftruppe der Vereinten Nationen. Ein Memorandum der Gesellschaft für bedrohte Völker (GfbV), Mai 2003. Abrufbar unter *http://www.uno-komitee.de/de/dokumente/gfbv-eingreiftruppe.pdf* am 10.04. 2007.

- Zukunft der Blauhelme. Telepolis, 15.05.2003. Abrufbar unter *http://www.heise.de/tp/r4/artikel/14/14793/1.html* am 10.04.2007.

Caianiello, Michele/ Illuminati, Giulio, From the International Criminal Tribunal for the Former Yugoslavia to the International Criminal Court. NCJILCR 26 (2001) 2, S. 407-455.

Cassese, Antonio, Reflections on Some of the Novel Features of the International Criminal Tribunal for the Former Yugoslavia. JRMP 1 (1996), S.111-122.

- On the Current Trends towards Criminal Prosecution and Punishment of Breaches of International Criminal Law. EJIL 9 (1998) 1, S. 2-17.

- The Statute of the International Criminal Court: Preliminary Reflections. EJIL 10 (1999) 1, S. 144-171.

- International Law. Oxford: Oxford University Press, 2001.

- Is the ICC Still Having Teething Problems? JICJ 4 (2006), S. 434-441.

Champy, Guillaume, Inquisitoire – Accusatoire devant les Juridictions Pénales Internationales. RIDP 68 (1997), S. 149-193.

Ciampi, Annalisa, Other Forms of Cooperation. In: *Cassese, Antonio/Gaeta, Paola/Jones, John R.W.D.* (eds.), The Rome Statute of the International Criminal Court: A Commentary. Oxford: Oxford University Press 2002, S. 1705-1747.

Cogan, Jacob Katz, International Criminal Courts and Fair Trials: Difficulities and Prospects. YJIL 27(2002), S. 111-140.

Colangelo, Anthony J., Manipulating International Criminal Procedure: The Decision of the ICTY Office of the Independent Prosecutor Not To Investigate NATO Bombing In the Former Yugoslavia. NULR 97 (2003) 3, S. 1393-1436.

Combs, Nancy Amoury, Coping a Plea to Genocide: The Plea Bargaining of International Crimes. PULR 151 (2002), S. 1-157.

- Establishing the International Criminal Court. ILFDI 5 (2003), S. 77–85.

Condorelli, Luigi/Villalpando, Santiago, Referral and Deferral by the Security Council. In: *Cassese, Antonio/Gaeta, Paola/Jones, John R.W.D.* (eds.), The Rome Statute of the International Criminal Court: A Commentary. Oxford: Oxford University Press 2002, S. 627-655.

Costa, Jennifer E., Double Jeopardy and Non Bis in Idem: Principles of Fairness. UCDJILP 4 (1998), S. 181-200.

Côté, Luc, Reflections on the Exercise of Prosecutorial Discretion in International Criminal Law. JICJ 3 (2005), S. 162-186.

Cottier, Michael, Der Internationale Strafgerichtshof wird Wirklichkeit. Jusletter, 22.04.2002, 5 S. Abrufbar unter *www.humanrights.ch/home/upload/pdf/030115_cottier.pdf* am 10.04.2007.

Creta, Vincent M., The Search for Justice in the Former Yugoslavia and Beyond: Analyzing the Rights of the Accused under the Statute and the Rules of Procedure and Evidence of the International Criminal Tribunal for the Former Yugoslavia. HJIL. 20 (1998) 2, S. 381-418.

Danner, Allison Marston, Enhancing the Legitimacy and Accountability of Prosecutorial Discretion at the International Criminal Court. AJIL 97 (2003) 3, S. 510-552.

- Navigating Law and Politics: The Prosecutor of the International Criminal Court and the Independent Counsel. SLR 55 (2003) 5, S. 1633-1665.

De Bertodano, Sylvia, The Role of the International Prosecutor. In: *Roy S. Lee* (ed.), The International Criminal Court, The Making of the Rome Statute. The Hague: Kluwer Law International 1999, S. 175-188.

- Judicial Independence in the International Criminal Court. LJIL 15 (2002), S. 409-430.

De Cesari, Patrizia, Observations on the Appeal before the International Criminal Court. In: *Politi, Mauro/Nesi, Giuseppe* (eds.), The Rome Statute of the International Criminal Court: A Challenge to Impunity. Aldershot: Ashgate/Dartmouth 2001, S. 225-234.

De Gurmendi, Silvia A. Fernándey, The Role of the International Prosecutor. In: *Roy S. Lee*, The International Criminal Court, The Making of the Rome Statute. The Hague: Kluwer Law International 1999. S. 175-188.

De Gurmendi, Silvia A. Fernánde/Friman, Håkan, The Rules of Procedure and Evidence of the International Criminal Court. YIHL 3 (2000), S. 286-336.

DeFrank, Matthew M., ICTY Provisional Release: Current Practice, a Dissenting Voice, and the Case for a Rule Change. TLR 80 (2002), S. 1429-1463.

De los Reyes, Charmaine, Revisiting Disclosure Obligations at the ICTR and its Implications for the Rights of the Accused. CJIL 4 (2005), S. 583–597.

Del Ponte, Carla, Die UN-Tribunale für Ex-Jugoslawien und Ruanda – Herausforderungen für die Anklagebehörde. SchZStrR 119 (2000), S. 317-327.

- Four Years in The Hague: A Retrospective – And the Way Forward. 02.10.2003. Abrufbar unter *http://www.ngiz.nl/lectures/delponte_2003.pdf* am 10.04.2007.
- Investigation and Prosecution of Large-scale Crimes at the International Level. The Experience of the ICTY. JICJ 4 (2006), S. 539-558.

Desai, Sohan S, Plea Bargaining under the Rwanda Statute und Rules of Evidence and Procedure. New England School of law International War Crimes Project Rwanda Genocide Prosecution, Memo for the Office of the Prosecutor ICTR, December 1999. Abrufbar unter *www.nesl.edu/center/wcmemos/desaif99.htm* am 10.04.2007

Deutsche Wehrrehtsgesellschaft, Empfehlungen: Vereinbarkeit nationaler Rechtssysteme mit dem Statut des Ständigen Internationalen Strafgerichtshofes (IStGH). XVI. Kongresses der Internationalen Gesellschaft für Wehrrecht und Kriegsvölkerrecht (Rom, 1. – 6. April 2003), Anlage 1. Abrufbar unter *http://www.deutsches-wehrecht.de/DtGfWuHV/Rom/RomEmpfehlungen.pdf* am 10.04.2007.

Dicker, Richard, Issues facing the International Criminal Court's Preparatory Commission. CILJ 32 (1999) 3, S. 471- 475.

Dixon, Rodney/Demirdjian, Alexis, Advising Defendants about Guilty Pleas before International Courts. JICJ 3 (2005), S. 680-694.

Dixon, Rodney/Khan, Karim A.A./May, Richard (eds.), Archbold. International Criminal Courts. Practice, Procedure and Evidence. London: Sweet & Maxwell London 2003.

Doehring, Karl, Betrachtungen zum Statut eines Internationalen Strafgerichtshofs. In: *Ipsen, Knut/ Raap, Christian/ Stein, Torsten/Steinkamm, Armin A.* (Hrsg.), Wehrrecht und Friedenssicherung, Festschrift für Klaus Dau zum 65. Geburtstag. Neuwied: Luchterhand 1999, S. S. 63-71.

- Zur Rechtstellung internationaler Richter. In: *Arndt, Hans-Wolfgang / Knemeyer, Franz-Ludwig/Kugelmann, Dieter/meng, Werner/Schweitzer, Michael* (Hrsg.), Festschrift für Walter Rudolf zum 70. Geburtstag. München: C.H. Beck 2001, S. 35-41.

Donatsch, Andreas, Das Beschleunigungsgebot im Strafprozess gemäß Art. 6 Ziff. 1 EMRK in der Rechtsprechung der Konventionsorgane. Abrufbar unter *http://www.rwi.unizh.ch/donatsch/publ/aufsatz/beschleu.doc* am 10.04.2007.

Driendl, Johannes, Verfahrensökonomie und Strafprozessreform: Ein praktischer Gang durch das österreichische Strafverfahren; Gutachten und Reformvorschläge. Bochum: Studienverlag Dr. N. Brockmeyer 1984.

Drumbl, Mark A./Gallant, Kenneth S., Appeals in the Ad Hoc International Criminal Tribunals: Structure, Procedure, and Recent Cases. JAPP 3 (2001) 2, S. 589-659.

Easton, Willian, Criminal Procedure II. ASAL, 1983, S.

Elaraby, Nabil, The Role of the Securtity Council and the Independence of the Internaional Criminal Court: Some Reflections. In: *Politi, Mauro/Nesi, Giuseppe* (eds.), The Rome Statute of the International Criminal Court: A Challenge to Impunity. Aldershot: Ashgate/Dartmouth 2001, S. 43-47.

Elsea, Jennifer, International Criminal Court: Overview and Selected Legal Issues, Report for Congress, June 5, 2002. Abrufbar unter *http://vienna.usembassy.gov/en/download/pdf/crs_icc1.pdf* am 10.04.2007.

Emmerson, Ben/ Ashworth, Andrew, Human Rights and Criminal Justice. London: Sweet & Maxwell 2001.

Engels, Markus (Einführung und Interview), Schritte auf dem Weg zur Weltrechts-Gemeinschaft. Interview mit dem ehemaligen Chefankläger des Jugoslawien-Tribunals Judge Richard J. Goldstone, Die Neue Gesellschaft/Frankfurter Hefte 2 (1997), S.124-131. Abrufbar unter *http://www.fes.de/kommunikation/recht/brosch/goldst.html* am 10.04.2007.

Erb, Volker, Legalität und Opportunität: gegensätzliche Prinzipien der Anwendung von Strafrechtsnormen im Spiegel rechtstheoretischer, rechtsstaatlicher und rechtspolitischer Überlegungen. Berlin: Duncker & Humblot1999.

Eser, Albin, Auf dem Weg zu einem internationalen Strafgerichtshof: Entstehung und Grundzüge des Rom-Statuts. ZBJV 139 (2003)1, S. 2-42.

- For Universal Jurisdiction: Against Fletcher's Antagonism. TulsaLR 39 (2004), S. 955-978.
- Das Rom-Statut des Internationalen Strafgerichtshofs als Herausforderung für die nationale Strafrechtspflege: Exemplifiziert an der Implementierung in das deutche Recht. In: *Grafl, Christian/Medigovic, Ursula (Hrsg.)*, FS für Manfred Burgstaller zum 65. Geburtstag. Wien: NWV Neuer Wissenschaftlicher Verlag 2004, S. 355-373.

- Zur Schlüsselrolle des Anklägers für die internationale Strafjustiz. In: *Griesbaum, Rainer/Hannich, Rolf/Schnarr, Karl Heinz* (Hrsg.) Strafrecht und Justizgewährung. Festschrift für Kay Nehm zum 65. Geburtstag. Berlin: Berliner Wissenschafts-Verlag 2006, S. 111-124.

Falvey, Joseph L., United Nations Justice or Military Justice: Which is the Oxymoron? An Analysis of the Rules of Procedure and Evidence of the International Tribunal for the Former Yugoslavia. FILJ 19 (1995), S. 475-528.

Farbstein, Susan Hannah, The effectiveness of the exercise of jurisdiction by the International Criminal Court: the issue of complementarity. ECMI Working Paper 12, 2001. Abrufbar unter *http://www.ecmi.de/download/working_paper_12.pdf* am 10.04.2007.

Fassbender, Bardo, Der Internationale Strafgerichtshof: Auf dem Weg zu einem "Weltinnenrecht"? In: Aus Politik und Zeitgeschichte (B 27-28/2002). Abrufbar unter *http://www.bpb.de* am 10.04.2007.

Fastenrath, Ulrich, Der Internationale Strafgerichtshof. JuS 1999, S. 632-635.

Febles, Dennis, Transfer and Provisional Detention of Suspects – Are the Powers of the Prosecutor Under Rule 40*bis* Too Great Compared To Similar Prosecutorial Powers in the Federal Jurisdiction of the United States, Canada, England, S. Africa, France and Scotland. Memo for the Office of the Prosecutor ICTR. New England School of Law International War Crimes Prosecution Project. May 2002. Abrufbar unter *http://www.nesl.edu/center/wcmemos/2002/febles.pdf* am 10.04.2007.

Ferencz, Benjamin B., International Criminal Courts: The Legacy of Nuremberg. PILR 1998. 10 (1998) 1, S. 203-235.

- Von Nürnberg nach Rom: Auf dem Weg zu einem Internationalen Strafgerichtshof. HuV 11 (1998) 2, S. 80-90.
- Misguided Fears about the International Criminal Court. 05.12.2002. Abrufbar unter *http://www.benferencz.org/arts/39.html* am 10.04.2007.

Fife, Eolf Einar, Commentary to Art. 77. In: *Triffterer, Otto* (ed.), Commentary on the Rome Statute of the International Criminal Court: Observer's Notes, Article by Article. Baden-Baden: Nomos 1999, S. 985-998.

- Commentary to Art. 80. In: *Triffterer, Otto* (ed.), Commentary on the Rome Statute of the International Criminal Court: Observer's Notes, Article by Article. Baden-Baden: Nomos 1999, S. 1009-1014.

Findlay, Mark, Internationalised Criminal Trial and Access to Justice. ICLR 2 (2002), S. 237-259.

- Synthesis in Trial Procedures? The Experience of International Criminal Tribunals. ICLQ 50 (2001), S. 26-53.

Fleming, Mark C., Appellate Review in the International Criminal Tribunals. TILJ 37(2002), S. 111-155.

Fletcher, George P./Ohlin,Jens David, The ICC - Two Courts in One? JICJ 4 (2006), S. 428 - 433.

Friman, Håkan, Investigation and Prosecution. In: *Lee, Roy S.* (ed.), The International Criminal Court: Elements of Crimes and Rules of Procedure and Evidence. Ardsley, New York: Transnational Publishers 2001, S. 493-538.

- The Rules of Procedure and Evidence in the Investigative Stage. In: *Fischer, Horst/Kreß, Claus/Lüder, Sascha Rolf* (eds.), International and National Prosecution of Crimes under International Law: Current Developments. Berlin: Berlin Verlag Arno Spitz 2001, S. 191-217.
- Inspiration from the International Criminal Tribunals when Developing Law on Evidence for the International Criminal Court. LPICT 3 (2003), S. 373-400.

Furuya, Shuichi, Legal Effect of Rules of the International Criminal Tribunals and Court upon Individuals: Emerging International Law of Direct Effect. NILR 2000, S. 111-145.

Gaeta, P., Is the Practice of "Self-Referrals" a Sound Start for the ICC? JICJ 2 (2004), S. 949-952.

Gallant, Kenneth S. Securing the Presence of Defendants before the International Tribunal for the Former Yugoslavia: Breaking with Extradition. CLF 5 (1994), S. 557-586,

- The Role and Powers of Defense Counsel in the Rome Statute of the International Criminal Court. IL 34 (2000) 1, S. 21-44.
- The International Criminal Court in the System of States and International Organizations, LJIL 16 (2003) 3, S. 553-591.

Gastinger, Mag Brigitte/Pieringer, Mag Michaela, Die Diversion im österreichischen Erwachsenenstrafrecht unter Berücksichtigung ausländischer Lösungsmodelle und ausgewählter völkerrechtlicher Prinzipien, Dissertation Salzburg, 2001.

Geiger, Hansjörg, Internationaler Strafgerichtshof und Aspekte eines neuen Völkerstrafgesetzbuches. In: Freundesgabe für Alfred Büllesbach 2002, S. 327-346. Abrufbar unter *http://www.alfred-buellesbach.de/PDF/32_Geiger_Internationaler.pdf* am 10.04.2007.

Geißler, Nils, Der Internationale Strafgerichtshof – Jüngste Entwicklungen und Ausblick. JbM 2001, 233-238.

Gilles, Jule, Der Ad-hoc-Strafgerichtshof für das ehemalige Jugoslawien: Das UN-Tribunal im Schatten der internationalen Intervention. NKSH Heft Nr. 1,

Juli 2001, S. 1-35. Abrufbar unter *http://www.kurt-eisner-verein.de/doks/nk01_jule_gilles.pdf* am 10.04.2007.

Gillhoff, Nilola, Die Errichtung eines ständigen Internationalen Gerichtshofes, Beginn einer neuen Ära? Arbeitsgruppe: Internationale Politik P99-306. Abrufbar unter *http://bibliothek.wz-berlin.de/pdf/1999/p99-306.pdf* am 10.04.2007.

Gleß, Sabine, Rechtsvergleichender Querschnitt. In: *Gleß, Sabine/Grote, Rainer/Heine,* Günter (Hrsg.), Justitielle Einbindung und Kontrolle von Europol. Freiburg im Breisgau: MPI 2001, S. 643-694.

Goldston, James A./Odinkalu, Chidi Anselm, /Smith Jr., Jeremiah, A Crucial Case for the International Criminal Court. International Herald Tribune, 26.02. 2004. Abrufbar unter *http://www.globalpolicy.org/intljustice/icc/2004/0226crucial.htm* am 10.04.2007.

Goldstone, Richard, Comments on the Office of the Prosecutor, 24.03.2003. Contribution to an expert consultation process on general issues relevant to the ICC Office of the Prosecutor. ICC-OTP, 2003. 3 S. Abrufbar unter *http://www.icc-cpi.int/library/organs/otp/Goldstone.pdf* am 10.04.2007.

Goldstone, Richard J./Fritz, Nicole, 'In the Interests of Justice' and Independent Referral: The ICC Prosecutor's Unprecedented Powers. LJIL 13 (2000), S. 655-667.

Graefrath, Bernhard, Die Verhandlungen der UN-Vplkerrechtskommission zur Schaffung eines Internationalen Strafgerichtshofs. ZStW 104 (1992), S. 190-200.

- Jugoslawien und die internationale Strafgerichtsbarkeit. In: *Hankel, Gerd/Stuby, Gerhard* (Hrsg.), Strafgerichte gegen Menschheitsverbrechen: Zum Völkerstrafrecht 50 Jahre nach den Nürnberger Prozessen. Hamburg: Hamburger Edition 1995, S. 295-324.
- 50 Jahre internationale Strafgerichtsbarkeit: Von Nürnberg über Den Haag zu einem Ständigen Internationalen Strafgerichtshof. W&F 1(1997). Abrufbar unter *http://www.uni-muenster.de/PeaCon/wuf/wf-97/9710302m.htm* am 10.04.2007.

Groulx, Elise, A Strong Defence Before the International Criminal Court. In: *Bevers, Hans/Joubert, Chantal*, An Independent Defence before the International Criminal Court. Proceedings of the Conference held in The Hague, 1-2 November 1999. Amsterdam: Thela Thesis, 2000, S. 7-18.

Guariglia, Fabricio, Investigation and Prosecution. In: *Lee, Roy S.,* The International Criminal Court, The Making of the Rome Statute. The Hague: Kluwer Law International 1999, S. 227-246.

Guariglia, Fabricio/Harris, Kenneth, Commentary to Art. 57. In: *Triffterer, Otto* (ed.), Commentary on the Rome Statute of the International Criminal Court: Observer's Notes, Article by Article. Baden-Baden: Nomos 1999, S. 743-752.

Hahn, Stefan, Die Verständigung im Strafverfahren. Abrufbar unter *http://www.uni-saarland.de/fak1/fr12/schmidtchen/lehre/WS%2001_02/0102_oar_Hahn%20Verstaendigung%20im%20Strafverfahren.pdf* am 10.04. 2007.

Hall, Christopher Keith, The first proposal for a permanent international criminal court. IRRC No. 322, 31.03.1998, S. 57-74.

- The Third and Fourth Sessions of the UN Preparatory Committee on the Establishment of an International Criminal Court. AJIL 92 (1998) 1, S. 124-133.

  Origins of the ICC Concept (1872/1945). The International Criminal Court Monitor, Issue 6, Nonember 1997, S. 6.

- Suggestions concerning International Criminal Court Prosecutorial Policy and Strategy and External Relations, 28.03.2003. Contribution to an expert consultation process on general issues relevant to the ICC Office of the Prosecutor, ICC-OTP 2003. 65 S. Abrufbar unter *http://www.icc-cpi.int/library/organs/otp/hall.pdf* am 10.04.2007.

- The Powers and Role of the Prosecutor of the International Criminal Court in the Global Fight against Impunity. LJIL 17 (2004), S. 121-139.

Harder, Jan C., Ein Jahr nach der Verabschiedung des Statuts von Rom: Jubiläum einer Hoffnung. S. 1-12. Abrufbar unter *http://www.coeicl.de/dokumente/Harder.pdf* am 10.04.2007.

Harhoff, Frederik, Consonance or Rivalry? Calibrating the Efforts to Prosecute War Crimes in National and International Tribunals. DJCIL 7 (1997) 2, S. 571-596.

- Legal and practical Problems in the International Prosecution of Individuals. NJIL 69 (2000) 1, S. 53-61.

Heinz, Wolfgang, Das strafrechtliche Sanktionensystem und die Sanktionierungspraxis in Deutschland 1882 - 1998 (Stand: Berichtsjahr 1998) Internet-Publikation: Version 8/2001. Abrufbar unter *http://www.uni-konstanz.de/rtf/kis/sanks04.pdf* am 10.04.2007.

Henham, Ralph/Drumbl, Mark, Plea Bargaining at the International Criminal Tribunal for the Former Yugoslavia. CLF 16 (2005), S. 49 - 87.

Herbst, Jochen, Immunität von Angehörigen der US-Streitkräfte vor der Strafverfolgung durch den IStGH? Zu Resolution 1422 (2002) des UN-Sicherheitsrates vom 12. Juli 2002. EuGRZ 29 (2002), S. 581-588.

Herrmann, Joachim, Die Wiederaufnahme des Strafverfahrens in den Vereinigten Staaten von Amerika. In: *MPI,* Die Wiederaufnahme des Strafverfahrens: Rechtsvergleichende Vorarbeiten zur Justizreform im Auftrag des Bundesministeriums der Justiz, October 1971, S. 382-438,

Heyden, Frank, Begriff, Grundlagen und Verwirklichung des Legalitätsprinzips und des Opportunitätsprinzips. Dissertation. Verlag Hans Schellenberg, 1961.

HLC, Spotlight on Proceedings of the International Conference on War-Crimes Trials. Belgrade, November 7-8, 1998, Belgrade, 2000.

Hocking, John, Interlocutory Appeals before the ICTY. In: *May et al.*, Essays on ICTY Procedure and Evidence in Honour of Gabrielle Kirk McDonald. The Hague: Kluwer Law International 2001, S. 459-472.

Hoffmeister, Frank/Knoke, Sebastian, Das Votermittlungsverfahren vor dem Internationalen Strafgerichtshof – Prüfstein für die Effektivität der neuen Gerichtsbarkeit im Völkerstrafrecht. ZaöRV 1999, S. 785-808.

HRW, Justice in the Balance. Recommendations for an Independent and Effective International Criminal Court, 1998. Abrufbar unter *http://www.hrw.org/reports98/icc* am 10.04.2007.

- Commentary to The Preparatory Commission Rules Of Evidence And Procedure For The International Criminal Court, February 1999. Abrufbar unter *www.hrw.org/campaigns/icc/docs/prepcom-feb99.htm* am 10.04.2007.

Hunt, David, The Meaning of a "prima facie Case" for the Purposes of Confirmation. In: *May et al.,* Essays on ICTY Procedure and Evidence in Honour of Gabrielle Kirk McDonald. The Hague: Kluwer Law International 2001, S. 138-149.

ICC-OTP, Report On the Activities Performed During the First Three Years (June 2003 – June 2006), 12 September 2006. Abrufbar unter *http://www.icc-cpi.int/library/organs/otp/OTP_3-year-report-20060914_English.pdf* am 10.04. 2007.

Jäger, Herbert, Makroverbrechen als Gegenstand des Völkerstrafrechts. Kriminalpolitisch-kriminologische Aspekte. In: *Hankel, Gerd/Stuby, Gerhard* (Hrsg.), Strafgerichte gegen Menschheitsverbrechen. Zum Völkerstrafrecht 50 Jahre nach den Nürnberger Prozessen. Hamburg: Hamburger Edition, 1995, S. 325-354.

Jallow, Hassan B., Prosecutorial Discretion and International Criminal Justice. JICJ 3 (2005), S. 145-161.

James, Annabelle/Taylor, Nick/Walker, Clive, The Reform of Double Jeopardy, 2000. Published in Web Journal of Current Legal Issues. Abrufbar unter *http://www./webjcli.ncl.ac.uk/2000/issue5/james5.html* am 10.04.2007.

Janke, Alexander, Verständigung und Absprachen im Strafverfahren. Aachen: Shaker Verlag 1997.

Jarasch, Frank, Establishment, Organization and Financing of the International Criminal Court (Parts I, IV, XI-XIII). EJCCLCJ 6 (1998) 4, S. 325-344.

Jennings, Mark, The Procedural Regime of the International Criminal Court. Abrufbar unter *http://www.isrcl.org/Papers/Jennings.pdf* am 10.04.2007.

Jescheck, Hans-Heinrich, Der Internationale Strafgerichtshof: Vorgeschichte, Entwurfsarbeiten, Statut. In: *Bemmann G./Spinellis D.* (eds.), Strafrecht – Freiheit – Rechtsstaat. Festschrift für G.-A. Mangakis. Athens: Ant. N. Sakkoulas Verlag 1999, S. 483-489.

Joakim, Jennifer, The Singapore Plan: Maximizing the Power of the ICC. NEICLA 4 (1998), S. 211-220.

Jones, John R.W.D., The Office of the Prosecutor. In: *Cassese, Antonio/Gaeta, Paola/Jones, John R.W.D.* (eds.), The Rome Statute of the International Criminal Court: A Commentary, Vol. I. Oxford: Oxford University Press 2002, S. 269-274.

Johnson, Scott T., On the Road to Disaster: the Rights of the Accused and the International Criminal Tribunal for the Former Yugoslavia. ILP, Spring 1998, S. 111-192. Auch Abrufbar unter *http://www.hri.ca/partners/aiad-icdaa/reports/Yugo.htm* am 10.04.2007.

Jordaan, Louise, Appeal by the Prosecution And the Right of the Accused to Be Protected Against Double Jeopardy: A Comparative Perspective. SACILJ Vol. 32 (1999) 1, S. 1-27.

Jørgensen, Nina H.B., The Genocide Acquittal in the Sikirica Case Before the International Criminal Tribunal for the Former Yugoslavia and the Coming of Age of the Guilty Plea. LJIL 15 (2002) 2, S. 389-407.

Josipović, Ivo, Organisation of the International Criminal Court and the activities of judicial administration and justice administration. In: *Josipović, Ivo/Krapac, Davor/Novoselec, Petar*, The Rome Statute and Its Implementation, CLC Regional Conference "International Criminal Court and the Implementation of the Rome Statute in the Stability Pact Countries". 2001, S. 75-89.

Kapahnke, Ulf, Opportunität und Legalität im Strafverfahren. Strafverfolgungsverzicht durch die Staatsanwaltschaft gemäß den §§154, 154a StPO nach der Neufassung durch das Strafverfahrensänderungsgesetz 1979 (StVÄG 1979). Tübingen Universität, Disseration , 1982.

Karhilo, Jaana, The Establishment of the International Tribunal for Rwanda. NJIL 64 (1995), S. 683-713.

Kaul, Hans-Peter, Der Aufbau des Internationalen Strafgerichtshofs – Schwierigkeiten und Fortschritte. VN 6 (2001), S. 215-222.

- Baustelle für mehr Gerechtigkeit. Der Internationale Strafgerichtshof in seinem zweiten Jahr. VN 4 (2004), S. 141-149.

Kaul, Hans-Peter/Kreß, Claus, Jurisdiction and Cooperation in the Statute of the International Criminal Court: Principles and Compromises. YIHL, 2 (1999), S. 143-175.

KEG, Grünbuch zum strafrechtlichen Schutz der finanziellen Interessen der Europäischen Gemeinschaften und zur Schaffung einer Europäischen Staatsanwaltschaft, KOM (2001) 715, 11.12.2001.

Kerr, Rachel, The International Tribunal for the Former Yugoslavia. An Exercise in Law, Politics, and Diplomacy. Oxford: Oxford University Press 2004.

Keegan, Michael J./Mundis, Daryl A., Legal Requirements for Indictments. In: *May et al.*, Essays on ICTY Procedure and Evidence in Honour of Gabrielle Kirk McDonald. The Hague: Kluwer Law International 2001, S. 123-136.

Khoday, Amar, Whether a Guilty Plea is a Mitigating Factor for Sentencing Purposes, and if So, is It Mandatory or Permissive?: A Critique of the Kambanda Decision and a Comparitve Study of Plea Bargaining and Sentencing Issues in ICTR and ICTY Jurisprudence and Other Common Law Countries. Memo for the Office of the Prosecutor ICTR, Issue 26, New England School of Law in Conjunction with the International Criminal Tribunal for Rwanda, December 2002. Abrufbar unter *http://www.nesl.edu/center/wcmemos/2002/akhoday.pdf* am 10.04.2007.

King, Faiza Patel/La Rosa, Anne-Marie, Jurisprudence of the International Criminal Tribunal for the Former Yugoslavia - Current Survey. EJIL 9 (1998) 4, S. 757-760.

Kinzig, Jörg, Rechtsvergleichender Querschnitt. In: *Becker, Monika/Kinzig, Jörg* (Hrsg.), Rechtsmittel im Strafrecht. Eine international vergleichende Untersuchung zur Rechtswirklichkeit und Effizienz von Rechtsmitteln. Freiburg im Breisgau: MPI 2000, S. 553-676.

Kirsch, Philippe/Holmes, John, The Rome Conference on an International Criminal Court: The Negotiating Process. AJIL 93 (1999), S. 2-8.

Kissel, Otto Rudolf, Gerichtsverfassungsgesetz: Kommentar. 3. Aufl., München: Beck Verlag, 2001.

Kitaw, Getachew, Statement at the Ceremony for the solemn undertaking of the Chief Prosecutor of the International Criminal Court, 16.06.2003. Abrufbar unter *http://www.icc-cpi.int/library/organs/otp/030616_kitaw.pdf* am 10.04.2007.

Kittichaisaree, Kriangsak, International Criminal Law. Oxford: Oxford University Press 2001.

Klip, André, International Prosecutors. In: *Beken, Tom Vander/Kilchling Michael* (eds.), The Role of the Public Prosecutor in the European Criminal Justice Systems. Brussel: Vlaams Kennis- en Cultuurforum 2000, S. 139-147.

- Obtaining Evidence Abroad. In: *Bevers, Hans/Joubert, Chantal*, An Independent Defence Before the International Criminal Court. Proceedings of the Conference held in The Hague, 1-2 November 1999. Amsterdam: Thela Thesis 2000, S. 27-34.

Klocke, Daniel J., Das Ende der Straflosigkeit von Völkerrechtsverbrechern? Ein Überblick über den internationalen Strafgerichtshof. 15.11.2003. Abrufbar unter *http://www2.dias-online.org/v2/direktorien/pi_law/031115_24.html* am 10.04.2007.

Knoops, Geert-Jan Alexander, Surrendering to International Criminal Courts: Contemporary Practice and Procedures. Transnational Publishers, Inc., 2002.

- An Introduction to the Law of International Criminal Tribunals. A Comparative Study. Ardsley, New York: Trasnational Publishers 2003.
- Challenging the Legitimacy of Initiating Contemporary International Criminal Proceedings: Rethingking Prosecutorial Discretionary Powers from a Legal, Ethical and Political Perspective. CLF 15 (2004), S. 365 - 390.
- Theory and Practice of Internationalized Criminal Proceedings. The Hague: Kluwer Law International 2005.

Kohlmann, Günter, Der Anspruch des Beschuldigten auf schnelle Durchführung des Ermittlungsverfahrens. In: *Schröder, Friedrich-Christian/Zipf, Heinz* (Hrsg.), Festschrift für Reinhart Maurach zum 70. Geburtstag. Karlsruhe: Verlag C.F. Müller, 1972, S. 510-515.

Krapac, Davor, Procedural norms of the Rome Statute in the context of the Croatian criminal legal system. In: *Josipović, Ivo/ Krapac, Davor/Novoselec, Petar*, The Rome Statute and Its Implementation. CLC Regional Conference "Internaitonal Criminal Court and the Implementation of the Rome Statute in the Stability Pact Countries", 2001, S. 127-148.

- Vereinfachung des Strafverfahrens durch Vermeidung von Verfahrensabschnitten – Abkürzung des Prozesses ohne Verkürzung des Prozessrechts? In: *Eser, Albin/Kaiser, Günther/Weigend, Ewa* (Hrsg.), Vom totalitären zum rechtsstaatlichen Strafrecht. Band S42. Freiburg im Breisgau: MPI 1993. S. 517-522.

Kreß, Claus, Strafen, Strafvollstreckung und internationale Zusammenarbeit im Statut des Internationalen Strafgerichtshofes. HuV-I 11 (1998) 3, S. 151-161. (Für englische Version: *Ders.*, Penalties, Enforcement and Cooperation in the International Criminal Court Statute (Paris VII, IX, X). EJCCLCJ 6 (1998) 4, S. 126-144.)
- Völkerstrafrecht in Deutschland. NStZ Heft 12, 2000, S. 617-626.
- Vorbemerkungen zum Römischen Statut des Internationalen Strafgerichtshofs. In: *Grützner/Pötz* (Hrsg.), Internationaler Rechtshilfeverkehr in Strafsachen. 2. Aufl. Heidelberg: Decker 2002. Vor III 26.
- The Procedural Law of the International Criminal Court in Outline: Anatomy of a Unique Compromise. JICJ 1 (2003), S. 603-617.
- Absprachen im Rechtsvergleich. Bericht über die Sitzung der Fachgruppe Strafrechtsvergleichung der Gesellschaft für Rechtsvergleichung vom 18.9.2003 in Dresden. ZStW 116 (2004), S. 172-187.

Kreß, Claus/Prost, Kimberly, Commentary to Art. 87. In: *Triffterer, Otto* (ed.), Commentary on the Rome Statute of the International Criminal Court: Observer's Notes, Article by Article. Baden-Baden: Nomos 1999, S. 1055-1068.

Küng-Hofer, Rolf, Die Beschleunigung des Strafverfahrens unter Wahrung der Rechtsstaatlichkeit. Bern: Peter Lang 1984.

Lagodny, Otto, Legitimation und Bedeutung des Ständigen Internationalen Strafgerichtshofes. ZStW 2001, S. 800-826.

Lamb, Susan, The Powers of Arrest of the International Criminal Tribunal for the Former Yugoslavia. BYIL 70 (1999), S. 165-245.

Laucci, Cyril, Juger et faire juger les auteurs de violations graves du droit international humanitaire, réflexions sur la mission des Tribunaux pénaux internationaux et les moyens de l'accomplir. IRRC 83 (2001) 842, S. 407-438.
- L'Accusation. In: *Ascensio/Decaux/Pelle,* Droit international pénal. Paris : Pedone 2001, S. 759-760.

Lee, Roy S., Creating an International Criminal Court – Of procedures and Compromises. In: *Von Hebel, Herman A.M./Lammers, Johan G./Schukking,Jolien,* Reflections on the International Criminal Court. Essays in Honour of Adriaan Bos. T.M.C. The Hague: Asser Press 1999, S. 141-152.
- An Assessment of the ICC Statute. FILJ 25(2002), S. 750-766.

Lenski, Edgar, Der Durchgriff des Völkerrechts. Internationale Strafrechtliche Verantwortlichkeit von Individuen nach dem Statut des Internationalen Strafgerichtshofs und dem Internationalen Strafgesetzbuch. Berlin, 1999, 53 S. Abrufbar unter *http://www.voelkerstrafrecht.de/lenski-1999.pdf* am 10.04.2007.

Leonhardt, Hans-Joachim, Rechtsmittelermessen der Staatsanwaltschaft. Frankfurt am Main: Peter Lang 1994.

Leurdijk, Dick A., Arresting War Criminals: The Establishment of an international arresting team: fiction, reality or both? In: *Van Dijk, W.A.M.,/Hovens, J.L.* (eds.), Arresting War Criminals. 's-Gravenhage: Staf Koninklijke Marechaussee, Bureau Internationale Betrekkingen 2001, S. 59-72.

Levie, Howard S., The Statute of the International Tribunal for the Former Yugoslavia: A Comparison with the Past and a Look at the Future. SJILC 21(1995), S. 1-28.

Levitine, Ilia B., Constitutional Aspects of an International Criminal Court, NYILR 9 (1996), S. 27-47.

Linton, Suzannah, Reviewing the Case of Drazen Erdemovic: Unchartered Waters at the International Criminal Tribunal for the Former Yugoslavia, LJIL 12 (1999) 1, S. 251-270

Livingstone, Stephen (ed.), Towards a Procedural Regime for the International Criminal Court. Nottingham: Nottingham University Press 2002.

Lombardi, Gregory P., Legitimacy and the Expanding Power of the ICTY. NELR 37 (2003) 4, S. 887-901.

Lüder, Sascha Rolf, Der neue Internationale Strafgerichtshof: Meilenstein des Völkerrechts oder Instanz ohne Durchsetzungsvermögen? Fach- und Medientagung, Bonn, 28. Mai 1998. HuV-I 11(1998) 2, S. 92-95.

- Zur Rechtsnatur des Internationalen Strafgerichtshofes. HuV-I 3 (2001), S. 136-143.

MacPherson, Bryan F., Building an International Criminal Court for the 21st Century. CJIL 13 (1998) 1, S. 1-60.

Maier, Angelika, Nürnberg, Den Haag, Rom – Gemeinsamkeiten und Unterschiede, Rechtsstaatlichkeit und Politik. München: VVF-Verlag 2003.

Maier, Julio B.J., Rechtsstaatliches Denken und Wiederaufnahme des Verfahrens zuungunsten des Angeklagten. In: *Dornseifer, Gerhard/Horn, Eckhard/ Schilling, Georg/Schöne, Wolfgang/Struensee, Eberhard/Zielinski, Diethart* (Hrsg.), Gedächtnisschrift für Armin Kaufmann. Köln: Heymanns 1989, S. 789-794.

Maikowsik, Tatjana, Staatliche Kooperationspflichten gegenüber dem Internationalen Strafgerichtshof. Berlin: Berliner Wissenschafts-Verlag 2002.

Majzub, Diba, Peace or Justice? Amnesties and the International Criminal Court. MJIL 3 (2002), S. 247-279.

Martin, Francisco Forrest/Wilson, Richard J., The Rights International Companion to Criminal Law & Procedure. An International Human Rights and Humanitarian Law Supplement. The Hague: Kluwer Law International 1999.

Maugoto, Jackson Nyamuya, State Sovereignty and International Criminal Law: Versailles to Rome. Ardsley, New York: Transnational Publishers 2003.

Maupas, Stéphanie, The Prosecutor's Strategy Revealed (Translated by Anthony Dworkin), Crimes of War Project, The Magazine, December 2003. Abrufbar unter *http://www.crimesofwar.org/icc_magazine/icc-maupas.html* am 10.04. 2007.

May, Richard/Wierda, Marieke, International Criminal Evidence. Ardsley, New York: Transnational Publishers 2002.

McCormack, Timothy L H/Robertson, Sue, Jurisdictional Aspects of the Rome Statute for the New International Criminal Court. MULR 23 (1999), S. 635-667.

McDonald, Avril/Haveman, Roelof, Prosecutorial Discretion – Some Thoughts on 'Objectifying' the Exercise of Prosecutorial Discretion by the Prosecutor of the ICC, 15.04.2003. Expert Consultation Process on General Issues Relevant to the ICC Office of the Prosecutor, ICC-OTP 2003. Abrufbar unter *http://www.icc-cpi.int/library/organs/otp/mcdonald_haveman.pdf* am 10.04. 2007.

McIntyre, Vabrielle, Equality of Arms – Defining Human Rights in the Jurisprudence of the International Criminal Tribunal for the former Yugoslavia. LJIL 16 (2003), S. 269-320.

Meernik, James/King, Kimi, The Sentencing Determinants of the International Criminal Tribunal for the Former Yugoslavia: An Empirical and Doctrinal Analysis. LJIL 16 (2003), S. 717-750.

Meißner, Jörg, Die Zusammenarbeit mit dem Internationalen Strafgerichtshof nach dem Römischen Statut. München: C.H. Beck 2003.

Mekhemar, Lamia, The Statute of the Individual in the Statute of the International Criminal Court. In: *Politi, Mauro/Nesi, Giuseppe* (eds.), The Rome Statute of the International Criminal Court: A Challenge to Impunity. Aldershot: Ashgate/Dartmouth 2001, S. 123-130.

Miraglia, Michela, The First Decision of the ICC Pre-Trial Chamber. International Criminal Procedure Under Construction. JICJ 4 (2006), S. 188-195.

Mirceva, Stojanka, Why the International Criminal Court is Different. January 26, 2004. Abrufbar unter *http://www.globalpolicy.org/intljustice/icc/2004/0126different.htm* am 10.04.2007.

Morris, Virginia/Scharf, Michael, An Insider's Guide to the International Criminal Tribuanl for the Former Yugoslavia: A Documentary History and Analysis. Ardsley, New York: Transnational Publishers 1995.

Mundis, Daryl A. Current Development: Improving the Operation and Functioning of thc International Criminal Tribunals. AJIL 94 (2000), S. 759-773.

- From 'Common Law' Towards "Civil Law": The Evolution of the ICTY Rules of Procedure and Evidence. LJIL 14 (2001), S. 367-382.
- Reporting Non-Compliance: Rule 7bis. In: *May et al.,* Essays on ICTY Procedure and Evidence in Honour of Gabrielle Kirk McDonald. The Hague: Kluwer Law International 2001, S. 421-438.
- The Assembly of States Parties and the Institutional Framework of the International Criminal Court. AJIL 97 (2003) 1, S. 132-147.

Murphy, Sean D., Progress and Jurisprudence of the International Criminal Tribunal for the Former Yugoslavia. AJIL 93 (1999) 1, S. 57-97.

Nagel, Jeffery L., Double Jeopardy, Conspiracy and Continuing Criminal Enterprises (Must the Section 846 Conviction be Vacated?). ASAL 1 (1994), S. 125-164.

Nagel, Karl-Friedrich, Beweisaufnahme im Ausland. Freiburg im Breisgau: MPI 1988.

Negri, Stefania, The Principle of "Equality of Arms" and the Evolving Law of International Criminal Procedure. ICLR 5 (2005), S. 513 - 571.

Nelles, Ursula. Die verfahrensrechtlichen Vorgaben des Corpus Juris, insbesondre Stellung und Aufgaben einer europäischen Strafverfolgungsbehörde. In: *Huber, Barbara* (Hrsg.), Das Corpus Juris als Grundlage eines Europäischen Strafrechts. Europäisches Kolloquium, Trier, 4.-6. März 1999. Freiburg im Breisgau: MPI 2000, S. 261-284.

Nemitz, Jan Christoph, Strafzumessung im Völkerstrafrecht. Freiburg im Breisgau: MPI 2002.

Nemitz, Jan Christoph/Wirth, Steffen, Some Observations on the Law of Sentencing of the ICC. Abrufbar unter *http://www.ishr.org/activities/campaigns/icc/iccnemitzwirth.htm* am 10.04.2007.

Nesi, Giuseppe, The Organs of the International Criminal Court and their Functions in the Rome Statute, the Assembly of States Parties. In: *Lattanzi, Flavia/Schabas, Willam A.* (eds.), Essays on the Rome Statute of the International Criminal Court. Ripa Fagnano Alto: Il Sirente 1999, Vol. I, S. 233-249.

Nice, Geoffrey/Vallières-Roland, Philippe, Procedural Innovations in War Crimes Trials. JICJ 3 (2005), S. 354 - 380.

Nieto-Navia, Rafael/Roche, Barbara, The Ambit of the Powers under Article 25 of the ICTY Statute: Three Issues of Recent Interest. In: *May, Richard, et al* (eds.), Essays on ICTY Procedure and Evidence in Honour of Gabrielle Kirk McDonald. The Hague: Kluwer Law International 2001, S. 473-494.

Nill, David A., National Sovereignty: Must it be Sacrificed to the International Criminal Court? BJPL 14 (1999) 1, S. 119-150.

Nill-Theobald, Christiane/Scholz, Stephanie, Die Bemühungen um das Völkerstrafrecht nach 1994: Bestandsaufnahme und Analyse. SchZStrR 115(1997), S. 291-311.

Nowak, Manfred, CCPR Commentary: UN Convenant on Civil and Political Rights. Kehl: Engel 1993.

Nsereko, Daniel D. Ntanda, Rules of Procedure and Evidence of the International Tribunal for the Former Yugoslavia, CLF 5 (1994) 2-3, S. 507-555.

- Prosecutorial Discretion Before National Courts and International Tribunals. JICJ 3 (2005), S. 124-144.

Olásolo, Héctor, The Prosecutor of the ICC Before the Initiation of Investigations: A Quasi-Judicial or a Political Body? ICLR 3 (2003), S. 87-150.

- The Triggering Procedure of the International Criminal Court, Procedural Treatment of the Principle of Complementarity, and the Role of Office of the Prosecutor. ICLR 5(2005), S. 121–146.

O'Neill, Timothy, Dispute Settlement under the Rome Statute of the International Criminal Court: Article 119 and the Possible Role of the International Court of Justice. ChJIL 5 (2006), S. 67–78.

Oosthuizen, Gabriël H., Some Preliminary Remarks on the Relationship Between the Envisaged International Criminal Court and the UN Security Council. NILR 46 (1999) 3, S. 313-342.

Oosterveld, Valerie/ Perry, Mike/ McManus, John, The Cooperation of States with the International Criminal Court, FILJ 25 (2002) 3, S. 767-839.

Orie, Alphons, Accusatorial v. inquisitorial Approach in International Criminal Proceedings Prior to the Establishment of the ICC and in the Proceedings before the ICC. In: *Cassese, Antonio/Gaeta, Paola/Jones, John R.W.D.* (eds.), The Rome Statute of the International Criminal Court: A Commentary. Oxford: Oxford University Press 2002, S. 1439-1495.

Pace, William R./Schense, Jennifer, The Role of Non-Governmental Organisations. In: *Cassese, Antonio/Gaeta, Paola/Jones, John R.W.D.* (eds.), The Rome Statute of the International Criminal Court: A Commentary. Oxford: Oxford University Press 2002, S. 105-143.

Palm, Goedart, Operation Global Justice: Über die Schwierigkeiten der Weltgesellschaft mit einem unabhängigen Weltstrafgericht. Telepolis, 17.10.2001. Abrufbar unter *http://www.heise.de/tp/r4/artikel/9/9825/1.html* am 10.04.2007.

Panel Discussion, Association of American Law Schools Panel on the International Criminal Court, ACLR 36 (1999) 2, S. 223-264.

Papacharalambous, Charis, Die Institution der internationalen ad hoc Gerichte und ihre Rechtsprechung. In: *Anagnostopoulos, Ilias G.* (Hrsg.), Internationalisierung des Strafrechts. Baden-baden: Nomos, 2003, S. 35-44.

Patel, Bimal N., Do the Rules of Evidence and Procedure of the International Crimianl Tribunal for Ex-Yugoslavia ensure a Fair Trial? IJIL 39 (1999), S. 464-469.

Pejic, Jelena, Creating a Permanent International Criminal Court: the Obstacles to Independence and Effectiveness, CHRLR 29 (1998) 2, S. 291-354.

- The International Criminal Court Statute: An Appraisal of the Rome Package. IL 34 (2000) 1, S. 65-84.

Penrose, Mary Margaret, Lest We Fail: The Importance of Enforcement in International Criminal Law. AUILR 15 (2000), S. 321-394.

Pfeiffer, Gerd, Karlsruher Kommentar zur Strafprozessordnung und zum Gerichtsverfassungsgesetz. 5. Aufl. München: C. H. Beck 2003.

Philips, Ruth B., The International Criminal Court Statute: Jurisdiction and Admissibility. CLF 10 (1999) 1, S. 61-85.

Pott, Christine, Die Außerkraftsetzung der Legalität durch das Opprotunitätsdenken in den Vorschriften der §§ 154, 154a StPO. Frankfurt am Main: Peter Lang 1996.

Pradel, Jean, Droit pénal comparé. 2. Aufl. Paris: Édition Dalloz 2002.

Prost, Kimberly/Schlunck, Angelica, Commentary to Art. 99. In: *Triffterer, Otto* (ed.), Commentary on the Rome Statute of the International Criminal Court: Observer's Notes, Article by Article. Baden-Baden: Nomos 1999, S. 1135-1142.

Quattrocolo, Serena, Le rôle du procureur à la cour pénale internationale: Quelques brèves réflexions. In: *Chiavario, Mario* (ed.), La justice pénale internationale entre passé et avenir. Milano: Giuffrè Editore 2003, S. 353-377.

Rackwitz, Klaus, Working in the Office of the Prosecutor. Auswärtiges Amt, IStGH-Bewerberinformationsseminar 11./12. Januar 2003, S. 30-44. Abrufbar unter *http://www.auswaertiges-amt.de/diplo/de/Infoservice/Broschueren/IntSGH2.pdf* am 10.04.2007.

Ratliff, Dennis J., Guilty Plea as a Mitigating Factor in Sentencing, New England School of Law, International War Crimes Project Rwanda Genocide Prosecution. Memo for the Office of the Prosecutor ICTR, 22 May 2000. Abrufbar unter *http://www.nesl.edu/center/wcmemos/2000/ratliff_.htm* am 10.04.2007.

Rehmke, Stephen, Nachfolgeprozess: Ein abschließendes Urteil sollte sich gegen den Weltstrafgerichtshof aussprechen - eine Einmischung. ForumRecht Heft 1/2003, S. 25-27. Abrufbar unter *http://www.forum-recht-online.de/2003/103/103rehmke.htm* am 10.04.2007.

Ridderbusch, Katja, Alle wollen richten, keiner will klagen: Der IStGH findet keinen Kandidaten für das Amt des Chefanklägers. Abrufbar unter *http://www.welt.de/data/2003/02/04/38856.html* am 10.04.2007.

Roberge, Marie-Claude, The New International Criminal Court, A preliminary assessment, IRRC No. 325, 31.12.1998. Abrufbar unter *http://www.icrc.org/Web/Eng/siteeng0.nsf/html/57JPJL* am 10.04.2007.

Robinson, Darryl, Serving the Interests of Justice: Amnesties, Truth Commissions and the International Criminal Court. EJIL 14 (2003), S. 481-505.

Robinson, Patrick L., Ensuring fair and expeditious trials at the International Criminal Tribunal for the former Yugoslavia, EJIL 11 (2000) 3, S. 569-589.

- Rough Edges in the Alignment of Legal Sysems in the Proceedings at the ICTY. JICJ 3 (2005), S. 1037-1058.

Röben, Volker, The Procecure of the ICC: Status and Function of the Prosecutor. MPYUNL 7(2003), S. 513-552.

Roggemann, Herwig, Der Internationale Strafgerichtshof der Vereinten Nationen von 1993 und der Krieg auf dem Balkan. Berlin: Berlin Verlag 1994.

- Die Internationalen Strafgerichtshöfe: Einführung, Rechtgrundlagen, Dokumente. 2. Aufl. Berlin: Berlin Verlag 1998.
- Die Internationalen Strafgerichtshöfe: Einführung, Rechtgrundlagen, Dokumente. Ergänzungsband: Das Staut von Rom für den Ständigen Internationalen Strafgerichtshof (ICC). Berlin: Berlin Verlag 1998.

Rosenne, Shabtai, Poor Drafting and Imperfect Organization: Flaws to Overcome in the Rome Statute. VJIL 41 (2000) 1, S. 164-185.

Round Table: Prospects for the Functioning of the International Criminal Court. In: *Politi, Mauro/Nesi, Giuseppe* (eds.), The Rome Statute of the International Criminal Court: A Challenge to Impunity. Aldershot: Ashgate/Dartmouth 2001, S. 291-316.

Roxin, Claus, Strafverfahrensrecht. 25. Aufl. München: C.H.Beck, 1998.

- Kommentar zur 5. Arbeitssitzung. In: *Eser, Albin/Kaiser, Günther/Weigend, Ewa* (Hrsg.), Vom totalitären zum rechtsstaatlichen Strafrecht. Band S42. Freiburg im Breisgau: MPI 1993, S. 579-582.

Rubin, Alfred P, A Critical View of the Proposed International Criminal Court. FWA, 23 (1999) 2, S. 139-147.

- The International Criminal Court: Possibilities for Prosecutorial Abuse. LCP, 64 (2001) 1, S. 153-165.

Rudolf, Beate, Considération constitutionnelles à propos de l'établissement d'une justice pénale internationale. RFDC 30 (1999), S. 451-482.

- International Decision: Statute of the International Criminal Court, Decision No. 98-408 DC, 1999 J.O. 1317, French Conseil constitutionnel, January 22, 1999. AJIL 94 (2000), S. 391-396.

Rwelamira, Medard R., Composition and Administration of the Court. In: *Lee, Roy S.,* The International Criminal Court, The Making of the Rome Statute. The Hague: Kluwer Law International 1999, S. 153-173.

Ryneveld, Dirk/Mundis, Daryl A., The Contribution of the ICTY to the Emergence of the ICC: Procedural and Evidentiary Aspects from a Practitioner's Perspective. In: *ICCLR&CJP,* The Changing Face of International Criminal Law. Vancouver: International Centre for Criminal Law Reform and Criminal Justice Policy 2002, S. 51-61.

Safferling, Christoph J. M., Towards an International Criminal Procedure. Oxford: Oxford University Press, 2001.

Sarooshi, Danesh, The Statute of the International Criminal Court. ICLQ 48 (1999) 2, S. 387-404.

Sayers, Stephen M., Defence Perspectives on Sentencing Practice in the International Criminal Tribunal for the Former Yugoslavia. LJIL 16 (2003), S. 751–776.

Scaliotti, Massimo, Defences before the international criminal court: Substantive grounds for excluding criminal responsibility – Part I. ICLR 1 (2001), S. 111-172.

Schabas, William A., Sentencing by International Tribunals. A human Rights Approach. DJCIL 7 (1997) 2, S. 461-517.

- The Abolition of the Death Penalty in International Law. Cambridge: Cambridge University Press 1997.
- An Introduction to the International Criminal Law. Cambridge: Cambridge University Press 2001.

Scharf, Michael P., Reining in Impunity for International Crimes. Report of the Rapporteur. In: *Joyner, Christopher C./Bassiouni, M. Cherif* (eds), Reining in Impunity for International Crimes and Serious Violations of Fundamental Human Rights: Proceedings of the Siracusa conference, 17-21 September 1998. Toulouse: Edition Érès 1998, S. 127-131.

Schelton, Dinah, Remedies in International Human Rights Law. Oxford: Oxford University Press 1999.

Shibahara, Kuniji, Commentary to Art. 61. In: *Triffterer, Otto* (ed.), Commentary on the Rome Statute of the International Criminal Court: Observer's Notes, Article by Article. Baden-Baden: Nomos 1999, S. 783-792.

Schirmer, Gregor, Die nächsten Kriege sollen straffrei bleiben. Der Internationale Strafgerichtshof – eine völkerrechtliche Totgeburt? Ein Widerwort gegen Rechtsnihilismus, den linken eingeschlossen. Junge Welt vom 06.09.2002.

Schlunck, Angelika, Commentary to Art. 58. In: *Triffterer, Otto* (ed.), Commentary on the Rome Statute of the International Criminal Court: Observer's Notes, Article by Article. Baden-Baden: Nomos 1999, S. 753-763.
- Der Internationale Strafgerichtshof: Diskussionsstand vor der Diplomatischen Konferenz in Rom von 15. Juni bis 17. Juli 1998. In: *Fischer, Horst/Lüder, Sascha Rolf* (Hrsg.), Völkerrechtliche Verbrechen vor dem Jugoslawien-Tribunal, nationalen Gerichten und dem Internationalen Strafgerichtshof. Berlin: Berlin Verlag 1999, S. 151-176.

Schmid, Niklaus, Strafverfahren und Strafrecht in den Vereinigten Staaten: eine Einführung. 2., überarbeitete und wesentlich erweitete Auflage. Heidelberg: Müller Juristischer Verlag 1993.

Scholz, Stephanie, Die Zulieferung an den Jugoslawien-Strafgerichtshof. Zugleich ein Beitrag zur internationalen Rechtshilfe in Strafsachen am Beispiel eines Ad hoc-Völkerstrafgerichtshofes. Aachen: Shaker Verlag 1998.

Schomburg, Wolfgang, Jugoslawien-Strafgerichtshof-Gesetz. NStZ 1995, S. 428-430.

Schrag, Minna, Lessons Learned form ICTY Experience: Notes for the ICC Prosecutor. Expert Consultation Process on General Issues Relevant to the ICC Office of the Prosecutor, ICC-OTP 2003, 20.03.2003. Abrufbar unter *http://www.icc-cpi.int/library/organs/otp/Schrag.pdf* am 10.04.2007.

Schultz, H.-Eberhard, Für die Errichtung eines "internationalen Strafgerichtshofs"? Kritische Anmerkungen zu einem globalen Menschenrechtsprojekt.

Abrufbar unter *http://www.antikriegsforum-heidelberg.de/jugoslaw/haag_ trib/int_tribunal_schultz.htm* am 10.04.2007.

Seidel, Gerd/Stahn, Carsten, Das Statut des Weltstrafgerichtshofs. Ein Überblick über Entstehung, Inhalt und Bedeutung. Jura 1999, S. 14-21.

Sewall, Sarah/Kaysen, Carl, The United States and the International Criminal Court: The Choices Ahead. Abrufbar unter *http://www.amacad.org/projects/ iccarticle.aspx* am 10.04.2007.

Shibahara, Kuniji, Commentary to Art. 61. In: *Triffterer, Otto* (ed.), Commentary on the Rome Statute of the International Criminal Court: Observer's Notes, Article by Article. Baden-Baden: Nomos 1999, S. 783-792.

Siegert, Karl, Grundlinien des Völkerstrafprozessrechts. Göttingen: Musterschmidt 1953.

Simons, Marlise, Plea Deals Being Used to Clear Balkan War Tribunal's Docket. The New York Times, 18.11.2003.

Sloan, James, Prosecutor v. Todorović: Illegal Capture as an obstacle to the Exercise of International Criminal Jurisdiction. LJIL 16 (2003), S. 85-113.

- Prosecutor v. Dragan Nikolić: Decision on DefenceMotion on Illegal Capture. LJIL 16 (2003), S. 541–552

Sluiter, Göran, Obtaining Evidence for the International Criminal Tribunal for the Former Yugoslavia: An Overview and Assessment of Domestic Implementing Legislation. NILR 45 (1998) 1, S. 87-113.

- International Criminal Adjudication and the Collection of Evidence: Obligations of States. Antwerpen: Intersentia 2002.
- International Criminal Proceedings and the Protection of Human Rights. NELR 37 (2003) 4, S. 935-948.

Soyer, Richard/Kier, Roland, Grundzüge und Hauptprobleme des Verfahrensrechts vor internationalen Strafgerichtshöfen aus Verteidigerperspektive. In: *Bárd, Bároly/Soyer, Richard* (Hrsg.), Internationale Strafgerichtsbarkeit – Status quo und Perspektiven. Straferfolgung und Strafverteidigung vor internationalen Strafgerichtshöfen. Berlin: Berliner Wissenschafts-Verlag 2005, S. 21-52.

Spieker, H., Die Bedeutung der ad hoc-Tribunale bei der Errichtung des Ständigen Internationalen Strafgerichtshofs - einige völkerrechtliche Aspekte. HuV 12 (1999), S. 216-224.

Starker, Christopher, Commentary to Art. 81-85. In: *Triffterer, Otto* (ed.), Commentary on the Rome Statute of the International Criminal Court: Observer's Notes, Article by Article. Baden-Baden: Nomos 1999, S. 1015-1043.

Steains, Cate, Situations that May Affect the Functioning of the Court. In: *Lee, Roy S.*, The International Criminal Court: Elements of Crimes and Rules of Procedure and Evidence. Ardsley, New York: Transnational Publishers 2001, S. 284-310.

Strijards, Gerard, The Institution of the International Criminal Court. LJIL 12 (2002), S. 671-681.

Stuckenberg, Carl-Friedrich, Double Jeopardy: Das Verbot doppelter Bestrafung und Strafverfolgung im US-amerikanischen Recht. Heidelberg: C.F. Müller 2001.

Sunga, Lyal S., Full Respect for the Rights of Suspect, Accused and Convict: from Nuremberg and Tokyo to the ICC. In: *Henzelin, Marc/Roth, Robert*, Le droit pénal à l'épreuve de l'internalisation. Paris: L.G.D.J. 2002, S. 217-239.

Supernor, Christopher M., International Bounty Hunters for War Criminals: Privatizing the Enforcement of Justice. AFLR 50 (2001), S. 215-251.

Swart, Bert, General Problem. In: *Cassese, Antonio/Gaeta, Paola/Jones, John R.W.D.* (eds.), The Rome Statute of the International Criminal Court: A Commentary. Oxford: Oxford University Press 2002, Vol. II, S. 1589-1605.

Swart, Bert/Sluiter, Göran, The International Criminal Court and International Criminal Co-operation. In: *Von Hebel, Herman A.M./Lammers, Johan G./Schukking,Jolien* (eds.), Reflections on the International Criminal Court. Essays in Honour of Adriaan Bos. The Hague: T.M.C.Asser Press 1999, S. 91-127.

Tansey, Rock, The Rule Against Double Jeopardy – Nemo Debet Bis Vexari Pro Eadem Causa. In: *Anagnostopoulos, Ilias G.* (Hrsg.), Internationalisierung des Strafrechts. Baden-Baden: Nomos 2003, S. 115-129.

Tarr, Emily, Can the Prosecutor Amend An Indictment After A trial Has Begun? Memo to the Prosecutor ICTR, New England School of Law, May 2002. Abrufbar unter *http://www.nesl.edu/center/wcmemos/2002/tarr.pdf* am 10.04.2007.

Tibbitts, Robert, The Role of the Prosecutor and the Judge. Memo to the Prosecutor ICTR, New England School of Law, Spring, 2003. Abrufbar unter *http://www.nesl.edu/center/wcmemos/2003/tibbitts.pdf* am 10.04.2007.

Tieger, Alan/Shin, Milbert. Plea Agreements in the ICTY. Purpose, Effects and Propriety. JICJ 3 (2005), S. 666-679.

Tochilovsky, Vladimir, Trial in International Criminal Jurisdictions: Battle or Scrutiny. EJCCLCJ 6 (1998) 1, S. 55-59.

- Proceedings in the International Criminal Court: Some Lessons to Learn form ICTY Experience. EJCCLCJ 10 (2002) 4, S. 268-275.

- Prosecution Disclosure Obligations in the ICTY and ICTR. 23 July 2004, The Hague. Guest Lecture Series of the Office of the Prosecutor of the ICC. Abrufbar unter *http://www.icc-cpi.int/library/organs/otp/042307_ Tochilovsky.pdf* am 10.04.2007.
- Inernational Criminal Justice: "Strangers in the Foreign System". CLF 15 (2004), S. 319 - 344.

Tolksdorf, Klaus, Mitwirkungsverbot für den befangenen Staatsanwalt. Berlin: Duncker & Humblot 1989.

Tolmein, Oliver, Ein politisches Symbol. taz Nr. 6730 vom 20.4.2002.
- Kräftemessen ums Weltgericht. Freitag 30, 19.07.2002. Abrufbar unter *http://www.freitag.de/2002/30/02300301.php* am 10.04.2007.

Tomuschat, Christian, Sanktionen durch Internationale Strafgerichtshöfe. In: Deutscher Juristentag, Verhandlungen des 60. Deutschen Juristentages, Münster 1994. Bd. II/1, 1994. München: Beck 1994, S. Q 53-Q 68.
- Das Statut von Rom für den Internationalen Strafgerichtshof. Die Friedens-Warte 73 (1998) 3, S. 335-347.

Tracol, Xavier, The Appeals Chamber of the International Criminal Tribunals, CLF 12 (2001), S. 137-165.

Trautwein, Thomas, Zum Gesetz über die Zusammenarbeit mit dem Internationalen Strafgerichtshof für das ehemalige Jugoslawien. NJW 1995, 1658-1659.

Triffterer, Otto, Grundlagen, Möglichkeiten und Grenzen des internationalen Tribunals zur Verfolgung der Humanitätsverbrechen im ehemaligen Jugoslawien. ÖJZ 1994, S. 825-844.
- Bestandsaufnahme zum Völkerstrafrecht. In: *Hankel, Gerd/Stuby, Gerhard* (Hrsg.), Strafgerichte gegen Menschheitsverbrechen. Zum Völkerstrafrecht 50 Jahre nach den Nürnberger Prozessen. Hamburg: Hamburger Edition 1995, S. 169-270.
- Der ständige Internationale Strafgerichtshof – Anspruch und Wirklichkeit: Anmerkungen zum „Rome Statute of the International Criminal Court" vom 17. Juli 1998. In: *Gössel, Karl Heinz/Triffterer, Otto* (Hrsg.), Gedächtnisschrift für Heinz Zipf. Heidelberg: Müller, 1999, S. 493-558.
- Legal and Political Implications of Domestic Ratification and Implementation Processes. In: *Kreß, Claus/Lattanzi, Flavia* (eds.), The Rome Statute and Domestic Legal Orders. Vol. I. Ripa di Fagnano Alto: Edition il Sirente 2000, S. 1-28.

Turone, Giuliano, Powers and Duties of the Prosecutor. In: *Cassese, Antonio/Gaeta, Paola/Jones, John R.W.D.* (eds.), The Rome Statute of the International Criminal Court: A Commentary. Oxford: Oxford University Press 2002, Vol. II, S. 1137-1203.

Ulrich, Hans-Joachim, Die Durchsetzung des Legalitätsprinzips und des Grundrechts der Gleichheit aller vor dem Gesetz in der Praxis der Staatsanwaltschaften. ZRP 1982, S. 169-172.

Van Ooyen, Robert Christian, Auf dem Weg zu einer wirksamen internationalen Strafgerichtsbarkeit: eine Zwischenbilanz. IPG 3 (1998). Abrufbar unter *http://www.fes.de/ipg/ipg3_98/artooyen.html* am 10.04.2007.

- Von Nürnberg nach Den Haag: Etappen auf dem Weg zu einer ständigen Internationalen Strafgerichtshof im Spannungsfeld von Politik und Recht (Teil 2). ASPiBGS 1998, S. 13-16.
- Der Internationale Strafgerichtshof zwischen Normativität, Machtpolitik und Symbolik. IPG 4 (2002), S. 110-123. Abrufbar unter *http://www.fesportal.fes.de/pls/portal30/docs/FOLDER/IPG/IPG4_2002/ARTVANOOYEN.HTM* am 10.04.2007.

Vogler, Richard, Konsensuale Elemente im Strafprozess in England und Wales sowie in den USA. ZStW 116 (2004), S. 129-149.

Vohrah, Lal Chand, Chapter 13, Pre-Trial Procedures and Practices. In: *McDonald, Gabrielle Kirk/Swaak-Goldman, Olivia* (eds.), Substantive and Procedural Aspects of International Criminal Law. The Hague: Kluwer Law International, 2000, S. 481-545.

Vultejus, Ulrich, Legalitäts- und Opportunitätsprinzip. ZRP 1999, S. 135-137.

Wagner, Markus, The ICC and its Jurisdiction – Myths, Misperceptions and Realities. MPYUNL 7 (2003), S. 409-512.

Warbrick, Colin, International Crimes and International Criminal Courts. In: *Baum, Gerhart/Riedel, Eibe/Schaefer, Michael* (Hrsg.), Menschenrechtsschutz in der Praxis der Vereinten Nationen. Baden-Baden: Nomos 1998, S. 257-271.

Waşek-Wiaderek, Małgorzata, The Priniciple of „Equality of Arms“ in Criminal Procedure under Article 6 of the European Convention on Human Rights and Its Functions in Criminal Justice of Selected European Countries. Leuven: University Press 2000.

Wäspi, Stefan, Die Arbeit der Internationalen Strafgerichtshöfe für das ehemalige Jugoslawien und Ruanda: Herausforderungen für die Anklage im internationalen Umfeld. NJW 2000, S. 2449-2457.

Watson, Geoffrey R., The Changing Jurisprudence of the International Criminal Tribunal for the Former Yugoslavia. NELR 37 (2003) 4, S. 871-885.

Webb, Philippa, The ICC Prosecutor's Discretion Not to Proceed in the „Interest of Justice“. CLQ 50 (2005), S. 305-348.

Weber-Klatt, Karin, Die Wiederaufnahme von Verfahren zu Ungunsten des Angeklagten. Frankfurt am Main: Peter Lang, 1997.

Wehner, Burkhard, Der Internationale Strafgerichtshof und die politische Assoziationsfreiheit: Strafe für Regelverletzer, Straffreiheit für verletzende Regeln? Abrufbar unter *http://www.reformforum-neopolis.de/files/ strafgerichtshof.pdf* am 10.04.2007.

Weigend, Thomas, Anklagepflicht und Ermessen. Die Stellung des Staatsanwalts zwischen Legalitäts- und Opportunitätsprinzip nach deutschem und. amerikanischem Recht, 1. Auf., Baden-Baden: Nomos, 1978.

- Absprachen in ausländischen Strafverfahren: Eine rechtsvergleichende Untersuchung zu konsensualen Elementen im Strafprozess. Freiburg im Breisgau: MPI 1990.

Weinreich, Bettina, Das Statut von Rom – Hoffnung im Kampf gegen Menschenrechtsverletzungen. Frankfurter Institut für Transformationsstudien, Nr. 05/2000, 52 S. Abrufbar unter *http://fit.euv-frankfurt-o.de/ Veroeffentlichungen/Discussion%20Papers/PDF-Format/00-05Weinreich.PD F* am 10.04.2007.

Wexler, Leila Sadat, A First Look at the 1998 Rome Statute for a Permanent International Criminal Court: Jurisdiction, Definition of Crimes, Structur and Refferals to the Court. In: *Bassiouni, M. Cherif* (ed.), International Criminal Law, 2. Vol. III: Enforcement. Dobbs Ferry, New York: Transnational Publishers 1999, S. 655-691.

Wierda, Marieke, Procedural Developments in Interntional Criminal Courts. LPICT 1 (2002), S. 431–457, 627-650.

- International Criminal Evidence: New Directions. LPICT 3 (2003), S. 401-409.

Williams, Sharon A., Commentary to Art. 13. In: *Triffterer, Otto* (ed.), Commentary on the Rome Statute of the International Criminal Court: Observer's Notes, Article by Article. Baden-Baden: Nomos 1999, S. 345-351.

Wilmshurst, Elizabeth, ICC, the Trigger mechanism and the Role of the Security Council. In: *Perrakis, S.* (ed.), International Criminal Court. A New Dimension in Internatonal Justice. Questions and Prospects for a New Humanitarian Order. Athens: Ant. N. Sakkoulas Publishers 2002, S. 150-153.

Wirth, Steffen/Harder, Jan C., Die Anpassung des deutschen Rechts an das Römische Statut des Internationalen Strafgereichtshofs aus Sicht deutscher Nichtregierungsorganisationen. ZRP 2000, S. 144-147.

Wood, Harlington, Constitutional and procedural Questions of an International Criminal Court. In: *Stone,Julius/Woetzel, Robert K.,* Toward a Feasible International Criminal Court. Geneva: World Peace through Law Center 1970, S. 269-297.

Wyss, Rudolf, Die Zusammenarbeit der Schweiz mit dem Internationalen Strafgerichtshof. ZStrR (120) 2002, S. 130-151.

Yee, Sienho, The Erdemovic Sentencing Judgement: A Questionable Milestone for the International Criminal Tribunal for the Former Yugoslavia. GJICL 26 (1997) 2, S. 263-309.

Young, Simon N.M., Surrendering the Accused to the International Criminal Court. BYIL 2000, S. 317-356.

Zagaris, Bruce, International Tribunal for the Prosecution of Persons Responsible for Serious Violations of International Humanitarian Law Committed in the Territory of the Former Yugoslavia Since 1991: Rules of Procedure and Evidence. Introductory Note. ILM. 1994, S. 484-492.

Zappala, Salvatore, Rights of Persons during an Investigation. In: *Triffterer, Otto* (ed.), Commentary on the Rome Statute of the International Criminal Court: Observer's Notes, Article by Article. Baden-Baden: Nomos 1999, S. 1181-1203.

- Human Rights in International Criminal Proceedings. Oxford: Oxford University Press 2003.

- The Prosecutor's Duty to Disclose Exculpatory Materials and the Recent Amendment to Rule 68 ICTY RPE. JICJ 2(2004), S. 620-630.

Zeidy, Mohamed M. EL, The Ugandan Government Triggers the First Test of the Complementarity Principle: An Assessment of the First State's Party Referral to the ICC. ICLR 5 (2005), S. 83–119.

Zimmermann, Andreas, Schaffung eines ständigen Internationalen Strafgerichtshofes. ZaöRV, 58 (1998) 1, S. 47-108.

Zuberbier, Gerhard, Einführung in die staatsanwaltliche Praxis. Stuttgart: Richard Boorberg Verlag 1991.

Kolibri 360 GmbH
Ferdinand-Jühlke-Straße 7
99095 Erfurt, Deutschland
produktsicherheit@kolibri360.de

Druck:
CPI Druckdienstleistungen GmbH
im Auftrag der
Kolibri 360 GmbH
Ferdinand-Jühlke-Str. 7
99095 Erfurt